D1719218

Hertl   Das kranke Kind

Professor Dr. med. Michael Hertl
Dr. med. Renate Hertl

Das kranke Kind

Krankheitszeichen
Behandlungsmöglichkeiten
Pflege zu Hause
Das Kind im Krankenhaus

≡ **TRIAS** THIEME HIPPOKRATES ENKE

Anschrift der Autoren:
Dr. med. Renate Hertl
Prof. Dr. med. Michael Hertl
Chefarzt der Kinderklinik des
Krankenhauses Neuwerk
Dünner Straße 214–216
D-4050 Mönchengladbach 1

Umschlaggestaltung und
Konzeption der Typographie:
B. und H. P. Willberg, Eppstein/Ts.

Umschlagzeichnung:
Friedrich Hartmann, Stuttgart

Textzeichnungen:
Neue Zeichnungen von Büro Freitag
& Häussermann, Schwäbisch Gmünd

*Die Deutsche Bibliothek –
CIP-Einheitsaufnahme*

Hertl, Michael:
Das kranke Kind : Krankheitszeichen,
Behandlungsmöglichkeiten, Pflege zu
Hause, Das Kind im Krankenhaus/
Michael Hertl ; Renate Hertl. – 3. Aufl.
– Stuttgart : TRIAS Thieme
Hippokrates Enke, 1991
ISBN 3-89373-152-0
NE: Hertl, Renate

© 1981, 1991 Georg Thieme Verlag
Rüdigerstraße 14,
D-7000 Stuttgart 30.
Printed in Germany
Satz: Gulde-Druck GmbH, Tübingen
(Linotype System 4 [300 LTC])
Druck: Druckhaus Götz, Ludwigs-
burg

ISBN 3-89373-152-0   1 2 3 4 5 6

Wichtiger Hinweis: Wie jede Wissenschaft ist die Medizin ständigen Entwicklungen unterworfen. Forschung und klinische Erfahrung erweitern unsere Erkenntnisse, insbesondere was Behandlung und medikamentöse Therapie anbelangt. Soweit in diesem Werk eine Dosierung oder eine Applikation erwähnt wird, darf der Leser zwar darauf vertrauen, daß Autoren, Herausgeber und Verlag große Sorgfalt darauf verwandt haben, daß diese Angabe dem Wissensstand bei Fertigstellung des Werkes entspricht.
Für Angaben über Dosierungsanweisungen und Applikationsformen kann vom Verlag jedoch keine Gewähr übernommen werden. Jeder Benutzer ist angehalten, durch sorgfältige Prüfung der Beipackzettel der verwendeten Präparate und gegebenenfalls nach Konsultation eines Spezialisten festzustellen, ob die dort gegebene Empfehlung für Dosierungen oder die Beachtung von Kontraindikationen gegenüber der Angabe in diesem Buch abweicht. Eine solche Prüfung ist besonders wichtig bei selten verwendeten Präparaten oder solchen, die neu auf den Markt gebracht worden sind. Jede Dosierung oder Applikation erfolgt auf eigene Gefahr des Benutzers. Autoren und Verlag appellieren an jeden Benutzer, ihm etwa auffallende Ungenauigkeiten dem Verlag mitzuteilen.

Käthe Kollwitz · *Mutter mit dem Kind auf dem Arm.* Lithographie, 1916, Staatliche Graphische Sammlung München. Käthe Kollwitz, die so sehr die Not der Menschen sah und eindringlich darzustellen wußte, erlebte auch in ihrer eigenen Familie alle mütterlichen Sorgen. Aber sie war auch eine glückliche Mutter und Großmutter. Tagebuchnotiz vom 3. April 1916: »Mache doch noch eine Zeichnung für den ›Bildermann‹: eine Frau mit dem Kind auf dem Arm. Das Kind patscht der Frau ins Gesicht.«

Zu diesem Buch

Dieses Buch wendet sich an die Eltern, an Vater und Mutter, und an andere Personen, denen ein Kind anvertraut ist. Es soll ein Buch der Gesundheit für dieses Kind werden, obwohl es von Anfang bis Ende von Krankheit und gesundheitlichen Gefahren handelt, denen ein Kind mehr noch als ein Erwachsener ausgesetzt ist.

Einer Mutter und einem Vater in den Krankheitstagen ihres Kindes beizustehen, ist eine der schönsten ärztlichen Aufgaben: Hilfe zur Selbsthilfe, damit sie ihre Aufgabe als das »beste Heilmittel« ihres Kindes erfüllen können. Eltern möchten wissen, was sie bei leichteren Krankheitszeichen von sich aus tun können. Sie müssen aber auch wissen, welche Krankheitserscheinungen sie bedenklich machen müssen, um den Arzt zu Rate zu ziehen. Sie sollen ihre eigenen Möglichkeiten und die Grenzen dieser Möglichkeiten genau kennen.

In einem Urlaub, schon gar im Ausland, kommen Unpäßlichkeiten und Krankheiten besonders ungelegen. Auch dafür ist vorzusorgen, damit man damit besser fertig wird.

Eltern sollen aber auch, zusammen mit ihrem Kind, eine realistische und unverkrampfte Einstellung dafür bekommen, wann Ärzte und Schwestern eines Krankenhauses ihrem Kind noch besser als sie selbst helfen können, damit die Gefahren für Leben und Gesundheit abgewendet werden. Es kann dann für sie eine Stärkung sein, wenn sie ihr Kind auch auf einen Krankenhausaufenthalt vorbereitet haben. Und es hilft ihnen selbst, wenn sie wissen, wie sie ihm einen Krankenhausaufenthalt erleichtern können.

MICHAEL und RENATE HERTL

Gesundsein und Kranksein

≡ Krankheit als Schicksal

Von JOHANN WOLFGANG VON GOETHE stammt das kleine Gedicht:

Was ist das höchste Glück auf Erden?
Gesund zu sein!
Ich sage nein!
Das höchste Glück auf Erden
ist, gesund zu werden!

Vielen, die wissen, was Krankheit ist, spricht er damit aus der Seele. Ein Kranker weiß den Wert der Gesundheit am besten zu schätzen. Auch eine Mutter spürt am deutlichsten, wenn ihr Kind erkrankt ist, welch hohes Gut die Gesundheit ist und was für ein Glück es wäre, nach sorgenvollen Tagen wieder ein gesundes, fröhliches Kind zu haben.

Krankheit gehört untrennbar zum menschlichen Leben, und darüber nachzudenken, warum sie kommt, was sie ist, was sie bringt und wie man sich ihr stellen soll, um sie zu überwinden, ist nicht nur eine Aufgabe für besorgte Eltern. Sosehr jeder weiß, daß die menschliche Existenz in erster Linie von Krankheit und Tod bedroht ist, so wenig rechnen wir im Alltag damit. Wir glauben, ohne Gedanken an sie leben zu können, wir verdrängen sie aus unserem alltäglichen Bewußtsein. Plötzlich und unverhofft trifft sie uns dann meist. Als Last, Belastung, vielleicht als Not erleben wir Krankheit. Hilflos ausgeliefert sehen wir uns zunächst, wenn wir selbst oder ein naher Angehöriger davon betroffen werden. Es ist dabei nicht sosehr die Organstörung als solche, die uns im tiefsten trifft, der Beinbruch, die Lungenentzündung usw.; wir spüren vielmehr an unserer körperlichen Verletzung durch die Krankheit, daß wir an etwas ausgeliefert sind, das uns aus unserer gewünschten und gewohnten Bahn wirft, unseren eigenen Willen beschränkt, die Verfügung über uns selbst teilweise nimmt, uns unsicher werden läßt und uns plötzlich abhängig macht von äußerer Hilfe. Dann ist es schon die beste Haltung, die Dinge realistisch zu sehen und zu nehmen, wie sie sind, um damit den Anfang für ihre Bewältigung zu finden. Aber wie leicht ist dies gesagt. Wie schwer ist der Anfang dazu zu finden, wenn die Krankheit, wenn Schmerz, Atemnot, die Minderung der körperlichen und geistigen Leistungsfähigkeit ein hohes Maß angenommen haben.

Doch der Mensch kann hoffen auf eine Wende, und er glaubt in einem gesunden Optimismus, daß es wieder anders und besser werden wird.

Diese Gabe, in die menschliche Natur hineingegeben, ist nicht ein billiges Pflaster, das eine Wunde einfach nur überdeckt, sondern es sind in Jahrtausenden in den Menschen eingewurzelte Erlebniserfahrungen, die sich immer wieder wiederholt haben. Hoffen und glauben haben in der Wirklichkeit immer wieder ihre Bestätigung und damit Berechtigung erfahren. Sie bewähren sich konkret in jedem aktuellen Ereignis, sie bewähren sich auch als Haltung in jede noch so ungewisse Zukunft hinein. Hoffnung ist immer etwas Positives im Gegensatz zur Hoffnungslosigkeit. Glauben hat immer etwas von Vertrauen, was sich in vielen Richtungen auswirken kann: in das Schicksal, in Gott, in den Mitmenschen, in die Medizin.

Das Krankheitsspektrum ist groß, die Krankheitsstatistik wird jedes Jahrhundert neu geschrieben. Jede einzelne Krankheitssituation hat andere Wirkungen in körperlicher und geistiger Hinsicht. Kleine Ereignisse werden nebenher verkraftet. Von Bagatellverletzungen sprechen wir, weil sie kaum belasten. Manche kleine Störung hat, auch wenn sie nicht beseitigt werden kann, letztlich keinen Krankheitswert, weil sie weder die körperliche Leistungsfähigkeit noch das geistige Befinden beeinträchtigt. Gewiß ist dafür bei jedem einzelnen Menschen die Grenze anders gezogen. Es kommt immer darauf an, was er und seine Umgebung daraus machen. Dies gilt z. B. für die große Zahl der kleinen Veränderungen im körperlichen Erscheinungsbild, die »nur« kosmetische Bedeutung haben.

Wenn wir uns im folgenden mit den Auswirkungen der Krankheit bei Kindern und Jugendlichen näher beschäftigen, wollen wir uns nicht in solchen Grenzgebieten bewegen, sondern vor allem von den gesundheitlichen Schädigungen ausgehen, die man gewöhnlich »ernste« und »schwere« Erkrankungen nennt.

☰ Wie erleben Kinder und Jugendliche die Krankheit?

Die Last einer Krankheit ist abhängig vom Ausmaß der Organstörungen, wie sie objektiv gegeben sind und z. B. durch medizinisch-technische Geräte und Laboruntersuchungen zu erfassen sind. Sie ist aber zusätzlich abhängig von der Art und Weise, wie sich der einzelne Kranke mit seiner Vitalitätsstörung auseinandersetzt, welche Gedanken und Befürchtungen er sich infolge der Organstörungen macht, wie er sie deutet, welche Bedeutung also diese Krankheit für ihn in diesem Augenblick oder für die Zukunft hat.

Akute Krankheiten pflegen sich in vordergründig sichtbaren Symptomen wie Schmerz, Fieber und Atemnot schnell zu äußern und nach Hilfe zu drängen. Schleichend einsetzende und von vornherein *chronisch-verlaufende Krankheiten* machen es häufig schwer, sie zu erfassen. Weniger das Organsymptom als die Allgemeinwirkung fällt auf. Ein anderes Verhalten unseres Mitmenschen fällt uns einfach auf. Es wird zum Leitsymptom, und wir vermuten, daß er erkrankt ist.

Frische, Fröhlichkeit und lebhaftes Expansionsstreben kennzeichnen so sehr Kinder und Jugendliche, daß ein *Stillwerden, Ernstwerden,* daß auffallende Müdigkeit und Interessenverarmung eine gestörte innere Harmonie anzeigen müssen. Körperliche oder seelische Ursachen können dahinterstehen, vielleicht beides in einer zunächst nicht ganz übersichtlichen Verknüpfung. Gewiß hat jeder Mensch und haben eben auch das Kind und der Jugendliche immer wieder einige Lebensschwierigkeiten, mit denen sie fertigwerden müssen, ohne daß deshalb grundsätzlich Besorgnis und entschiedene Hilfe einsetzen müssen; sie werden von selbst damit fertig. Hält dieser Zustand der Verstimmung und der fremden Verhaltensweise an, muß man den Ursachen auf den Grund gehen, um dann gezielt beispringen zu können. Verhältnismäßig leicht findet sich ein Ansatz zur richtigen Deutung, wenn ein Kind mit seiner körperlichen Leistungsminderung, dem traurigen Gesichtsausdruck, mit Neigung zur Absonderung und mit Desinteresse an Personen und Ereignissen der Umwelt das *Bild einer Depression* zeigt. In einer typischen mitmenschlichen Interaktion ist damit ohne weiteres die Hilfsbedürftigkeit signalisiert. Schwieriger, oft sehr schwierig, wird es bis zur befreienden Hilfe, wenn sich aus einer irgendwie gearteten Ursache eine Verhaltensstörung entwickelt, die nicht das Ausdrucksbild der Schwäche, sondern das *Bild einer fehlentwickelten Aktivität* hat. Vielfältig ist diese Palette der Reaktionsmöglichkeiten. Sie ist abhängig von der jeweiligen Ursache, vom Wesen und Charakter des Kindes und Jugendlichen sowie vom Verhalten der Umwelt (Familie, Schule, Freunde u. a.)

Wie ein Kind reagiert, ist natürlich vom Alter entscheidend abhängig. Ein *Säugling* erlebt die Krankheit gänzlich aus dem Gefühl des Augenblicks. Sein Befinden ist in akuter Krankheit durch Fieber, Atemnot und Appetitmangel schnell beeinträchtigt. Schlechte Pflege, Durst, Trennung von der Mutter oder mangelnde Zuwendung wirken verstärkend, Geborgenheit, erlebte warme Zuneigung, Linderung des Schmerzes, Erleichterung der Atmung, Versorgen mit Getränken lindern und entspannen. Ein Gefühl des Mißempfindens oder ein Gefühl des Wohlbefindens läßt sich also sehr leicht am kranken Säugling ablesen und daraus auf die Krankheitsauswirkung, das heißt auf den Schweregrad schließen.

Bei *Kleinkindern* im Alter von 1–5 Jahren sind weitgehend ähnliche Erfahrungen zu machen, was die Abhängigkeit von äußeren und inneren

Lebensfaktoren angeht, die das Krankheitsbild verstärken oder vermindern. Kinder ab 3 Jahren sprechen über Empfindungen. Alle Kleinkinder fühlen die Minderung ihrer Vitalität und den Zwang, der durch Bettruhe, Diät und die Entnahme von Medikamenten ausgelöst ist. In ihrer sprichwörtlichen Eigensinnigkeit (Trotzphase) kommen sie leicht mit der krankheitsbedingten Ordnung in Konflikt. Sie lesen einen bedenklichen Gesundheitszustand und seine Bedeutung auch an den Reaktionen der Umgebung ab, aus den sichtbaren Ängsten der Eltern, den verweinten Augen. Solche Ängste und Beunruhigung der Eltern können auch auf sie übergehen und sie unruhig und darin schlechter lenkbar machen. Andererseits fühlen sie auch die besondere Nähe von besorgten Eltern, vielleicht eine Sonderstellung vor anderen (gesunden) Geschwistern. Sie bemerken dies vielleicht dann mit besonderer Dankbarkeit, wenn sie z. B. als Erstgeborene inzwischen etwas hinter die jüngeren Geschwister zurückgetreten waren.

Schulkinder und Jugendliche erleben ihre Krankheit nicht nur in einem passiven Erleiden, sondern sie stellen sich dieser Last in immer neuen Denkansätzen. Gerade dieser Altersgruppe ist in gesunden Tagen das volle Leben für weite Entfaltungsmöglichkeiten offen. Lernen, Planen und Träumen richten sich auf die Zukunft, die man eigenwillig gestalten möchte. Nun Krankheit: Wie ein Unglück läuft sie dem allen zuwider.

Großes Interesse zeigen sie an der Krankheit und ihren Auswirkungen, die sie verstehen wollen. Sie fragen danach. Sie fragen mit einem ängstlichen vorsichtigen Unterton, wenn sie die Ängste der Eltern erspüren. Feinfühlig registrieren sie besorgte Gesichter, Heimlichkeiten der Eltern untereinander oder mit dem Arzt aus Sorge, es würde ihnen etwas Wichtiges vorenthalten. Ihre Schmerzempfindlichkeit, die erzieherische Lenkbarkeit und die Frustrationstoleranz werden schnell ungünstig beeinflußt. Dies gilt besonders für Jugendliche, die schon normalerweise eher schwierig zu führen sind. Familiäre Konflikte, die sowieso den Umgang mit dieser Altersgruppe kennzeichnen, können sich noch verstärken. Gerade gegen die Mutter richten sich Aggressionen. Deren Wurzel liegt in der aufgestauten, depressiv verarbeiteten Enttäuschung, nun krank zu sein, ohne daß dies in den meisten Fällen so gedeutet wird. Richtiggenommen und von einer ehrlichen Arzt- und Elternhaltung überzeugt, zeigen sie sich für eine intellektuelle und emotionale Hilfe sehr empfänglich und dankbar.

≡ Wie erleben die Eltern die Krankheit ihres Kindes?

Ist ein Kind erkrankt, wird fast jede Mutter in ein Mitleiden hineingezogen, als wäre sie miterkrankt. »*Kranksein zu zweit*«, hat ein erfahrener Kinderarzt dazu gesagt. Der Vater ist in einer eigenen Weise in diese Schicksalsgemeinschaft einbezogen, ohne weniger davon betroffen zu sein. Dies wird unten näher ausgeführt.

Was ein krankes Kind heute für eine Familie bedeutet, ist nicht allein abhängig vom Ausmaß der Liebe und Zuneigung schlechthin. Gute und schlechte Eltern, besorgte, überbesorgte, nachlässige und egoistische hat es schon immer gegeben. Ins heute aktuelle Gefühl einer Sorge und Angst um ein Kind strömen auch neuzeitliche Effekte ein, die man näher bedenken sollte. Eine Familie ist heute kleiner als früher. Ein Einzelkind oder nur wenige Kinder sind die Regel. Erkrankungen, eine schwere Krankheit, vielleicht sogar mit Todesfolge, sind heute glücklicherweise seltener denn je. Impfungen, genaue ärztliche Diagnostik, wirkungsvolle Therapie machen eine solche Entwicklung möglich. Eltern von heute sind damit aber weniger denn je auf ein solches Schicksal, ihr Kind zu verlieren, eingestellt. Eine kleine Familie bedeutet auch, daß jeder einzelne einen besonders hohen Wert für den anderen Familienangehörigen hat und mit dieser hohen affektiven Besetzung mehr denn je für den anderen *unersetzlich und kaum austauschbar* ist. Zudem sind viele Mütter berufstätig, und daraus ergibt sich eine weitere schwere Beeinträchtigung der familiären Situation, wenn Krankheit und Pflegebedürftigkeit eintreten. Die Hilfe eines Krankenhauses in Erwägung zu ziehen, wird gefühlsmäßig zurückgestellt, weil man in heutiger psychologischer Kenntnis besser denn je weiß, wie sehr ein Kind gerade in der Krankheit die Nähe der Mutter braucht.

So mischen sich aus vielen Quellen Gedanken, Sorgen und Schwierigkeiten der Eltern. Die erste Empfindung bei einer ernst erscheinenden Erkrankung ist ihre *Angst und Unruhe*, ist ihre *Unsicherheit*, was zu tun ist. Dies belastet sie um so mehr, je jünger sie sind, wenn sie über weniger Lebenserfahrung verfügen und für Krankheitsfälle und ihre Bewältigung noch keine modellhafte Erfahrung haben. Hilfreich bewährt sich in einer solchen Situation die vernünftige Vorsorge, wenn man sich vorausschauend um Erste Hilfe gekümmert und eine ausreichende Hausapotheke angelegt hat, wenn man eine ältere Nachbarin oder eine verständige Großmutter zu Rate ziehen kann und einen Hausarzt hat, dem man vertraut. Dann sieht nach dem ersten Schrecken alles schon übersichtlicher aus.

Aber der *Prozeß der Auseinandersetzung mit der Krankheit des Kindes* geht noch weiter, wenn ein langwieriger Krankheitsverlauf, eine belastende Diagnose, die Gefahr einer bleibenden Behinderung und vielleicht sogar die Lebensgefahr das bis dahin unproblematische Familienleben umstrukturiert haben. Schuldgefühle können aufkommen, wieweit man durch Nachlässigkeit zu wenig auf die ersten Symptome geachtet oder nur ungenügend etwas zur Hilfe für das Kind unternommen hat. Besonders schwerwiegend sind Vorwürfe, die sich aus der Möglichkeit einer Vererbung von der einen oder anderen Familienseite ergeben, weil daraus Selbstvorwürfe oder Aggressionen gegen andere sich entwickeln können. Alle diese Reaktionen sind für den Augenblick in sich unfruchtbar; sie können höchstens für die Zukunft Bedeutung haben in der Absicht, nächstens in vergleichbarer Situation vieles anders und besser zu machen.

Aus *Schuldgefühlen* entwickeln sich zwei Folgehaltungen. Einerseits könnte man in einer Art Selbstgerechtigkeit die Bedeutung der Krankheit herunterspielen; eine mangelnde Bemühung um eine klare Diagnostik und konsequente Therapie wären die Folge. Andererseits könnte in der Absicht, etwas wieder gutmachen zu wollen, eine übertriebene Fürsorge einsetzen, eine überprotektive Erziehungshaltung sich entwickeln. Was daran positiv und erwünscht ist, nehmen viele Kinder sicher zunächst gerne an. Bald entwickelt sich aber gegen diese Verengung der Eigenverfügbarkeit Abwehr und Aggression. Die Eltern bekommen nicht selten für ihre vordergründige Absicht, das Kind möglichst bald wieder gesund zu bekommen, reichlich Schwierigkeiten, weil das verzogene Kind sich gegen die selbstverständlichsten Therapiemaßnahmen wehrt.

Man kann sich manche *sehr schwerwiegende ärztliche Diagnose* vorstellen, die die Eltern mutlos und verzweifelt macht, die ihnen jeden Weg in eine akzeptable Zukunft verstellt. Das Gefühl des Totalausgeliefert-Seins kann zu einer Apathie führen, in der man fast handlungsunfähig ist.

Eine natürliche Reaktion könnte sein, sich gegen ein solches Schicksal verzweifelt aufzulehnen, zu beklagen, was einen da getroffen hat. Wer könnte das nicht verstehen! Aber dieser Weg führt nicht weiter. Hilfreich kann nur eine Haltung sein, zu der man sich durch alle Not hindurchringen muß: die Dinge zu sehen, wie sie sind, um sie mit ihrem realen Inhalt zu akzeptieren und in Nüchternheit Wege zur Hilfe zu suchen oder Hilfen anzunehmen, die schon angeboten sind. Man wird sehen: Die Hilfen liegen näher und sie sind zahlreicher, als man in seiner Verzweiflung dachte.

Entscheidend ist es, einen *Arzt* zu haben, zu dem man volles Vertrauen besitzt. Dies entscheidet sich an seiner fachlichen Kompetenz, aus der Sicherheit, mit der er von seiner Diagnose ausgehen kann, aus der Überzeugungskraft, mit der seine eingeschlagene Behandlung eine Linderung des Leidens bringt, aus seiner Art und Weise, wie er Kind und Eltern das Gefühl gibt, daß er sie mit ihren Beschwerden, Sorgen und Ängsten ernst nimmt. Ein einmal gefaßtes Vertrauen kann immer wieder Belastungen ausgesetzt sein, vor allem, wenn die Eltern sehr ängstlich sind und einmal auch schlecht überlegt reagieren. Ein Arzt-Patient- oder Arzt-Eltern-Verhältnis ist eine sehr sensible Verbindung, die man nicht unbedacht aufs Spiel setzen soll. Wie man vom Arzt Disziplin verlangt, muß man dies auch von sich fordern. Häufiger Arztwechsel macht schwierige Probleme in der Regel nicht besser, sondern noch größer. Diagnostik in schwieriger Situation, Therapie einer solchen Krankheit braucht auch ein hohes Maß an Geduld, zu der man sich zwingen muß. Gewiß sei nicht verkannt, daß für manche Krankheitsprägungen ein Hausarzt, bei allem Vertrauen, das man zu ihm prinzipiell hat, überfordert ist. Mit ihm sollte man ein offenes Gespräch haben und den Gedanken äußern, ob es nicht anzuraten sei, auch noch einen anderen Arzt zu Rate zu ziehen.

Eine Mutter und ein Vater ergänzen sich oft in ihrer durchaus verschiedenen geschlechtsspezifischen Haltung. Auch darüber sei gesprochen, weil auch dies den Eltern für ein gegenseitiges Verständnis klar dargelegt sein sollte. Diese unterschiedlichen Reaktionsformen haben, aufs Ganze bezogen, in der menschlichen Lebensordnung einen guten Sinn. Dennoch sollte man in einzelnen Situationen über die einzelne Reaktion nachdenken, ob sie in der gegebenen Prägung nützlich und erwünscht ist.

Mütter handeln mehr aus dem Gefühl heraus, und sie äußern sich meist auch direkter in ihren Ängsten und Nöten, so wie sie empfinden. Angst ist ein Gefühl, das sie schnell beherrscht, Angst vor den Eingriffen, Angst bei jeder Verschlechterung des Allgemeinbefindens, Angst bei neuen Symptomen, bei hohem Fieber, bei Schmerz, bei einer Blutung. Mütter haben aber auch die glückliche Gabe, bei einer Besserung sich schnell wieder freuen zu können. Manchmal sind sie so unvernünftig, Kinder etwas Wichtiges, aber ihnen eben Unangenehmes zu erlassen, das man aus logischen Erwägungen der Diagnostik und Behandlung nicht vermissen dürfte, oder vorschnell etwas zu versprechen, das am Ende nicht zu halten ist. Sie weichen direkten Fragen des erkrankten Kindes nach der Art und Schwere der Krankheit eher unvernünftig aus, statt mit einer klaren Antwort dem Kind weiterzuhelfen und auf dieser Erkenntnis fußend eine besondere Mitarbeit im Heilplan zu ermöglichen. Die unübertreffliche Stärke einer Mutter liegt darin, dem Kind das Gefühl ihrer bergenden und beruhigenden Nähe zu geben.

Väter reagieren in der Krankheitssituation anders als Mütter. Scheinbar weniger beteiligt, bleiben sie eher im Hintergrund. Für viele pflegerische Funktionen scheinen sie nicht das richtige Geschick zu haben und überlassen dies eher der Mutter. Darin hat sich aber in den letzten

Jahrzehnten doch einiges geändert, vor allem in jungen Familien. Viele Väter füttern, wickeln und pflegen die Kinder nicht weniger hingebungsvoll und erfolgreich wie Mütter. Diese heutige Nähe des kranken Kindes zum Vater ist als sehr erfreulich zu verzeichnen. Aber dennoch: In einer wesentlichen Krankheitsbedrohung kann sich ein Vater nicht so leicht auf die augenblickliche Situation und die dafür nötige nächste Hilfe beschränken. In einem weiträumigeren Denken ist vornehmlich er es, der die Fragen an den Arzt stellt, welche Prognose die Krankheit habe, welche endgültigen Heilungsaussichten bestünden, welche Hilfen in einer möglichen Behinderung zu suchen und anzuwenden seien. Die Vorteile solcher vernünftignüchtern geprägten Haltung für die Familie sind offensichtlich.

Der *Reaktion der Geschwister* eines kranken Kindes wird meist zu wenig Aufmerksamkeit geschenkt, weil man zu sehr von der wichtig erscheinenden Bemühung um den Kranken gefangen ist. Erst später wird man aufmerksam, wenn die Gesunden Verhaltensauffälligkeiten zeigen, Eifersuchtsreaktion, Einnässen, Nägelbeißen, offene Aggression gegen die vernachlässigenden Eltern oder gegen das kranke Geschwister, Schulschwierigkeiten oder auch Ängste, selbst zu erkranken. Die einzelnen Erscheinungen lassen eine Vielfalt erkennen, die verschlungenen Wege, auf denen auch ein gesundes Geschwister eines Tages zum Problemkind werden kann.

≡ Was dem Kranken hilft, was ihm schadet

Vieles einzelne, was dem Kind hilft oder was ihm schadet, ist schon in den vorausgegangenen Abschnitten direkt angesprochen worden oder ableitbar gewesen.

Was einem kranken Kind hilft, ist zunächst sehr einfach zu sagen: *alles was Lebenssicherheit, Entspannung und Entängstigung bringt, alle mitmenschliche Nähe und Liebe.* Wichtig ist, dem kranken Kind und dem Jugendlichen zunächst das Gefühl zu geben, daß man sie darin versteht, wie sie sind, wie sie reagieren, wie sie ihre Krankheit erleben. Dies ist ein fruchtbarer Ansatz, selbst wenn man aus anderer und besserer Sicht zum Schluß kommt, daß die gegebene Haltung des Kranken ungünstig, unberechtigt und änderungsbedürftig ist. Im Wort *»verstehen«* ist ja gar nicht unbedingt eingeschlossen, daß man dies auch gutheißt, wie es ist. Aber ein Kranker muß zu allererst das Gefühl haben, daß er angenommen ist, daß er einen Begleiter hat auf seinem Weg. Gerade der kritische Jugendliche braucht diese zunächst vorbehaltlose Offenheit und Zuwendung.

Aus Zuneigung und Angenommensein in der Krankheit sollte sich beim Kranken *Gelassenheit* entwickeln. Gelassenheit ist Ausdruck und Folge eines festgewachsenen Vertrauens, das sich insbesondere auf die Eltern gründen kann. Gelassenheit läßt sich weniger durch Worte geben, sondern in erster Linie aus der eigenen Haltung übertragen.

Kranke müssen *von ihrer Krankheit immer soviel wissen,* daß sie die Krankheitswirkung (Symptome) verstehen und daraus mitbegründen können, was Untersuchung und Behandlung ihnen als Last auferlegen müssen. *Mit* dem Kind und Jugendlichen muß daher auch der Arzt sprechen, nicht nur *über* das Kind mit den Eltern. Fragen sollen auch die Kinder den Arzt, und die Eltern sollten den Weg zu diesem Gespräch ebnen. Besser ist sicher, wenn gerade belastende Forderungen der Lebenseinschränkung (Bettruhe, Diät), der Therapie (bittere Arznei) vom Arzt formuliert werden, besser auch deshalb, weil dann dem Kind und Jugendlichen leichter das Gefühl der Einheit mit den Eltern erhalten wird. Um so mehr fühlen sie sich eins der Krankheit und den medizinischen Forderungen gegenüber. Das Kind sieht die Eltern mitbetroffen, wie es selbst betroffen ist, in gleicher Enge gefangen, wie es selbst.

Die Nähe der Eltern zum Kind und Jugendlichen ist, so wurde es schon gesagt, der Urgrund einer jeden familiären Therapie. Aber auch der *Arzt* muß hier einbezogen sein. Seine Hilfsbereitschaft, seine Zuneigung, seine vernunftgeprägten Anordnungen, die er trifft, sollten vom Kranken aufgenommen werden können in einem Gefühl gleichgestimmter Haltung: der Gesundung dienen zu wollen aus einer verschworenen Gegnerschaft gegen die Krankheit. Solidarität ist ein modernes Wort für diesen Zusammenhalt, Solidarität füreinander in der Bedrohung, die die Krankheit bringt. Daraus erwächst auch beim Kind das Gefühl: Gemeinsam werden wir es schaffen.

Mit großem Verständnis muß man sich *an den Fähigkeiten des Kindes und Jugendlichen orientieren.* Nicht hohe Forderungen dürfen zuerst im Raum stehen, so sehr sie sachlich begründet sein mögen. Jedes Kind ist anders in seinem Wesen, in seiner Erziehung, in seinen Gewohnheiten, in seinem Krankheitsgefühl und seinem objektiv begründeten Schädigungsgrad. Gewiß, bei der Belastung, die Diagnostik und Therapie in vielfacher Hinsicht in sich einschließen, geht es kaum ohne Fordern und Drängen, ohne Festigkeit und ohne eine gewisse Strenge, wenn es gilt, unangenehme Untersuchungen, z. B. Blutentnahmen, Bettruhe, Diät, Injektionen oder regelmäßige Medikamenteneinnahme, durchzusetzen. Doch sollte soviel wie möglich aus einem, wenn nicht gerade freudigen, so doch freiwilligen Mitmachen des Kindes kommen. Wenn dem Kind auch noch der Erfolg als

Preis der eigenen Überwindung gezeigt werden kann, wird es im positiv fortschreitenden Lernprozeß auch für Verhaltensweisen zu gewinnen sein, die noch mehr Überwindung kosten.

Vieles bewirkt dabei auch das *elterliche Vorbild:* wie die Eltern erkennbar machen, was Zuneigung, Liebe, aber auch was Pflichtgefühl in ihnen selbst vermag. In der Erziehung gilt, daß Kinder und Jugendliche mehr durch diesen stillen Einfluß vorangebracht werden als durch andere Erziehungsansätze. Eine Erziehung durch wohlbedacht angesetzte Worte, Mahnungen, logische Auseinandersetzungen und Diskussionen hat sicher große Bedeutung. Die charakterliche Grundeinstimmung, die ein Mensch erfährt, kommt aber vielmehr aus dem Vorbild der Eltern, das sie ihm ständig wie ein Herzeigestück unbewußt anbieten, wenn sie sich aktuellen Forderungen des täglichen Lebens stellen, wenn sie gelassen oder ängstlich, beherrscht oder barsch, freundlich oder böse, wohlmeinend oder übelredend, verständnisvoll oder engstirnig, logisch oder rechthaberisch, gütig oder abweisend reagieren. Es ist schon nicht leicht, erziehender Vater oder Mutter zu sein!

Die großen Spannungen, die insbesondere eine langdauernde Krankheit oder bleibende Behinderung mit sich bringen, machen nicht wenige Kinder unausgeglichen und aggressiv. Zielscheibe sind am ehesten die Eltern; fernerstehende Menschen werden kaum belastet. Eltern leiden darunter besonders schwer, da sie anderes für ihre Liebe erwartet hätten. In ihrer Enttäuschung müssen sie sich aber klarmachen, daß sie nicht deshalb mit diesen Aggressionen belastet werden, weil ihr Kind sie weniger liebt. Vielmehr ist es umgekehrt: Weil das Kind um die starke Zuneigung und Liebe der Eltern weiß, darauf vertrauen kann und dies wie einen sicheren Besitz verfügbar empfindet, wagt es, seine aufgestauten Spannungen aggressiv und heftig auf die Eltern wie an einen *Blitzableiter* abzuladen.

In der Krankheit kommen viele unvermeidbare Belastungen auf ein Kind oder einen Jugendlichen zu. Daran ist nichts zu ändern, aber Arzt und Eltern sollten sich frühzeitig bzw. von vornherein überlegen, was man zur *Entspannung (Affektabfuhr)* tun kann. Jede zuwendige und fröhliche Pflege, ein zuversichtliches Wort, die Bemühung zu erklären, was zu erklären ist, Offenheit für Fragen, Tragfähigsein bei stürmischen Reaktionen sind Hilfen auf diesem Wege. Ausführlich wurde darüber schon gesprochen. Viel Konfliktstoff kann aber auch im Spiel oder in anderer ablenkender Beschäftigung abreagiert werden. Kleinkindern ist vieles im gerichteten Rollenspiel näherzubringen, z. B. dadurch, daß man mit Puppen als handelnden Personen, die das kranke Kind, Arzt, Schwester, Vater und Mutter darstellen, typische Situationen durchspielt, die das Kind erleben wird oder schon erlebt hat. Auch mit Zeichnen können bestimmte Probleme gezielt angegangen werden. Aus den Einzelheiten bietet sich mancher Ansatz zu einem verstehenden und problembewältigenden Gespräch. Spiele verschiedenster Art und Bastelanleitungen werden ab Seite 116 näher besprochen.

Manche Haltung und Handlungsweise der Eltern können kranken Kindern und Jugendlichen keine Hilfe bringen, obwohl sie hilfreich gemeint sind. Sie **schaden**, weil sie beim Kranken die Kräfte, die Krankheit zu bewältigen, beeinträchtigen.

Mitleid und Bedauern können keine zielgerichteten Hilfen sein. Mitleid macht eher passiv und verführt, sich der Pflege und Fürsorge willenlos hinzugeben, statt selbst alle Ansätze zu einer Bewältigung zu suchen.

Eine andere Fehlhaltung gegenüber einem kranken Kind ist die *Überforderung*. Bei Schulkindern fürchten die Eltern die Unterrichtsversäumnisse und tendieren dazu, die Kinder zu früh wieder zur Schule zu schicken oder schon im Krankenbett wieder an Schularbeiten heranzubringen. Nach langem Krankenlager brauchen geschädigte Kinder bis zu zwei Wochen, bis sie wieder einigermaßen die volle, körperliche Belastungsfähigkeit haben, wie sie der Alltag braucht. Wenn der Schulunterricht wieder aufgenommen werden soll, hat sich bewährt, erst in der Wochenmitte anzufangen; nach einigen Schultagen gibt das Wochenende wieder eine, vielleicht willkommene Verschnaufpause. In allem hier die rechte Mitte zu finden, ist zweifellos nicht leicht.

Unterforderung ist seltener, mitunter in der Rekonvaleszenz zu beobachten, wenn Kinder zu lange von steigenden Belastungen ferngehalten werden. Auch manche chronisch-kranken Kinder könnten mehr leisten, wenn man ihnen mehr zutrauen würde. Hier sind ausführliche Gespräche mit dem Arzt und genaue Untersuchungen mit objektiven Methoden von großem Nutzen.

Überbehütung eines Kindes ergibt sich aus drei Beweggründen: aus Ängstlichkeit, aus Schuldgefühl der Eltern, um etwas gutzumachen, oder auch durch eine Art Ablehnungshaltung gegenüber der Erkrankung des Kindes in der Überlegung, weitere Belastungen durch Verschlechterung der kindlichen Krankheit selbst nicht ertragen zu können und verhindern zu wollen. Überbehütung hindert aber die Kinder, ihre Eigeninitiative zum Gesundwerden spontan zu entwickeln, ein Risiko anzunehmen und in der Erfahrung eigener Leistung wieder zu erstarken. Die Kranken werden leicht mutlos und passiv oder – das Gegenteil – sie wehren sich aktiv und aggressiv gegen diese überstarke Bevormundung.

Wir sprachen auch über die **Verhaltensauffälligkeiten**, die **gesunde Geschwister** zeigen können. An diese Möglichkeit denken, läßt rechtzeitig Vorsorge treffen. Zwischen Vater und Mutter kann sich eine Arbeitsteilung entwickeln, indem sich der eine mehr um das kranke, der andere mehr um das gesunde Kind kümmert. Gut wäre es, das gesunde Geschwister in die Krankheitserscheinungen einzuweihen und die Mitarbeit in der Pflege zu erbitten. Aufkommende Ängste beim gesunden Geschwister sollen offen angesprochen werden. Die Heilung des Kranken kann auch mit ein Verdienst des gesunden Geschwisters werden.

Grundlagen zum medizinischen Verständnis der Krankheiten

Krankheitsbegriff und Krankheitsgefühl

Gesundheit ist ein Zustand des vollkommenen Wohlbefindens in körperlicher, geistiger und sozialer Hinsicht. So hat die Weltgesundheitsorganisation den Gesundheitsbegriff definiert. Diese Umschreibung geht sehr weit, wie man bei eigenem Überlegen empfinden kann: Wie wenigen Menschen mag dieser Zustand »vollkommenen« Wohlbefindens geschenkt sein? Das Entscheidende an dieser Feststellung ist aber, daß man nicht nur dann von Gesundheit sprechen will, wenn jemand »frei von Krankheit und Schwäche« ist. Mit einer solchen Definition würde man nämlich eine weite Gruppe von beeinträchtigten Mitmenschen weitgehend außer acht lassen: viele Behinderte.

Es gibt bei einer *Behinderung* zwei Entwicklungsmöglichkeiten. Der eine kann seine Behinderung (zum Beispiel den Verlust eines Sinnesorganes) nicht ausgleichen (kompensieren) und ist damit Gesunden gegenüber im Nachteil; ständig leidet er an seiner Krankheit. Einem anderen ist es dank seiner eigenen Kräfte und in einer günstigen Umwelt gelungen, seine Schwierigkeiten zu überwinden, so daß er sich wohlfühlt und weder durch sein Verhalten noch durch eine herabgesetzte Leistungsfähigkeit auffällt. Er bedarf zwar immer weiter und wieder besonderer eigener Anstrengungen und fremder Hilfen; deshalb bleibt ihm auch der Charakter des Chronischkranken, deshalb verfügt er zwangsläufig über geringere körperliche und seelische Kraftreserven. Aber im ganzen fühlt er sich wohl und zufrieden, weil und solange es ihm gelingt, seine Behinderung zu überwinden. Für das praktische Leben unserer Behinderten ist es wichtig, von solchen klaren Definitionen auszugehen und bewußt zu formulieren. Viele Behinderte gewinnen ja daraus ihre seelische Kraft für den Alltag, weil sie sich selbst sagen und der Umwelt durch ihr Verhalten beweisen können, daß sie »gesund« sind. Sie sind es wirklich, wenn auch unter den geschilderten Voraussetzungen, die erfüllt sein müssen.

Von diesen Vorstellungen aus kommen wir leicht zum Begriff des *Krankheitsgefühls*. Ein Gesunder fühlt sich frisch und leistungsfähig. Er lebt ohne Beschwerden und ohne unnatürliche Ermüdung seinen täglichen Aufgaben, der Schule, der Arbeit, dem Spiel. Er ißt mit Appetit und hat eine regelrechte Verdauung. Abends geht er in einen ungestörten erquickenden Schlaf. Im Gegensatz dazu der Kranke: Das normale Leben kann nicht mehr gelebt, die typischen Aufgaben der Altersgruppe können nicht mehr erfüllt werden. Behinderung in einzelnen Leistungen, schnelle Erschöpfung begrenzen jeden Erfolg. Der Appetit ist meist schlecht. Durchfällige Stühle oder Erbrechen können Aufnahme und Verwertung der Nahrung erschweren. Andere Stoffwechselstörungen von Dauer, insbesondere Leber- und Nierenerkrankungen, schwächen infolge ihrer allgemeinen Bedeutung für den Körper die körperliche Entwicklung, das Gedeihen des Kindes, das Wachstum und die geistige Reifung. In vielen Fällen bestehen immer wieder dazwischen Fieber, Schmerzen und Atemnot als sehr belastende Beschwerden, die quälend und beengend wirken und den Kranken ganz auf das Erlebnis einer existentialen Not begrenzen können.

Der eine Kranke leidet mehr als der andere, auch bei objektiv gleichen Erscheinungen. Dies ist Ausdruck der *persönlichen Eigenart* jedes einzelnen, die wir hier ebenso als eine selbstverständliche Realität sehen und akzeptieren sollten, wie wir auch im täglichen mitmenschlichen Umgang die jeweils eigene Gemütsart hinzunehmen haben. Manche sind *schon durch geringe Störungen* der körperlichen Harmonie, zum Beispiel leichte Kopfschmerzen oder Bauchschmerzen, mißgelaunt oder in Sorge gestürzt. Schnell drängen sie zum Arzt. Von der Umgebung verlangen sie Hilfe, Mitleid und Schonung. Die Übergänge von Ängstlichkeit zur Überängstlichkeit sind fließend. Auch Eltern übertreiben nicht selten ihre Besorgnis, wenn sie Krankheitszeichen an ihrem Kind zu erkennen glauben.

Andere Kranke gelten als schmerzunempfindlich. Auch ernstere Krankheitszeichen werden kaum oder zu wenig beachtet, obwohl man sie registriert. Die unverzeihliche Folge dieser *Indolenz* ist, daß eine klare Diagnose erst verspätet gestellt wird und eine therapeutische Hilfe sich ebenso verspäten muß. Auch manche Eltern müssen sich diesen Vorwurf gelegentlich machen.

Es gibt krankhafte Veränderungen, die man sieht oder registriert, ohne ihnen einen *Krankheitswert* beizumessen. Dies mag in vielen Einzelfällen auch objektiv so richtig sein. Man kann dabei aber auch die wahre Bedeutung zunächst verkennen. Damit wird deutlich, daß eine Krankheitserscheinung an sich, z. B. ein tastbarer Knoten, erst dann die volle Bedeutung für den Kranken und seine Eltern hat, wenn man Auswirkungen spürt oder durch eigene bzw. fremde Deutung seine Bedeutung erfährt. Einige Beispiele sollen dies erläutern.

Wenn eine Mutter am Hals ihres Kindes vergrößerte Lymphknoten tastet, mag sie daran denken, daß dies bei vielen anderen Kindern ebenfalls zu beobachten ist und daß sich ihr Kind dabei ja kaum krankfühlt. Sie wird also dabei nicht beunruhigt sein. Kommt sie aber plötzlich auf den Gedanken, dies könnte auch Zeichen einer Leukämie sein, wird sie sehr besorgt zum Arzt wollen und erst dann wieder ruhig sein können, wenn dieser durch eine exakte Untersuchung diesen Verdacht entkräftet hat. Manche Kinder haben einen dicken Knoten in der Leiste, mal kleiner, mal größer, einen Leistenbruch. Solange sich keine Beschwerden damit verbinden, wird oft nichts unternommen. Hört die Mutter aber davon, daß sich in diesen Bruchkanal ein Darmstück einklemmen kann, so daß ein Darmverschluß entsteht, wird sie schnell zu einer Operation einwilligen. Manche Säuglinge haben besonders große Augen, »schöne Augen« sagen wohl Bekannte, die in den Kinderwagen hineinsehen. Auffallend große Augen können aber auch durch erhöhten Augeninnendruck hervorgerufen sein, was bald zu Sehstörungen führen muß. Der Augenarzt muß es entscheiden.

Beschwerden, die ein Kranker fühlt, lassen sich unter bestimmten seelischen Bedingungen vermindern, ohne daß sich an der Ursache zunächst etwas geändert hat. Zahnschmerzen gehören zu den schlimmsten Schmerzen, so daß man »an nichts anderes mehr denken kann«. Wilhelm Busch hat ein treffendes Gedicht darüber geschrieben. Man drängt zum Zahnarzt. Wie oft geschieht es dann, daß der Schmerz nachläßt, kaum hat man auf dem Stuhl Platz genommen. Die Schmerzpsychologie versteht diese scheinbar unverständliche Erfahrung so: Zum Zahnarzt geht an und für sich kaum jemand gern, weil er, vor allem ein Kind, die Schmerzen beim Bohren fürchtet. Der akute Schmerz durch das Loch im Zahn wird jetzt in der zahnärztlichen Praxis durch die Angst vor der Behandlung übertönt und damit überwunden. Zu Hause kann er sich wieder einstellen, wenn der Zahnarzt nicht tätig geworden ist.

Auch die Atemnot eines Kindes mit Krupp (Schleimhautschwellung im Kehlkopf) ist sehr abhängig von der Umgebung: Bei nervösen, sogleich angstvoll mitreagierenden Eltern verstärkt sich die Atemnot eines Kindes noch mehr. Ruhige Eltern, die trotz aller inneren Spannung gelassen wirken können und das Nötige zur Erleichterung tun, vermögen allein schon auf diesem psychischen Wege viel zur Beruhigung des Kindes und damit zur Linderung der Atemnot beizutragen.

≡ Krankheitsursachen

Man unterscheidet äußere und innere Krankheitsursachen.

Äußere Krankheitsursachen sind die häufigeren. Im weitesten Sinne könnte man von Umweltschäden sprechen. Beispiel: Infektion durch Bakterien oder Viren, Verbrühung durch heißes Wasser.

Innere Ursachen liegen in der Struktur des einzelnen Menschen selbst begründet. Die Anlage zu einer Krankheit kann mit dem Erbgut mitgegeben und in der Konstitution verankert sein. Im Laufe der Zeit entsteht auf dieser Grundlage die Erkrankung. Bis dahin konnte der Betreffende als gesund gelten. Er war es auch tatsächlich. Ein Beispiel liefert die Zuckerkrankheit (Diabetes mellitus), die meist erst im Schulkindalter, z. B. durch Infekte, manifest wird. Andere krankhafte Veränderungen werden als Fehlbildungen schon bei der Geburt mitgebracht. Beispiel: Lippenspalte.

Die Trennung in innere und äußere Krankheitsursachen ist für viele Zusammenhänge zweifellos sehr problematisch. Wie kann es auch anders sein, da jeder Mensch in seiner gegebenen Gestalt, in seiner körperlichen Leistung und seinem seelischen Verhalten ein zu einer Einheit gewordenes *Produkt von Erbgut und Umwelt* ist. Welche der beiden Prägungsbedingungen vorherrscht, unterliegt immer wieder wissenschaftlichen, auch durch das Experiment fundierten Erwägungen. Man kann sagen, daß beiden Bereichen eine grundsätzlich etwa gleichwertige Bedeutung zukommt, was aber für den Einzelfall ganz und gar keine zwingende Feststellung ist. Für den Einzelfall gibt es genug Erfahrungen, wie sehr einmal aus dem Erbgut überkommene Anlagen einen dominierenden Entwicklungsfaktor darstellen, wie sehr ein andermal durch Umwelteinflüsse die entschiedene Richtungsprägung in der Entwicklung erfolgt.

≡ Innere Krankheitsursachen

Nicht alles, was angeboren am Kind gesehen oder durch andere Untersuchungsmethoden nachgewiesen werden kann, ist ererbt, also eine Erbkrankheit.

Bekanntlich entsteht ein neuer Mensch durch die Vereinigung der Eizelle und der Samenzelle, die jeweils das mütterliche und väterliche Erbgut mitbringen. Eizelle und Samenzelle nennt man *Gameten*. Durch Zellteilung und erste Formungsvorgänge an dem sich vergrößernden Keim entsteht der *Embryo*. Man nennt die ersten 3 Lebensmonate im Mutterleib die *Embryonalzeit* des Menschen. Die weiteren 6 Monate bis zur Geburt werden *Fetalzeit* genannt (Fetus = Leibesfrucht, in der heute noch üblichen Fachsprache). Gameten, Embryo und Fetus sind sehr empfindliche Gebilde und daher in Gefahr, aus verschiedenen Ursachen Schaden zu nehmen.

Erbkrankheiten im eigentlichen Wortsinne (Gametopathien). Die Krankheitsanlage ist in den Erbanlagen festgelegt, diese sitzen zusammengefaßt in den Chromosomen des Zellkerns.

Erbanlagen heißen Gene. Man spricht daher von genetischen Schäden. Es gibt

- *rezessiv vererbte Anlagen:* Die Vererbungskraft des einzelnen Gens ist eher gering. Nur bei einer sehr intensiven familiären Belastung (bei Vater *und* Mutter vorhanden) führt sie zur Schädigung des Kindes. Im Erbgut (Genotyp) sind die Anlagen also gegeben, im Erscheinungsbild des Menschen (Phänotyp) wirken sie sich nur selten aus.

- *dominant vererbte Anlagen:* Sie sind sehr stark wirksam, so daß das Erscheinungsbild (Phänotyp) so häufig dadurch gekennzeichnet wird, daß die Erbfolge von den Eltern (von einem Elternteil) auf das Kind in hoher Regelmäßigkeit sichtbar wird.

Ein besonderer Erbgang ist der *geschlechtsgebundene Erbgang,* d.h. entweder Jungen oder Mädchen erkranken. Dazu ist eine Erklärung nötig. Die Erbträger (Gene) sind, wie schon gesagt, aufgereiht auf den spiralig liegenden Bändern der Chromosomen. Der Mensch hat in allen Körperzellen 46 Chromosomen. Davon sind 2 Chromosomen Geschlechtschromosomen. 44 Chromosomen oder besser 22 Chromosomenpaare, weil immer 2 Chromosomen identisch gestaltet sind, nennt man *Autosomen*. Das Geschlechtschromosomenpaar nennt man *Heterosomen*, bezeichnet mit den Buchstaben X und Y. *Männlich* ist ein Organismus, der ein X- und ein Y-Chromosom hat, *weiblich* derjenige, der zwei X-Chromosomen hat. Nur in der Eizelle und in der Samenzelle liegt der halbe Chromosomensatz vor, wobei in jeder Eizelle nur ein X-Chromosom vorkommen kann, während in einer Samenzelle entweder ein X- oder ein Y-Chromosom liegt. Die Samenzelle entscheidet also, ob bei der Befruchtung ein Junge oder ein Mädchen entsteht:

$$X + X = XX = \text{weiblich.} \quad X + Y = XY = \text{männlich.}$$

Wurde eine Anlage an das Y-Chromosom gebunden, kann nur ein Vater vererbt haben, kann nur ein Sohn erkrankt sein. Ist eine Anlage an das X-Chromosom gebunden, kann eine Mutter sowohl auf Sohn wie auf Tochter vererben, ein Vater nur auf die Tochter. Ein Beispiel, das diesen Vererbungsgang kennzeichnet, ist die Hämophilie (Bluterkrankheit).

Genetische Abweichungen sind dann leicht zu analysieren, wenn sie mit einer *Verminderung, Vermehrung oder Verformung von Chromosomen* einhergehen. In einem *Humangenetischen Institut*, das auch für Beratungen zur Verfügung steht, werden Zellkulturen angelegt und ausgewertet.

Es gibt *sprunghafte, plötzliche Änderungen des Erbgefüges* (Mutationen). Ohne bisherige Erbfolge tritt also eine angeborene Schädigung auf, die weiter vererbbar sein kann. Als wichtigste Ursache dafür sind Strahlenschäden zu nennen (radioaktive Stoffe, Röntgenstrahlen).

Wird das Kind *innerhalb der ersten drei Lebensmonate im Mutterleib geschädigt*, erscheint dies als angeborene Krankheit, es ist aber keine Erbkrankheit (**Embryoschädigung = Embryopathie**). Die am besten bekannte Ursache ist das Rötelnvirus, das bei einer Erkrankung der Schwangeren auch auf den Keim übertritt und Fehlbildungen vor allem an den Augen, im Innenohr und am Herzen hervorrufen kann.

Schließlich kann die Störung erst *in der letzten Periode der Schwangerschaft* entstehen (**Fetopathie**). In den letzten Jahren ist die Alkoholfetopathie besonders bekanntgeworden. Trinkt eine Schwangere in reichlichem Maße Alkohol, ist das Kind für viele Stunden des Tages einem hohen Alkoholspiegel ausgesetzt. Die Folge sind Untergewicht, Wachstumsschäden an den Knochen, Herzfehler, später Entwicklungsstörungen am Nervensystem. Andere Ursachen für eine Fetopathie: Erkrankungen des Kindes an angeborener Lues (Syphilis) und Toxoplasmose, Verletzungen durch Abtreibungsversuche.

Wichtig erscheint, zum *Auftreten von Mißbildungen und ihren Ursachen* näher Stellung zu nehmen. Gerade hierbei erweist sich, daß ein angeborenes Zeichen nicht unbedingt ererbt sein muß. Für manche Erscheinungen, z. B. die angeborene Hüftgelenksluxation (Hüftverrenkung) oder die Zystenniere, bei einigen Kindern mit Lippen- und Kieferspalten ist die erbliche Natur zweifellos zu sichern. Bei anderen Kindern mit Lippen- oder Kiefernspalte oder bei Kindern mit Hirnschäden kann aber der Schädigungszeitpunkt auch in der Embryonalzeit liegen, in der zahlreiche Ursachen auf die sehr störanfälligen Entwicklungsvorgänge einwirken. Man weiß dies von Medikamenten (vor rund 20 Jahren das Conterganunglück), von Infekten (Röteln, vielleicht auch nur eine Grippeerkrankung der Mutter), von Impfungen mit dem Röteln- oder (früher) Pockenlebendimpfstoff, vom Sauerstoffmangel vor der Geburt, der bei Blutungen während der Schwangerschaft oder bei Abtreibungsversuchen eintreten kann.

Die **Konstitution** eines Menschen entscheidet im Positiven oder Negativen über seine Kräfte, mit denen er sich vielen Umwelteinflüssen gegenüberstellen kann. Dieser Begriff bezeichnet die persönliche Eigenart. Sie drückt sich im gesamten Körperbau, in der körperlichen und seelischen Leistung, in der Neigung zu bestimmten Erkrankungen, in der gesamten Reaktionsweise aus. Hierzu Beispiele: Ein frühgeborenes, schwächliches Kind wird durch eine hinzutretende Lungenentzündung viel schwerer getroffen, weil die schwache Atemmuskulatur nur eine verhältnismäßig kurze Zeit die angestrengte Atmung durchhalten kann. Bei einem Kind mit Herzfehler verläuft jede hochfieberhafte Krankheit wesentlich schwerer. Liegt eine Fehlbildung an den Harnwegen vor, kommt es dort leichter zu einer Entzündung. Ein hirngeschädigtes Kind neigt bei Fieber schneller zu Krämpfen. So sehr Erbfaktoren an der Konstitution wirksam sind, so ist die Konstitution doch auch von Umweltfaktoren abhängig und dadurch veränderlich: vom Alter, von der Geschlechtsentwicklung, Ernährungsweise, Lebensform u. a. So wird z. B. verständlich, daß Abhärtung die Neigung zu Erkältungskrankheiten herabsetzen kann. Es ist nicht so, daß ein Kind mit einem kräftigen Körperbau unbedingt besser gegen die Lebensunbilden geschützt ist. Auch eine zarte Konstitution kann sich als sehr zäh und abwehrfähig erweisen.

Disposition. Unter diesem Begriff versucht man, die augenblickliche Krankheitsbereitschaft eines Menschen näher zu beschreiben. Angeborene Faktoren spielen ebenso wie gegenwärtig einwirkende eine entscheidende Rolle. Ein schlechternährtes Kind, ein anderes, das soeben Masern durchgemacht hat, erkrankt leichter an einer Tuberkulose. Ein junger Mensch mit seinem elastischen, festen Knochenbau bekommt eher eine Verstauchung oder Verrenkung, ein alter Mensch dagegen eher einen Knochenbruch.

Eine **Allergie** zu bekommen, hängt in erster Linie von inneren Faktoren ab. Allergie besagt, daß ein Mensch, der wiederholt Kontakt mit bestimmten Stoffen hatte, eines Tages überstark darauf reagieren kann, so daß er unter dem Bild dieser Reaktion erkrankt. Bestimmte Kontaktstoffe können somit zur Hautallergie, z. B. zu Quaddeln oder einem Ekzem, führen. Dem Bronchialasthma liegt eine allergische Reaktion der Luftwege zugrunde, wodurch sich die Luftnot im Anfall erklärt. Überempfindlichkeit gegenüber Nahrungsbestandteilen kann zu Durchfällen und zu Gedeihstörungen führen (Beispiel Kuhmilchallergie, Zöliakie). Auch dem rheumatischen Fieber, dem akuten Gelenkrheumatismus liegt eine Allergie zugrunde (wiederholte bakterielle Infektion durch Streptokokken). Eine Allergie ist also eine erworbene Änderung der Disposition.

Das Gegenteil der Allergie ist die Anergie. Sie bedeutet, daß ein Mensch sich zu wenig gegen einwirkende krankmachende Kräfte schützen kann, ihnen vielleicht sogar schutzlos gegenübersteht. Besteht diese Schutzlosigkeit gegenüber Infektionserregern, spricht man von einer Immunparalyse **(Abwehrlähmung)**. Dieses Ausmaß ist zweifellos äußerst selten zu beobachten. Eine leichtere Form ist die **Abwehrschwäche** *(Immunparese)*.

▬▬ Äußere Krankheitsursachen

Den Infektionskrankheiten kommt beim Kind allergrößte Bedeutung zu. Je jünger es ist, um so weniger verfügt es über Erfahrungen, damit fertig zu werden. Die besondere Krankheitshäufung führt dazu, daß man bestimmte Krankheiten *Kinderkrankheiten* nennt: Masern, Diphtherie, Scharlach, Windpocken, Röteln, 3-Tage-Fieber. Es ist nicht etwa so, daß Erwachsene daran grundsätzlich nicht erkranken können. Vielmehr haben diese bei der hohen Infektiosität der Erreger schon längst (als Kinder) diese Krankheit durchgemacht und für das weitere Leben Immunität gewonnen.

Für das weitere Verständnis sollten zunächst einige Begriffe Klarheit schaffen. Das Innere des menschlichen Körpers ist nach außen durch die Haut, nach innen durch die Schleimhäute abgeschirmt, die den Luftweg und den Nahrungsweg auskleiden. Was diese Schranken überwindet, wird sogleich vom körpereigenen Kontrollapparat auf seinen Wert und seine Gefährlichkeit für den Organismus geprüft.

Was an »toten« chemischen Substanzen unnütz oder sogar schädlich ist, wird durch die Niere oder – nach der Passage durch die Leber – durch die Gallenwege ausgeschieden, entweder in einer unveränderten oder durch chemische Umwandlung schon entgifteten Form. Wird der Körper dadurch belastet, spricht man von einer Vergiftung.

Sind lebende Mikroorganismen, z.B. Bakterien, eingedrungen, hat eine **Infektion** stattgefunden. Die Polizeitruppe des Körpers wird dagegen angesetzt: die Abwehrstoffe in den Körpersäften (Immunkörper) und die weißen Blutkörperchen (Leukozyten), die die Fähigkeit zur Phagozytose haben, das heißt die Mikroorganismen fressen können und damit zerstören. Gelingt dies auf Anhieb, bedeutet Infektion noch keine Erkrankung. Ist der Erreger aber übermächtig (seiner Art und seiner Zahl nach), ist die Abwehrlage des Körpers ungünstig, kommt es zur Erkrankung, zur *Infektionskrankheit*, die in Abhängigkeit von den einzelnen Erregern jeweils ihr eigenes Bild bietet.

Will der Organismus überleben, muß er gegen die Erreger Abwehrstoffe entwickeln *(Abwehrkörper, Antikörper, Immunkörper).* Er wird wieder gesund, hat aber nun als einen Erfahrungsschutz für die Zukunft etwas gewonnen, was ihn bei einer weiteren Infektion in eine günstige Ausgangslage bringt. Für die Zukunft sind Antikörper auf Vorrat entstanden. Der Organismus ist immun geworden *(Immunität).* Deshalb erkrankt man üblicherweise z. B. an Masern oder Windpocken nur einmal während des ganzen Lebens.

Man kann diese Resistenz gegenüber Krankheitserregern auch durch *Impfungen* erzielen, indem abgeschwächt lebende oder abgetötete Erreger in den Körper eingebracht werden. Man spricht von *aktiver Immunisierung.* Werden Seren durch Injektion übertragen mit Abwehrstoffen, die von anderen Menschen stammen, die schon früher diese Infektion durchmachten, oder von Tieren, die geimpft wurden, hat man durch *passive Immunisierung* den Abwehrkampf bei einer Infektionskrankheit unterstützt. Ein solcher, durch Serumübertragung verliehener Schutz hält nur kurze Zeit, Tage bis Wochen, an.

Überwindet jemand eine Infektion mit dem Ergebnis der Immunität, ohne dabei Krankheitszeichen gezeigt zu haben, ohne also erkrankt gewesen zu sein, hat eine *stille Feiung* stattgefunden.

Man kann aber auch über eine natürliche (angeborene) Widerstandsfähigkeit gegen einzelne Erreger, über eine *natürliche Resistenz* verfügen, die gesund erhält, ohne daß Abwehrstoffe durch Erkrankung oder Impfung entstehen mußten.

Die Zeit zwischen dem Eindringen eines Erregers (Ansteckung, Infektion) und dem Krankheitsbeginn nennt man *Ausbrütezeit (Inkubationszeit).*

Die Häufung von Infektionskrankheiten, eine *Epidemie,* ruft Maßnahmen der Gesundheitsbehörde (Gesundheitsamt) hervor. Deshalb ist eine *Meldepflicht für bestimmte Infektionskrankheiten* gesetzlich geboten, das heißt, eine Meldung muß innerhalb 24 Stunden durch den zugezogenen Arzt oder den Haushaltsvorstand oder eine andere mit der Pflege des Erkrankten beschäftigte Person erfolgen. In der Regel macht die Meldung natürlich der Arzt. Meldepflichtig sind Diphtherie, Typhus, Kinderlähmung, Ruhr, infektiöse Darmkrankheiten durch Salmonellen, Hirnhautentzündung, Tuberkulose u. a. Nicht meldepflichtig sind dagegen Masern, Röteln, Keuchhusten, Scharlach, Windpocken und Mumps. Zusätzlich zu den schon vom Arzt angeratenen hygienischen Maßnahmen kann die Gesundheitsbehörde weitere Maßnahmen auferlegen. Sie hat auch die Entscheidung über bestimmte

Fragen der weiteren Berufstätigkeit der Eltern (vor allem, wenn diese Pädagogen sind oder in einem Lebensmittelbetrieb arbeiten) oder über den weiteren Besuch von Schule und Kindergarten durch Geschwister des Erkrankten.

Die Gefährlichkeit mancher Infektionserreger veranlaßt den Arzt, schon *Verdachtsfälle* zu melden und den Patienten vorsorglich zu isolieren.

Keimträger sind nach der gesundheitsbehördlichen Definition gesunde Personen, die Krankheitserreger, ohne erkrankt zu sein, aus Rachen oder Darm oder mit dem Harn ausscheiden.

Als **Erreger von Infektionskrankheiten** unterscheidet man in erster Linie:

- Viren (Einzahl: Virus),
- Bakterien (Einzahl: Bakterium),
- Pilze

Viren sind außerordentlich kleine Körperchen, die nur mit dem Elektronenmikroskop gesehen werden können. Sie wachsen in lebenden Zellen und sind daher nur in Zellkulturen zu züchten. Zahlenmäßig stehen sie als Erreger von Infektionskrankheiten weit vorn an erster Stelle. Grippe, Masern, Windpocken – unter vielen anderen Krankheiten – werden von ihnen hervorgerufen.

Bakterien sind lebende Einzelwesen, die auch auf toten Nährböden wachsen und sich vermehren können. Mit Hilfe von Bakterienkulturen werden sie nachgewiesen und näher bestimmt. Nach ihrer Gestalt unterscheidet man (vgl. Abb. 1):

- die Kugelformen, die im Haufen zusammenliegen (Staphylokokken) oder in Kette hintereinander liegen (Streptokokken) oder immer zu zweit liegen (Diplokokken, Meningokokken);
- die Stabformen (Tuberkelbakterien, Tetanuserreger);
- die Kommaform (z. B. Choleraerreger);
- die Schrauben- oder Spiralformen (z. B. Lueserreger).

Pilze sind mikroskopisch kleine pflanzliche Organismen, die als Einzelzelle oder als Faden vorliegen. Was als Krankheit entsteht, wird mit dem Begriff Mykose zusammengefaßt. Im einzelnen gibt es zahlreiche Ausprägungen an der äußeren Haut und an inneren Organen. Am häufigsten sind Hefepilze, die z. B. den Soor in der Mundhöhle hervorrufen (»Mundschwämmchen«).

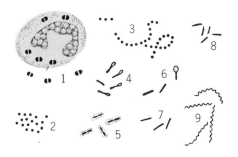

1 Meningokokken
Einige wurden von einem
Leukozyten aufgenommen
2 Staphylokokken
3 Streptokokken
4 Diphtheriebakterien
5 Pneumokokken
6 Tetanusbakterien
7 Tuberkelbakterien
8 Kolibakterien, ähnlich
Haemophilus influencae B.
9 Treponema pallidum,
der Syphiliserreger.

Abb. 1   **Krankheitserreger.**

Als Krankheitserreger kommen aber auch *höhere tierische Lebewesen* in Frage. Sie haben im menschlichen Körper ihr Eigenleben, ernähren sich aus der Substanz des Befallenen und werden daher *Parasiten* genannt (griechisches Wort für Mitesser, Schmarotzer). Es sind *Würmer*, die meist im Darm leben, in besonderer Lebensform sich aber auch inmitten von Organen wie Leber, Lunge und Gehirn entwickeln können. *Gliedtiere* leben auf der äußeren Haut (z. B. Krätzmilbe, Wanzen, Flöhe). Sie können auch als Krankheitsüberträger eine schlimme Rolle spielen, z. B. die Kleiderlaus für die Übertragung des Fleckfiebers, Zecken bei einer bestimmten Form der Hirnentzündung.

Haustiere als Krankheitsüberträger. In diesem Zusammenhang stellt sich die grundsätzliche Frage, wieweit Haustiere Krankheitskeime beherbergen und übertragen können.

Vom *Hund* können die Eier von Würmern (Hundebandwurm, Spulwurm) übertragen werden. Man sollte daher bei einem Haushund sehr auf Würmer achten und regelmäßig den Stuhl untersuchen lassen. Deshalb ist es auch so wichtig, daß Hunde grundsätzlich von Kinderspielplätzen ferngehalten werden, damit die Kinder nicht mit Hundekot in Berührung kommen.

Katzen können den Toxoplasmoseerreger beherbergen und mit dem Kot weiterverbreiten. Sie können Spulwürmer haben. Sie müssen also gut kontrolliert werden. Schließlich weiß man, daß sie die sogenannte Katzenkratzkrankheit übertragen können, eine Virusinfektion, die eine vorübergehende Schwellung von Lymphknoten verursacht. Da Katzen bekanntlich gern kratzen, sollten die menschlichen Hausgenossen auch einen guten Impfschutz gegen Wundstarrkrampf haben.

Vögel können die Papageienkrankheit (Psittakose) übertragen, aber nicht nur Papageien oder Wellensittiche, auch z. B. Tauben. Die Psittakose ist eine Viruserkrankung, die beim Menschen insbesondere zu schwerer Lungenentzündung führt und sich auch in Kopfschmerzen und Fieber äußert. Man sollte also nur bei einem anerkannten Züchter Vögel kaufen. Kinder sollte es nicht erlaubt sein, ihren kleinen Freund ans eigene Gesicht heranzubringen.

Vom *Meerschweinchen, Zwerghasen, Goldhamster* oder einer *weißen Maus* gehen kaum Gefahren aus, natürlich vorausgesetzt, daß die Ställe sauber gehalten werden. Sonst könnten Hautkrankheiten (Pilzbefall) übertragen werden, selten einmal auch eine Form der Hirnhautentzündung. Zeigen die Tiere ein krankes Fell, verweigern sie die Nahrung, sind sie sicher krank. Der Tierarzt muß aus seiner Erfahrung raten, im Zweifelsfall muß man die Tiere leider töten lassen.

Schädigungen durch mechanische Einwirkungen kann das Kind schon im Mutterleib ausgesetzt sein, vor allem aber dann während des Geburtsvorganges. Ein Schlüsselbeinbruch z. B. kann schon bei einer normalen Geburt vorkommen. Im gesamten Leben ist der Mensch, sind gerade die spiellustigen und unerfahrenen Kinder und die sporttreibende Jugend zahlreichen Verletzungsfolgen durch Einwirkung von stumpfen oder scharfen Materialien ausgesetzt. Sturz und Schlag, stumpfe Einwirkungen führen zur Quetschung (Kontusion), zur Erschütterung (Kommotio), zu inneren Gewebsrissen, zum Bruch von Knochen (Fraktur), zu Verrenkungen der Gelenke (Luxation), zu Überdehnungen von Gelenkbändern und -kapseln (Distorsion).

Wunden entstehen durch rauhe Oberflächen, schneidende Instrumente oder bei Schußverletzungen. Fast immer sind Blutgefäße mitbetroffen, so daß es zu *Blutungen* nach innen oder außen kommt. Sie sind besonders gefährlich, wenn sie im Bereich des Gehirns, der Lungen oder der Bauchorgane erfolgen, weil sie einerseits die Funktion dieser Organe beeinträchtigen, andererseits in ihrer Größenordnung nur schwer zu beurteilen sind.

Hitze, Kälte. Wirken hohe Temperaturen aus festen Körpern oder flüssigen Materialien auf die Körperoberfläche ein, entstehen *Verbrennungen* bzw. *Verbrühungen*. Sie sind immer sehr schmerzhaft, im Heilungsprozeß langwierig, je nach Ausdehnung auch lebensgefährlich. Schnellste Hilfe ist nötig, um vor allem die Schockwirkung auf die inneren Organe (in Sonderheit die Niere) abfangen bzw. bekämpfen zu können.

Ist der ganze Körper zu lange in einer heißen Zone, werden seine Regulationsmechanismen überfordert. Diese Situation kann es auch bei unseren Sommertemperaturen geben, wenn Säuglinge in Plastiktaschen getragen werden und dabei sehr warm angezogen sind oder Kinder in der Sommerhitze im geschlossenen Auto warten, während die Eltern beim Einkaufen sind. Trotz der vermehrten Verdunstung von Flüssigkeit (Schwitzen, vermehrte Atmung, was einer Abkühlung dient) führt der Hitzestau vielleicht sogar zum *Hitzschlag*, einem lebensgefährlichen Zustand mit Bewußtlosigkeit und Kreislaufkollaps. Richtet sich die übermäßige Sonnenstrahlung vornehmlich gegen den Kopf, kommt es zum *Sonnenstich*, vor allem unter der Höhenstrahlung im Hochgebirge.

Erfrierungen sind weitaus seltener, gerade bei Kindern, obwohl diese sehr kälteempfindlich sind. Sie zeigen schnell ihre Mißempfindungen und begrenzen damit Familienunternehmungen im Winter.

Von großer Bedeutung ist in diesem Zusammenhang der Begriff *Erkältung*, mit dem man sehr leicht Infekte der Luftwege oder Grippeerkrankungen zu erklären glaubt. Für diese *»Erkältungskrankheiten«* ist die Unterkühlung (vor allem der Füße) zweifellos in vielen Fällen ein Schrittmacher, niemals aber die alleinige Ursache. Die Unterkühlung ändert die Neigung (Disposition) zur Krankheit. Entscheidend sind für den Ausbruch der Krankheit aber die Erreger, meist Viren.

Von den Hitzeschäden bestehen enge Verbindungen zu **Strahlenschäden**. Beim Sonnenstich z.B. liegt in der Regel eine Wirkungskombination der Wärmestrahlen (Infrarotstrahlen) mit den Ultraviolettstrahlen vor. Die meisten UV-Strahlen enthält das Sonnenlicht im Hochgebirge oder an der See. *Sonnenbrand* zeigt sich an der erheblich schmerzhaften Rötung der Haut, die sich nach einigen Tagen auch schält. Sehr empfindlich ist die dünne Bindehaut der Augen, die vor allem auf Schneefeldern oder am weißen Sandstrand entzündlich mitreagiert. Auch Kleinkinder brauchen daher eine Sonnenbrille, damit der *Gletscherbrand* verhindert werden kann; es ist darauf zu achten, daß sie auch seitlich gut abschirmt. Die bedrohlich empfundene *Schneeblindheit* kann damit zusammenhängen oder auf einer Überlastung der Sehhaut (Retina) durch die übergroße Helligkeit beruhen. Nachhaltiger und schwerwiegender sind Strahlenschäden, die von *Röntgenstrahlen* oder von *radioaktiver Strahlung* ausgehen können. Innere Organschäden (Stoffwechselstörungen) und Hautschäden bis zur Geschwürsbildung sind die Folge. Diese Strahlen werden bei der Behandlung von bösartigen Geschwülsten eingesetzt. Schäden werden nur selten unter diesen Bedingungen gesehen. Vorübergehender Haarausfall in der Bestrahlungszone ist allerdings ein häufiges Ereignis. Röntgenuntersuchungen, die zur Diagnostik einer Krankheit notwendig sind, verursachen solche Schäden in keinem Falle. Die große Angst und Sorge des Menschen vor Strahlenschäden knüpft sich an die schrecklichen Wirkungen der Atombombe und an Reaktorunfälle wie in Tschernobyl.

Schäden durch **Elektrizität** sind Hitzeschäden an der Haut und Funktionsstörungen an inneren Organen, vor allem am Nervensystem und am Herzen. Gegen **Blitzschlag** kann man sich auch heute nur unzureichend schützen. Schäden durch elektrischen Strom bedrohen vor allem die neugierigen Kleinkinder, wenn ungesicherte Steckdosen und schlecht abgesicherte Elektrogeräte ihnen zugänglich sind.

Eine ausgewogene **Ernährung** brauchen gerade Kinder und Jugendliche. Ihr Nahrungsbedarf muß nicht nur auf die aktuellen Körperleistungen, sondern auch auf das Wachstum abgestimmt sein. Im Hungerzustand werden zuerst die *Kohlenhydratreserven* verbraucht, dann das *Fett*, schließlich wird das alle Körperstrukturen tragende *Eiweiß* abgebaut. Trotz reichlichem Nahrungsangebot kommen appetitarme Kinder, vor allem, wenn Erbrechen und Durchfälle hinzutreten, schnell in ein Defizit. Untergewichtige Kinder zeigen ein Mißverhältnis der Längen- zur Massenentwicklung. Man spricht von *Dystrophie*. Überreiche Ernährung, vor allem ein Zuviel an Kohlenhydraten und Fetten, führt zur *Fettsucht* (Adipositas).

Zu den Nahrungsstoffen gehören auch *Wasser und Salze*. Bei Erbrechen, Durchfällen, bei hohem Fieber tritt diesbezüglich schnell eine Mangelsituation ein, was der Arzt an der verminderten Haut- und Gewebsspannung (Turgor) und an den tiefliegenden Augen erkennt. In solcher Situation ist es viel wichtiger, daß ein Kind Flüssigkeit (z. B. Tee) mit Salzen und Traubenzucker erhält, als daß festere Nahrungsbestandteile zugeführt werden. Alle Salze mit Natrium, Chlor (beides im Kochsalz), Kalium, Kalzium, Magnesium, Phosphor und Eisen sind lebenswichtig. Ein sehr großer Anteil des täglichen Bedarfs kommt aus dem Gemüse. Eisenmangel entsteht schnell bei jeder Infektion. Die Folge könnte Blutarmut (Anämie) sein, weil für die Hämoglobinbildung Eisen unbedingt nötig ist. Der Kalzium (Kalk)-bedarf des Säuglings wird durch die Milch gedeckt.

Ergänzungsstoffe zur Nahrung sind die *Vitamine*; auch deren Mangel führt zur Krankheit. Mangel an Vitamin A bringt eine Schädigung der Hornhaut und Sehstörungen; deshalb brauchen Säuglinge Karottensaft, später Karottenbrei. Mangel an Vitamin C führt zum Skorbut, der im wachsenden Organismus besonders leicht entstehen kann; deshalb werden schon ab der 6. Lebenswoche Obstsäfte gegeben; in jedem Alter gehört reichlich Obst in den Speiseplan, schon gar, falls ein Kind an einer Infektion erkrankt ist. Mangel an Vitamin D führt zur Englischen Krankheit, zur Rachitis;

jeder Säugling bekommt daher täglich eine kleine Menge zugeführt. Unter Sonneneinstrahlung vermag der Organismus zusätzlich eine gewisse Menge selbst zu bilden

In den letzten 10 Jahren hat sich eingebürgert, Kleinkindern ständig eine *Nuckelflasche mit gesüßtem Tee oder Fruchtsäften* (»Safttrompete«) »zur Beruhigung« zu geben. Nicht nur, daß dies eine maßlose Verwöhnung ist, fördert der ständig angebotene Zucker zudem eine schwere Zahnfäule (Karies) und fallen solche Kinder häufig durch Appetitmangel, breiige Stühle und Hautreizung im Windelbereich auf.

Die heutige Bemühung um eine **alternative Ernährung** gründet auf der Erfahrung und grundsätzlichen Skepsis, daß viele »Naturprodukte« heute bedenkliche Stoffbeimischungen aus unserer industriegeprägten Umwelt haben. Dazu kommt die Erkenntnis, daß sogar die Muttermilch eine so bemerkenswerte Menge von Schadstoffen hat, daß zwar von dem so wertvollen Stillen nicht abgeraten wird, aber dies nach einer Empfehlung der Ernährungskommission der Deutschen Gesellschaft für Kinderheilkunde maximal nur auf 6 Monate ausgedehnt werden sollte.

Alternativen Kostformen, »anderen«, »außerhalb der üblichen Norm« zusammengestellten Ernährungsweisen schenkt mancher nun mehr Vertrauen. Sie bringen aber in ihrer Einseitigkeit leider dann andere Gefährdungen, die man besonders bei Kindern und stillenden Frauen bedenken muß.

Die *ovo-lacto-vegetabile Kostform* bevorzugt pflanzliche Nahrungsmittel, möglichst als Rohkost, Milch und Milchprodukte, Eier (nicht bei *lacto-vegetabiler Kost*) und vermeidet weitestgehend das Fleisch. So in der Empfehlung der Anthroposophie nach Rudolf Steiner, in der Schnitzler-Kost, Vollwertkost, in der Mazdaznan-Lehre. Vor allem für Eisen und Jod besteht eine Unterversorgung. Eine rein *vegane (vegetabile) Kost* hat praktisch nur pflanzliche Nahrungsmittel und verzichtet auf alles, was vom Tier stammt, einschließlich Honig. Damit kommt zu den genannten Gefahren vor allem noch der Eiweiß- und Vitaminmangel. In Kürze läßt sich das Problem alternativer Kostformen nicht genügend abhandeln, weswegen auf das kleine Buch von U. WACHTEL, Ernährung von gesunden Säuglingen und Kleinkindern, Thieme-Verlag Stuttgart, hingewiesen sei.

Vergiftungen. Durch zahlreiche *Arbeitsmaterialien des Haushalts*, durch herumliegende *Medikamente, Schädlingsbekämpfungsmittel und Pflanzengifte* ist vor allem das neugierige und kritiklose Kleinkind gefährdet. Dabei ergibt die Analyse einzelner Vergiftungsfälle, daß die meisten Unfälle vermeidbar gewesen wären. Vor allem das 2. und 3. Lebensjahr ist gefährdet, Knaben mehr als Mädchen. Die meisten Substanzen sind Flüssigkeiten. Die Kinder trinken aus Flaschen, wobei oft genug Bierflaschen und Limonadeflaschen einen ganz anderen Inhalt (Säuren, Laugen, organische Lösungsmittel, Terpentin, Möbelpolitur) als vermutet haben. Orte der Vergiftung sind in abfallender Häufigkeit: Küche, Schlafzimmer, Badezimmer, industriell oder gewerblich genützte Räume, zuletzt die freie Natur. In aller Regel haben es die Kinder nicht schwer, an die Dinge heranzukommen; die Dinge sind versehentlich liegengeblieben. Medikamente, wie sie in jedem Haushalt heute vorhanden sind, können die schlimmsten Vergiftungen verursachen: Kopfschmerzmittel, Schlafmittel, Rheumamittel zum Einreiben. In der Natur finden Kinder bunte giftige Beeren (z.B. Hundskirsche, Tollkirsche), giftige Samen (z.B. vom Goldregen), wobei die Sträucher fatalerweise nicht selten an einem Kinderspielplatz gepflanzt wurden.

Aus *unbekömmlicher Nahrung* entstehen vor allem drei Gefahren: Pilzvergiftung (vor allem der Knollenblätterpilz ist zu nennen), Durchfälle durch Salmonellen- oder Staphylokokkengifte (evtl. Massenerkrankung $\frac{1}{2}$–2 Stunden nach der Mahlzeit), Schädigung des Nervensystems durch schlecht geräucherten Schinken und andere Fleischwaren oder ungenügend sterilisierte Konserven (Botulismus).

Vergiftungssubstanzen aus Tieren spielen eine sehr große Rolle. Insektenstiche, vor allem von Bienen, Wespen und Hornissen, können lebensgefährlich werden durch ihre Zahl und ihre Lokalisation (z.B. Stich in den Zungengrund oder die Rachenwand). Unangenehm sind Stiche von Mücken und Flöhen, ist die Wirkung der Ameisensäure. Gefahren durch Schlangenbisse sind in unseren Breiten selten; im Heidegebiet, im Hochgebirge und im gesamten Mittelmeerraum ist aber doch damit zu rechnen. An der See verursachen giftige Quallen heftige Hautreizungen.

Wenn von Vergiftungen die Rede ist, sollte auch ein Wort zu den **Medikamenten** nicht fehlen, die zwar in der gegebenen Krankheit ärztlich angeordnet sind, doch aber auch unangenehme Nebenwirkungen haben können. Im Grunde muß man davon ausgehen, daß jedes Medikament ein Gift ist, nur die Dosis macht es zu einem wertvollen Heilmittel, auf das man nicht verzichten kann. Nebenwirkungen sind schon bei regelrechter Dosierung zu erwarten, vielmehr natürlich bei Überdosierung. Manche unerwünschte Wirkung ist voraussehbar. Von manchen Erscheinungen wird auch der erfahrenste Arzt überrascht, z.B. weil eine Allergie gegen die Substanz besteht. Einige mögliche Nebenwirkungen seien aufgezählt: Hautausschläge, Durchfälle, Bauchschmerzen, Blutbildveränderungen. Die Eltern sollten dem Arzt ihre Beobachtung mitteilen. Er wird aus dem Erscheinungsbild und seinen speziellen Kenntnissen um das angewandte Medikament entscheiden können, ob tatsächlich eine Medikamentennebenwirkung vorliegt. Die oben geschilderten Symptome sind jedenfalls vieldeutig. Auch bei einer nachgewiesenen Medikamentenabhängigkeit ist es nicht immer angebracht, das Medikament abzusetzen. Es kommt auf das Ausmaß der Nebenwirkungen und die Bedeutung des Medikamentes in der gegebenen Situation an, eventuell kann man darauf nicht verzichten.

Drogenabusus und Alkoholismus sind steigende Gefahren für die Jugend in unserer Zeit. Übermäßiger Alkoholgenuß scheint zur Zeit eine noch größere Gefährdung darzustellen als Rauschmittelgenuß. *Drogenabhängigkeit* (Sucht, Gewöhnung) bezeichnet einen körperlichen und seelischen Zustand, der sich aus der Wechselwirkung zwischen einem bestimmten Stoff und dem Organismus entwickelt und der mit dem Zwang zu fortgesetzter Einnahme des Stoffes verbunden ist. Für Drogen- und Alkoholabusus sind besonders anfällig isoliert lebende Jugendliche in schwieriger Lebenssituation (Flucht in eine andere Welt) oder Jugendliche in einer Gruppe Gleichgesinnter (Alkohol als Stimmungsmacher).

Damit ist eine besonders schwerwiegende **Verhaltensstörung aus seelischer Ursache** angesprochen. Man ist geneigt, die Lebensprobleme der *Jugendlichen* generell als besonders gravierend einzuordnen, weil sie zu einer solchen Suchtkrankheit oder sogar zu einem Selbsttötungsversuch führen können und damit die ganze Familie ins Unglück bringen. Grundlegende Ursachen sind familiäre Zerwürfnisse, schwere Enttäuschungen durch einen Partner, Schulschwierigkeiten, Reue oder Ausweglosigkeit nach einem kriminellen Delikt. Aber auch *Kleinkinder und junge Schulkinder* haben ihre Not aus der sozialen Stellung in ihrer Umwelt, mit der sie vielleicht aus eigenen Kräften nicht fertig werden können. In vielfältiger Weise reagieren auch sie mit einer neurotischen Verhaltensstörung, deren Symptome sich allein im seelischen Bereich oder auch – seelisch bedingt – im körperlichen Bereich zeigen können. Hier nur einige Beispiele: Sprachstörungen wie Stottern, Nägelkauen, Appetitlosigkeit, Einnässen, Verstopfungsneigung, Schulschwierigkeiten, Aggressionen. Auch diese Altersgruppen brauchen darin alle Hilfen.

Organreaktionen bei Krankheit

Entzündung

Die Entzündung ist eine Reaktion der Blutgefäße und der Organgewebe. Sie weist folgende *Kennzeichen* auf. Das Gebiet wird

- stärker durchblutet, was sich als Hautrötung zeigen kann;
- es fühlt sich warm, vielleicht sogar heiß an;
- es ist geschwollen, das Gewebe ist fester;
- es schmerzt spontan bei Berührung oder bei Bewegung.

Eine Entzündung wird durch verschiedene *Ursachen* ausgelöst: durch Krankheitserreger (z. B. Bakterien), durch Hitzewirkung wie bei einer Verbrennung, durch allergische Vorgänge, durch Strahleneinwirkung und durch chemische Reizstoffe.

Das Beispiel einer *bakteriellen Invasion in eine Wunde* soll den Vorgang im einzelnen klarmachen. Die eingedrungenen Bakterien vermehren sich im Körpergewebe, sondern ihre Stoffwechselprodukte (Toxine = Giftstoffe) ab. Damit wird der Abwehrapparat des Körpers mobilisiert. Die Steigerung der Durchblutung führt mehr Blut in diese Zone. Die Blutgefäße werden durchlässiger. Flüssigkeit mit gelöstem Bluteiweiß tritt ins Gewebe aus. Das Eiweiß erstarrt und »mauert« die Bakterien ein, so daß damit schon ein gewisser Schutz vor einer weiteren Verbreitung der Bakterien entsteht. Weiße Blutkörperchen (Leukozyten) wandern ins Gewebe, von den Toxinen angelockt, auf die Bakterien zu. Sie nehmen sie in ihrem Zelleib auf (Phagozytose). Kann die Zelle das Bakterium abtöten, wird die Infektion schnell beherrscht. Ist das Bakterium mit seinen Toxinen stärker, stirbt der Leukozyt ab. Das Bakterium wird wieder frei. Die Infektion schreitet weiter. Bei einer sehr intensiven Toxinwirkung kann das betroffene Gewebe absterben. Im Zentrum der Entzündung entsteht sodann ein Abszeß, der neben dem dann verflüssigten Gewebe zahlreiche weiße Blutkörperchen enthält, den Eiter. Entleert sich der Eiter von selbst oder wird er durch eine künstlich geschaffene Öffnung (Inzision durch das chirurgische Messer) zum Abfluß gebracht, entsteht eine offene Abszeßhöhle, deren Wand sozusagen die Abwehrfront darstellt, die vom Körper gegen die Infektion inzwischen aufgerichtet wurde. Trotz aller Abriegelung können doch einzelne Bakterien in den Körpersäften (Lymphe) weiterwandern. Sie werden aber im nächsten Lymphknoten abgefangen. Die Bahn dorthin kann als roter Strich sichtbar sein. Dies ist ein bedenkliches Zeichen für das Weiterschreiten der Infektion. In der Abwehrarbeit schwillt der Lymphknoten an. Auch er kann schmerzhaft sein. Jede Körperregion hat so ihre Lymphknoten. Für die

Mandeln sitzen diese z. B. im Kieferwinkel, für die Beine in der Leiste, für die Hände in der Achselhöhle, für die Lunge in der Lungenwurzel (Hilus). Dringen die Bakterien in die Blutbahn ein, überschwemmen sie den Körper. Die gefährliche Blutvergiftung (Sepsis) ist im Gange.

Die Vorgänge der Entzündung, wobei Erregerwirkung und Abwehr zusammenkommen, führen *je nach Organ zu charakteristischen Symptomen,* die als Leitsymptome die ärztliche Diagnostik führen. Rötung und Schwellung der Mandeln, also eine Angina, führen zu Schluckbeschwerden und Schluckschmerz. Entzündliche Reizung der Nasenschleimhaut verstärkt die Absonderung des Nasensekrets, somit entsteht Schnupfen. Die Schleimdrüsen in den Bronchien produzieren vermehrt, durch Husten muß der Schleim abtransportiert werden. Reizung der Darmwand führt zum Durchfall. Bei Zerstörung der Darmwand können die Bakterien in die Bauchhöhle kommen und eine lebensgefährliche Bauchfellentzündung hervorrufen. Deshalb darf eine Appendizitis (»Blinddarmentzündung«) nicht unerkannt bleiben. Entzündung in einem Gelenk treibt dieses auf und macht die Extremität durch Schmerz bewegungsunfähig. Bei der Lungenentzündung sind bestimmte Bereiche der Lunge für den Gasaustausch ausgefallen. Die Entzündung des Brustfells macht jede Atembewegung sehr schmerzhaft. Entzündungen im Gehirn führen zum Ausfall der betroffenen Region; so erklärt sich auch die Bewußtlosigkeit eines Kranken. Ein Hirngebiet kann aber auch besonders gereizt sein durch die Entzündung; dann entsteht z. B. ein Krampfanfall.

Störungen der Nieren und Harnwege

In den Nieren wird das *Blut von Schlackenstoffen des Stoffwechsels* gereinigt. Die gesunde Niere scheidet alle diese Stoffe aus, unabhängig von der aufgenommenen Flüssigkeitsmenge. Zudem erfüllen die Nieren weitere wichtige Aufgaben. Überschüssiges Wasser, ein Zuviel an Salzen wird ausgeschieden und die Balance der Säuren und Basen im Blut gesteuert. Entsprechend kompliziert ist der anatomische Aufbau der Nieren und Harnwege (Abb. 2), entsprechend empfindlich zeigen sich diese wichtigen Organe bei verschiedenen Krankheiten.

Der im Nierengewebe gebildete Harn wird im Nierenbecken gesammelt, durch die Harnleiter in die Blase abgeleitet und dort zunächst gestaut. Harndrang veranlaßt ab einer bestimmten Menge die Entleerung durch die Harnröhre nach außen. Im Laufe des 2. bis 3. Lebensjahres werden kleine Kinder diesbezüglich sauber, das heißt, sie melden sich bei der Mut-

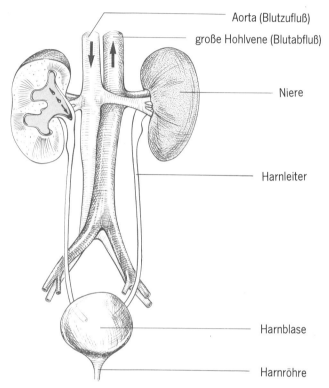

Aorta (Blutzufluß)

große Hohlvene (Blutabfluß)

Niere

Harnleiter

Harnblase

Harnröhre

Abb. 2   **Nieren- und Harnwege.** Eine Niere ist im Schnitt gezeigt, um das Nierenbecken darzustellen.

ter, um aufs Töpfchen gesetzt zu werden, oder sie suchen selbst die Toilette auf. Einnässen ist bis zum 4. Lebensjahr eine normale Erscheinung.

Erkrankungen der harnbereitenden oder -ableitenden Organe sind meist Entzündungen, die entweder auf dem Blutweg in den Nieren ausgelöst werden (z. B. bei oder nach einer Angina) oder von der Harnröhre aufsteigend die weiteren Harnwege und auch das Nierengewebe selbst befallen. Die Infektion der Harnwege wird fast immer durch Bakterien hervorgerufen.

Ist die Harnbildung unzureichend, bleiben Stoffwechselprodukte in großen Mengen im Blut, entsteht eine *Harnvergiftung* (Urämie). Mangelt es den Nieren an der nötigen Konzentrationsfähigkeit für diese Stoffe, dann müssen größere Wassermengen als Harnflüssigkeit abgegeben werden. Die Kinder haben daher eine größere Harnflut und als Folge davon großen Durst.

In Verbindung mit einer *Nierengewebsentzündung* (Glomerulo-
nephritis) kann auch eine Wassereinlagerung im Unterhautgewebe des
ganzen Körpers beobachtet werden: Man nennt diese Wassereinlagerungen
Ödeme. Diese zeigen sich vor allem im Gesicht, um die Augen, auch auf
Hand- und Fußrücken. Manchmal ist ein Ödem das erste Anzeichen, das die
Aufmerksamkeit erst auf die Niere und die Harnuntersuchung lenkt.

Als reich durchblutetes Organ sind die Nieren durch Schlag und
Stoß leicht verletzlich, *Nierenbluten* ist die Folge. Auch bei einer Entzündung sind schnell rote Blutkörperchen dem Harn beigemengt.

Nierensteine sind auch im Kindesalter nicht selten zu beobachten.
Sie geben Hinweise auf Stoffwechselstörungen oder auf anatomische Fehlbildungen. Sie können schwere Kolikschmerzen auslösen, wenn sie sich im
Harnleiter festklemmen und sind Anlaß für besonders hartnäckige Entzündungen.

Eine *Entzündung der Harnwege* führt zu schmerzhafter Harnentleerung.

═══ Kreislaufstörungen

Das Blut fließt vom Herzen aus durch ein weitverzweigtes Röhrensystem (Aorta, die Hauptschlagader, Arterien, die Schlagadern) in alle Organe, zuletzt weitverzweigt in den Haargefäßen (Kapillaren), so daß an alle
Körperzellen *jene chemischen Substanzen herangebracht* werden können,
die diese für ihre Arbeit und zum Aufbau spezieller Stoffe brauchen. Transportiert werden Sauerstoff, Kohlenhydrate (Glukose, Traubenzucker), Ei-
weißkörper und Fettstoffe, Elektrolyte (Salze), Enzyme (Anreger chemi-
scher Reaktionen) und Hormone (Anregersubstanzen für die Organleistungen im ganzen). Aus den Zellen treten einige Produkte, die sie gebildet
haben, aus, um an anderer Stelle eine dem Gesamtorganismus dienende
Aufgabe zu erfüllen, vom Blutstrom werden sie verbreitet. Andererseits
werden aus den Zellen jene Stoffe ausgeschleust, die als *Abfallprodukte des
Zellstoffwechsels* für den Körper wertlos geworden sind und durch die Galle
(nach Passage der Leber), die Nieren oder die Lungen (Kohlendioxid) ausgeschieden werden müssen. Das aus den Organen zum Herzen zurückströ-
mende Blut wird in den kleinen Venen gesammelt und zuletzt in den weiten
Hohlvenen geführt.

Als Pumpe ist in diesen Blutkreislauf das *Herz* eingeschaltet. Man
unterscheidet dabei *den großen und den kleinen Körperkreislauf*. In beiden
Abschnitten ist das Herz mit seinem sinnvollen System von Innenräumen

wirksam. Die linke Herzkammer liegt vor dem großen Kreislauf, die rechte vor dem kleinen Kreislauf. Der große Kreislauf wurde oben beschrieben. Durch den kleinen Kreislauf, der in der rechten Herzkammer beginnt, durch die Lunge führt und im linken Herzvorhof endet, wird der sogenannte Gasaustausch im Blut ermöglicht. *Kohlendioxid* als Verbrennungsendprodukt wird durch die Venen herangeführt, in der Lunge aus den Kapillaren in die Lungenbläschen abgegeben und durch Ausatmung aus dem Körper beseitigt. Der mit dem Einatmungsvorgang in der Lunge hineingelangte *Sauerstoff* tritt in der Wand der Lungenbläschen ins Blut über und bindet sich an die roten Blutkörperchen. Aus dem Venenblut (mit sehr wenig Sauerstoff) wird das hellrote arterielle Blut (mit starker Sauerstoffbeladung).

Eine **gute Durchblutung** des Körpers besagt, daß alle Organe des Körperinneren ausreichend mit all dem versorgt sind, was sie für ihre Leistungen brauchen. Auch der Herzmuskel ist dabei in seinen Kranzadern gut durchblutet, so daß die Kreislaufpumpe einen normalen Blutdruck bringen kann. Er beträgt auf dem Höhepunkt der Systole (Herzkontraktion) bei Kindern und Jugendlichen 90–125 mm Quecksilber (mmHg), in der Diastole (Erschlaffung des Herzens) noch 70–85 mmHg. Die Güte der Durchblutung ist auch an der äußeren Haut ablesbar. Diese hat normalerweise einen zartrosa Grundton. Die Lippen sind gut durchblutet. Hände und Füße fühlen sich warm an.

Schlechte Durchblutung bedeutet, daß die Haut blaß ist und daß die inneren Organe aus Sauerstoffmangel ihre Aufgabe nur ungenügend erfüllen können. Dies zeigt sich in schneller Ermüdung, langsamem Denkvermögen, Schläfrigkeit. Auch Schwindel und Kopfschmerz können dadurch hervorgerufen sein. Verminderte Nierendurchblutung hat zur Folge, daß nur wenig Harn produziert wird. Gehirn und Nieren zeigen mit den genannten Erscheinungen auch, daß sie die empfindlichsten Organe des Körpers sind. An ihnen ist am ehesten die bedenklich gestörte Blutversorgung des Organismus abzulesen, wie sie z. B. im Kreislaufschock gegeben ist.

Schock ist ein vielgebrauchtes Wort, das dabei keinen einheitlichen Inhalt und sehr verschiedene Grundlagen im Zustandekommen hat. Schock besagt zunächst in der Alltagssprache, daß ein besonderes Ereignis, eine besondere Wirkung schlagartig eintritt. Eine schlechte Nachricht, ein schlimmer Schreck, ein schwerer Unfall führen zu einem seelischen Schock. Er kann sich auch im körperlichen Bereich auswirken: Zittern der Glieder, Blässe der Haut, sehr langsamer (selten) oder schneller (häufiger) Puls, Störung des geordneten Denkens. An einigen dieser Einzelheiten ist erkennbar, daß aus seelischer Ursache eine Kreislaufstörung entstanden ist. Alles dies, die seelische Störung, die allgemeine Körperreaktion und insbesondere die Kreislaufreaktion, sind Hinweise auf die Ganzheit aus Leib und Seele, die der Mensch ist.

Mit dem Wort Schock meint man im medizinischen Denken – zusammenfassend – alle die Vorgänge, die akut zu einer Verminderung des zirkulierenden Blutes und damit zu einer unzureichenden Sauerstoffversorgung wichtiger Körperorgane führen. Dabei gibt es eine Reihe von *Ursachen,* die gleichzeitig die Abhängigkeit eines normal geordneten Blutkreislaufs von den verschiedenen Faktoren erkennbar machen.

Bei einem akuten erheblichen *Blutverlust* verliert das Röhrensystem des Körpers innerhalb kurzer Zeit eine Menge Blutwasser (Blutplasma) und Blutkörperchen. Dies kann durch eine schwere Verwundung, durch heftiges Nasenbluten oder Darmbluten oder durch eine innere Verletzung geschehen.

Eine mangelhafte Füllung des Kreislaufes kann sich auch durch *großen Wasser- und Salzverlust* einstellen, durch häufiges Erbrechen, schwere Durchfälle, durch anhaltend hohes Fieber und Schwitzen ohne ausreichenden Ersatz des verlorenen Wassers.

Kreislaufschwäche tritt ein, wenn die Blutgefäße erschlaffen und das Röhrensystem sich ausweitet, weil die Wandspannung sich vermindert. Das Blut versackt somit in weite Gefäßbereiche, z. B. unter der Haut oder im Gekröse des Darmes, so daß es für die noch wichtigeren anderen Organe wie Gehirn und Niere nicht mehr ausreichend zur Verfügung steht. Eine einleuchtende und zugleich ziemlich häufige Situation ist die, daß jemand bei längerem Stehen plötzlich schlaff zusammenfällt, für einige Zeit das Bewußtsein verliert und dabei blasse, kalte, schweißende Haut und schnellen weichen Puls zeigt. Er hat einen *Kollaps* erlitten.

Für eine solche Weitstellung des peripheren Gefäßnetzes gibt es noch einige andere Ursachen: *Vergiftungen* durch Insektengifte und andere Substanzen, Wirkung von Bakteriengiften im Rahmen von schweren Infektionskrankheiten.

Der *traumatische Schock,* also der durch einen Unfall ausgelöste Kreislaufschock, hat nicht selten mehrere Bedingungen, die sich überlagern und daher besonders schwere Auswirkungen haben: Schädigung des Kreislaufs durch den Blutverlust nach innen oder außen, Störung der Herztätigkeit, falls ein direkter Stoß auch auf das Herz erfolgte. Schädigung des Gasaustausches in der Lunge durch Einschränkung der Atemtechnik infolge Brustkorbverletzung oder Verletzung der Luftwege, Schädigung der vom Nervensystem ausgehenden Regulationsvorgänge durch Hirnerschütterung, Hirnblutung oder Hirnverletzung, sowie durch die schweren Schmerzen, die vom Verletzungsgebiet ausgehen.

Schock ist als das dramatische Bild einer sehr schweren, lebensbedrohenden, akuten Kreislaufschädigung. Der Begriff *Kreislaufschwäche* meint eine ähnliche Störung, die durch gleichartige Auslöser in milder Entwicklung abläuft, die aber, falls sie nicht beherrscht wird, im Schweregrad letztlich genauso starke Auswirkungen bis zur Lebensgefahr haben kann. Hier ist vor allem zu denken

- an alle Störungen des Herzens, an Herzmuskel- oder Herzklappenstörungen, die viele Einzelursachen haben können;
- an alle Störungen, die zu einer chronischen Verminderung der roten Blutkörperchen, zur Anämie führen;
- an alle Bedingungen der gestörten Atmung, die den Gasaustausch in der Lunge erheblich beeinträchtigen.

Eine durch *Herzerkrankung* hervorgerufene Kreislaufschwäche zeigt sich in Herzvergrößerung, schnellem, oft unregelmäßigem Puls, gesteigerter Atemtätigkeit und Kurzatmigkeit schon bei geringen Anstrengungen, nicht selten in dicken Beinen und Lebervergrößerung. Die letzteren Erscheinungen nennt man Stauungszeichen, das heißt, Flüssigkeit ist aus den gestauten Venen ins Gewebe ausgetreten.

═══ Gestörte Atmung

Die Atmungsorgane sorgen dafür, daß Luft mit Sauerstoff in den Körper hineingelangt und Kohlensäure aus dem Körper herausgeschafft wird. Die Atemarbeit wird, vom *Nervensystem* gesteuert, von der Brustwand mit den dort ansitzenden *Atemmuskeln* erfüllt (Zwischenrippenmuskeln, Zwerchfell, bei angestrengter Atmung noch Hilfsmuskeln). Im Brustkorb sind zwei *Lungen* aufgehängt (links aus zwei, rechts aus drei Lungenlappen aufgebaut). Mit einer Erweiterung des Brustkorbes erweitern sich auch die Lungen (=*Einatmung*), mit einer Verkleinerung des Brustkorbes fallen die Lungen wieder zusammen (=*Ausatmung*). Der Luftstrom tritt in der Regel nur durch die Nase, ausnahmsweise bei angestrengter Atmung auch durch den Mund ein. Die Passage durch die *Nase* ist die sinnvollste, weil die Nasenschleimhaut die Luft reinigt, anfeuchtet und anwärmt. Als eine weitere Schutzeinrichtung ist der *Kehlkopf* anzusehen, dessen Stimmbänder nicht nur der Sprache dienen, sondern auch bei jeder Fremdkörperaspiration für einen sofortigen Verschluß des Luftweges sorgen und heftigen Hustenreiz zur Ausstoßung des Fremdkörpers auslösen.

Eine Erkrankung der Atmungsorgane kann folgende Symptome verursachen:

durch die *umschriebene Lokalwirkung* z. B.
- Schnupfen und Niesen bei Reizung der Nasenschleimhaut;
- Heiserkeit bei Erkrankung des Kehlkopfes;
- Husten durch Reizung der Schleimhaut des Kehlkopfes, der Luftröhre (Trachea) und der Bronchien;
- Schmerzen bei der Atmung durch Reizung des Brustfells (Rippenfells);

durch die *Störung des Gasaustausches* z. B.
- Luftnot und Erstickungsgefahr durch eine Verengung oder Verletzung der Luftwege (Fremdkörper, Krupp, Epiglottitis, Asthma bronchiale);
- Beschränkung der dem Gasaustausch dienenden Lungeninnenflächen infolge Lungenentzündung, einen Erguß im Brustfellraum oder durch Zusammenfall der Lunge, wenn Luft in den Brustfellraum eingedrungen ist;
- Störung des Atemmechanismus durch Lähmung der Atemmuskeln (Muskelerkrankungen, Poliomyelitis).

Die Atmung wird ferner beeinflußt von *Störungen der Kreislauforgane* und der *Zusammensetzung des Blutes*. Herzkrankheiten bringen eine Störung der Lungendurchblutung, wodurch sich der Gasaustausch verschlechtert. Eine Blutarmut bedeutet, daß weniger Erythrozyten als Sauerstoffträger zur Verfügung stehen, weswegen Blutumlauf und Atemtätigkeit verstärkt werden müssen, um mit den wenigen Transportern noch einigermaßen viel zu erreichen. Im hohen *Fieber* (und bei körperlicher Anstrengung) verbraucht der Stoffwechsel mehr Sauerstoff. In dieser wie in jeder anderen Situation des Sauerstoffmangels reagiert der Organismus dadurch, daß er die Häufigkeit und die Tiefe der Atemzüge verstärkt. Gelingt es dabei, die Stoffwechselforderungen zu erfüllen, behält die Körperoberfläche den zartrosa Hautton. Der Kranke kann dabei die Notwendigkeit, vermehrt atmen zu müssen als hinderlich und belastend empfinden (Atemarbeit) und richtet sich deshalb so ein, daß möglichst keine weitere Körperbelastung entsteht. Stillhalten und Bewegungsarmut, Sprechfaulheit, auch Unlust zu essen, sind die logische Folge. Das *Ausmaß der Atemnot und des Lufthungers* kann für den Kranken so bedrängend sein, daß sich ein liegender Kranker aufrichtet, seine Atmung keuchend wird, die Haut sich bläulich verfärbt und die Angst zu ersticken den Gesichtsausdruck bestimmt. Hier ist entschiedene Hilfe nötig.

▬ Erkrankungen des Verdauungsweges

Unter Verdauung versteht man die *mechanische und chemische Aufbereitung* der durch den Mund aufgenommenen Nahrungsstoffe, damit sie ins Blut aufgenommen und an den Ort ihrer Verwertung gebracht werden können. Unverdaute Schlacken werden als *Stuhl* ausgeschieden. Der Mensch ist, gemessen an der Vielfalt seiner Nahrungsstoffe, ein Allesesser. Im Laufe seiner jahrhundertelangen Entwicklung hat die Zubereitung der Nahrungsstoffe eine immer weitergehende Verfeinerung bekommen. Durch die Kochkunst der Hausfrau werden die Nahrungsmittel zu einer Mahlzeit zubereitet, die nicht nur schmeckt und das Essen zu einer Freude macht, sondern auch schon die Verdauungsarbeit erheblich erleichtert. Auf Bekömmlichkeit der Nahrung muß um so mehr geachtet werden, je jünger der Organismus und je empfindlicher der Körper in seiner Gesamtverfassung ist. Dies gilt also vor allem für den Kranken.

Die *Zähne* zerkleinern die festen Brocken. Die Schneidezähne zerteilen, die Backenzähne zermahlen, was ihnen die Zunge immer wieder zuschiebt. Die Einspeichelung des Essens bereitet alles zu einem gleitfähigen Brei, der portionsweise über den Zungengrund hinab in die *Speiseröhre* verschluckt wird. Dann nimmt der *Magen* zunächst alles auf. Gesättigt kann sich der Mensch nun anderen Aufgaben in seinem Leben zuwenden. Der Magen wird, so kann man fast philosophisch folgern, damit zur Voraussetzung dafür, daß der Mensch sich auch höheren Zielen, als es das Essen ist, widmen kann.

Die chemische Verdauung geschieht durch *Enzyme*, die im Speichel und im Magensaft enthalten sind und ferner in der Bauchspeicheldrüse und in der Wand des oberen Dünndarms gebildet werden. Mit der *Galle* wird im Zwölffingerdarm ein Leberprodukt beigemischt, das die Fette zu kleinsten Tröpfchen löst und damit eine große Oberfläche für die fettspaltenden Enzyme schafft. Im Dünndarm ist die Verdauung vollständig. Aus festen Kohlenhydraten, z.B. der Stärke im Brot, sind kleinste Zuckermoleküle (Traubenzucker) geworden. Aus Eiweißkörpern des Fleisches oder der Milch sind Aminosäuren entstanden. Fettstoffe, z.B. die Butter, sind zu Fettsäuren aufgegliedert. Die in den festen Substanzen gebundenen Salze sind zu frei beweglichen, im Wasser gelösten Teilchen geworden: Chlor, Kalzium, Phosphat, Eisen usw. Die Aufnahme in die Blutbahn, durch die Darmwand hindurch, kann beginnen.

Muskelzüge in der Darmwand ziehen sich in steter Folge zusammen und führen den Darminhalt in Wellenbewegungen weiter. Die Darminnenfläche ist durch zahllose kleinste fingerartige Erhebungen stark vergrößert (Zotten), so daß eine weite Oberfläche für die *Resorptionsvorgänge* zur Verfügung steht. So werden die unteren Dünndarmanteile durchlaufen. Was als Darminhalt übrigbleibt, besteht nur noch aus unverdaulichen Stoffen, auf die der Körper keinen Wert mehr legt, mit einer Ausnahme: Das zur Verflüssigung der Nahrung zugesetzte Verdauungswasser wird im Dickdarm in die Blutbahn hereingeholt, und es wird auch darin eine sehr vernünftige haushälterische Eigenschaft des Organismus erkennbar.

Nahrungaufnahme und Stuhlentleerung sind von unserem Willen und unserer Willkür weitgehend abhängig. Was dazwischen liegt, die eigentliche Verdauung und das Aufnehmen der gelösten Nahrungsstoffe ins Blut ist unserem Bewußtsein und unserem Willen dagegen völlig entzogen.

Der *Appetit*, die Lust zu essen, gehört zu jenen Vitalfunktionen des Körpers, die sehr leicht zu stören sind. So ist Appetitmangel ein vordergründiges Symptom des Kranken, und das Verlangen, wieder etwas zu essen, erscheint als hoffnungsvolles Anzeichen des Genesens. Entzündungen im Mund, meist durch Viren hervorgerufene Bläschen (Aphten) oder kleine Geschwüre, bringen ernste Schwierigkeiten, etwas Festes zu essen und machen mit den ausgelösten Schmerzen in vielen Fällen jeden Versuch zur Qual. Manchmal ist auch durch schmerzlindernde Mittel nicht Abhilfe zu schaffen, so daß künstliche Ernährung durch Infusion in die Vene die kritischen Tage überbrücken muß. Schluckschmerzen sind ein typisches Symptom der entzündeten Rachenorgane und z. B. typisch für eine Angina (Mandelentzündung).

Der Weg durch die *Speiseröhre* ist nur selten einmal behindert. Aber dieser Weg ist so eng, daß sich verschluckte Fremdkörper, z. B. ein Geldstück, dort festsetzen können und durch einen Eingriff wieder herausgeholt werden müssen.

Magenkrankheiten gibt es aus vielfältigen Ursachen. Ein verdorbener Magen wehrt sich durch drückende Schmerzen gegen die aufgenommene Mahlzeit und nicht selten entleert er sich seines Inhaltes durch Erbrechen. Dies kann ein ganz und gar sinnvoller Abwehrakt des Körpers sein, wenn zu viel, zu schnell und schwer Verdauliches gegessen worden ist. Manchmal nimmt damit die Freude einer Kuchenschlacht an einem Geburtstag ein böses Ende. Erbrechen geschieht aber auch unabhängig von der Art der Nahrung; auch aus einem »leeren« Magen kann Schleim und Magensaft, vielleicht auch Galle erbrochen werden. Die Auslösung ist durch eine Reizung des Brechzentrums im Gehirn bedingt und Hinweis auf eine allgemeine Schädigung des Körpers. Entzündungen der Magenschleimhaut und der Schleimhaut des Zwölffingerdarms können bis zur Geschwürsbildung gehen, auch schon bei Säuglingen und älteren Schulkindern; vom Erwachsenen ist dieses Krankheitsbild natürlich noch besser bekannt. Ist die Eingangsstelle der Speiseröhre in den Magen sehr weit, kann Nahrung aus dem Magen hochgewürgt oder mit dem Aufstoßen von Luft mitgerissen werden, ein Symptom insbesondere bei Säuglingen, die beim Essen viel Luft mitschlucken (sogenannte Kardiaschwäche). Ebenfalls beim Säugling gibt es eine Verkrampfung des Magenausganges, also am Übergang zum Zwölffingerdarm. Dieser Magenpförtnerkrampf (Pylorusstenose) führt zu einer Ausweitung des Magens, zum Aufstau der Mahlzeiten und zum wiederholten heftigen Erbrechen im weiten Strahl; die Kinder können nicht gedeihen, bis der Weg wieder seine volle Öffnung bekommen hat.

Bei *Durchfallskrankheiten* liegt eine Erkrankung der Verdauungsdrüsen und der Darmwand zugrunde. Die Darmbewegung (Peristaltik) läuft oft unter kolikartigen Schmerzen verstärkt und beschleunigt ab. Dünne Stühle mit wertvollen Nahrungsstoffen werden entleert und für den Körper wird damit die Versorgung mit Energiestoffen mehr oder weniger zum Problem.

Das Gegenteil ist die *Verstopfung*. Statt regelmäßiger und ausreichender Entleerung des Stuhles stauen sich die Kotmassen im Dickdarm. Seine Lichtung wird weiter, die Wasserrückgewinnung führt zu einer noch stärkeren Verdichtung des Stuhles. Er kann hart und fest werden. Gasbildung setzt in reichlichem Maße ein. Der Leib wird aufgetrieben. Heftige Schmerzen sind die Folge. Einläufe und Abführmittel müssen eingesetzt werden. Bei manchen Kindern steht am Beginn einer erheblichen Verstopfung eine leichte Schleimhautschädigung am After, ein kleiner, sehr schmerzhafter Einriß, wie er durch harten Stuhl entstehen kann. Aus Angst vor dem Schmerz bei der Stuhlentleerung wird dann der Stuhl tagelang zurückgehalten. Aus einer solchen Wunde kann es auch bluten.

Nicht selten verschlucken Kleinkinder *Fremdkörper*, kleine Teilchen, die sie spielerisch in den Mund genommen haben. Von einem in der Speiseröhre festgeklemmten Geldstück haben wir schon gesprochen. Ist so ein Fremdkörper einmal im Magen, kann man damit rechnen, daß er ungehindert auch den weiteren Verdauungsweg passiert, um schließlich mit dem Stuhl wieder zu erscheinen. Nicht immer verläuft dies aber so glücklich, deshalb muß der Arzt den Weg durch Röntgenbilder verfolgen und je nach Fall zu abführenden Maßnahmen raten.

Mit der Verdauung stehen zwei große drüsige Organe im Bauchraum in enger Beziehung, die Bauchspeicheldrüse und die Leber. Die *Bauchspeichelsdrüse* sondert in großer Menge Enzyme zur chemischen Spaltung der Nahrungsstoffe ab, ihr Ausführungsgang endet im Zwölffingerdarm in unmittelbarer Nähe der Mündung des Gallenganges. Innerhalb der Bauchspeicheldrüse sitzen wie Inseln Nester von anderen Drüsenzellen, die das Insulin bilden. Dieses für den regelrechten Blutzuckerspiegel bedeutsame Organ gibt sein Hormon direkt ins Blut ab. Ein Mangel an Insulin führt zur Zuckerkrankheit (Diabetes mellitus).

Die *Leber* ist als Galleproduzent unmittelbar an der Vorbereitung der Verdauung beteiligt, als großes Stoffwechselorgan hat sie aber noch zahllose andere Aufgaben, von denen einige genannt seien: Speicherorgan für Kohlenhydrate, indem dort Traubenzucker (Glukose) in großen Molekülen als Glykogen gebunden auf Abruf abgelagert wird; Synthese von Eiweißkörpern aus Aminosäuren; Entgiftungsorgan für viele im Körper entstehende Stoffwechselprodukte oder für einige Substanzen, die von außen in den Körper hineingelangen. In dieser Belastung ist die Leber auch in Gefahr, überlastet zu werden. Bei Vergiftungen, z. B. durch den Knollenblätterpilz, bei Alkoholvergiftung oder Schlafmittelüberdosierung sind die Leberwerte (z. B. die sogenannten Transaminasen) verändert. Bei einem erhöhten Zerfall der Blutkörperchen, wie er z. B. in der Neugeborenenperiode beim Säugling beobachtet wird, kann die Leber das Bilirubin nicht schnell genug ausscheiden. Es wird im Blut vor der Leber aufgestaut. Die Haut des Kindes bekommt einen gelben Farbton. Leberentzündung (Hepatitis) ist eine bedenkliche Erkrankung, weil ein für das Wohlbefinden des Körpers zentrales Organ damit getroffen wurde. In der Regel gelingt die volle Ausheilung. Übergang in eine chronische Hepatitis muß aber zu einer dauerhaften Vitalitätsbeschränkung führen.

Erkrankungen des Nervensystems

Das Nervensystem des Menschen setzt sich zusammen aus den zentralen Organen *Gehirn* und *Rückenmark* und den *Nerven*. Diese reichen in einer sehr feinen Verzweigung in alle Körperbereiche. Empfindungen aus jedem Organ und von jedem Quadratzentimeter Haut werden gesammelt und ins Rückenmark und Gehirn geführt, wobei nicht alle einzelnen Meldungen bis ins Bewußtsein gelangen. Von Gehirn und Rückenmark gehen andererseits Nervenimpulse aus, die Wirkungen an den Muskeln und an allen inneren Organen verursachen, um damit eine Steuerung zum Wohle des Organismus zu bewirken. Auch hierbei wird nicht jede Einzelheit bewußt ausgelöst und bewußt erlebt. Und dies ist auch gut und lebensnotwendig. Viele Feinheiten der Regulationen im Körper werden so sehr prompt und präzise gesteuert in einer exakt abgestimmten Weise, wie sie unter willkürlicher, das heißt bewußter Beeinflussung nicht möglich wäre. Dieses *Nebeneinander bewußter und unbewußter Vorgänge* sei an drei Beispielen näher beschrieben.

Ein *Bewegungsvorgang*, z. B. das Treppensteigen, wird als Willensentscheid beschlossen und von der Großhirnrinde sozusagen als Arbeitsentwurf an das motorische System weitergegeben. Mit der Bewegung der Beinmuskeln ist es aber längst nicht getan. Jeder Schritt, das heißt das Anheben und Vorwärtsführen eines Beines, kann nur dann ohne ernste Balancestörungen und Gefahr des Hinstürzens gelingen, wenn das Körpergewicht unwillkürlich auf das Standbein umgelagert wird. Dies hört sich einfach an. Es ist dazu aber die Mitarbeit sehr vieler anderer Muskeln im ganzen Körper vonnöten. Um dem Ganzen einen guten Schwung zu geben, werden meist auch darauf abgestimmte Armbewegungen vollzogen. Damit die Füße in einer harmonischen Weise und ohne allzu große Erschütterung gesetzt werden können, teilen Empfindungsnerven Einzelheiten darüber mit, wie Fuß und Bein bei Beginn der Bewegung stehen und wie die Bodenbeschaffenheit ist. Kann ein Kranker über diese unbewußten Feineinstellungsvoraussetzungen nicht verfügen – es gibt solche Ausfallskrankheiten –, nimmt der Gang einen eckigen, unbeholfenen Charakter an.

In einer anderen Situation, bei der zufälligen *Berührung einer heißen Herdplatte,* muß die berührende Hand selbstverständlich sofort zurückgezogen werden, damit keine ernsten Verbrennungsschäden entstehen. Würde diese rettende Bewegung erst über das Bewußtsein der Schmerzempfindung willkürlich in Gang gebracht, ginge wertvolle Zeit verloren. Die Schmerzempfindung läuft vielmehr neben einer unwillkürlichen Bewegung her, die reflektorisch die Hand sofort zurückzieht. Eine Reflexbewegung ist also eine unwillkürliche Bewegungsantwort auf einen Empfindungsreiz. Die nervöse Schaltung läuft dabei auf dem kürzesten Wege.

In einer dritten Situation nehmen wir an, daß jemand sich voll Freude an den Essenstisch vor eine gute Mahlzeit setzt. Der Anblick des feingedeckten Tisches und der Duft der Speisen wird von Auge und Nase aufgenommen und dem Bewußtsein zugeleitet. Unwillkürlich strahlen diese Effekte in weite Bereiche des Körpers aus. Die seelische Grundstimmung wird im ganzen positiv gestaltet. Spannungen des Alltags fallen ab, gelöst sitzt man am Tisch, und längst bevor die ersten Bissen den Magen erreichen, hat der Verdauungsapparat sich schon auf die Verdauung der Speisen eingestellt. Der Speichel fließt, auch der Magensaft wird vermehrt abgesondert, und alles dies wird auch schon weitgehend auf die Art der Mahlzeit abgestimmt, ob es sich um eine Fleischmahlzeit oder ein Stück Kuchen handelt. Dieses Beispiel weist also auf die Existenz eines besonderen Teiles des unbewußten Nervensystems, des vegetativen, hin, das die unbewußten Lebensvorgänge in unseren Organen steuert.

Bei einer *Erkrankung des Nervensystems* reagiert dieses in spezifischer Weise, je nach der Eigenart der Strukturen, die geschädigt wurden. Einer *Muskellähmung* liegt eine Störung der motorischen Nervenbahnen zugrunde. Hier gibt es, etwas kompliziert vorzustellen, zwei Möglichkeiten. Ist der Bewegungsnerv, der zum Muskel zieht, ohne Funktion, ist der dazugehörige Muskel schlaff und ohne Bewegung. Ein Bein ist gelähmt, eine Gesichtsseite schlaff und ohne Bewegungsfähigkeit. Diese Situation ist z. B. bei der Poliomyelitis, der epidemischen Kinderlähmung, gegeben. Es liegt eine sogenannte schlaffe Lähmung vor. Fällt der erste Abschnitt der motorischen Bahn, die noch im Gehirn läuft, aus, ist die Muskulatur ebenfalls bewegungsunfähig oder wenigstens sehr bewegungsarm, aber die Spannung der Muskeln ist gesteigert. Man spricht von einer spastischen Lähmung, ein Bild, das bei der infantilen Zerebralparese, der hirnbedingten Kinderlähmung zu sehen ist. Die Kinder werden in einer medizinischen Kurzsprache Spastiker genannt. Jede Art der Lähmung kann wieder zurückgehen, es kommt aber auf den Einzelfall an, ob und wieweit dies geschieht.

Anhaltende und fortschreitende Lähmung der Muskulatur gibt es aber auch unabhängig vom Nervensystem durch eine *Degeneration von ausgedehnten Muskelregionen*, so daß z. B. Schwierigkeiten beim Treppensteigen entstehen. Diese *Myopathien* sind zum Teil durch Bluttests früh zu erfassen (Bestimmung der Kreatininkinase).

Funktioniert die *unbewußte Feineinstellung der Muskeln* nicht, fehlt einer Bewegung die zielgerichtete Präzision. Jetzt sind die Bewegungen ausfahrend und unbeholfen, sie schießen immer wieder über das Ziel hinaus. Die Situation zeigt sich beim Veitstanz, der Chorea minor.

Sind motorische Zentren zeitweise, für Minuten, in hohem Maße gereizt, kommt es zu vollkommen sinnloser Muskelüberspannung und auch zu rhythmischen Zuckungen. Man spricht von einem motorischen *Anfall*. In der Regel ist auch das Bewußtsein dabei erloschen. Dann besteht das typische Bild eines *epileptischen Anfalles* (großer Anfall, Grand mal).

Eine besonders schwere Störung wichtiger Abschnitte des Hirnstammes führt zur *Bewußtlosigkeit*, so bei einer schweren Hirnentzündung oder Hirnverletzung. Selbst solche lebensbedrohlichen Zustände können wieder vollständig behoben werden. Eine geläufige Störung dieser Art liegt bei einer Hirnerschütterung (Commotio), z. B. durch einen Sturzunfall, vor.

Bei jeder schweren Hirnerkrankung kommt die Lebensgefahr nicht etwa allein durch die Schädigung der das Bewußtsein tragenden Strukturen. Es gibt ja auch tragische Fälle von monatelanger Bewußtlosigkeit, ohne daß Lebensgefahr besteht. Lebensgefährlich wird die Situation immer dann, wenn die *Zentren für Atmung und Kreislauf* in die Schädigung einbezogen sind. Herzstillstand oder Atemstillstand ist dann die Folge.

Die Hirnleistungen eines Gesunden sind also sehr vielfältiger Natur. Auch das *seelische und geistige Wirken eines Menschen* ist an bestimmte Hirnstrukturen gebunden und darin gefährdet. In sinnvoll abgestimmter Weise reagiert ein Gesunder auf seine Umgebung, was sie ihm an Reizen und Anforderungen bringt. Er gibt darauf eine angepaßte Antwort der Zuwendung oder Ablehnung. Er antwortet auf den Reiz dabei in seiner sehr persönlichen Weise, die von seiner seelischen Grundstruktur, den Charakter und der augenblicklichen Stimmungslage diktiert ist. Hat jemand nach einer schweren, inzwischen überstandenen Hirnschädigung einen Defekt, z. B. durch eine Hirnnarbe, zurückbehalten, könnte er unangepaßt zornig oder in anderer Weise überschießend antworten oder auch selbst auf ein sehr trauriges Ereignis kaum eine Gemütsbewegung zeigen.

Grundsätzlich Gleiches gilt auch für die *intellektuellen Leistungen*, für geistiges Wissen, klare Denkfähigkeit, für die Fähigkeit des logischen Folgerns und der aufmerksamen Konzentration. Jedes einzelne und alles zusammen kann geschädigt sein. Was hier zugrundeliegt, kann angeboren oder erst später erworben sein. *Schwachsinn* heißt eine allgemeine Intelligenzminderung, wobei es verschiedene Grade gibt von einer leichten geistigen Leistungsbehinderung (Debilität) bis zu einer geistigen Bildungsunfähigkeit (Idiotie), die ständige Lebenshilfe durch Angehörige oder Pflegepersonen erfordert.

Störungen der Hormondrüsen

Botenstoffe im Blut, *Hormone*, regen Wachstums- und andere Leistungsvorgänge des Körpers an. Die Drüsen, die solche Stoffe bilden und ans Blut abgeben, sind über den ganzen Körper verteilt. Ein Ausfall bedingt eine *Unterfunktion* der Entwicklung und/oder einer Organleistung, eine *Überfunktion* ein Zuviel an Organleistungen.

Eine beherrschende Stellung hat die *Hirnanhangsdrüse*, die Hypophyse. Ihre enge Beziehung zu den vegetativen Zentren der Hirnbasis zeigt an, daß an dieser Stelle eine Verknüpfung von Hirnimpulsen und Hormondrüsen gegeben ist. Ein wichtiges Hormon ist das Wachstumshormon. Fehlt es, bleibt das Kind klein, wird zuviel davon produziert, entsteht Riesenwuchs. Die Hypophyse sendet aber auch mehrere andere Hormone aus, die erst über weitere Drüsen wirken, z. B. über die Schilddrüse und über die Sexualdrüsen, Hoden und Eierstock. Das heißt, daß diese Organe bei einer

Störung der Hypophyse nur eine ungenügende Leistung bringen, selbst wenn sie an sich gesund und zur Leistung bereit wären. Würden diese abhängigen Drüsen aber aufgrund einer eigenen Störung nicht leistungsfähig sein, so könnte auch eine Überproduktion von Hypophysenhormon bei ihnen keine ausreichende Leistung hervorrufen.

Man sieht aus diesen Beispielen die enge Verknüpfung und innere Abhängigkeit des hormonellen Systems. Man sieht, wie vieles harmonisch zusammenwirken muß, damit sich der Organismus normal entwickelt und in jeder Lebensphase sich leistungsfähig zeigen kann.

An der *Schilddrüse* ist ein besonderes Phänomen zu beobachten. Kann diese Drüse die nötige Hormonmenge nicht erreichen, vergrößert sie sich. Es entsteht ein sichtbarer Kropf, auch Struma genannt. Dies ist kein seltenes Ereignis in der Pubertät, vor allem bei Mädchen. Mit einer Vergrößerung folgt also diese Hormonfabrik den gesteigerten Anforderungen in dieser Entwicklungsphase, die angepaßte volle Funktion wird also unter Kropfbildung erreicht. Direkt ist daran nichts zu ändern, und wenn ein Kropf nicht aus kosmetischen Gründen unangenehm wäre, müßte man dagegen auch nichts unternehmen. Um aber die unschöne Auftreibung am Hals zu beseitigen, gibt der Arzt eine bestimmte Hormonmenge als Medikament, genau so viel, wie sie vom Körper nur unter Organvergrößerung gebildet wurde, und die Struma geht wieder zurück. Ist die Pubertätsentwicklung abgeschlossen, kann auf das Medikament wieder verzichtet werden. Die Schilddrüse bleibt dann auch weiterhin in normaler Größe.

In einer anderen Situation kann die Schilddrüse selbst unter Kropfbildung keine ausreichende Hormonmenge bilden. Die Kinder bleiben in der körperlichen und geistigen Entwicklung zurück. Sie sind in schweren Fällen minderwüchsig, träge und geistig schwach (Hypothyreose). Eine Substitution des Hormons ist für das ganze Leben nötig. Früh genug begonnen kann damit eine normale Entwicklung in jeder Hinsicht herbeigeführt werden.

Bei einer anderen Schilddrüsenerkrankung, der Hyperthyreose (Basedow-Krankheit), vergrößert sich die Schilddrüse in einer völlig sinnlosen Weise. Zuviel Hormon wird gebildet und ausgeschüttet. Die Kranken werden hyperaktiv, stimmungslabil, unruhig, und alle Stoffwechselvorgänge laufen ständig auf Hochtouren. Hier müssen bremsende Medikamente verordnet werden, die die Überproduktion lähmen.

═══ Bösartige Erkrankungen

In einem gesunden Organismus hat jede Zelle ihre aufs Ganze abgestimmte Aufgaben, sie arbeitet eingefügt in einen Gesamtplan. Entzieht sich eine Zelle diesen unterordnenden Einflüssen, erwachsen in ihr Impulse zu einem ungeordneten Wachstum und zu einer ungeordneten Vermehrung, entsteht die Grundlage zu einer bösartigen Erkrankung. Diese Zellen entziehen dem Körper wertvolle Stoffe, schwächen ihn damit, ohne ihm zu nützen. Sie schaden ihm darüber hinaus, indem sie zu knotigen, raumfordernden Wucherungen werden, die anliegende Organe bedrängen und in ihrer Leistung behindern. Sie breiten sich als Tochtergeschwülste über andere Körperbereiche aus.

Bösartige Tumoren werden *Krebs* genannt. Der *Primärtumor* ist der Ausgangspunkt. Die *Tochtergeschwülste* heißen Metastasen.

Beim Erwachsenen nehmen solche Tumoren meist ihren Ausgang am Oberflächendeckgewebe (Epithel), z. B. an der äußeren Haut, der Innenauskleidung der Speiseröhre, der Bronchien oder der Gänge in der Brustdrüse. Diese Art von Krebs nennt man *Karzinom*. Beim Kind ist diese Tumorart nur sehr selten anzutreffen. Tumoren des Kindes entstehen eher inmitten von Organen, z. B. in Lymphknoten, in der Niere, im Nervensystem und im Knochen. Man spricht hier von einem *Sarkom*. Ein Sarkom ist eher noch bösartiger, weil es in der Regel noch schneller wächst.

Eine besondere Art der Entstehung und Ausbreitung zeigt der *Blutkrebs, die Leukämie*. Diese Zellen durchwuchern sehr schnell das gesamte Knochenmark, so daß normale Knochenmarkszellen nicht mehr gebildet werden. In mehr oder weniger großer Zahl werden kranke Zellen auch ins Blut angeschwemmt und in Lymphknoten, Leber, Milz und Gehirn abgesiedelt.

An den *Ursachen* jeder Art von Krebs und Leukämie wird heute zwar weltweit intensiv geforscht, das Wissen darüber ist aber noch zu gering. Glücklicherweise sind die Behandlungsmöglichkeiten heute, nach einer Zeit der totalen Hoffnungslosigkeit, schon weit vorangekommen. Viele Fälle können geheilt werden, in vielen anderen läßt sich das Leiden wenigstens für lange Zeit lindern. Die Behandlung erfolgt mit Zellgiften (Zytostatika) und Cortisonpräparaten, Strahlentherapie und mit chirurgischer Technik.

≡ Der Weg zur Diagnose und Therapie

Die ärztliche Diagnostik und Therapie haben vor allem im Laufe der letzten 100 Jahre eine ungeheure Verfeinerung erfahren. Mit großen Entdeckungen sind neue Wege des Wissens und Heilens erschlossen worden. Eine praktische Medizin ist solange fruchtbar und in die Zukunft entwicklungsfähig, solange der *Arzt neben aller mitmenschlicher Zuwendung zum Kranken auch Wissenschaftler* geblieben ist. Man muß nicht von jedem Arzt eine Entdeckung und eine neue Methode erwarten. Nicht derjenige sollte unbedingt das größte Ansehen genießen, der sich jeder neuen Erfahrung modesüchtig zuwendet und immer das Neueste aufschreibt, sondern derjenige, der auf dem Bewährten aufbauend allem Neuen sich geöffnet zeigt und erst nach gewissenhafter Prüfung seine Methoden darin ändert, wo in einem ausgewogenen Vergleich von möglicher Belastung des Kranken und höherer Heilungschance der eindeutige Nutzen liegt. Dieser Maßstab gilt insbesondere für viele eingreifende Untersuchungsverfahren, mutige Operationstechniken und hochwirksame, gezielt angewandte, aber nicht immer nebenwirkungsfreie medikamentöse Therapieverfahren. Hier müssen auch betroffene Eltern einen vernünftigen eigenen Standpunkt gewinnen: Man kann in vielen Fällen keine vertiefte ärztliche Diagnostik erwarten, wenn man nicht sein Einverständnis zu Punktionen oder anderen Untersuchungsmethoden, die eine gewisse Belastung einschließen, zu geben bereit ist. Das gleiche gilt für die Therapie. Manches, was früher unheilbar war, kann heute nur mit einem erhöhten Risiko, aber eben doch damit dann glücklich überwunden werden.

Über allem steht das *Vertrauen*, das Eltern zu ihrem Arzt haben, und die kritische, auf den Einzelfall eingestellte ärztliche Verantwortung, die dieses Vertrauen verdient. In diesen Beziehungen zeigt sich die Medizin trotz allen äußeren Wandels mit ihrem alten und ewig entscheidenden Kern.

Ein Kranker, das kranke Kind und seine Eltern suchen Hilfe und Heilung und sie sind damit auf dem Weg zum Arzt. Vielleicht erwarten sie mit Angst, Hoffnung und Spannung die Diagnose. Mit der ersten Kontaktaufnahme, die zu allererst der Diagnosefindung dienen muß, wird ein besonderes Verhältnis begonnen, das der Therapie dienen kann. Der Arzt erscheint den Eltern in aller Regel nicht zuerst als Träger einer Wissenschaft, sondern als hilfsbereiter und zur Hilfe fähiger Mitmensch. Das kranke Kind ist für den Arzt ein erlebtes Individuum, das neben den eigen ausgeprägten körperlichen Krankheitszeichen auch ein eigenes Befinden und Verhalten aus der Konfrontation mit der Krankheit mitbringt. Und auch die Eltern bringen ihre eigene Haltung zu der Krankheit mit, die sie betroffen hat.

In dieser Interaktion zwischen Arzt, krankem Kind oder Jugendlichem und seinen Eltern sieht sich der Arzt vor die Aufgabe, ja vor den Konflikt gestellt, das Individuelle würdigen und das wissenschaftlich Typische suchen zu sollen. Was zunächst Vorrang hat in dieser persönlichen Begegnung, ist von Fall zu Fall verschieden in Abhängigkeit vom Kranken und auch vom Arzt. Braucht der Kranke zunächst vor allem das Gefühl, daß er in seinem Leiden persönlich angenommen wurde und einen Begleiter gefunden hat? Oder ist, um bei Lebensgefahr den rettenden Schritt zu tun, vordergründig und schnell ein vernunftbetontes, fast kühles Handeln vonnöten? Irgendwann muß in jedem Fall der Schritt zu einer exakten rationalen Beurteilung getan werden: In den Gedanken des Arztes entsteht die Diagnose, indem er einen wissenschaftlichen, allgemeingültigen Krankheitsbegriff diesem Kranken und seiner Individualität zuordnet.

Am Beginn steht eine sorgfältig erfragte *Entstehungsgeschichte der Krankheit* (Anamnese). Sie ermöglicht bereits in den meisten Fällen eine weitgehende Einengung der Möglichkeiten, welche Krankheit vorliegen kann. Sie geht von den aktuellen Beschwerden aus, die den Weg zum Arzt bestimmten. Von großer Wichtigkeit sind aber auch frühere Erkrankungen, Unfälle und Operationen, sind Beobachtungen, die auf besondere Schwächen (Dispositionen) hinweisen können. Aufschlußreich kann die Geburt mit ihren Schwierigkeiten sein. Auch Geschwistererkrankungen und Familienkrankheiten sind von Bedeutung.

Von diesen *Krankheitszeichen, Symptomen*, geht dann der Arzt in seiner *Untersuchung* aus. Er läßt sich aber nicht allein davon leiten, sondern betrachtet den Kranken in seiner Gesamtheit auch auf Einzelheiten, die bis dahin ihm und den Eltern noch nicht aufgefallen sein konnten. Innerhalb der einzelnen Symptome bekommen markante Erscheinungen, *Leitsymptome*, eine richtungsweisende Bedeutung. Mehrere Krankheitsbilder sind zu erwägen, die diese enthalten. Immer weiter abtrennend und zuordnend geht der Arzt in seiner Betrachtung vor *(Differentialdiagnose)*, bis er sich auf ein Krankheitsbild festlegen kann: Er hat seine Diagnose.

Nicht immer ist dieses Ziel in einem ersten Untersuchungsgang und in einem direkten Zuschreiten zu finden. Nicht immer läßt eine drängende Situation Zeit, vollends zur klaren und endgültigen Diagnose zu kommen und erst dann zu behandeln. Mitunter muß auf Leitsymptome hin und noch im Erwägen der feineren Aufgliederung und möglichen Festlegung die Behandlung eingeleitet werden, um dem Kranken zu helfen, z. B. bei einem langdauernden Krampfanfall, bei einer schweren Blutung oder bei hohem Fieber.

Nicht immer zeigt sich eine Krankheit von Anfang an in einer letztgültigen eindeutigen Ausprägung. Es gehört daher auch zum diagnostischen Können eines Arztes, daß er nach Stellung einer Diagnose innerlich frei bleibt, diese wieder in Frage zu stellen, sie wieder zu verlassen, erneut in eine differentialdiagnostische Erwägung zu treten und sich wieder neu und anders festzulegen. Neuerfaßte Krankheitszeichen können dies fordern. Das Vertrauen in den Arzt sollte dadurch nicht schwankend werden müssen. Ein Arzt, der seinen Kranken und dessen Eltern gut zu führen weiß, wird sein Handeln auch überzeugend interpretieren können.

Die *Behandlung, Therapie,* ist das eigentliche ärztliche Ziel, nicht die Diagnose. Diese ist Mittel zu jenem Zweck. Das Wort Therapie stammt aus der griechischen Sprache. Es besagt dienen und Dienst leisten, es schließt in dieser Sprache ein: freundlich behandeln, verehren und hochachten, sorgsam sein und sorgen. Schöner kann man die ärztliche Aufgabe nicht umschreiben.

Die Eltern als Arzt und Helfer des Kindes

≡ Häusliche Krankenpflege, allgemeine Gesichtspunkte

Ein Kind, ein Jugendlicher brauchen Wärme, Fürsorge, Zuwendung, Offenheit, Wahrhaftigkeit und positive seelisch-geistige Lebensstrukturen, an denen sie sich wie an Leitlinien auf ein schließlich unabhängiges, eigenständiges Leben hin entwickeln können. Dies gibt ihnen in der Regel das Elternhaus, in anderen Fällen Großeltern, Pflegeeltern und Erzieher in Heimen, die Elternstelle vertreten.

So lebensnotwendig dies alles in gesunden Tagen schon ist, in der Krankheit kann ein Kind am allerwenigsten darauf verzichten. In den Kapiteln von Seite 20 bis 30 sind wir darauf eingegangen, wie ein Kind seine Krankheit erlebt, wie sehr sich die Besorgnis der Eltern dieser Belastung zuwendet, was einem Kranken nutzt und was ihm schaden kann. Der ideale Ort, auch bei einer schweren Erkrankung wieder gesundgepflegt zu werden, ist das Zuhause.

Der Entschluß zu einer Krankenhauseinweisung wird immer aus einer ganz besonderen Not und Gefährdung geboren. Auch dies sollte man als eine ganz und gar positive Entscheidung ansehen aus der Erfahrung, daß dann die dort mögliche Hilfe schneller und sicherer gesund macht, vielleicht lebensentscheidend ist. Rechtzeitig auch aufs Krankenhaus vorzubereiten und eine optimistisch gestimmte Einstellung auch dazu aufzubauen, sollte daher vorausschauend den Eltern ein wichtiges Anliegen sein (s. S. 333).

Eltern, vor allem die Mutter, hat man in dieser Situation mit einer Arznei verglichen, die dem Kind und Jugendlichen die wertvollste Stütze der natürlichen Lebenskräfte ist. Sehr vieles machen sie schon gefühlsmäßig aus Zuneigung richtig, auf einige Dinge sollte aber noch besonders hingewiesen werden, um es noch bewußter zu machen und Optimales zu erreichen. Folgende **Pflegeregeln** könnte man aufstellen:

1. *Freundlichkeit, eine Optimismus ausstrahlende Krankenpflege* führt leichter über das Gefühl des Abgeschlagenseins und der Schwäche hinweg, öffnet den Kranken für frohstimmende Eindrücke, ermuntert, manches hinzunehmen und zu ertragen, was nicht zu ändern oder was für das Gesundwerden nötig ist. Optimismus, zu glauben, eine vorausliegende Hürde überspringen zu können, ist schon der halbe Sprung.

2. *Ruhe und Gelassenheit* sind Eigenschaften, die zunächst den be-sorgten Eltern selbst zu wünschen sind, damit sie aus der Hoffnung auf Besserung oder auf eine wenigstens lindernde Hilfe auch die Geduld zu ihrem Dienst aufbringen können. Beide Eigenschaften lassen sich aber auch auf einen Kranken gut übertragen, wenn es krisenhafte Belastungen, Atemnot, Schmerz, hohes Fieber zu über-winden gilt.

3. *Festigkeit,* ja *Strenge* können mitunter Erziehungsmittel in der Krankheit sein, um heilkräftige Maßnahmen, Anordnungen des Arztes, Medikamenteneinnahme, Erduldung unangenehmer Pfle-gemaßnahmen, Trinken und Essen einmal auch zu erzwingen, wenn es nicht anders geht. Je mehr in der bisherigen Erziehung schon eingeübt ist, daß es im Leben ohne Selbstbeherrschung und Überwindung nicht geht, um so leichter fällt es auch, unter drük-kenden Krankheitsbedingungen das zur Heilung einfach Notwen-dige beim Kranken zu erreichen. Klugen Eltern fallen sicher zur Erleichterung dabei auch manche Kompromisse ein. Man soll aber nichts versprechen, was man nicht halten kann.

4. *Pünktlichkeit und Ordnung* erleichtern den Tagesablauf und ma-chen freier für die sonstige Alltagsarbeit, die Eltern zu erledigen haben, sie helfen aber auch planmäßig Zeit für Tätigkeiten zu gewinnen, die dem Kind und den Pflegenden zur Entspannung dienen. Pünktlich sein heißt auch, auf das Zeitgefühl eines oft einsamen Kranken einzugehen im Wissen, daß er mitunter die Minuten zählt, bis z. B. der Besuch eines Freundes erfolgt. Und man soll jedes Versprechen halten: Ein Kranker vergißt nichts, was er ersehnt.

5. *Liebe* hat dann den höchsten Stellenwert und die größte Wirkung, wenn sie mit *Selbstlosigkeit* gepaart ist. Dies gilt vor allem für Eltern, die ein chronisch krankes und behindertes Kind zu betreu-en haben. In dieser Haltung werden sie nicht nur am meisten erreichen, es wird ihnen für ihr eigenes Gefühl alles auch am leichtesten fallen. Krankheit ist so auch eine Erziehungssituation von besonderer, weitreichender Wirkung. Ein Kranker erfaßt ge-fühlsmäßig am Beispiel der Eltern, wie man sich in einer grund-sätzlichen Einstellung einem Hilfsbedürftigen zuzuwenden hat. Ein heute krankes Kind oder ein Jugendlicher werden nach diesem Beispiel, das als Norm in ihre Charakterbildung eingeht, sich eines Tages auch um Mitmenschen annehmen, die in gleicher Weise von ihrer Zuneigung und Fürsorge abhängig geworden sind, sei es später die eigene Familie, seien es die inzwischen alt gewordenen Eltern oder andere Menschen.

≡ Krankenzimmer, Krankenbett

Ein **Krankenzimmer** soll freundlich eingerichtet sein und viel Vertrautes enthalten. In der Regel ist es das Zimmer, in dem das Kind auch sonst lebt und schläft. Muß man sich auf längeres Kranksein einrichten, wäre es zu überlegen, ob man nicht durch Umräumen manches besser auf den Kranken und die Pflege abstimmen kann. Ein Kranker sollte ins Zimmer hineinschauen, nicht direkt auf die Fensterfront sehen, um vom Licht nicht geblendet zu sein. Steht das Bett parallel zur Fensterfront, könnte ein Kranker einmal zum Fenster hinaussehen, zum anderen ein freundliches Bild an der Wand betrachten, wie es seine Laune eben ist.

Auf einem *Nachttisch* oder einem *kleinen Zustelltisch* könnten Dinge stehen, die der Kranke im direkten Zugriff haben soll: Getränke, kleine Happen zum Essen, Spielzeug, Bücher, ein kleines Radio. Damit wird die Eigeninitiative unterstützt und die Mutter entlastet.

Das *Fenster* sollte Abstand vom Bett haben, damit es bei einigermaßen warmer Außentemperatur etwas geöffnet bleiben kann und der Luftstrom bei völliger Öffnung nicht direkt auf den Kranken gelangt. Während der regelmäßigen Lüftung sind die Kinder sorgsam zuzudecken und vor Zugluft zu schützen.

Die **Raumtemperatur** soll 18–20 °C betragen. Kranke, die sich im Sitzen beschäftigen können, schützt man durch einen Pullover oder eine Strickjacke.

Das **Bett** soll eine relativ straffe Matratze haben und am Kopfende hochzustellen sein. Bei Säuglingen ist ein Kopfkissen völlig entbehrlich. Bei älteren Kindern dient ein flaches Roßhaar- oder ein nicht zu großes Federkissen. Zum Zudecken nimmt man Wolldecken, die mit einem Überzug versehen sind, oder eine Steppdecke. Federdeckbetten sind schlecht geeignet.

Es gibt Situationen, daß eine Mutter ihr krankes Kind näher bei ihrer täglichen Arbeit haben will, um es besser beobachten zu können oder ihm mit ihrer Nähe sonstwie besser zu helfen. Man könnte dann den Kranken für einige Stunden täglich auch auf die Couch eines Wohnzimmers legen. Auch mancher Rekonvaleszent ist dann besser in der Bettruhe zu halten, wenn er mehr Familienanschluß hat.

Hier stellt sich überhaupt die Frage nach der Intensität, mit der **Bettruhe** eingehalten werden muß. Kleinkinder sind, falls sie nicht schwerkrank darniederliegen, in der Regel so unruhig, daß sie kaum im Bett gehalten werden können und die Mutter sich geradezu ständig danebensetzen müßte, wenn sie ein ruhig liegendes Kind haben wollte. Für solche Kinder ergibt sich als Alternative, die man eventuell mit dem Arzt besprechen sollte, sie ausreichend anzuziehen und in den Laufstall zum Spielen zu setzen. Kinder schlafen dort auch zwischendurch recht gut. Dies hat auch den Vorteil, daß die Mutter das Ställchen in den Bügelraum oder ins Wohnzimmer stellen kann.

Bettenmachen. Regelmäßig morgens nach dem Waschen oder Baden, mittags und abends nach der Mahlzeit wird das Bett geordnet, zwischendrin immer dann, wenn es in Unordnung geraten ist. Größere Kinder setzt man außerhalb des Bettes in einen bequemen Stuhl, die Füße von einem kleinen Stuhl oder Hocker unterstützt. Kleinere setzt man während des Bettens aufs Fußende, den Rücken durch ein Kissen unterstützt. Schwerer kranke Kinder werden behutsam auf eine zweite Liege gehoben und dann wieder, am besten unter Zusammenarbeit von zwei Personen, zurückgelegt.

Man kann sich bei hohem Wäscheverbrauch dadurch helfen, daß man über die Mitte des Bettes ein zweites Laken als sogenannten Durchzug legt, der isoliert häufiger gewechselt werden kann. Um Durchnässen bis auf die Matratze zu vermeiden, schiebt man ein Gummituch unter. Heute stehen auch Zellstoffplatten (Einmalmaterial) für häufigen Wechsel zur Verfügung. Kinder mit Ekzem oder Verbrühung werden auf Zellstoffplatten gelegt, die mit Metall beschichtet sind (Metallinefolien).

Vor allem bei fiebernden Kindern oder solchen, die an Hautausschlag erkrankt sind, sollte man Bettwäsche wie auch den Schlafanzug täglich wechseln.

Das Auswechseln des Bettlakens bedarf bei großen und schwerkranken Kindern dann einer besonderen Technik, wenn der Kranke dabei im Bett verbleiben soll. Diese Technik ist durch Übung schnell zu erlernen, so daß auch eine einzelne Pflegeperson zurechtkommen kann. Ein neues Laken wird vorbereitet, indem es von einer Längsseite her aufgerollt wird. Dann legt man den Kranken an einen Bettrand, zieht das alte Laken an der anderen Seite hervor und rollt es ebenfalls an der Längsseite ein. Das neue Laken wird dann danebengelegt, so daß die Längsrollen nebeneinanderliegen. Dann hebt oder zieht man den Kranken auf die saubere Lakenseite, breitet dieses Laken vollständig aus und nimmt das alte weg.

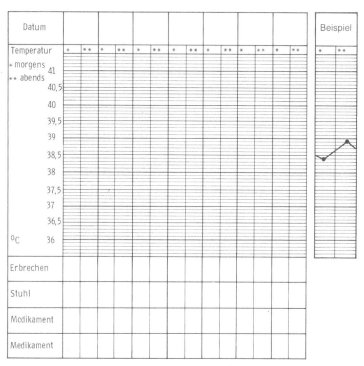

Abb. 3   **Aufzeichnung des Tagesablaufes:** Temperatur, Stuhlverhalten und sonstige
Besonderheiten können eingetragen werden. Zeichen für Erbrechen = E; Zeichen für
Stühle: | = normal, / = breiig, — = wäßrig, ~ = schleimig; auf Blutbeimengung
besonders achten.

≡ Tagesplan

Ein Kranker zu Hause nimmt für seine ausreichende Pflege viel
Zeit in Anspruch. Es ist sehr ratsam, sich einen kleinen Tagesplan zu
machen. Wiederkehrend nötige Verrichtungen werden dann nicht vergessen. Manche Tätigkeiten sind sinnvoll zusammen zu erledigen. Die nötige
Ordnung in der Pflege wird auch dann gewährleistet, wenn eine Mutter für
Stunden von einer Nachbarin oder einer anderen Helferin in ihrer Pflege-
aufgabe vertreten wird. Eine gute Zeiteinteilung hilft auch, Zeit zu gewinnen für Stunden des entspannenden Gesprächs mit dem kranken Kind, für
ein Spiel, für Bastelarbeiten.

Der Tag beginnt mit *Waschen und Bettenmachen, Fiebermessen,
Lüften,* anschließend *Frühstück.*

Die *Nahrung* sollte auf drei größere Mahlzeiten, morgens, mittags und abends, und zwei kleinere Zwischenmahlzeiten verteilt sein. Zusätzliches Trinken und Füttern ergibt sich aus der Krankheit, vor allem bei fiebernden Kindern und solchen mit Erbrechen und Durchfall.

Ist der *Arzt* zu einer bestimmten Zeit zu erwarten, sollten alle Verrichtungen längst vorher erledigt sein, damit er in einem ordentlichen Zimmer und einer ruhigen Atmosphäre seine Untersuchung und Besprechung der wichtigen Dinge erledigen kann.

Im Tagesplan haben auch die *Medikamente* ihren genauen Zeitpunkt, an dem sie in bestimmter Menge regelmäßig gegeben werden müssen. Manche Medikamente werden vor dem Essen, andere zum Essen, andere nach dem Essen oder zu irgendeiner bestimmten Zeit gegeben. Am besten macht man sich ein Tageszeitschema, in dem die Medikamente mit ihrem Namen, der Menge und dem Zeitpunkt eingetragen werden.

Zahlenwerte der *Temperatur*, eventuell der *Atmung* und der *Pulsmessung* werden auf einem Blatt Papier eingetragen, das eine Einteilung wie in Abb. 3 hat. Abends werden hier auch die Medikamente eingetragen, die das Kind erhalten hat.

In den Verlauf des Vormittags und des Nachmittags werden je nach ärztlicher Anordnung weitere *Behandlungen* gelegt:

– Atemübungen; dabei die Fenster weit öffnen und die Kinder mit einer Jacke oder mit einem Pullover schützen, zumindest gut zudecken.
– Bewegungsübungen, passive Mobilisierung der Arme und Beine oder aktive Übungen nach ärztlichem Rat; dabei vorher den Raum auf eine angenehme Temperatur bringen.
– Einreiben der aufliegenden Körperflächen, um die Durchblutung zu fördern und die Haut zu festigen (alkoholische Lösung, z.B. Franzbranntwein), eventuell auch tieferwirkende Massagen nach ärztlicher Anleitung.
– Inhalieren.

Nach dem Mittagessen soll eine *Ruhezeit* eingeplant sein, in der das Zimmer etwas abgedunkelt wird. Ein kurzer Schlaf wird damit erleichtert.

Wohldosierte *Besuche* sollten nach Möglichkeit nach der Ruhezeit eingeplant werden. Es ist gut zu überlegen, ob und wann, wen und wie lange man als Besuch zulassen, sich wünschen und geradezu planen kann. Ein Besuch soll Freude bringen, trösten, anregen, aber nicht aufregen, nicht belasten, nicht verunsichern.

≡ Beobachtung des Kranken

In diesem Abschnitt wird die Aufmerksamkeit der Eltern auf Krankheitserscheinungen am Kind gerichtet, die ihnen den Ort der Erkrankung ihres Kindes und auch das Wirkungsausmaß auf den Gesamtkörper anzeigen. Sie gewinnen dadurch zunächst für sich einen klaren Überblick, was dem Kind fehlt, sie sehen für ihre Eigeninitiative die Ansatzpunkte der ihnen möglichen Hilfe. Sie erkennen daran vielleicht auch die besondere Bedrohung, den Schweregrad der Erkrankung. Sie beobachten damit Einzelheiten, die sie dem Arzt berichten können und müssen, um ihm ein gezieltes Handeln zu ermöglichen.

Besondere Pflegetechniken, die sie selbst aus eigenem Entschluß oder auf ärztliche Anordnung ausführen möchten, werden ab Seite 129 unter den Symptomen, auf die konkrete Situation bezogen, näher dargestellt.

≡ Aussehen und Verhalten, Gesichtsausdruck und Sprache

Befinden und Verhalten eines Kranken sind in vieler Hinsicht aufschlußreich. In ihnen drückt sich in einer direkten Weise die Krankheit mit ihren Organschwerpunkten aus, also die Art und der Schweregrad der lokalen und allgemeinen Störung. Überlagert wird dies, von Fall zu Fall sehr verschieden, von der Reaktion, die der Kranke in seiner Krankheit auf seine Krankheit zeigt, was er also aus der Krankheit macht bzw. auch gezwungen ist zu machen. In diese Reaktion fließen also verschiedene soziale Wirkungen ebenfalls ein, die man mit folgenden Fragen umschreiben und bedenken könnte: Was habe ich? Was bringt mir die Krankheit? Was erleide ich? Nehme ich es hin? Wohin führt mich die Krankheit? Wie wird mir geholfen? Was bedeutet mir die Krankheit? In welcher Situation trifft sie mich? Was hat sie für Nachteile? Was bringt sie mir an Vorteilen? – Natürlich ist eine solche feingestufte Auseinandersetzung mit der Krankheit nur bei größeren Kindern und bei Jugendlichen zu beobachten und dann jeweils von der eigenen Wesensart und Krankheitslast sehr abhängig. Grundsätzlich ist die Fülle dieser Gedanken bei einem ernstlich Kranken zu erwarten, und es ist deshalb angemessen, diese Fragen an dieser Stelle zu bedenken zu geben.

Nicht alles, was der Kranke fühlt, wird in Worten klar dargestellt und vermittelt. Vieles, oft viel mehr und in wesentlich direkterer Ausdrucksweise erfährt man über den *Gesichtsausdruck* des Kranken. Die mimische Aussage ist gerade beim Kind sehr intensiv und überzeugend, weil sie direkter, das heißt unter geringerer Eigenkontrolle erfolgt als beim Erwachsenen. Der Ausdruck von Schmerz, Angst, Atemnot, Verstörtheit, Verschlossenheit, Niedergeschlagenheit, allein schon das Stillwerden des Kindes weisen den Weg zur näheren Diagnostik.

Auch die *Sprache* ist sehr bezeichnend, ob sie laut oder leise ist, ob die Sätze in einem Zug gesprochen werden oder ob die Atemnot und Schwäche nur Satzfetzen und Kurzsprache zulassen.

Auch *Heiserkeit* und *Husten*, ein verändertes *Atemgeräusch* sind bedeutsame Phänomene, die genau registriert werden sollten.

Aus Mimik und Sprache, aus Aufmerksamkeit und Reaktionsfähigkeit ist auf die *Bewußtseinslage* zu schließen.

Die *Bewegungen* eines gesunden Kindes sind lebhaft, die *Haltung* ungezwungen, rasch wechselnd, so daß ein behindertes Gehen und eine besondere Haltung, eine Zwangshaltung, als krankhaft schnell auffällt. Hier denkt man in erster Linie an durch Schmerz bedingte Schonhaltungen, aber auch an Störungen des Nervensystems, die mit einer mangelhaften Koordination der Gliedmaßen beim Gehen und Laufen verbunden sind.

Unwillkürliche zuckende Bewegungen zeigen manche Kinder in einer einzigen Muskelgruppe, gerade wenn sie sich beobachtet fühlen; sie können diese Erscheinungen nicht unterdrücken. Man spricht von einem Tic, z. B. wenn die Schultern häufig angehoben werden. Als sinnlose Bewegungen, als eine Angewohnheit fällt dies auf. Auch anderes ist *anfallsartig*, daß heißt plötzlich einsetzend, zu beobachten: Die Kinder bekommen einen abwesenden Gesichtsausdruck, sind einige Sekunden nicht ansprechbar, anschließend vielleicht etwas verwirrt. Dann wird aber der Faden des Gespräches oder des Handelns wieder aufgenommen: Es hat ein kleiner Anfall, eine Absence, stattgefunden. Nur einem genau Beobachtenden fällt dies auf, Grund auch dafür, daß es häufig lange dauert, bis dieses Anfallsleiden zum Arzt führt. Bei einem großen Anfall, wie er als wiederholtes Ereignis bei der Anfallskrankheit (Epilepsie) beobachtet wird, stürzen die Kinder bewußtlos unter Verkrampfung der Muskulatur zu Boden, oder sie verfallen in Zuckungen. Das gleiche Bild gibt es auch als Fieberkrampf bei hohem Fieber. In einer solchen Situation gilt es, bei aller Überraschung und Aufregung, genau zu beobachten, um dem Arzt gute Angaben machen zu können.

═══ Hautbeschaffenheit

Die *gesunde Haut* ist rosig oder leicht gebräunt, trocken, glatt.

Farbänderungen. Eine *blasse Haut* weist auf einen Pigmentmangel, auf schlechte Durchblutung, auf Blutarmut (Anämie), manchmal auch auf Erkankungen des Herzens und der Nieren hin. Bei Kälteempfindung pflegen weiße Flecken mit bläulichen zu wechseln, man spricht von einer Marmorierung der Haut. Das Bild zeigt an, daß die Blutgefäße der Haut eine unterschiedliche Weite aufweisen und daß im ganzen der Blutstrom unter der Haut verlangsamt ist.

Ein *verstärkter Rotton* der gesamten Haut zeigt sich bei Fieber oder Aufregung, *fleckige Rötung* bei den sogenannten Ausschlagskrankheiten, z. B. Masern und Scharlach. In diesem Zusammenhang ist nicht nur die Intensität der einzelnen Flecken, ihre Größe im einzelnen, ihre Form, sondern auch die Verteilung auf den Körper, der Beginn und der Ausbreitungsweg von großer Bedeutung und für die einzelnen Krankheiten typisch. Die Hautoberfläche kann dabei auch etwas erhaben sein.

Ein *bläulicher Farbton* weist darauf hin, daß das Blut an den betroffenen Hautstellen stärkere Sauerstoffentladung aufweist, das heißt die Farbe des Venenblutes angenommen hat. *Blausucht, Zyanose*, ist also ein Hinweis auf Sauerstoffmangel. Eine geringe Blauverfärbung der Lippen beim Baden ist ein häufiges Zeichen, vor allem bei untergewichtigen, zarthäutigen Kindern, ein Zeichen, daß sie frieren. Starke Zyanose, gepaart mit schlechtem Allgemeinbefund eines Kindes und vielleicht auch noch mit Unruhe und Atemnot, ist dagegen ein sehr bedenkliches Zeichen; es spricht für akute Lebensgefahr. Andererseits gibt es Kinder mit bestimmten Herzfehlern, die aufgrund eines abnormen Blutstromes im Herzen *ständig* eine bläuliche Haut haben. Sie zeigen sich dabei ziemlich leistungsfähig, fühlen sich in der Regel (falls sie nicht körperlich belastet werden) auch wohl, und allein schon die Dauer der Erscheinung läßt darauf schließen, daß diese Art von Blausucht keine akute Bedrohung darstellt.

Umschriebene blaue Flecken auf der Haut rühren von *Blutungen* her. Sie können die Größe von mehreren Zentimetern oder auch nur von Millimetern haben. Hinter Blutungen stecken vielfache Erklärungen, innere und äußere Ursachen. Meist sind es Unfallfolgen. Es kann aber auch die Gerinnungsfähigkeit des Blutes vorübergehend oder auf Dauer gestört sein. Selbst die flohstichartigen, kleinsten Blutungsherde zu entdecken und dem Arzt sofort mitzuteilen, kann bei akut kranken Kindern mit Fieber mitunter von weitreichender Bedeutung sein, weil damit schnelle ärztliche Hilfe möglich ist.

Bräunliche Flecken auf der Haut nennt man *Pigmentflecken*. Sie liegen im Hautniveau, können aber auch etwas erhaben sein und an der Oberfläche Haare aufweisen. Im letzteren Fall spricht man von einem Tierfellfleck. In der Regel haben diese Erscheinungen keine besondere Bedeutung, es sei denn, sie stören in kosmetischer Hinsicht. Ärztliche Untersuchung sollte man dann veranlassen, wenn die Flecken wachsen in einer Weise, die schneller als das Körperwachstum ist.

Gelbliche oder sogar gelb-orange Verfärbung der Haut nennt man Gelbsucht und im typischen Fall Ikterus. Es gibt aber auch einen Scheinikterus. Er wird bei älteren Säuglingen beobachtet, denen die Mutter reichlich Karotten zu essen gab. Der Karottenfarbton ist also in die Haut eingelagert, Zeichen eines gesunden Kindes! Das Weiß der Augen (Bindehaut) ist frei. Anders bei einer echten Gelbsucht: Hier sind die sonst weißen Bindehäute durch eine Gelbfärbung auffallend verändert! Jetzt ist eine nähere Untersuchung unbedingt erforderlich, ob diese Gelbsucht von einer Leberentzündung oder von einem Blutzerfall herrührt. Die Entscheidung muß der Arzt durch eine Blutuntersuchung treffen.

Der **Spannungszustand** (Turgor) der gesunden Haut ist straff, abgehobene Falten verstreichen sofort wieder. Bei einem *Wasserverlust* durch Erbrechen und Durchfall oder bei Wasserverarmung infolge Fieber (und unzureichendem Trinken) verstreicht eine abgehobene Hautfalte nur langsam. Zudem zeigen die Kinder eingesunkene, umränderte Augen und eine trockene Zunge.

Das Gegenteil ist verstärkte *Wassereinlagerung* in das Unterhautgewebe, so daß das Gewebe teigig geschwollen erscheint (Ödem). Am deutlichsten sieht man dies um die Augen: Die Lider sind geschwollen, die Lidspalte ist verengt. Hier ist vor allem an Nierenkrankheiten zu denken. Der Arzt wird sicher sofort fragen, ob am Harn irgendwelche Veränderungen aufgefallen sind.

Feuchte Haut durch vermehrte Schweißsekretion kennzeichnet fiebernde Kinder. Sie wird oft auch zusammen mit der Blässe der akuten Kreislaufschwäche gesehen. Die Kinder klagen über Schwindel. Vielleicht sinken sie zusammen oder fallen sie ohnmächtig hin (Kreislaufkollaps). Mehr als ältere Kinder neigen Säuglinge zum Schwitzen und zu feuchten Händen, ohne daß in der Regel eine Krankheit dahintersteckt. Verstärkt ist dies allerdings bei Rachitis.

Von roten Flecken als der einen Form eines Hautausschlages wurde schon gesprochen. Es gibt aber auch noch einige andere **Veränderungen der Hautoberfläche**, die eine Mutter kennen sollte, um sie ihrem Arzt gut beschreiben zu können. Es sind kleinste *Knötchen* von 2–4 Millimeter Durchmesser oder kleine *Bläschen*, die einen wasserklaren oder eitrigen Inhalt haben können. Bei Knötchen ist in erster Linie wohl an ein Ekzem zu denken, bei Bläschen an Windpocken. Größere *Eiterblasen* mit einer zarten Wand pflegen schnell zu platzen; der Inhalt gerinnt zu einem gelblichen Schorf. Diese Hautinfektionen sind leicht übertragbar; es kann sich in erster Linie um den eitrigen Schälblasenausschlag (Impetigo) handeln. Kleine erhabene Rötungsbezirke bekommen nicht selten eine gelbliche Mitte mit Eiter. Sie sind sehr schmerzhaft. Ein *Furunkel* ist entstanden.

Nesselsucht (Urticaria) nennt man größere flächige, rötlich-weiße Herde von 1–3 Zentimeter Durchmesser, stark juckende Folgeerscheinungen einer Allergie gegenüber Pflanzengiften, z.B. Brennesseln, oder anderen Substanzen, auch die Folge von Insektenstichen; diese Herde finden sich dann an unbekleideten Körperflächen.

Körpertemperatur

Die *normale Körpertemperatur* liegt zwischen 36,5 °C und 37,2 °C, morgens tiefer, abends höher. Bei einer Temperatur von 37,5–38 °C spricht man von *erhöhter Temperatur*, darüber von *Fieber*. Fieber beweist, daß die

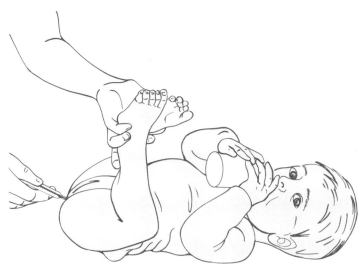

Abb. 4   **Fiebermessung beim jüngeren Säugling.**

Temperaturregulation des Körpers gestört ist. Meist ist damit ein Hinweis auf eine Infektionskrankheit gegeben. Fieber ist dann Ausdruck der gegen die Infektion gerichteten Abwehrbemühungen des Organismus. Es gibt aber auch Stoffwechselstörungen, bei denen Stoffe ins Blut gehen, die einen Reiz auf das Fieberzentrum im Gehirn ausüben.

Zur Fiebermessung dient ein *Maximathermometer*. Eine Quecksilbersäule steigt auf den höchsten Stand und bleibt in dieser Stellung stehen. Zum Ablesen wird das Thermometer waagerecht gehalten. Vor der Messung muß die Quecksilbersäule durch kräftiges, ruckartiges Schwingen »heruntergeschlagen« werden. Neuerdings gibt es auch elektronisch messende Thermometer.

Die genaueste Fiebermessung ist bei Kindern die Temperaturmessung im After (*rektale Messung*). Vor dem Einführen in den After wird die untere Spitze mit etwas Salbe versehen. Säuglinge werden am besten in einer Haltung gemessen, wie sie die Abb. 4 zeigt. Kleinkinder liegen in Bauchlage (Abb. 5), man muß sie dabei festhalten. Bei größeren Kindern kann in Seitenlage gemessen werden. Dauer der Messung: 2 Minuten. Nach der Messung und dem Ablegen wird das Thermometer mit einem in Seifenwasser oder Alkohol getauchten Zellstofftupfer oder mit Toilettenpapier gereinigt. Man darf es zu diesem Zweck nicht unter heißes Wasser halten, sonst platzt die Steigsäule des Quecksilbers. Streift man vor dem Messen eine Plastikhülle über, kann man auf eine anschließende Reinigung verzichten.

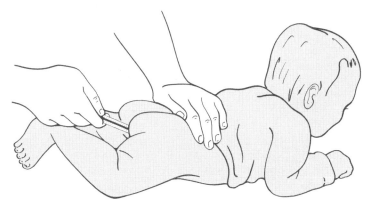

Abb. 5   **Fiebermessung beim älteren Säugling und Kleinkind.** Diese Kinder müssen besonders gut festgehalten werden.

Bei Jugendlichen kann auch in der Achselhöhle gemessen werden *(axilläre Messung)*. Die Spitze des Thermometers muß genau in der Mitte der Achselhöhle liegen. Es ist darauf zu achten, daß der Oberarm gut angedrückt ist. Dauer der Messung: 7–10 Minuten.

Die *Messung in der Mundhöhle* sollte bei Kindern nicht durchgeführt werden.

Sollte einmal ein (Quecksilber-)Thermometer zerbrochen sein, müssen die Quecksilberkugeln sorgfältig gesammelt werden (Vergiftungsgefahr durch Quecksilberdämpfe). Zerbricht das Gerät bei einer überraschenden Bewegung im After, sind Verletzungen durch Glassplitter möglich. Das Kind sollte sofort einem Arzt gezeigt werden.

Die Temperaturwerte werden sofort notiert. Zeichnet man die gemessenen Temperaturen auf, entsteht eine *Fieberkurve*. Ihr Verlauf ist sehr bezeichnend für die krankhaften Abläufe im Körper und dem Arzt eine wichtige Grundlage seiner Überlegungen.

═══   Pulswerte

Die *Pulswelle* gibt Auskunft über die Schlagfolge und die Schlagkraft des Herzens. Sie ist an oberflächlich liegenden Arterien mit dem fühlenden Finger zu erfassen (»Pulsfühlen«). Ihre Häufigkeit (Frequenz) pro Minute und ihre Regelmäßigkeit ist bei einiger Übung gut zu beurteilen (Pulskontrolle).

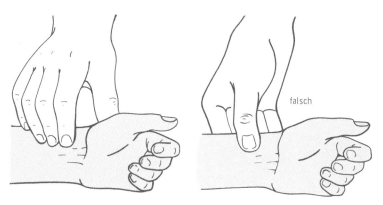

Abb. 6   **Das richtige Pulsfühlen**: Man fühlt mit den Kuppen der mittleren Finger, nicht mit dem Daumen.

Abb. 7
Körperstellen zum Pulsfühlen.

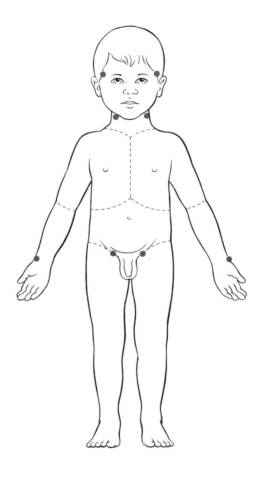

Geeignete Schlagadern zum *Pulsfühlen* sind in Abb. 7 näher bezeichnet: Speichenschlagader in erster Linie, in zweiter Linie Schläfen-
schlagader, Leisten- und Halsschlagader. Technik: Mit den drei mittleren
Fingern der rechten Hand tastet man die pulsierende Ader und läßt die
Finger unter leichtem Druck darauf ruhen (Abb. 6). In der anderen Hand
hält man eine Uhr mit Sekundenzeiger. Eine sogenannte Pulsuhr ist eine
kleine Sanduhr, die sich in einer Viertelminute leert. Man zählt in der Regel
die Pulsfolge innerhalb 15 Sekunden und multipliziert mit 4, um damit die
Frequenz in einer Minute festzulegen. Die Zahl wird zweckmäßigerweise
notiert. Normalwerte in Tab. 1, s. S. 82.

Tab. 1   Häufigkeit der Atemzüge und der Pulsschläge pro Minute in Abhängigkeit vom Alter.

Alter	Atemfrequenz	Pulsfrequenz
Neugeborene	38–42	80–*120*–170
3 Monate	30–35	80–*120*–160
6 Monate	24–29	80–*120*–160
1 Jahr	23–24	80–*120*–160
5 Jahre	18–22	80–*100*–120
15 Jahre	16–18	60– *75*– 90
Erwachsene	16–18	60– *70*– 80

Eine Abweichung stellt sowohl eine deutliche *Verlangsamung* wie auch eine erhebliche *Erhöhung* dar. Verlangsamung findet man im Schlaf, im Schreck und auch bei manchen Herzkranken. Die viel häufigere Beschleunigung wird vor allem im Fieberzustand beobachtet, aber auch im Schock, bei Kreislaufschwäche, bei Blutarmut und bei manchen Herzkrankheiten. In seltenen Fällen ist der Puls so schnell, daß man mit dem Zählen nicht nachkommen kann *(Herzjagen)*; schnelle ärztliche Hilfe ist nötig.

Der *Pulsrhythmus* ist normalerweise ganz regelmäßig, die Abstände der einzelnen Schläge sind gleich. Unregelmäßigkeiten können durch einzelne *Extraschläge (Extrasystole)* oder durch eine gänzlich ungeordnete Schlagfolge hervorgerufen sein.

Eine Aussage über die Herzkraft ist recht schwierig und nur dem Geübten möglich. Ein »schlecht gefüllter Puls« ist kennzeichnend für Herz- und Kreislaufschwäche. Die Kinder sind dann auch im ganzen hinfällig und schwach. Aber, wie gesagt: ein Ungeübter kann darüber kaum eine überzeugende Auskunft beim Pulsfühlen gewinnen.

Atmung

Eine Erweiterung der Lungen (Einatmung) geschieht durch Ausdehnung des Brustraumes nach oben, etwas auch nach den Seiten und – durch das Zwerchfell – nach unten. Das Tiefertreten des Zwerchfells kann man am Oberbauch gut beobachten: er wölbt sich etwas vor. Bei Säuglingen ist in erster Linie die »Bauchatmung« zu beobachten, bei älteren Kleinkindern und Jugendlichen das Heben der Brustwand. Bei *angestrengter Atmung* sind die Exkursionen besonders eindrucksvoll, vor allem bei Atemnot, bei der auch noch andere Muskeln als die normalen Atemmuskeln in die Arbeit einbezogen sind. Dann können sich auch *Einziehungen am Hals und an den Flanken* zeigen. Die große Anstrengung läßt sich am *gespannten Gesichtsausdruck* ablesen.

Die *Atemzüge* sollen unauffällig beobachtet und gezählt werden. Normalwerte der Zahl der Atemzüge pro Minute in Tab. 1, s. S. 82. Eine *Beschleunigung der Atmung* ist bei körperlicher Anstrengung, bei Fieber, bei Behinderung der Luftwege, bei Lungen- und Herzkrankheiten (mit Sauerstoffmangel) und bei schwerem Blutverlust zu beobachten. Besonders *tiefe, dabei eher langsame Atemzüge* kennzeichnen einige Stoffwechselstörungen (z. B. schwere Zuckerkrankheit) und Störungen des Atemzentrums im Gehirn (z. B. bei Hirnentzündung, Enzephalitis).

Die Abfolge der Atemzüge ist normalerweise regelmäßig, die Kraft der einzelnen Atemzüge gleichmäßig. Es gibt aber auch selten einmal im Schlaf *unregelmäßige Atemzüge*, ohne daß dies etwas Besorgniserregendes bedeuten muß. Den Beobachter kann dabei die gute Hautfarbe und das sonst unauffällige Bild des Kindes beruhigen, ferner daß nach Aufwecken des Kindes die Atmung wieder regelmäßiger wird.

Ist die Atmung bei einem sonst unbelasteten Kind oder Jugendlichen beschleunigt, dabei sichtlich erschwert, leidet der Kranke an *Atemnot* (Unruhe, gespannter, vielleicht angstvoller Gesichtsausdruck, sitzende, verspannte Haltung), dann ist dies immer ein bedenkliches Zeichen, das Hilfe herausfordert. Es kann sich um eine spastische Bronchitis, um ein Asthma bronchiale, eine schwere Lungenentzündung oder sogar um eine Fremdkörperaspiration in die Luftwege handeln. Die Sorgen müssen sich verstärken, wenn die Haut einen bläulichen Farbton annimmt und durch Schweißaustritt feucht geworden ist.

Urin

Veränderungen des Urins geben Hinweiszeichen auf Störungen der Nierendurchblutung und auf Erkrankungen der Nieren und der Harnwege.

Die *Harnmenge* unterliegt schon beim gesunden Kind erheblichen Schwankungen, abhängig von der Flüssigkeitsaufnahme, von der Außentemperatur und der körperlichen Belastung (Schwitzen).

Die *Harnfarbe* ist beim Gesunden schwach gelblich bis bernsteingelb. Abweichungen der Harnmenge und der Harnfarbe sind kennzeichnend für verschiedene krankhafte Zustände. Die genaue Beurteilung des Harns gehört zu den wichtigsten Aufgaben der Krankenbeobachtung. Ab Seite 235 wird darauf ausführlich eingegangen.

Für die *Urinuntersuchung* wird in der Regel der Morgenurin aufgefangen, in ein sauberes Fläschchen gefüllt und durch einen Korken oder einen anderen Verschluß fest verschlossen. Es ist sehr wichtig, daß das Gefäß absolut sauber ist, um ein Zersetzen des Harns zu vermeiden oder Fehldiagnosen vorzubeugen. So mancher Verdacht auf Zuckerkrankheit ist schon entstanden, weil ein schlecht gereinigtes Marmeladenglas genommen wurde.

Eine große Hilfe sind heute die *Auffangbeutel aus Kunststoff*, die in Apotheken und beim Kinderarzt erhältlich sind. Sie sind für Säuglinge und Kleinkinder gedacht. Man stülpt sie bei Jungen über den Penis oder setzt sie bei Mädchen unter Spreizen der kleinen Schamlippen vor die Harnröhre und klebt sie mit der Pflasterfläche fest (Abb. 8).

Abb. 8
Plastiksäckchen, das für die Harngewinnung angeklebt wird.

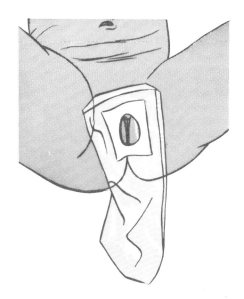

Ist eine *bakteriologische Untersuchung* des Harns vorgesehen, wird ein steriler Behälter vorbereitet, indem Glas und Verschluß 20 Minuten lang in kochendem Wasser sterilisiert werden. Einfacher ist es, wenn man ein steriles Versandglas vom Arzt ausgehändigt bekommt. Man darf dann den Verschluß nur am obersten Abschnitt anfassen, muß ihn nach dem Abnehmen »auf den Kopf« stellen und genauso sorgfältig wieder auf den Behälter des Harns setzen. Mit all dieser Vorsicht vermeidet man, daß von der Hand oder sonstwie Bakterien ins Glas gelangen.

Die bakteriologisch sicherste Entnahme des Harns zur Keimbestimmung erfolgt durch *Katheterisierung der Harnblase*, indem eine sterile, dünne Kunststoffröhre durch die Harnröhre in die Harnblase eingeschoben wird. Dies ist in der Regel nur in der ärztlichen Praxis durch den Arzt oder seine Helferin möglich. Eine andere gute Methode ist die *Blasenpunktion*: Der Arzt geht mit einer sterilen Nadel, an die eine Spritze angesetzt ist, oberhalb des Schambeines direkt in die Blase und zieht Harn ab. Eine fast so gute bakteriologische Auswertung des Harns ist möglich, wenn der sogenannte *Mittelstrahlurin* aufgefangen wird. Dies kann die Mutter tun, indem sie das sterile Auffanggefäß während des Wasserlassens in den fließenden Strahl hineinhält, ohne dabei mit der Haut des Penis oder der Schamlippen des Kindes in Berührung zu kommen. Mit einigem Glück kann sogar beim Säugling Mittelstrahlurin aufgefangen werden.

Die genaue chemische und mikroskopische Untersuchung des Harns ist natürlich nur im ärztlichen Labor möglich. Einzelne chemische Untersuchungsgänge sind aber heute durch *Schnellreagenzien* so vereinfacht, daß auch die Mutter in bestimmten Situationen dabei mitwirken kann, z. B. bei der Bestimmung des Azetongehaltes des Urins. Bestimmte Kinder neigen zum azetonämischen Erbrechen, also zu Erbrechensattakken, bei denen Azeton im Körper auftritt und durch die Atemluft (Geruch!) oder den Harn ausgeschieden wird. Diese Tatsache und der Schweregrad dieses Befundes leitet wesentlich die ärztliche Beurteilung und die daraus folgenden ärztlichen Maßnahmen. Nach entsprechender Einweisung kann auch eine Mutter mittels Testtabletten oder -streifen den Azetongehalt des Harns fortlaufend exakt bestimmen (Arbeitstechnik in der Packung).

Zur *Beurteilung der Ausscheidungsleistung der Niere* ist es nötig, in 24 Stunden die Menge der aufgenommenen Flüssigkeit (»Einfuhr«) und die Ausscheidungsmenge (»Ausfuhr«) genau festzuhalten. Für die Einfuhr werden alle Flüssigkeiten, Getränke, Suppe und Obst gemessen bzw. gewogen. Für die Ausfuhrbestimmung wird der Harn gesammelt (»24-Stunden-Menge«). Bei Säuglingen und Kleinkindern, die noch einnässen, ist eine Bestimmung natürlich nicht möglich. Man kann nur abschätzen, indem man die Windelnässe beurteilt oder die Windel abwiegt.

═══ Stuhl

Der Stuhl (Kot, Fäzes) besteht normalerweise nur aus *unverdauba-ren Speiseresten, Wasser und Bakterien* (physiologische Dickdarmflora). Die Stuhlfarbe ist hell- bis dunkelbraun, bei vorwiegend mit Milch ernährten Säuglingen gelblich.

Die *Konsistenz* (Festigkeit) ist weich, aber geformt, nur bei jungen Säuglingen breiig-weich.

Normal sind 1–2 Darmentleerungen pro Tag, bei Säuglingen bis 3. *Unter Krankheitsbedingungen* ist auf Änderungen der Stuhlfärbung, der Festigkeit, der Häufigkeit der Entleerungen (Durchfall, Verstopfung), auf Bauchschmerz oder Schmerzen im Afterbereich während der Stuhlentleerung und auf Beimengungen zum Stuhl sehr genau zu achten. Krankhafte Beimengungen sind Blut, Schleim und Eiter, Würmer und Schleimhautfetzen. Einzelheiten im Kapitel auf S. 231.

═══ Essen, Trinken, Diät

Die Nahrung soll schmackhaft zubereitet und appetitlich hergerichtet eher in kleinen Portionen angeboten werden. Ein voller Teller wird von Kranken als Last empfunden, besser reicht man nochmal eine kleine Portion nach. Essen sollte ohne Zwang erfolgen, damit Unlust, Ärger, Erbrechen vermieden werden. Die Nahrung muß genügend warm sein. Für langsame Esser kann ein Wärmeteller günstig sein. Die Bissen sollen so klein sein, daß sie mit dem Löffel genommen oder mit den Fingern gefüttert werden können. Schwerkranken Kindern schiebt man ein kleines Kissen unter den Kopf, weniger kranke sollen in bequemer Haltung, gut unterstützt, sitzen.

In akuter Krankheit ist Trinken noch wichtiger als Essen. Es empfiehlt sich ein Becher mit Henkel, den das Kind gut halten kann. Liegende Kinder trinken besser aus einer Schnabeltasse. Die pflegende Mutter geht dabei mit der Hand unter das Kopfkissen und hebt damit den Kopf des Kindes etwas an. Um eine Verschmutzung der Bettwäsche zu vermeiden, legt man ein Tuch unter das Kinn. Auch Trinkhalme, die im oberen Drittel geknickt sind, sind gut zu gebrauchen.

Bewußtlosen Kindern kann auf keinen Fall etwas eingeflößt werden. Es droht die Gefahr des Verschluckens und Erstickens.

Wie häufig ein schwerkrankes Kind aufgefordert werden soll, etwas zu essen und zu trinken, hängt von der Natur der Krankheit ab. In kleinen Portionen ist die Belastung immer gering. Bei hohem Fieber, bei Wasserverlust durch Erbrechen und zahlreiche Stühle, vor allem auch beim azetonämischen Erbrechen, müssen die Kinder immer wieder aufgefordert werden zu trinken, schlafende sind zu wecken. Getränke mit Traubenzucker sind hier für den Energie-Stoffwechsel und für den Blutkreislauf ein wichtiges Medikament.

Getränke. Das einfachste Getränk für erkrankte Kinder sind *Teearten*, sie sind von ihrer Bekömmlichkeit her auch am wertvollsten. Spezielle Kindertees sind Mischtees, vorherrschend ist darin in der Regel der Gehalt und Geschmack des Fencheltees. Man kann auch reinen Fencheltee zubereiten, vor allem bei darmempfindlichen Säuglingen und solchen, die offenbar immer wieder Bauchschmerzen haben, ohne dabei schlechte Stühle zu zeigen. Manche Mütter sind mit gutem, beruhigendem Erfolg dazu übergegangen, die altersgemäße Milchpulvernahrung in Fencheltee aufzulösen. Sehr wertvoll ist bei infektkranken Kindern auch der chinesische Tee (Schwarzer Tee), der ganz dünn angesetzt ist (»so dünn, daß er gerade Farbe hat«). Der Teeingehalt wirkt auch etwas als kreislaufstimulierendes Mittel. Manche Kinder lieben Hagebuttenteemischungen, nicht zuletzt wegen der interessanten Farbe, oder Kamillentee. Mit Pfefferminze kommt man eher bei älteren Kindern an, vor allem bei Entzündungen im Mund und Rachen.

Jedem Diättee wird *Traubenzucker* in der Konzentration von 5–10 % zugesetzt, das heißt 5–10 g auf 100 Milliliter (= Gramm) Wasser. Als Maß: Ein stark gehäufter Teelöffel Traubenzucker ist 5 g Traubenzucker. Fast alle Kinder brauchen, damit eine ausreichende Süße erreicht wird, zusätzlich noch Süßstoff in den Tee. Dies gilt vor allem für Säuglinge und Kleinkinder, die sonst trotz Durst ein Trinken ablehnen. *Kochzucker* kann man nur dann zusetzen, wenn kein Durchfall besteht (hier 5 % = 5 g auf 100 ml = 1 leicht gehäufter Teelöffel voll). Größere Kinder nehmen gerne Zitrone in den Schwarzen Tee.

Bei Fieber, Erbrechen und Durchfall kann auch ein Versuch mit *Mineralwasser* gemacht werden, das jedoch nur geringe Mengen von Kohlensäure enthalten darf. Der Nachteil, daß praktisch keine Energieträger (Kalorien) darin enthalten sind, kann durch Gabe von Coca-Cola vermieden werden. Mit Freude nehmen gerade Kinder mit azetonämischem Erbrechen dieses beliebte Getränk, die Kohlensäure sollte aber weitgehend herausgeschlagen sein.

Der Zusatz von *Obstsäften* zum Tee (Verhältnis ⅓ Saft, ⅔ Tee oder in gleicher Menge) bringt wertvolle Salze, insbesondere Kalium, mit. Kann der Magen schon etwas mehr belastet werden, empfiehlt sich Wasserkakao, Halbmilchkakao (halb Milch, halb Wasser) oder Vollmilchkakao. *Vollmilch* wird im kalten Zustand von manchen gerne genommen, man sollte aber nicht zuviel geben. Kinder mit akuter Bronchitis und hartem Husten, vor allem ältere Kinder, mögen mitunter warme Vollmilch mit Honig (2 Teelöffel auf 100 Milliliter). Bohnenkaffe ist kaum für kranke Kinder geeignet, eher *Malzkaffee* mit reichlich Milch. Beliebt sind auch *Mixgetränke*, z.B. Milch mit Obst (Banane-Apfel-Mischung), die dann kühl serviert werden. Man kann auch noch einige Teelöffel Sahne dazugeben, um kalorisch anzureichern.

Ob warmes oder kaltes Getränk das bessere ist, kann man mit dem Kranken besprechen. In der Regel werden kalte Getränke von fiebernden Kindern bevorzugt, auch bei Schluckschmerzen, bei Entzündungen im Mund, nach einer Mandeloperation. Bei hochgradiger Neigung zum Erbrechen bleiben kühle Getränke, wiederholt in kleinen Portionen gegeben, besser im Magen. Voraussetzung, um dies anzubieten, ist aber, daß die Stühle gut sind. Auch ein Kruppkind will lieber etwas Kühles, weil die Schleimhaut des Mundes ausgetrocknet ist und Brechneigung besteht. Bei Bronchitis und Lungenentzündung ist mehr zu warmen Getränken zu raten, unbedingt auch bei einem Magen-Darm-Katarrh und bei verdorbenem Magen.

Die **festere Nahrung** soll stärken, aber nicht belasten. Darmgesunde Kinder (kein Erbrechen, kein Durchfall) mögen gerne Kompotte, die mit Quark oder Joghurt angereichert sein können; auch Sahnezusatz ist möglich. Zerdrückte Banane und geriebener Äpfel, mit 5% Traubenzucker angereichert (und etwas Süßstoff), sind gleichzeitig schmackhaft und erfrischend wie auch ein ausgezeichnetes Stopfmittel bei Durchfall. In diesem Zusammenhang werden auch Salzstangen, Zwieback (keine Kekse), vielleicht etwas trockenes Weißbrot gerne genommen. Zwieback und Weißbrot können auch in die Banane-Apfel-Mischung eingeweicht oder hineingemixt werden. Beim nächsten Schritt zu einer energiereicheren Nahrung sollte man daran denken, daß Kinder leidenschaftlich Nudeln essen, viel lieber als Kartoffeln, die man allenfalls zunächst als Kartoffelbrei (mit Wasser) zubereitet.

Als *Fleisch* kommen fettarme, leicht bekömmliche Sorten in Frage, Hühnerfleisch (ohne Haut), Kalbfleisch, Frankfurter Würstchen. Auch ein weiches *Ei* mit etwas Salz ist gut verträglich.

Tab. 2 **Einfache Maße für die Herstellung von Nahrungen.** Die Angaben beziehen sich auf glatt gefüllte (mit dem Messerrücken glatt gestrichene) Löffel.

Nahrung	Eßlöffel	Teelöffel
Trockenmilch	7 g	2 g
Stärkemehl	7 g	2 g
feiner Grieß	10 g	3 g
Kochzucker	10 g	3 g
Traubenzucker	9 g	3 g
Öl	10 g	4 g
Flüssigkeit (Wasser, Mehl)	15 g	5 g
Butter, Margarine	20 g	8 g

Wasser oder wäßrige Lösung: 1 ml = 20 Tropfen
1 Suppenteller faßt etwa 250 ml
1 kleine Tasse faßt etwa 125–150 ml
1 Wasserglas hat einen Inhalt von 100–150 ml
1 Schnapsglas faßt 50 ml
1 Teelöffel faßt 5 ml
1 Kinderlöffel faßt 10 ml
1 Eßlöffel faßt 15 ml
1 Messerspitze = 0,5 bis 1 g von pulverförmigen Substanzen

Von den *Gemüsen* bietet sich frühzeitig Karottenbrei an, gerade auch im akuten Stadium einer Durchfallskrankheit, ohne Fett natürlich. Appetitarme Säuglinge möchten auch den Karottenbrei unbedingt mit sü-ßem Geschmack; daher sollte Süßstoff reichlich zugesetzt werden, dazu als Kalorienträger 5–10% Traubenzucker. Kinder mit Erbrechen und Durch-fall, die ja neben Wasser- auch an Salzmangel leiden, sollten auch *Salzzu-satz* bekommen; wieviel sie mögen, muß man ausprobieren.

Bei schwerer Durchfallkrankheit sollte in den ersten 24 Stunden zur Entlastung des Darmes nur Flüssigkeit mit Salzen und Traubenzucker gegeben werden (sogenannte Pause mit Tee), dann als Heilnahrung die oben beschriebene leichte Kost (Banane, geriebener Apfel, Karottenbrei). *Selbst-herstellung eines »Diättees«*: 1 Liter Tee (ganz dünner schwarzer, Kamillen-oder Fenchel-Tee) oder abgekochtes Wasser, dazu ¾ Teelöffel Kochsalz, 8 hochgehäufte Teelöffel Traubenzucker, eine Tasse Orangensaft, nach Wunsch noch Süßstoff. Spezielle *Heilnahrungen*, vor allem für Säuglinge und Kleinkinder gedacht, enthalten Bananen-, Apfel- und Magermilchpulver mit einigen gut bekömmlichen Kohlenhydratzusätzen, die nach Vorschrift als Flüssignahrung oder Brei aufgelöst werden (Präparate der Fa. Nestlé, Humana und Milupa). Auch Reisschleim hat weiterhin einen hohen Stellenwert (5–10%ige Zubereitung aus Trockenreisschleim nach Besau, Einzelheiten in der Gebrauchsanweisung).

Einfache Maße zur Herstellung von Nahrung s. Tab. 2, S. 89.

Grundsätzlich sollte man sich darum bemühen, daß der Kranke jede Diät nicht als Strafe, sondern als gute Hilfe empfindet.

Medikamente

Hausapotheke

Die Hausapotheke dient mit ihrem Inhalt der Selbsthilfe, der *Selbstbehandlung im Bagatellfall und zur Ersten Hilfe*, bis auf ärztlichen Rat eine vertiefte und erweiterte Behandlung durchgeführt wird. Man muß, was die Medikamente der Hausapotheke angeht, davon bewußt ausgehen, daß praktisch alle Medikamente nicht einfach harmlose Materialien sind, die man unbedenklich nehmen kann. Auch sie haben, wie jedes Medikament, ihre Gefahren, auch sie können unerwünschte Nebenwirkungen auslösen. Gezielt und mit Verstand genommen, sind sie aber im Augenblick eine sehr wertvolle Hilfe. Eine gute Hausapotheke einzurichten gehört also zu einer vernünftigen Vorausschau; sie ist in jeder Familie unentbehrlich.

Der *Inhalt* richtet sich nach den üblichen Schäden, Bedrohungen und Ereignissen, die im allgemeinen Leben zu erwarten sind, ferner nach zusätzlichen Problemen, die sich durch ein chronisch krankes Kind voraussichtlich ergeben. Ein Teil der Hausapotheke wird auch auf Reisen oder in den Urlaub mitgenommen; auf Seite 302 wird darauf näher eingegangen.

Empfehlenswert ist als Raum für die Hausapotheke ein kleiner *Wandschrank* aus Metall, Holz oder Kunststoff, der abschließbar ist und, für kleine Kinder unerreichbar, an der Wand hängt.

Der Inhalt einer Hausapotheke ist in Tab. 3 wiedergegeben. Man tut gut, an der Innenfläche der Türe eine Liste anzubringen, die eine Übersicht gibt und das Suchen erleichtert. Auch die Arzneimittelbegleitzettel könnten an dieser Stelle mit Hilfe einer Klammer gesammelt werden.

Verbrauchte Medikamente und Verbandsstoffe sollten sofort ersetzt werden. *Verfallsdaten*, die vielfach von pharmazeutischen Firmen einge-

Tab. 3 Hausapotheke. Welche speziellen Medikamente eingelegt werden, sollte man mit dem Hausarzt besprechen.

Buch über Erste Hilfe und Krankenpflege

Liste mit Namen, Anschrift und Telefonnummer des nächstgelegenen niedergelassenen Arztes, des Krankenhauses sowie entsprechenden Angaben zu Krankentransport und Polizeinotruf

Krankenpflegeartikel
Fieberthermometer
Mundspatel
Desinfektionsmittel, z. B. Sagrotan, Alkohol 70%
Schere
Pinzette
Wärmeflasche

Verbandsmaterial
Mullbinden, 4, 6 und 8 cm breit
Verbandspäckchen, klein, mittel, groß
elastische Binden
Wundschnellverband, verschiedene Breite (z. B. Hansaplast)
Heftpflaster (z. B. Leukoplast)
Verbandswatte
Verbandsmull
Dreiecktücher mit Skizze für einige Verbandarten
Verbandsklammer
Sicherheitsnadeln

Arzneimittel
Schmerztabletten oder -zäpfchen
Lutschtabletten gegen Halsschmerzen
Kohletabletten und andere Mittel bei Durchfall
Abführmittel gegen Verstopfung
Fiebermittel, fiebersenkende Tabletten und Zäpfchen oder Saft
Hustentropfen
Kreislaufmittel
Beruhigungsmittel
Einreibmittel bei Luftwegsinfektion
Nasentropfen, die schleimhautabschwellend wirken
Salbe gegen Allergie und gegen Insektenstiche
Salbe für Prellungen und Blutergüsse
juckreizstillender Puder
Kamillenblüten für Tee, Umschläge, Dampfbäder

druckt sind, müssen genau beachtet werden. Ist kein Verfallsdatum aufgedruckt, sollte das *Einlegedatum* in die Hausapotheke auf der Packung notiert werden und aufgrund dieses Datums ein Austausch nach jeweils 12 Monaten erfolgen.

Manche *sehr empfindliche Medikamente* brauchen kühle Temperaturen, z. B. Zäpfchen (Suppositorien) oder Insulinfläschchen. Sie sind am besten in einem eigenen Behälter an der Innenwand des Kühlschranks aufzubewahren.

Eine Hausapotheke sollte immer wieder einmal »durchgeforstet« werden. Mittel, deren Verfallsdatum überschritten ist, deren Verwendungszweck nicht mehr klar ist, sind zu vernichten. Dies geschieht am besten, wenn man die Packungen in einer Apotheke abgibt. In den Mülleimer dürfen Medikamente auf keinen Fall gegeben werden, Kinder könnten sie wieder herausholen.

Für den *Verderb eines Arzneimittels* spricht:

- wenn eine Flüssigkeit trüb wurde und Teilchen darin herumschwimmen;
- wenn Salben und Pasten sehr weich oder ganz hart werden, oder wenn sich von der Salbenmasse Flüssigkeit absetzt;
- wenn Tabletten bröseln oder sich verhärten, wenn bei Dragees der Farbüberzug verblaßt oder fleckig geworden ist.

Medikamente dürfen nur im *Originalbehälter* aufbewahrt werden. Jede andere Verpackung führt zu Mißverständnissen und ist damit gefährlich.

Arten der Medikamente

Ein kurzer Überblick über Medikamente sollte den Eltern helfen, ärztliche Verordnungen mit ihrer Wirkungsabsicht besser zu verstehen.

Ein *Rezept* ist die schriftliche Anweisung für einen Apotheker, für den Kranken ein bestimmtes Medikament zu geben. Die Dosierung hat der Arzt in der Sprechstunde oder bei seinem Besuch zu Hause näher bestimmt.

Arzneimittel gehören zu den am schärfsten geprüften Produkten, die in den Handel gehen. Ihr Herstellungsgang, ihr Reinheitsgrad wird besonders geprüft. Die Wirkungsweise ist in zahlreichen Laborversuchen getestet, schließlich in exakt kontrollierten Studien beim kranken Menschen geprüft, bis ein Medikament für den allgemeinen Gebrauch in die Hände der Ärzte gegeben ist.

Ein *Arzneimittelbegleitzettel* enthält alle wichtigen Angaben, die nicht nur den Arzt interessieren, sondern auch vom Kranken bzw. seinen Eltern gelesen werden sollten. Gewiß ist für einen Laien nicht alles zu verstehen und selbstverständlich kann er sich darauf verlassen, daß der Arzt eine gute Wahl getroffen hat. Die im Begleitzettel (»Waschzettel«) enthaltenen Dosisangaben sind allgemeine Empfehlungen. Der Arzt stimmt sie auf seinen Patienten ab. Stimmen irgendwelche Angaben auf dem Beipackzettel bedenklich, sollte man seine Sorgen noch vor dem Einnehmen mit dem Arzt besprechen.

Manche Arzneien haben *regelmäßige Begleitsymptome,* die hinzunehmen sind, um die verlangten günstigen Wirkungen des Medikamentes zu erhalten, z.B. trockene Zunge bei Atropinpräparaten, Gewichtszunahme bei Kortisonpräparaten, Schläfrigkeit bei Beruhigungsmitteln. Bei jedem Medikament sind aber auch *andere Nebenwirkungen* möglich, die nur bei einem Teil der Patienten beobachtet werden können und die nach Eintritt jeweils die Frage aufwerfen, ob das Medikament weiter gegeben werden kann. Der Arzt sollte davon sofort verständigt werden, damit er entscheidet. Solche Nebenwirkungen sind Hautausschläge, Übelkeit, Durchfälle, Hautblutungen, Fieber. Die Liste der Nebenwirkungen auf den Arzneimittelbegleitzetteln ist in den letzten Jahren immer umfangreicher geworden, was nicht wenig Unruhe bei Kranken oder Eltern bewirkt hat. Was hier aus juristischen Gründen geschah, hat einerseits sicher eine positive Bedeutung, es schadet aber andererseits vielen Kranken, die in ihrer Krankheit Heilung erwarten, Vertrauen zu einer Therapie entwickeln sollten und jetzt zumindest verunsichert, wenn nicht geängstigt sind. Glücklicherweise sind die meisten Nebenwirkungen eine sehr seltene Erscheinung.

Einige Firmen haben flüssige Arzneimittel mit einem *Sicherheitsverschluß* versehen, der von Kleinkindern kaum geöffnet werden kann. Auch die Verpackung von Dragees oder Tabletten in Sammelplatten, deren Unterfläche aus Stanniol besteht, ist als Sicherheitspackung gedacht; die Tabletten sind von oben sichtbar, sie können aber nur nach unten hin herausgedrückt werden.

Arzneimittelgruppen. Nach ihrer Wirkungsweise unterscheidet man verschiedene Arzneimittelgruppen, deren übergreifende Bezeichnungen in der Umgangssprache immer wieder auftauchen.

Schmerzmittel, Analgetika, sind Substanzen, die zur Schmerzbekämpfung verwandt werden. Manche von ihnen wirken gleichzeitig fiebersenkend, z. B. Aspirin. Sie sind aber auch in vielen Kombinationspräparaten enthalten, z. B. in Treupel, Dolviran, Thomapyrin. Die starken Analgetika wie Morphium und Dolantin sind durch das Betäubungsmittelgesetz besonders geschützt und vom Arzt nur in Ausnahmefällen zu verschreiben bzw. einzusetzen.

Substanzen gegen Allergien heißen *antiallergische Medikamente*. Sie werden meist lokal, z. B. in Salbenform bei Insektenstichen angewandt. Beispiele: Andantol, Fenistil. Sie stehen auch in Tropfenform oder zur Injektion zur Verfügung. Auch Kortisonpräparate sind hier zu nennen.

Asthmamittel bewirken, daß sich die verkrampften Bronchien lösen, so daß sich die Atemnot beim Asthma bronchiale oder bei spastischer Bronchitis bessern kann. Beispiele: Perphyllon, Sultanol.

Antibiotika werden aus Pilzkulturen oder auf synthetischem Weg hergestellt. Das berühmteste Antibiotikum ist das Penicillin, es gibt aber mittlerweile zahllose andere Substanzen. Sie helfen bei bakteriellen Infekten.

Gegen Pilzerkrankungen gerichtete Mittel heißen *antimykotische Substanzen*. Beispiele: Canesten, Ampho-Moronal.

Antiepileptische Substanzen verhindern Hirnkrämpfe, sie müssen in der Regel jahrelang eingenommen werden. Beispiele: Mylepsin, Ergenyl.

Zu den *antirheumatischen Medikamenten* gehören verschiedene chemische Stoffgruppen. Sie sind gegen rheumatische Symptome wirksam. Beispiele: Azetylsalizylsäure, Imurek, Kortisonpräparate.

Fiebersenkende Mittel, Antipyretika, sind z. B. Aspirin, Ben-u-ron.

Diuretika fördern die Harnausscheidung. Sie werden bei einigen Nierenkrankheiten und bei Leistungsschwäche des Herzens eingesetzt. Beispiele: Aldactone, Lasix.

Expektorantien lösen den Schleim in den Bronchien, erleichtern und lindern damit den Husten. Beispiele: Mukosolvan, Fluimucil. Manche gleichartig wirkende Substanzen sind auch zu inhalieren (z. B. Tacholiquin) oder als Salbeneinreibung wirksam (z. B. Transpulminbalsam).

Enzympräparate enthalten meist Verdauungsfermente (z. B. Panzynorm).

Heilkräuter sind natürliche Heilmittel, die in mancher Hinsicht wertvoll sind als Tees, Packungen und Spülungen. Beispiele: Kamillentee, Fenchel, Pfefferminz.

Heilseren sind von Menschen oder Tieren gewonnene Eiweißlösungen, die Antikörper gegen Krankheitserreger und ihre Gifte enthalten. Sie werden zur passiven Immunisierung (Impfung) eingesetzt. Beispiele: Serum gegen Tetanus und Diphtherie, Gammaglobulinpräparate.

Hormone sind Wirksubstanzen von körpereigenen Drüsen. Bei einer Mangelkrankheit werden sie eingesetzt. Beispiele: Schilddrüsenhormon, Wachstumshormon.

Impfstoffe sind Präparate für die passive Immunisierung (s. oben unter Heilseren) oder für die aktive Schutzimpfung (Beispiele: Oralvirelon, Tetanol).

Kortisonpräparate sind hormonell wirksame Substanzen. Sie gehören zu unseren wertvollsten Heilmitteln und werden als Tabletten, Injektion oder Salbe angewandt. Beispiele: Urbason, Fortecortin.

Laxantien sind Abführmittel. Sie wirken gegen Darmträgheit und bekämpfen Verstopfung. Beispiele: Laxoberal, Bifiteral, Milchzucker.

Psychopharmaka beeinflussen die seelischen Funktionen anregend oder dämpfend. Untergruppen sind Psychoanaleptika, Neuroleptika und Tranquilizer. Beispiele: Valium, Ritalin.

Roborantien sind kräftigende Medikamente, die vor allem schlecht gedeihenden Kindern nach Infekten gegeben werden. Beispiele: Aktivanad, Omnival.

Sedativa sind Medikamente zur Beruhigung. In hoher Dosis wirken sie als Schlafmittel. Beispiele: Luminal, Baldrian.

Spasmolytika sind krampflösende Medikamente, insbesondere beim Kolikschmerz. Beispiele: Belladonnapräparate, Buscopan.

Sulfonamide wirken ähnlich wie Antibiotika.

Vitamine sind Ergänzungsstoffe der Nahrung und für viele Stoffwechselvorgänge unentbehrlich. Beispiele: Vitamin A, C, D.

Wurmmittel, Anthelminthika, werden bei Wurmbefall eingesetzt. Beispiele: Molevac, Cestodin.

Zytostatika, Zellgifte, beeinflussen das Wachstum bösartiger Zellen. Beispiele: Vincristin, Endoxan.

=====   Eingabe und Anwendung der Medikamente

In der Hauskrankenpflege werden die Medikamente als *wäßrige Flüssigkeit, Sirup, Tablette, Dragee, Kapsel,* gelegentlich als *Pulver,* ferner als *Einreibung* und als *Zäpfchen* (Suppositorium) angewandt. *Injektionen* macht allenfalls der Arzt: unter die Haut = subkutan; in den Muskel = intramuskulär; in die Vene = intravenös. Nur ausnahmsweise überträgt er diese Aufgabe den Eltern, z. B. bei zuckerkranken Kindern oder bei langwierig schwerkranken Kindern; er weist sie dann genau in die Technik ein.

Die Verabreichung der Medikamente muß regelmäßig und pünktlich in der genauen, verordneten Dosis erfolgen.

Eingabe durch den Mund (orale Verabfolgung). Trotz aller Bemühungen der Pharmaindustrie, die Medikamente kindgerecht, d. h. schmackhaft, herzustellen, haben viele Arzneien einen fremden, z. B. einen bitteren Geschmack. Daher ist die Eingabe bei Kindern manchmal sehr schwierig. Auch Appetitlosigkeit und die grundsätzliche Abwehr gegen den regelmäßigen Zwang, etwas nehmen zu müssen, macht das Unternehmen oft nicht leicht. Im Grunde soll man es sich von Anfang an zur festen Regel machen, daß das Einnehmen von irgendwelchen Medikamenten eine *Selbstverständlichkeit* ist. Man soll nicht groß mit Erklärungen anfangen, sonst bringt man Kinder um so mehr auf den Gedanken, ein Medikament sei etwas Unangenehmes und man könnte es auch ablehnen. Ein kurzes aufmunterndes Zureden, Ablenkung, suggestives »Hineinzaubern«, die undiskutable Festigkeit, daß etwas Selbstverständliches geschieht, und eventuell auch ein energisches Wort sind Hilfsmittel, mit denen eine Pflegeperson fast immer das Ziel erreicht. Die meisten kleinen Kinder öffnen automatisch den Mund wie kleine Vögel, die gefüttert werden.

Zunächst gilt es, die *Vorschriften für das betreffende Medikament* zu beachten. Manche Tabletten müssen aufgelöst, manche Flüssigkeiten vor der Dosisentnahme aufgeschüttelt werden. Bei Flüssigkeiten sind Meßlöffel oder Meßbecher beigelegt. Ist dies nicht der Fall, erfolgt die Angabe in Kubikzentimeter (=Milliliter = ml) oder in einfachen Haushaltsmaßen. Hierbei bedeutet:

1 Tee- oder Kaffeelöffel = 4–5 ml;
1 Dessert- oder Kinderlöffel = 8–10 ml;
1 Eßlöffel = 12–15 ml.

Bei *tropfbaren Flüssigkeiten* hat der Flaschenhals eine Tropfeinrichtung oder der Verschluß eine Pipette, oder es wird ein Glasstäbchen eingehängt, an dem man die Flüssigkeit langsam tropfenweise herablaufen läßt. Bei einer wäßrigen Lösung entsprechen

20 Tropfen = 1 Milliliter (ml).

Dragees kommen mit einer angenehmen Farbe, einer glatten Oberfläche und mit Zuckerüberzug dem Kranken entgegen. Aber selbst größere Kinder haben nicht selten Schwierigkeiten, *Dragees, Tabletten oder Kapseln* ohne weiteres zu schlucken. Man kann diese Materialien mit einem Löffel anbieten oder mit Flüssigkeit nachhelfen. Ob es erlaubt ist, Tabletten oder Dragees zu zertrümmern oder Kapseln zu öffnen, um die Wirksubstanz dann zusammen mit etwas Brei anzubieten, kann man dem Beipackzettel entnehmen oder es muß der Arzt entscheiden.

Zur *Geschmackskorrektur* haben sich Honig, Obstsäfte (Apfelsaft, Himbeersaft, Johannisbeersaft) oder Breie (aus Obst, Kartoffeln) sehr bewährt. Man mischt nur einen Teelöffel voll, dessen Menge das Kind auf einmal schlucken kann.

Sperrenden Kindern muß man Medikamente leider auch einmal unter Zwang eingeben. Eine Person hält die Hände fest, die zweite gibt das aufgelöste oder sonstwie zerkleinerte, mit einem Geschmackskorrigens versehene Mittel rasch in den Mund, und zwar möglichst weit nach hinten, damit das Kind zum Schlucken gezwungen wird. Immer muß man sich vergewissern, ob das Medikament wirklich verschluckt worden ist. Sollte ein Kind unmittelbar nach der Eingabe des Medikamentes erbrechen, muß die ganze Dosis noch einmal verabfolgt werden.

Eingabe in den Enddarm (rektale Verabfolgung). Hier handelt es sich um die Anwendung von Zäpfchen (Suppositorien), Rektiolen und Einläufen.

Zäpfchen sind konisch gestaltete Medikamententräger, meist aus Kakaobutter hergestellt, die nach dem Einführen in den After (Anus) unter der Körperwärme weich werden und ihren Wirkstoff freigeben. Meist sind es fiebersenkende, schmerzlindernde, krampflösende oder Erbrechen bekämpfende Mittel, die insbesondere bei Säuglingen und Kleinkindern in dieser Form angewandt werden. Ein Zäpfchen wird aus der Schutzhülle (Kunststoff- oder Metallfolie) entnommen. Die Gesäßfalten werden mit zwei Fingern der linken Hand der Pflegerin gespreizt. Dann schiebt man das Zäpfchen mit der Spitze voran langsam in den Darm. Anschließend drückt man die Gesäßhaut über den After zusammen, wartet etwas ab und sieht dann sicherheitshalber nach, ob das Zäpfchen nicht wieder herausgepreßt wurde. Sollte kurze Zeit danach ein Zäpfchen durch einen abgesetzten Stuhl wieder herausgedrängt sein, müßte es nochmal gegeben werden.

Rektiolen sind kleine Kunststoffbällchen, an die eine kurze Röhre aus weichem Material angesetzt ist. Das Röhrchen wird nach Entfernung der Schutzkappe eingefettet, in den After vorsichtig eingeführt und der Inhalt des Bällchens durch Druck entleert. Anschließend verhindert man durch Zusammenpressen der Gesäßbacken, daß das Medikament wieder zurückfließt.

Einläufe dienen fast immer zur Bekämpfung einer Verstopfung. Immer sollte diese Maßnahme mit dem Arzt abgesprochen sein. Kleine Einläufe werden mit dem Gummibällchen gemacht, wobei lauwarmes Wasser mit etwas Seifenlösung oder Kamillentee genommen wird. Die Gesamtmenge liegt

- bei Säuglingen etwa bei 120 Milliliter;
- die doppelte Menge wird Kleinkindern gegeben;
- etwa 500 Milliliter bekommen größere Kinder.

Die größeren Mengen werden in den sogenannten Irrigator oder in einen Glastrichter gefüllt, an den ein Schlauch angesetzt ist. Der Druck, unter dem die Flüssigkeit einströmt, ist abhängig davon, wie hoch Trichter oder Irrigatorgefäß gehalten werden.

In der Apotheke stehen auch fertig verpackte Einläufe zur Verfügung. Eine Plastiktüte enthält sterile Kochsalzlösung, die durch eine angeschweißte Röhre in den After hineingeleitet wird.

Ganz gleich, wie man einen Einlauf technisch durchführt: Alles muß in großer Ruhe und Behutsamkeit geschehen. Das in den Darm einzuführende Rohr wird mit Vaseline eingefettet und dann 3–4 cm weit in den After eingeführt. Je langsamer man einlaufen läßt, um so weniger spürt das Kind davon. Druck im Bauch macht die Kinder unruhig und veranlaßt sie zum vorzeitigen Pressen. So gehört schon einiges Geschick dazu, die vorgesehene Menge einzubringen. Das Kind liegt in Seitenlage (wasserdichte Unterlage, ein Badetuch darauf). Ein Töpfchen oder eine Bettschüssel sind in greifbarer Nähe. Nachdem das Rohr wieder langsam herausgezogen ist, drückt man die Gesäßbacken zusammen, damit die Flüssigkeit noch etwas im Darm verbleibt und den doch manchmal verhärteten Stuhl aufweichen kann. Kommt das Wasser nach 30 Minuten nicht wieder heraus oder war insofern kein Erfolg beschieden, als kein Stuhl mitkam, kann der Einlauf noch einmal wiederholt werden. Gefährlich ist es nicht, wenn die Flüssigkeit im Körper bleibt.

Ernährungseinläufe werden heute wohl selten, aber in der Hauskrankenpflege vielleicht doch einmal von einem Arzt angewandt. Er will damit z. B. Kindern mit schwerem Erbrechen Flüssigkeit und Traubenzuk-ker zuführen. Im Grunde wird dem Kind damit eine Infusion in den Darm gemacht, wie sie sonst in die Vene erfolgen müßte. Hierzu ist geduldige und geschickte Mitarbeit der Mutter entscheidend. Ein solcher Einlauf muß sehr langsam erfolgen (Tropfeinlauf), damit er nicht abführend wirkt und durch Darmentleerung ohne Erfolg bleibt.

Anwendung auf der Haut und durch die Haut. Medikamentö-se Wirksubstanzen werden durch die gesunde Haut kaum aufgenommen. Wenn man also, z. B. bei einer *Erkältungskrankheit,* mentholhaltige Salbe auf der Brusthaut fein verteilt einreibt, wirkt das Medikament in erster Linie durch Inhalation der verdampfenden Bestandteile. Dieser Vorgang wird dabei durch eine Verbesserung der Hautdurchblutung gefördert (an der leichten Hautrötung erkennbar).

Bei einer *Hauterkrankung* ist die Durchlässigkeit der Haut jedoch verstärkt, so daß das Medikament resorbiert wird und direkt in die Haut eindringt. Beim Auftragen ist zwischen infektiösen und nichtinfektiösen Hauterkrankungen zu unterscheiden. Bei einer Allergie, bei einem Ekzem, einem Ausschlag im Windelbereich kann mit dem gründlich gewaschenen Finger direkt aufgetragen und eingerieben werden. Bei einer Infektion der Haut darf die Salbe nur mit einem sauberen Spatel, einem Watteträger oder einem Zellstofffleck entnommen und dann dünn aufgetragen werden.

Wird eine Salbenbehandlung mit einem *Verband* kombiniert, streicht man die Salbe messerrückendick auf eine Mullkompresse, legt diese auf die betreffende Hautstelle, klebt mit Pflaster fest oder umwickelt mit einer Mullbinde.

Bei Finger-, Hand- oder Fußverbänden haben sich anstelle von Mullbinden *Schlauchverbände* bewährt.

Für die *Hautreinigung nach Salbenbehandlung* nimmt man am besten Kinderöl, falls die Reinigung nicht z. B. in einem Kamillenbad erfolgen kann.

Inhalationen. Bei einer Inhalation werden Medikamente gasför-mig oder in Tropfenform in feinst verteilter Form in die Luftwege eingeat-met. Zur Zerstäubung dient kalter oder heißer Wasserdampf. Auch Wasser ist bei einer Luftwegserkrankung in dieser Form als Medikament wichtig und wirksam.

Die zu Hause gebräuchlichste Methode ist das *Kopfdampfbad,* je-doch nur bei größeren Kindern und Jugendlichen anzuwenden. Man über-gießt in einem Kochtopf eine Handvoll Kamillenblüten mit kochendem Wasser, so daß etwa die Hälfte des Topfes gefüllt wird. Der Topf wird dann vor den Kranken gesetzt, so daß dieser bequem seinen Kopf darüber beugen kann. Über Kopf und Topf wird ein Tuch gehängt, um den Dampf zusammenzuhalten. Bei kleinen Kindern kann man sich so helfen, daß das Kind auf dem Schoß der Mutter sitzt und beide, Mutter und Kind, vom Tuch bedeckt werden. Lange halten die Kinder eine Inhalation mit heißem Wasserdampf nicht aus, höchstens 5–10 Minuten. Dann sollte das Gesicht gut abgetrocknet, eventuell auch etwas eingefettet werden. Bei Schnupfen kommt es darauf an, daß die Dämpfe durch die Nase eingeatmet werden. Vorher sind daher Nasentropfen einzugeben. Die anwesend bleibende Mutter kann durch gutes Zureden und durch wiederholte Anweisungen, tief einzuatmen, die Prozedur sehr verbessern. Sie muß bei vielen Kindern auch darauf achten, daß diese nicht kalte Luft nebenher in den Dampfraum einströmen lassen.

Inhalationsgeräte (Aerosolapparate) sind heute im Handel, die kaltes und lauwarmes Wasser zerstäuben, was vor allem bei Kindern vieles vereinfacht. Die nebelartig verteilten Stoffe werden durch eine Maske eingeatmet.

Zusätze zum Wasserdampf bestimmt der Arzt.

Wie man bei einem Krupphusten die Atemluft anfeuchten, vielleicht sogar eine »Waschküche« mit einfachen Mitteln erzielen kann, wird auf Seite 142 näher beschrieben.

Anwendung von Augen-, Ohren- und Nasentropfen. *Ohrentropfen* sollten nur in Absprache mit dem Arzt angewandt werden, weil durch Verquellungsvorgänge an der Gehörgangswand und am Trommelfell die ärztliche Beurteilung erschwert wird. Der Kopf des Kindes liegt auf der Seite. Die Ohrmuschel wird etwas nach hinten und in Richtung Scheitel gezogen und damit der Gehörgang gestreckt. Die Tropfpipette soll die Haut an der Gehörgangsöffnung möglichst nicht berühren.

Tropfen in den Bindehautsack der Augen zu geben, ist bei den meisten Kindern schwierig, weil jeder Fremdkörper auf dem Auge mit einer heftigen Reflexbewegung der Augenlider beantwortet wird. Die Kinder liegen flach, der Kopf ist im Nacken leicht nach hinten gebeugt. Man zieht das Unterlid etwas ab (Abb. 9) und läßt, ohne das Auge mit dem Glasröhrchen zu berühren, aus der Pipette 1–2 Tropfen fallen. Anschließend drückt man leicht auf die geschlossenen Augenlider und veranlaßt das Kind, falls es verständig genug ist, die Augen etwas zu rollen.

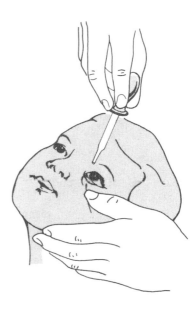

Abb. 9
Eingeben von Augentropfen. Das Kind liegt
mit zurückgebeugtem Kopf. Durch Abziehen
des Unterlides entsteht eine kleine Tasche, in
die die Tropfen gegeben werden.

Nasentropfen werden in gleicher Kopfhaltung und in gleicher Menge eingebracht. Sie können bis in den Rachen hindurchlaufen, was manche
Kinder am unangenehmen Geschmack registrieren. Man nimmt dies auch
als ein Zeichen für die gute Verteilung der Nasentropfen. Wenn der Kopf
anschließend noch etwas im Nacken gebeugt bleibt, fließen die Tropfen auch
in die oberen Abschnitte der Nasenhöhle, so daß auch die Zugänge zu den
Stirnhöhlen benetzt werden.

≡ Spezielle Pflegeverfahren

Eingabe von Medikamenten, Seite 96
Inhalation, Seite 143, spezielles Verfahren beim Krupp Seite 142
Einlauf, Seite 98
Augenspülung, Seite 152
Essen, Trinken, Diät Seite 86
Pflege bei einer Infektion, Desinfektion, Seite 108

≡ Umschläge und Wickel

Ein feuchter Umschlag oder Wickel kann sowohl abkühlende wie auch wärmende Wirkung bringen. Am stärksten ist die kühlende Wirkung bei Kaltwasserumschlägen, die dann häufig – etwa alle 20 Minuten – erneuert werden müßten. Je länger man einen feuchten Umschlag liegen läßt, um so mehr kommt dann die wärmende Wirkung infolge der stärkeren Hautdurchblutung zustande. Deckt man das feuchte Tuch mit einem wasserdichten Stoff, wird die Wärmewirkung noch verstärkt.

Halswickel werden nach Prießnitz als feucht-warme Umschläge, nach Kneipp als leitungswasserkalte Umschläge für Kinder mit Halsschmerzen vorbereitet. Je höher ein Kind fiebert, je heftiger der Schmerz der geschwollenen Halslymphknoten und je belastender der Schluckschmerz ist, um so lieber werden die kalten Umschläge angenommen. Man taucht ein auf Halsbreite gelegtes Taschentuch ins Wasser, wringt aus, legt es um den Hals und deckt ein etwas breiter zusammengelegtes Handtuch darüber. Feststecken mit Sicherheitsnadeln. Soll vor allem Kühlwirkung erzielt werden, wechselt man nach 20 Minuten, sonst später. Eine noch stärkere Kühlwirkung wird durch Eiskrawatten erzielt (s. weiter unten).

Feuchte Brustwickel, Wadenwickel oder Abkühlungspackungen helfen, beim hochfiebernden Kind die Temperaturen zu senken. Sie wirken in erster Linie rein physikalisch, indem sie dem Körper Wärme entziehen.

Feuchter Brustwickel. Man bereitet ein weiches Tuch vor, das in seiner Breite von der Achselhöhle bis zum Rippenbogen reicht (Flanell-, Woll- oder Moltontuch). Darauf kommt ein etwas schmaleres Tuch aus Leinen, Nessel oder Rohseide, das in zimmerkaltes Wasser getaucht und ausgewrungen wurde. Entweder zieht man beide Tücher unter dem Kind hindurch, oder man legt das Kind mit dem Rücken auf die so vorbereitete Unterfläche. Dann schlägt man zuerst das feuchte Tuch von links und von rechts über den Brustkorb, schließlich noch das Decktuch. Mit Sicherheitsnadeln wird der Halt gesichert. Danach zieht man das Nachthemd über; die Kinder sollten mit einer Decke gut zugedeckt sein, damit Arme und Beine nicht frieren. Der Wickel bleibt bei einem hochfiebernden Kind eine halbe Stunde liegen. Er kann je nach Temperatur 2–3mal gewechselt werden. Man soll diese abkühlende Packung erst bei einer Temperatur ab 39,5°C einsetzen und aufhören, wenn die Temperatur um mindestens 1°C gesenkt ist.

Kalte Wadenwickel, bei Säuglingen *Beinwickel* bis an die Hüften, haben die gleiche Wirkung und dieselbe Voraussetzung für den Einsatz bei hohem Fieber wie die feuchten Brustwickel. Man kann schon bei 39°C beginnen. Um beide Waden bzw. Beine (jede Extremität isoliert) wird in gleicher Weise ein feuchtes und ein trockenes Tuch gelegt und alle 20–30 Minuten gewechselt. Die Dauer entspricht den Überlegungen, die beim feuchten Brustwickel genannt sind.

Eine *Ganzkörperabkühlungspackung* hat bei hohem Fieber einen noch weitergehenden Hitzeentzug zur Folge. Das Vorgehen entspricht den Einzelheiten beim Brustwickel. Weitaus schonender sind aber Abkühlungsbäder, die auf Seite 105 beschrieben sind.

Kälteanwendung erfolgt durch *Eisbeutel, Eiskrawatte oder kalte Kompressen.* Eine kalte Kompresse dient bei heftiger Entzündung oder bei allergischen oder anderen Lokalreaktionen (z. B. nach Insektenstichen) zur Schmerzverminderung, Linderung von Juckreiz und zum Entzug von lokaler Hitze. Man nimmt ein mehrfach gefaltetes Leinenhandtuch, taucht es in möglichst kaltes Wasser, drückt leicht aus und legt es auf. Sobald die Packung sich etwas erwärmt, muß gewechselt werden. Um diesen Wechsel zu beschleunigen, hält man zweckmäßigerweise eine zweite Kompresse bereit.

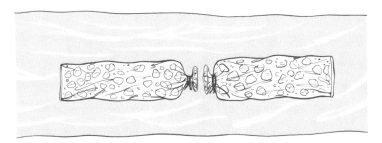

Abb. 10   **Eiskrawatte**; Eiswasser und Eisstückchen in zwei Plastikbeuteln, die in ein Tuch eingeschlagen werden.

Für eine *Eisblase oder Eiskrawatte* nimmt man am besten ein oder mehrere Plastikbeutel, die mit Eisstückchen und Eiswasser gefüllt werden (Abb. 10, S. 103). Die Beutel müssen dichte Nähte haben und durch eine Schnur fest verschlossen werden. Man umhüllt sie mit einem Handtuch oder einer Windel und befestigt sie mit einer Sicherheitsnadel. Die Eisstückchen dürfen nicht drücken; sind sie zu groß, können sie in einem Tuch mit dem Hammer zerschlagen werden. Die Beutel sollen nicht zu prall gefüllt sein, damit sie sich der Körperform gut anpassen. Vor dem Verschließen werden sie hochgestellt, damit die Luft entweichen kann. Sobald die Eisstückchen geschmolzen sind, wird die Füllung erneuert.

══ Lokale Wärmeanwendung

Feuchte Wärme wird durch *heiße oder warme Kompressen* oder *Warmwasserumschläge* angewandt. Bei Muskelverspannungen ist der Erfolg überzeugend, bei Leibschmerzen ist der Erfolg fraglich und im Einzelfall kritisch zu bedenken. Bei der Herstellung einer Wärmekompresse verfährt man sinngemäß wie bei einer Kaltwasserkompresse (s. im vorhergehenden Abschnitt). Wärmewirkung ist auch durch jeden feuchten Umschlag zu erzielen, wenn er längere Zeit (etwa 1–2 Stunden) liegenbleibt. Das feuchte Tuch ist dann durch eine wasserdichte Folie (Kunststoffolie, Gummituch) abzudecken. Eine darauf gelegte Wärmeflasche verstärkt den Effekt.

Trockene Wärme kann durch *Wärmflaschen aus Gummi oder Steingut* übertragen werden, ausnahmsweise durch ein *Heizkissen* oder auch durch *Backsteine*, die im Backofen erhitzt wurden. Bei einer Wärmeflasche ist auf die Dichtigkeit des Verschlusses genau zu achten. Eine Steingutflasche wird vor der Füllung abgeklopft, um zu prüfen, ob sie nicht gesprungen ist. Eine Gummiwärmflasche wird zu ¾ gefüllt, von der Pflegerin dann gegen den eigenen Bauch gedrückt, daß die Luft entweicht, bis das Wasser an der Öffnung erscheint, und in dieser Haltung dann der Verschluß fest aufgeschraubt. Jede Art von Wärmeträger wird in ein Moltontuch oder ein anderes weiches Tuch geschlagen. Der Verschluß muß zum Fußende des Kindes hinzeigen, damit er durch ein spielendes Kind möglichst nicht geöffnet werden kann.

Elektrische Heizkissen können höchstens bei größeren Schulkindern oder bei Jugendlichen mit besonderer Vorsicht eingesetzt werden. Bei Kleinkindern und Säuglingen ist die Gefahr einer unbemerkten Überhitzung zu groß. Spielende Kinder könnten unbemerkt den Schalter auf größere Heizleistung stellen. Bei einer Durchnässung des Heizkissens wäre auch Kurzschlußgefahr gegeben.

Wärmestrahlen stehen in vielen Haushalten heute zur Verfügung, weil die meisten Höhensonnen (UV-Lichtstrahler) auch mit einer Wärmequelle versehen sind. In der Regel bestrahlt man 20–30 Minuten bei einem Lampenabstand von 30 cm, der exakt durch ein Lineal zu bestimmen ist.

Therapeutische Bäder

Man unterscheidet Erwärmungsbad, Abkühlungsbad und Bäder mit medizinischen Zusätzen. Das *gewöhnliche Kinderbad* hat die Temperatur von 35–37 °C.

Ein *Erwärmungsbad* ist bei Kindern mit Untertemperatur angezeigt. Die Anfangstemperaturen des Wassers liegen 2 °C über der Körpertemperatur des Kindes. Unter Zufluß oder Zugabe von heißem Wasser (Vorsicht Verbrühungsgefahr!) wird langsam auf 39–40 °C Wassertemperatur gesteigert. Ein schwimmendes Thermometer muß laufend beobachtet werden. Dauer des Bades 15–20 Minuten. Dann wird dem Kind ein vorgewärmter Schlafanzug übergezogen und es ins vorgewärmte Bett gebracht.

Abkühlende Bäder sollen bei hohem Fieber die Körpertemperatur herabsetzen. Sie sind bei Temperaturen um 41 °C angezeigt, vor allem dann, wenn die Extremitäten kalt sind und vorwiegend der Körper heiß ist. Man muß mit großer Vorsicht dabei vorgehen und das Aussehen des Kindes laufend kontrollieren. Fröstelt das Kind oder bekommt es ein blaß-bläuliches Aussehen, ist es sofort aus dem Wasser zu nehmen, kräftig zu frottieren und ins vorgewärmte Bett zu bringen. Man sollte dann warmen Tee zu trinken geben. Man beginnt mit einer Wassertemperatur 1 °C unter der Körpertemperatur und sucht durch langsames Zufließen von kaltem Wasser eine Temperatur von 33–30 °C allmählich zu erreichen. Das Wasser soll ständig bewegt sein, um gleichmäßige Temperaturen zu gewährleisten. Dauer des Bades 5–10 Minuten. Dann wird der Kranke ins vorgewärmte Bett gebracht.

Ein Kamillen- oder ein Kaliumpermanganatbad wirkt entzündungshemmend und desinfizierend. Für ein *Kamillenbad* werden 30–50 g Kamillenblüten in einem Leinensäckchen 5 Minuten lang in einem Liter Wasser gekocht. Dieser Absud wird dem Kinderbad zugegeben. Soll nur ein Teilbad, z. B. ein Hand- oder Fußbad, gemacht werden, ist die Menge geringer. Man kann auch käuflichen Kamillenextrakt benutzen und richtet sich hinsichtlich der Menge nach den Packungsangaben.

Für das *Kaliumpermanganatbad* setzt man die grün-schwarzen Kristalle nicht direkt dem Badewasser zu. Vielmehr stellt man sich eine konzentrierte Lösung her, indem man 1 Teelöffel Substanz in 100 g (Milliliter) Wasser löst und einige Tage unter mehrmaligem Schütteln stehen läßt. Von dieser Lösung kommt soviel in die Badewanne, daß eine weinrote Wasserfarbe entsteht. Zum Abtrocknen der Haut wird ein altes sauberes Tuch genommen, da das Kaliumpermanganat braune Flecken in der Wäsche hinterläßt. Die Braunfärbung der Wanne und der Hände der Mutter kann anschließend mit Wasserstoffsuperoxid und Essig leicht entfernt werden.

Eine *Kleiebad* wird bei empfindlicher Haut, bei Entzündungen im Windelbereich und bei Ekzem als mildes Bad angewandt. Es bewirkt eher eine trockene Haut. Die Zusätze sind im Handel zu beziehen und nach Vorschrift zu verwenden.

Ölzusätze zum Kinderbad empfehlen sich bei trockener, fettarmer Haut. Auch hier verfährt man nach dem Rat des Arztes und den Angaben auf den Handelspräparaten.

═══ Lagerungspflege

Eine besonders sorgfältige Lagerung brauchen Kranke mit Schmerzen, erschwerter Atmung und mit der Gefahr, daß sie sich aufliegen.

Was bei Schmerzen die richtige Lage ist, kann man vom Kranken selbst recht gut erfahren. Eine gebeugte liegende Extremität sollte man durch feste Kissen, Tuchrollen oder Sandsäcke unterpolstern. Kinder mit Atemnot, ob durch Erkrankungen der Atmungsorgane oder des Herzens, liegen lieber etwas erhöht, im Rücken dabei gut unterstützt.

Bei schwerkranken und bewegungsarmen, insbesondere bei bewußtlosen Kranken, besteht die Gefahr des *Durchliegens*. Vor allem Abgemagerte neigen an besonders hervorspringenden und belasteten Hautpartien zum Dekubitus. Bedenklich ist schon ein roter Fleck an der betreffenden Stelle. Dekubitalgeschwüre sind sehr schmerzhafte und schlecht heilende Wunden, die sich zudem leicht infizieren können. Was ist zu tun? Gefährdete Hautstellen sind immer wieder bewußt zu kontrollieren, ob sie keine gefährlichen Anzeichen für ein Durchliegen zeigen: Kreuzbeingegend, Fersen, Rücken, Schulterblätter, Hinterkopf (Abb. 11). Schwitzen und andere Feuchtigkeit (Gesäßbereich mit Stuhl und Urin!) begünstigen die Gewebsschädigung. Mit regelmäßigem Waschen muß gereinigt, mit gerbend wir-

Abb. 11
Die Hautstellen, an denen sich ein Kranker besonders leicht wundliegt: über dem Kreuzbein, an der Knieinnenseite, an den Fersen, an den Fußaußenknöcheln, über den Schulterblättern, an den Ellbogen, hinter den Ohren.

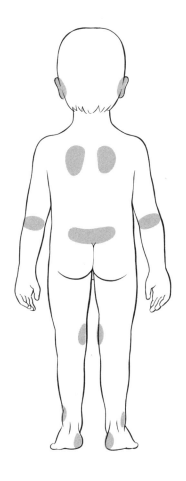

kenden alkoholischen Lösungen muß die Haut eingerieben und gefestigt werden, nachfolgend soll Puder aufgetragen werden. Sehr trockene Haut ist zu fetten. Die Wäsche wird regelmäßig gewechselt und unter dem Körper glattgestrichen. Auch an der Bettwäsche müssen Falten vermieden werden. Durch regelmäßiges Umlagern, z.B. für Stunden auf die Seite, werden auch andere Körperstellen planmäßig belastet.

Fellunterlagen aus Kunstfasern, Wasserkissen oder Luftringe können helfen, die aufliegende Last besser zu verteilen. Im einzelnen sollte man sich mit dem Arzt beraten, der auch ein Rezept für den Einkauf in einem Spezialgeschäft ausstellen kann. Vielleicht wird auch durch Nachbar-

Abb. 12
Verhüten eines Druckgeschwüres an der Ferse durch eine Schaumstoffplatte, in die der Unterschenkel hineingesteckt wird. Dicke der Platte: 8–12 Zentimeter je nach Alter des Kindes.

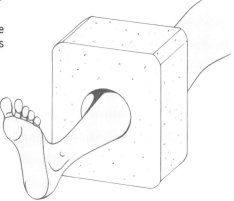

schaftshilfe ausgeholfen. Hinterkopf und Fersen kann man auf eine etwa 5 cm dicke Schaumstoffplatte lagern, die in der Mitte ringförmig eingeschnitten ist und in einem selbstgeschneiderten Überzug aus Baumwolle steckt. Fersen erhalten auch dadurch Abstand von der Unterlage, daß man auf den Unterschenkel eine Schaumstoffplatte schiebt (Abb. 12).

≡ Pflege bei einer Infektion, Desinfektion

Unter der *laufenden Desinfektion* versteht man die Vernichtung von Krankheitskeimen, die vom Kranken ausgehen und übertragungsfähig wären. Alles was von einem Infektionskranken herrührt, benutzt oder ausgeschieden wird, ist als infektiös zu betrachten. In diesem Zusammenhang ist auch eine *mit dem Kranken in Kontakt kommende Person* in der Lage, Krankheitskeime weiterzugeben.

Eine *strenge Infektionspflege* verlangt also vom Pflegenden das *Anlegen eines Kittels, sorgfältige Händedesinfektion, Desinfektion der Ausscheidungen des Kranken, fortgesetzte Raumdesinfektion und Wäschedesinfektion.* Diese besondere Sorgfalt bringt durchaus große Schwierigkeiten mit sich, die man bewußt auf sich nehmen muß, wenn man zu Hause Kranke pflegen will, die normalerweise in der Infektionsabteilung eines Krankenhauses besonders abgeschirmt von anderen Kranken betreut werden.

An folgende Krankheiten ist dabei gedacht, auch Verdacht auf diese Krankheit löst schon einige der genannten Sorgfaltspflichten aus: infektiöse

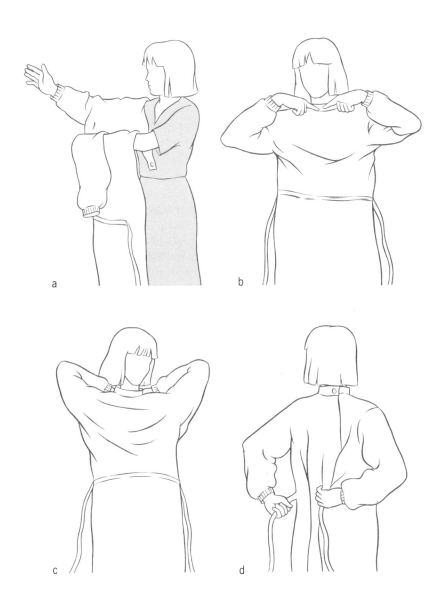

Abb. 13 **Abziehen eines Kittels.** Es kommt darauf an, die Außenfläche während des Anziehens nicht zu berühren. Weitere Einzelheiten im Text.

Darmerkrankungen, infektiöse Gelbsucht (Hepatitis), Hirnhautentzündung, Pfeiffersches Drüsenfieber, Hautinfektionen mit Eitererregern, infektiöse Erkrankungen der Luftwege und der Lunge, insbesondere Lungentuberkulose, Lungenentzündungen und Keuchhusten, ferner Scharlach, Masern, Windpocken und Zoster, Mumps, Diphtherie, Kinderlähmung und Soor. Was bei der einzelnen Krankheit aus hygienischen Gründen getan werden muß, wird bei diesen Krankheiten ab Seite 246 näher beschrieben, wo diese (und weitere) Krankheiten ausführlich abgehandelt werden.

Das *Anlegen eines Kittels* will gelernt sein. Ein Infektionskittel ist so lang, daß er alle Kleider bedeckt, und er ist hinten zu schließen. Wie Abb. 13 zeigt, wird der Kittel beim Anziehen vor den Körper gehalten, indem man ihn von der Innenseite anfaßt, dann über Arme und Schulter gezogen und hinten durch Knöpfe und ein Band geschlossen. Wird der Kittel vor Betreten des Zimmers angelegt, wird er vor der Türe aufgehängt, die Innenseite (»saubere Seite«) nach außen. Wird er erst im Zimmer übergezogen, hängt er dort mit der Außenseite (»unsaubere Seite«) nach außen. Vor und nach Anlegen des Kittels werden die Hände gründlich gewaschen. Beim Ausziehen des Kittels wird darauf geachtet, daß die Hände die Außenseite möglichst nicht berühren.

Bei besonderer Infektiosität des Kranken kann es empfehlenswert sein, *Mund- und Nasenschutz* zu tragen. Am einfachsten sind die Einmalmasken, die anschließend weggeworfen werden (Abb. 14).

Die *Desinfektion der Hände* erfolgt durch gründliche mechanische Reinigung mit Seife (am besten Flüssigseife), unterstützt durch ein Feindesinfektionsmittel wie Primasept oder Sterillium (Alkohol). Die Fingernägel des Pflegenden müssen kurzgeschnitten sein und wiederholt in die Reinigung besonders einbezogen werden.

Die *Ausscheidung des Kranken* (Stuhl, Urin, Erbrochenes, Spülflüssigkeiten) und *Verbandsstoffe* sind, wenn sie als infektiös betrachtet werden müssen, zu desinfizieren, bevor sie in die öffentlichen Ableitungskanäle gegeben werden. Sie werden dabei mit sogenannten Rohdesinfektionsmitteln versetzt, z.B. mit Sagrotan, in bestimmter Konzentration und eine bestimmte Zeit lang, wie es die Vorschrift für das einzelne Mittel aussagt.

Die *Raumdesinfektion* muß täglich erfolgen. Der Boden wird feucht aufgewischt, der Lösung wird ein Rohdesinfektionsmittel, z.B. Sagrotan, zugesetzt. Ein Teppichboden erweist sich also bei einer Infektionskrankheit als sehr ungünstig für das Krankenzimmer. Reinigung mit dem Staubsauger ist eine fragwürdige Methode. Dazu gehört, daß täglich auch alle Gegenstände im Wirkungsfeld des Kranken mit Desinfektionslösung abgewa-

Abb. 14
Mund- und Nasenschutz. Er schützt den
Pflegenden vor den Keimen des Kranken. Er
erlaubt andererseits auch dann die Weiter-
pflege, wenn der Pflegende selbst an Schnupfen erkrankt ist, aber in der Pflege unersetz-
bar ist.

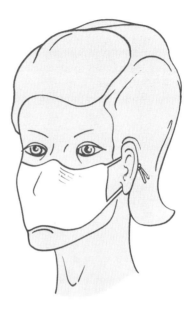

schen werden. Nach Genesung des Kranken oder auch nach Krankenhauseinweisung erfolgt bei bestimmten Krankheiten, die im Seuchengesetz einzeln genannt sind, eine gründliche Desinfektion des Krankenzimmers durch
Bedienstete des Gesundheitsamtes (Desinfektor, der Näheres dazu sagt).

Für die *Desinfektion von kleineren Flächen* (z. B. Wickeltischober-
fläche) stehen Sprays zur Verfügung (z. B. Bazillol-Spray).

Eßgeschirr wird innerhalb des Krankenzimmers für bestimmte
Zeit (s. Vorschrift) in eine Desinfektionslösung vollständig eingetaucht und
dann in der Küche in üblicher Weise gespült.

Wäschedesinfektion erfolgt ebenfalls mit einem Rohdesinfektionsmittel; dann kann die Wäsche zur allgemeinen Wäsche gegeben werden.

☰ Verbände

Tuchverbände. Man tut gut, sich zwei *Dreiecktücher* aus Leinen herzustellen und in der Hausapotheke für eine vielfältige Verwendung, nicht nur in der Ersten Hilfe, bereit zu halten. Abmessungen: 127 × 90 × 90 cm. Man verwendet das Tuch in seiner vollen Breite als *Kopfverband* (Abb. 15), zum *Einschlagen einer Hand oder eines Fußes* (Abb. 16), oder als *Armtragetuch* (Abb. 17). Zusammengefaltet zu einer Breite von etwa 10 cm kann es zum Abbinden bei Schlagaderblutung oder zum Halten einer feuchten Kompresse benutzt werden.

Abb. 15
Kopfverband mit einem Dreiecktuch.

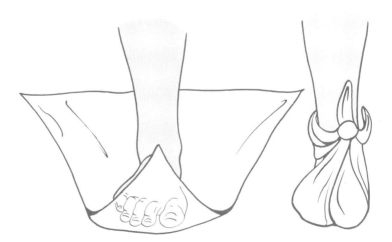

Abb. 16   **Einschlagen eines Fußes in ein Dreiecktuch.**

a   b

Abb. 17   **Hochbinden des Armes** durch ein Dreiecktuch (a) oder eine Armtrageschlinge (b).

Bindenverbände. Die hierzu gebräuchlichen *Mullbinden oder elastischen Binden* sollen in verschiedener Breite (4–6–10 cm) vorhanden sein. Fingerverbände verlangen die schmalste Breite.

Verbände an einem Arm oder einem Bein werden immer peripher begonnen und herzwärts weitergeführt. Zu Beginn nimmt man das freie Bindenende mit der linken, den aufgewickelten Bindenkopf mit der rechten Hand. Man beginnt mit einer Kreistour und führt dann den Verband in Schrauben- oder Umschlagtouren weiter (Abb. 18, S. 114). Um Gelenke sind Achtergänge nötig (Abb. 19). Bei einem Fingerverband liegt die Kreistour am Handgelenk (Abb. 20). Um ein Auge oder ein Ohr mit Binden abzudekken, beginnt man mit der Stirntour (Abb. 21).

Schnellverbände aus Verbandspäckchen sind insofern sehr praktisch, als ans Bindenende ein steriler Verbandmull montiert ist, mit dem die Wunde abgedeckt werden kann.

Klebeverbände. Man unterscheidet *Schnellverbände*, bei denen auf die Mitte des Heftplasters eine Mullplatte gesetzt ist (z.B. Hansaplast) und die *Heftpflasterstreifen* (z.B. Leukoplast). Sie sind in verschiedener Breite im Handel. Klaffende Wunden können mit Heftpflasterstreifen zusammengezogen werden, so daß man bei einer geringen Wundlänge vielleicht sogar ohne Naht auskommen kann (*Klammerpflaster*, Abb. 22, S. 115).

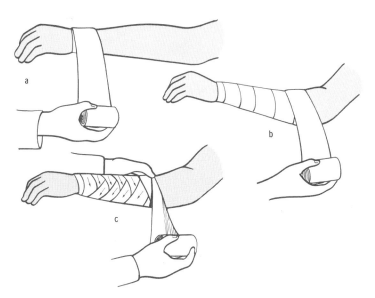

Abb. 18   **Anlegen eines Verbandes an einer Extremität.** a) Kreistour am Anfang, b) Spiral-
oder Schraubentouren, c) Umschlagtouren.

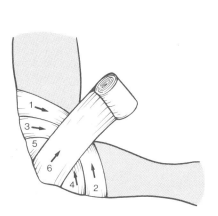

Abb. 19
Gelenkverband in einer Achtertour.

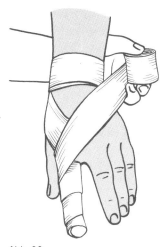

Abb. 20
Fingerverband.

Abb. 21
Verband bei einer Augenerkrankung,
ähnlich bei einer Erkrankung des äußeren
Ohres.

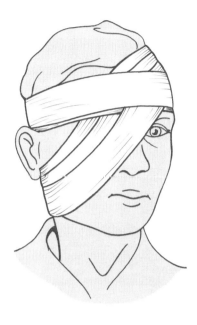

Abb. 22
a) **Klaffende Wunde,** b) Mit einem **Klammerpflaster** ist ein guter Wundrandkontakt
erzielt.

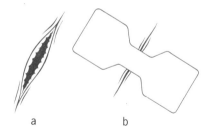

a   b

Bei **Schlauchverbänden** ist der Verbandsstoff rund gestrickt, somit in der Breite erheblich dehnbar und durch Ziehen in der Längsrichtung wieder zu strecken. Die Handhabung ist wesentlich leichter als bei einem Verband mit Mullbinden. Die Schlauchverbände stehen in allen Breiten für Finger- und Armgröße, sogar für Kopfverbände zur Verfügung (Abb. 23).

Abb. 23
Schlauchverband am Zeigefinger.

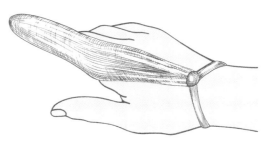

≡ Beschäftigung des kranken Kindes und Jugendlichen

Jede Krankheitssituation braucht in Abhängigkeit vom Alter des Kindes und Jugendlichen andere geistige Hilfen:

- *Entspannung und Ablenkung* in Fieber, Schmerz und Atembehinderung;
- *Stärkung der Geduld* bei langer Krankheitsdauer;
- *Zeit zum Gespräch und zur geistigen Auseinandersetzung* mit der Krankheit;
- wenn es etwas besser geht, *Spaß, spannendes und fröhliches Spiel*;
- in der Rekonvaleszenz *geistige Schulung und Förderung der intellektuellen Fähigkeiten, Erfolgserlebnisse* in eigener Leistung durch Denken, Basteln oder in anderen schöpferischen Fähigkeiten.

Wenn sich Eltern einen arbeitserleichternden Tagesplan machen, gewinnen sie Zeit, in der sie für das Kind da sein können. Die Kunst ist dabei aber durchaus, ein gutes Mittelmaß zu finden zwischen einer direkten Beschäftigung mit dem Kranken auf der einen Seite und Hilfen und Anregungen zu eigener Beschäftigung auf der anderen Seite.

Bei schwerkranken und geschwächten Kindern soll man sich *hüten, zuviel Betrieb* zu machen. Einfach dasein, die eigene Nähe geben, kleine Gespräche führen, etws erzählen und an Freudvolles erinnern, mit der besseren Zukunft trösten, das ist schon entscheidend. Dabei kann eine Mutter oder ein Vater auch eigene Arbeiten verrichten, flicken und sticken, lesen, etwas basteln; das Kind ist entspannt und zufrieden.

Dasein heißt auch, *offen sein für Fragen und Gespräche*, die mit der Krankheit, mit dem Leben an sich zu tun haben können. Manche Sorgen und Nöte des Kindes, bisher vielleicht unbekannt, werden offenbar. Manche Hilfe aus eigener Erfahrung und eigenem Verständnis kann angeboten werden. Diese Erfahrung gilt vor allem für die Gespräche mit älteren Kindern und Jugendlichen, die sich als Gesunde häufig eher abkapseln und nur unzureichend ein offenes Gespräch mit den Eltern finden. Manches Gespräch kann auch herbeigeführt werden, wenn man z.B. auf andere Menschen und ihre Schicksale zu sprechen kommt, wenn man sich an zurückliegende Kindheitsjahre erinnert und alte Photographien betrachtet, wenn man Erzählungen vorliest, Fernsehsendungen zusammen erlebt und die Probleme der dargestellten Menschen bedenkt.

Kleine Kinder finden entspannende Beschäftigung und geben zugleich manchen Ansatz für Gespräche, wenn man ihnen einen *Doktorkoffer* mit seinen Instrumenten schenkt oder ihnen *Figuren des Kaspertheaters* in die Hand gibt, die dann mit der Stimme des Kindes naheliegende Probleme artikulieren, Probleme, die hinter dieser Maske oft eigene Probleme sind.

Der geistigen Anregung, dem Spaß und zugleich der Entspannung dienen *Scherzfragen, Rätsel* (empfehlenswertes Buch: LEIPPE, U.: Was Kinder gerne raten. Südwest-Verlag, München), *optische Täuschungen* (Abb. 24, S. 118), *Schattenspiele* (Abb. 25), kleine *Zeichnungen,* die jedem gelingen können (Abb. 26), *Drudelzeichnungen* (Abb. 27), *Klecksdeutungen* (Abb. 28 u. 29), *Gesellschaftsspiele* wie Domino, »Mensch-ärgere-Dich-nicht«, *Puzzles, Kartenspiele.* Man kann auch ein kleines Gedicht selber versuchen, ein paar Verse gelingen oft überraschend leicht.

Zeit der Krankheit ist für viele Kinder auch Zeit zum *Lesen.* Meist sind noch ungelesene Bücher da. Der Buchhändler berät auch gern, und Taschenbücher sind nicht teuer. Leidet das Kind an einer Infektionskrankheit, können Bücher aus einer Bibliothek oder von Freunden natürlich nicht ausgeliehen werden.

Zum Selbstversorger in Unterhaltung machen *Tonbänder, Schallplatten, Radio und Fernsehen,* wobei aber die Eltern darauf bedacht sein sollten, daß hier nicht zuviel des Guten getan oder das falsche Programm gewählt wird.

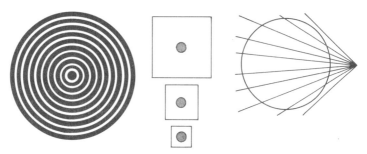

Abb. 24   **Optische Täuschungen.** a) Sieht man länger hin und bewegt man das Papier im
           Kreise, scheint ein Durchmesser zu rotieren, b) Die Punkte sind überall gleich groß.
           c) Der Kreis ist an der Seite nicht abgeplattet.

Abb. 25   **Schattenspiel.**

Abb. 26   So einfach ist das **Gesicht zu zeichnen.** Die Bilder sollen eigentlich keine Vorlage zu
           einem reinen Abzeichnen sein. Sie sollen vielmehr zeigen, wie leicht Dinge unseres
           Lebens in einfachen Linien und Formen zu zeichnen sind, so daß daraus eine
           Anregung zum eigenen Ausdruck und eigenen Gestalten wird.
           Entnommen mit freundlicher Genehmigung aus WITZIG, H.: Einmal grad und einmal
           krumm, 1. Aufl., Heimeran-Verlag, München 1958.

Abb. 27 **Drudelzeichnungen.** In diesem amüsanten Ratespiel sagt jeder, was er in der Zeichnung glaubt zu sehen. Der Phantasie sind keine Grenzen gesetzt. Jeder kann selbst seine geheimnisvolle Zeichnung entwerfen. Zwei Beispiele: a) Regenwurm oder Zündholz schauen aus einer Schachtel; b) Schornsteinfeger geht an einem Fenster vorbei.

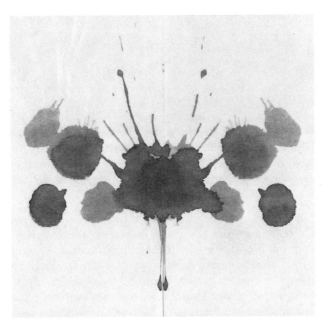

Abb. 28 **Klecksographie,** ein Such- und Ratespiel mit Klecksen. Man nimmt ein kleines Blatt saugfähiges Papier, faltet es in Mitte und bringt einige Tintentropfen oder Wasserfarbe dazwischen. Dann drückt man die Hälften fest zusammen und entfaltet das Blatt wieder. Das Raten, was der einzelne sieht, kann beginnen.

Abb. 29
Klecksportrait das auch umgedreht ange-
schaut werden kann: Dann wird ein ganz anderer Mensch dargestellt.

Abb. 30
So entsteht eine kleine bewegliche Puppe
(aus Zechlin, R.: Fröhliche Kinderstube, Otto-
Maier-Verlag, Ravensburg)

Ideen muß man haben oder – noch besser – helfen, daß diese den
Kindern und Jugendlichen einfallen. Für Basteltechniken sind viele Anregungen im Buch *»Kinderbeschäftigungen«* (Verlag Otto Maier, Ravensburg)
zu finden. Als *behelfsmäßiger Arbeitstisch* im Bett dient ein Tablett oder
Nudelbrett.

Was Kinder und Jugendliche herstellen, können *Geschenke für
Feste oder Geburtstage* werden. Zunächst sollen sie aber das Krankenzimmer schmücken: ein *Mobile*, dessen Bewegungen man während der täglichen Lüftungszeit verfolgen und dabei gut unter der Decke bleiben kann;
Kreppapierblumen, die einen großen bunten Strauß bilden; *drahtige Puppen*, die lebendige Haltungen einnehmen und die man so gut auch mit
hübschen Kleidern versehen kann (Abb. 30); eine *Windmühle* vor dem Fenster; *Mal- und Klebearbeiten* als Wandschmuck; am Fenster *Scherenschnitte
oder Bilder mit Fingermalfarben*. Lange und immer wieder kann sich ein
Kind mit einem *Kaleidoskop* beschäftigen oder Sonnenflecke mit einem
kleinen *Spiegel* durchs Zimmer führen.

≡ Vorbeugen vor weiteren Schäden

Vorsicht ist auch in Krankheitstagen besser als Nachsicht. Vorweg über einige besondere Gefährdungen nachzudenken, läßt manche Schadenssituation erwarten und damit vermeiden. In Kürze sei einiges aufgezählt.

Medikamente sollten jeweils nur für den augenblicklichen Einnahmezeitpunkt abgezählt bzw. abgemessen werden. Bei den meisten Kindern muß die Mutter die Medikamente selbst geben, zumindest überwachen, daß sie auch wirklich genommen werden. Besteht Gefahr, daß ein Kind unbeobachtet an die Arzneien geht, sollten die Behälter außerhalb des Zimmers aufbewahrt werden.

Auf Gefahren durch *Wärmflaschen und Wärmestrahler* wurde auf Seite 104 schon hingewiesen. Aber auch elektrische Heizkörper, die der zusätzlichen Zimmererwärmung dann dienen, wenn ein Kind außerhalb des Bettes auf den Topf gesetzt wird, bergen Gefahren. Kleinkinder können Gegenstände an die Heizspirale heranbringen. Verbrennungen oder elektrische Stromschäden sind die mögliche Folge.

Vergleichsweise banale Gefährdungen entstehen, wenn Kinder beim Lüften oder Spielen nicht genügend zugedeckt bzw. durch wärmende Pullover geschützt sind. Durch *Erkältung (Unterkühlung)* kann z. B. einer komplizierenden Lungenentzündung Vorschub geleistet werden.

Gegen *Krankendiät* rebellieren nicht wenige Kinder. Zu nachgiebige Eltern riskieren Verschlechterungen oder Rückschläge.

Soll ein Infektkranker *Besuch* bekommen, ist an eine Infektgefährdung der Besucher zu denken.

Schließlich soll der *Zeitpunkt des ersten Aufstehens,* des ersten *Spazierganges* nach draußen und die *Wiederaufnahme des Schulbesuches* sorgfältig mit dem Arzt besprochen werden. Unter dem Schuldruck, der nicht nur die Schüler sondern auch die Eltern bedrängt, wird ein Genesender leider oft zu früh wieder belastet.

Mit *Kerzenlicht* z. B. bei einem Geburtstag oder zur Weihnachtszeit, möchte man stimmungsvolle Freude ins Zimmer bringen. Hier ist allergrößte Vorsicht geboten. Wie oft ist schon durch ein herabbrennendes Licht ein Schwelbrand mit starker Rauchentwicklung entstanden, von direkten Flammenschäden ganz zu schweigen.

Die Eltern als Helfer des Arztes

Einen guten Arzt zu haben, gehört zu den tragfähigen Lebensgrundlagen. Mit Gelassenheit können Eltern dann vielen kleinen Wehwehchen und banalen Infekten entgegensehen, die nun einmal in jeder Familie mit Kindern daherkommen. Sie haben damit auch einen zuverlässigen Begleiter der Entwicklung ihres Kindes, der ihre aus Zweifel oder Unsicherheit geborenen Fragen beantwortet, ihre Sorgen zerstreut und ihre erzieherische Haltung stärkt. Vollends bewährt sich ein Arzt aber in ernsten Situationen.

Wenn man einen Arzt zum ersten Mal aufsucht, ist ein Vorschuß an Vertrauen für ihn notwendig. Dieses *Vertrauen* wächst in dem Maße, wie man sich geholfen sieht und mit seinen Sorgen geborgen weiß. Bei allem kritischen Mitdenken, das Eltern für erklärende Aussagen und für Anordnungen des Arztes haben sollen, bleibt immer ein Sockel von blindem Vertrauen, der sich einer kritischen Eigenwertung entzieht. Im Wissen um seine mitmenschliche Zuwendung und seine medizinisch-wissenschaftliche Qualität sollte auch dieses Vertrauen für den Arzt immer möglich sein.

Gewiß, auch ein *Arzt-Patient- oder Arzt-Eltern-Verhältnis ist nicht ohne Spannungen.* Diese können in der *akuten Situation* (schwere, vielleicht noch ungeklärte Erkrankung, Lebensgefahr), in den *Eltern* (berechtigte oder übertriebene Sorge, Beeinflussung von außen), im *Kind und Jugendlichen* (übergroße Ängstlichkeit, persönliche Ablehnung des Arztes) und im *Arzt* (mangelnde Kenntnis, ungenügende Anpassungsfähigkeit, zu autoritäres Verhalten) begründet sein. Eltern möchten dann vielleicht den Arzt wechseln oder noch einen anderen hinzuziehen, weil sie »kein Vertrauen zu ihrem Arzt haben«. Was man dann wirklich tut, sollte man sich sehr gut überlegen und insbesondere an der Frage prüfen, was denn ein anderer Arzt anders und besser machen könnte.

Eine optimale ärztliche Versorgung hängt aber auch von der *Intensität und Zuverlässigkeit ab*, mit der die *Eltern* ihrem Kind und damit dem Arzt helfen. Dies gilt vor allem für die ambulante Krankenpflege und die Möglichkeit, auch ein ernstlich krankes Kind zu Hause zu behandeln. Wenn der Arzt nur ungenügend Vertrauen zu den Eltern haben kann, wird seine Verantwortungsfähigkeit beschränkt und seine Neigung, ein Kind ins Krankenhaus einzuweisen, verstärkt.

Nicht *der* Arzt ist übrigens unbedingt der beste, der »alles« zu Hause versucht, der bei anhaltend hohem Fieber, schwerem Erbrechen, zahlreichen Durchfallstühlen, unklaren Krankheitssymptomen den zwar verständlichen, aber nicht selten extremen Wünschen der Eltern, unbedingt zu Hause zu behandeln, folgt. Nicht *der* Chirurg ist der beste, der auch schwierige Operationen ambulant durchführt und die Nachbehandlung zu Hause den Eltern und dem Hausarzt überläßt. Sondern der beste Arzt ist derjenige, der ein festes medizinisches Konzept hat und darin unabhängig ist, der aber mit seinen Argumenten die Zustimmung der Eltern, des verständigen Kindes und des mündigen Jugendlichen erhalten kann, weil seine überzeugende Vernunft mit dem nötigen Vertrauen zusammenwirken kann.

Wann ein Hausbesuch des Arztes?

Der Hausbesuch des Arztes sollte nur dann erbeten werden, wenn ein Kind so schwer erkrankt ist, daß ihm ein Transport in die Sprechstunde des Arztes nicht zugemutet werden kann. Ein Hausbesuch bedeutet einen beträchtlichen Zeitaufwand für den Arzt, und gerade ein gesuchter Arzt hat viele Patienten. Davon abgesehen stehen dem Arzt in seiner Praxis umfangreichere und bessere Untersuchungsmöglichkeiten als zu Hause zur Verfügung, die einer schnelleren und präziseren Krankheitsaufklärung dienen können. Der Transport von Säuglingen und Kleinkindern ist heute durch praktische Tragetaschen und im geheizten Auto ziemlich unproblematisch. Auch Fiebertemperaturen stellen in den meisten Fällen keinen Hinderungsgrund dar. Ist aber ein Arztbesuch zu Hause unumgänglich, sollte man diesen möglichst früh am Morgen telefonisch erbitten und der Arzthelferin schon einige Angaben machen, die aus der Dringlichkeit der Symptome die Zeitplanung des Arztes erleichtern. Zu Hause sollte man dann alle Vorbereitungen treffen, die dem Arzt hilfreich sein können.

Angaben für den Arzt

Ob man dem Arztbesuch zu Hause entgegensieht, ob man bei einem Praxisbesuch oder durch ein Telefongespräch mit dem Arzt die Krankheitsprobleme bespricht, immer ist der Arzt auf die sorgfältige Beobachtung der Eltern und deren Untersuchungsbefunde angewiesen. Darauf zielen seine Fragen, bevor er an die Untersuchung des Kranken geht. Auf diese Fragen sollte man sich bewußt vorbereiten, so gut man es kann. Hier helfen Notizen über den Krankheitsverlauf. Auch die Fragen, die man als Eltern für die weitere Behandlung sieht und die Medikamente, die man von sich aus schon zur Ergänzung der Hausapotheke nötig hat, sollte man sich notieren, um nichts zu vergessen.

Klare Angaben braucht der Arzt über:

1. *den Krankheitsbeginn;*

2. *objektive Beobachtungen der Eltern,*
   - Fieber: Wie hoch ist die gemessene Temperatur? Wie der Verlauf?
   - Erbrechen: Wie oft? Erbrochenes: In welcher Menge und welches Aussehen?
   - Verstopfung: Wann der letzte Stuhl? Aussehen? Besteht Neigung zur Verstopfung?
   - Durchfall: Wie häufig sind die Stühle? Dünn, breiig, mit Blutbeimengungen? Wie groß ist die einzelne Menge?
   - Schmerz: Welche Körperstelle? Welches Ausmaß? Welcher Schmerzcharakter? Bei Bauchschmerzen: Ist der Bauch gespannt? Bei anderer Schmerzlokalisation: Fühlt die Region sich heiß an, ist sie gerötet?
   - Hautfarbe: blaß – bläulich – Gelbsucht?
   - Hautausschläge: Flecken oder Blasen? Ausdehnung? Wo begann der Ausschlag, wie hat er sich ausgebreitet?
   - Besonderheiten der Atmung: Atemnot? Geräusche bei der Einatmung oder Ausatmung? Einziehung am Brustkorb? Will das Kind lieber sitzen? Zahl der Atemzüge?
   - Husten: »trockener« oder »feuchter« Husten? Mit oder ohne Auswurf?
   - Krampfanfall: Zuckungen am Körper, in welchem Ausmaß? Erhöhte Muskelspannung? Bewußtlosigkeit? Dauer des Anfalles? Fieber?
   - Besondere Körperhaltung: Schmerzhaltung? Nackensteifigkeit? Unruhe?
   - Weitere Besonderheiten, z. B. Zahl der Pulsschläge pro Minute, unregelmäßige Pulsfolge.

3. *Klagen und Beschwerden des Kindes sowie Jugendlichen,* über Schmerzen, Atemnot, Übelkeit, schlechten Appetit, Hitzegefühl.

≡ Hilfen in der Diagnostik des Arztes

Beobachtung des Kranken, Seite 74
Besonderheiten der Haut, Seite 76
Temperaturmessung, Seite 79
Pulszählen und Pulsfühlen, Seite 80
Auffangen des Harns, Seite 84
Besonderheiten des Harns, Seite 235
Besonderheiten der Stuhlbeschaffenheit, Seite 231
Beobachtung der Atmung, Zählen der Atemzüge, Seite 82
Aufzeichnung der Beobachtungen, Seite 72

In die Sprechstunde sollte immer Harn mitgebracht werden, Stuhl dann, wenn er Besonderheiten aufweist.

Für den *Hausbesuch des Arztes* seien die Vorbereitungen noch einmal zusammengefaßt. Die Eltern sollten sich auf die Zeit einrichten, zu der der Arzt erwartet werden kann, und die Zeitpunkte der Zimmerlüftung, der Zimmerreinigung und der Pflege des Kindes (das Waschen, Baden, Füttern) entsprechend legen. Die Körpertemperatur sollte gemessen, Harn und Stuhl (letzterer nur bei Besonderheit) aufgehoben sein. Der Notizzettel für Beobachtungen und Fragen, die Fieberverlaufskurve liegen bereit. Für die Mund- und Rachenuntersuchung legt man einen Löffel auf einem Teller zurecht, falls ihn der Arzt benötigen sollte. Die Packungen der angewandten Medikamente sollten zur Hand sein. Für unruhige Kinder, die Schwierigkeiten bei der Untersuchung machen könnten, sollte man etwas zur Ablenkung bereit halten (Puppe, Spielzeug, Teeflasche).

Halten des Kindes für die Ohrinspektion. Säuglinge und Kleinkinder müssen gut festgehalten werden, wenn der Arzt Gehörgang und Trommelfell untersucht. Am besten legt man die Kinder auf die Seite. Eine Hand der Mutter drückt auf den Kopf im Scheitelbereich, die andere Hand hält den Oberkörper und den oben liegenden Arm.

Untersuchung des Mundes und des Rachens. Zu dieser Untersuchung sitzt das Kind auf der Liege oder auf dem Tisch. Das Gesicht muß einer Lichtquelle oder dem Fenster zugewendet sein. Die Mutter greift von hinten her um die Schultern und Oberarme. Der Arzt hält den Kopf an der Stirn und beugt ihn etwas nach hinten. Sperrende Säuglinge und Kleinkinder nimmt die Mutter besser auf den Schoß. Die Füße des Kindes kann sie dabei zwischen ihre Oberschenkel klemmen. Manchmal ist es zweckmäßig, die Kinder zuvor unter Einschluß der Oberarme in eine Decke zu wickeln (Abb. 31, S. 126). Die Untersuchung sei noch etwas ausführlicher beschrieben, falls die Mutter einmal selbst in Mund und Rachen schauen will. Der

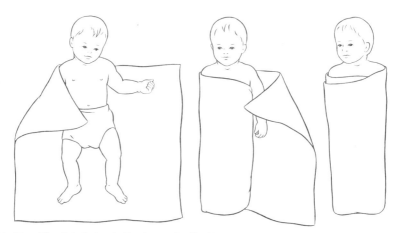

Abb. 31   **Einwickeln in ein Tuch**, um das Kind besser festhalten zu können.

Untersucher führt einen Löffelstiel oder einen Mundspatel zunächst in die Backentasche neben den Backenzähnen ein. An diesen Schleimhautflächen sind schon wichtige Beobachtungen zu machen. Dann drückt er, den Spatel steil haltend, auf den Zungengrund und betrachtet den weichen Gaumen, die Mandeln und die Rachenhinterwand (Abb. 32). Die Untersuchung ist auch im Liegen möglich. Der Kopf muß dann etwas im Nacken gebeugt werden, was durch ein kleines Kissen erleichtert wird, das man in den Nacken schiebt.

Untersuchung von Herz und Lunge. Diese Untersuchung ist in Bauch- oder Rückenlage des Kindes ohne Problem, solange das Kind nicht schreit. Man muß ein Kind also allenfalls durch Spielzeug, Schnuller oder Teeflasche beruhigen. Größere Kinder lassen sich auch im Sitzen leicht untersuchen. Bei geschwächten Kranken kann die Mutter dadurch helfen, daß sie durch Ziehen an den Händen die leichte Beugehaltung des Oberkörpers unterstützt. Bei sitzenden Säuglingen nimmt die Mutter beide Hände des Kindes hoch und hält diese an den Kopf des Kindes gedrückt.

Untersuchung des Bauches. Bei dieser Untersuchung – in Rückenlage – ist es wichtig, daß das Kind die Bauchdecken gut entspannt, damit der Arzt auch die Tiefe des Bauches austasten kann. Dies kann durch behutsames Vorgehen, Ablenkung, eventuell durch Anbieten von Tee aus der Flasche erleichtert werden. Bei sperrenden Kindern muß man eventuell Arme und Beine festhalten. Ratschläge für die Eltern, falls sie den Bauch untersuchen wollen, auf Seite 217.

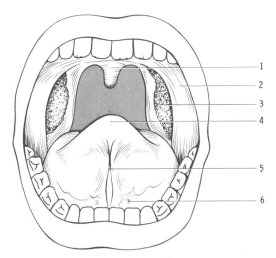

Abb. 32 **Untersuchung der Mundhöhle.** Überblick über die Organe. Die Zungenspitze ist nach oben gewendet, damit man den Zungengrund sieht. 1 = Zäpfchen, 2 = vorderer Gaumenbogen, 3 = Gaumenmandel, 4 = Zungenspitze (hochgeklappt), 5 = Zungenbändchen, 6 = Ausführungsgang einer Unterzungendrüse.

≣ Hilfen in der Therapie

Den ärztlichen Anordnungen ist strikt zu folgen. Nur unter der Annahme, daß dies geschieht, trägt der Arzt seine Verantwortung. Verordnungen des Arztes müssen, falls sie Art und Dosis der Medikamente betreffen, sofort notiert werden. Viele Ärzte geben diese Anordnung schriftlich. Bei einer telefonischen Besprechung sollten die Eltern am besten sofort mitschreiben (Papier und Stift schon bereithalten), und sie sollten das Aufgeschriebene sicherheitshalber nochmal im Gespräch wiederholen. Im übrigen sind Rückfragen besser und vernünftiger, als Unklarheiten stehen zu lassen. Jeder Arzt wird dafür Verständnis haben.

Entsteht der Eindruck, daß ein Kranker ein *Medikament nicht verträgt,* oder bekommt eine Mutter, z.B. beim *Lesen des Beipackzettels* ernste Zweifel, ob das Medikament überhaupt das richtige für ihr Kind ist, sollte möglichst schnell ein Gespräch mit dem Arzt herbeigeführt werden. Auch hier gibt es nichts anderes als vernünftig zu denken und zu handeln.

Tritt unter einer Behandlung schnelle Besserung des Krankheitszustandes ein, sind viele Eltern versucht, die *angeordnete medikamentöse Behandlung abzubrechen.* Dies sollte aber aus eigenem Entschluß keinesfalls geschehen. Rückschläge könnten die Folge sein. Falls der Arzt keine genaue Instruktion für den Abschluß der Therapie gegeben hat, wird die Behandlung bis zum nächsten Besuch oder bis zum Verbrauch der verordneten Medikamente fortgesetzt oder telefonisch nachgefragt.

Besondere Schwierigkeiten können in der *Nachbehandlung eines ambulant operierten Kindes* entstehen, z.B. nach Operation eines Leistenbruches, einer Phimose oder von vergrößerten Mandeln. Auch eine Narkose kann noch Nebenwirkungen haben. Was hier im einzelnen zu tun ist, wird bei der Besprechung des Leistenbruches (Seite 267) und der Mandeloperation (Seite 271) näher ausgeführt.

Krankheitszeichen:
was sie bedeuten und was zu tun ist

☰ Allgemeine Bemerkungen

Die Abb. 33 (S. 130) und 34 (S. 131) geben einen Überblick über die Körperregionen und ihre Bezeichnung sowie über die Lage der inneren Organe.

Ein **Symptom** ist ein *Krankheitszeichen*, nicht unbedingt die ganze Krankheit. In ihm kann sich eine Störung ausdrücken, die ihre Ursache und ihren Sitz irgendwo im Körperinneren haben kann. Das außen sichtbare Krankheitsmerkmal wird damit zum *Leitsymptom, das auf die innere Störung hinweist.* Dies gilt z.B. in überzeugender Weise für das Symptom Erbrechen. Es kann viele Ursachen haben, banale und schwerwiegende. Der Kranke ist aber nicht allein dadurch gefährdet, daß er irgendwo eine so bedeutsame Organstörung hat, daß es zum Symptom Erbrechen kommt, er ist auch durch das Erbrechen an sich belastet und, wenn es häufiger und vielleicht unstillbar wäre, gefährdet.

Die Hilfe für einen Kranken geht zwei Wege. Der eine Weg berücksichtigt das Symptom in seiner grundsätzlichen Aussage und auf die Frage nach seinem Warum kommt der Arzt zur Grundkrankheit. Wird diese erfolgreich behandelt, eine Infektion z.B. durch ein Antibiotikum, verliert sich auch das Symptom. Der andere Weg setzt am Symptom als der gefährlichen Krankheitsauswirkung an. Wird Erbrechen z.B. durch ein Medikament gegen Erbrechen bekämpft, wird damit eine Stoffwechselentgleisung des Körpers verhindert und dem Organismus geholfen, allein besser mit der Grundkrankheit fertig zu werden. Es gibt Krankheiten, bei denen der zweite Weg der einzig mögliche ist, falls es ein direkt auf die Grundkrankheit wirkendes Medikament nicht gibt. Hier ist an einen Virusinfekt zu denken (z.B. die Grippe). Antibiotika haben gegen Viren bekanntlich keine Wirkung, es bleibt also z.B. bei Grippe nur, das Fieber oder den Schnupfen zu bekämpfen. In sehr vielen Krankheitsfällen können die helfenden Eltern oder der Arzt aber auch beide Wege gehen. Sie bekämpfen die Symptome, z.B. Fieber, Schmerz und Atemnot, mit den einen Medikamenten, die Grundkrankheit gleichzeitig mit anderen Medikamenten. So wird der Kranke am schnellsten aus seinen Schwierigkeiten herausgebracht.

In der folgenden Darstellung der einzelnen Symptome wird den Eltern ein Eindruck darüber vermittelt, was sich hinter den einzelnen Erscheinungen verbergen kann. Damit wird ihnen die Entscheidung er-

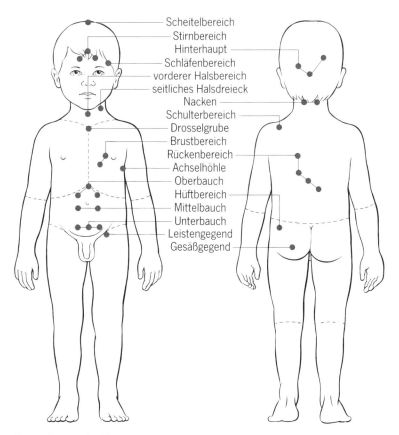

Scheitelbereich
Stirnbereich
Hinterhaupt
Schläfenbereich
vorderer Halsbereich
seitliches Halsdreieck
Nacken
Schulterbereich
Drosselgrube
Brustbereich
Rückenbereich
Achselhöhle
Oberbauch
Hüftbereich
Mittelbauch
Unterbauch
Leistengegend
Gesäßgegend

Abb. 33   **Bezeichnung der Körperregionen.**

leichtert, *wie lange und womit sie selbständig behandeln können und wann sie ärztlichen Rat und Hilfe brauchen.*

Die Anordnung der Symptome ist alphabetisch. Wenn das Gesuchte nicht gleich zu finden ist, sollte sich der Leser über das Sachverzeichnis am Ende des Buches weiterhelfen. Zusätzlich sind einige besondere Körperregionen genannt und die dort zu findenden Krankheitszeichen geschlossen abgehandelt. Das Neugeborene findet aus praktischen Gründen mit seinen äußerlich sichtbaren Besonderheiten eine eigenständige Berücksichtigung.

Übersicht über die behandelten Stichwörter in Tab. 4, s. S. 132

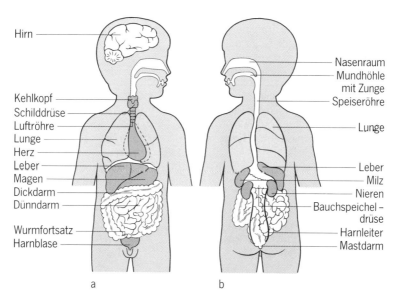

Hirn

Kehlkopf
Schilddrüse
Luftröhre
Lunge
Herz
Leber
Magen
Dickdarm
Dünndarm

Wurmfortsatz
Harnblase

Nasenraum
Mundhöhle
mit Zunge
Speiseröhre

Lunge

Leber
Milz
Nieren
Bauchspeichel –
drüse
Harnleiter
Mastdarm

a   b

Abb. 34   Lage der inneren Organe. a) Ansicht von vorn; b) Ansicht von hinten.

Wann unbedingt zum Arzt? Zusammenfassend sei herausgestellt, welche Auffälligkeiten am Kind so bedenklich sind und bedrohlich sein können, daß sie die unverzügliche Vorstellung beim Arzt, eventuell beim Notarzt, verlangen:

– wenn ein Kind gehäufte Zuckungen oder einen Krampfanfall hat,
– wenn es extrem blaß aussieht oder blaue Hautverfärbung hat,
– wenn schnelle, erschwerte und stöhnende Atmung besteht,
– bei einem Kruppanfall, verbunden mit bellendem Husten und lautem Atmen,
– bei wiederholtem Erbrechen,
– wenn häufig wasserreiche Stühle abgesetzt werden, vor allem wenn zudem Erbrechen und Nahrungsverweigerung bestehen,
– bei sehr hohem Fieber ab 40,5 °C, das sich nicht senken läßt, vor allem wenn das Kind sehr unruhig (krampfbereit) ist oder schon früher einen Krampfanfall hatte,
– wenn ein Kind auffällig schwer zu wecken, auffällig ruhig oder unruhig ist, wenn es die Mutter nicht zu erkennen scheint,

Tab. 4   **Aufgeführte Krankheitszeichen (Symptome) mit ihrer Bedeutung und den notwendigen Folgerungen.**

Tab. 4 **Aufgeführte Krankheitszeichen (Symptome) mit ihrer Bedeutung und den notwendigen Folgerungen** (Forts.).

- wenn es auf eine ungewöhnliche Art und Weise schreit, eine ungewöhnlich lange Zeit, offensichtlich vielleicht schwere Schmerzen hat,
- wenn es schwere Schmerzen, insbesondere Bauchschmerzen hat, speziell wenn ein Bruch ausgetreten ist.

Hat sich nach dem Arztbesuch und Beginn der angesetzten Behandlung der so bedenkliche und bedrohliche Zustand nicht gebessert oder sogar noch verschlimmert, sollte man sich sofort wieder mit dem Arzt in Verbindung setzen.

Krankheitszeichen (Symptome): Bedeutung und notwendige Folgerungen von A–Z

≡ After, Besonderheiten am After (Anus)

Blutungen aus dem Enddarm, Seite 164,
Hautveränderungen im Windelbereich, Seite 244.

Schleimhautrisse am After (Fissuren) können heftige Schmerzen beim Stuhlgang machen und die Kinder veranlassen, Stuhl zurückzuhalten. Verstopfung ist die Folge. Gerade dadurch wird der Stuhl aber noch härter, Einrisse werden tiefer, die Beschwerden größer und anhaltender. Blutaustritt kann am After sichtbar werden, Blut dem Stuhl aufgelagert sein.

Man sieht den oder die Schleimhautrisse am besten, wenn die Afterschleimhaut mit zwei Fingern entfaltet wird. Meist liegen die Einrisse hinten, zum Rücken zu. Hat man mit Fettsalbenbehandlung keinen Erfolg, sollte man den Arzt aufsuchen, vor allem wenn harter Stuhl und Verstopfung zusätzliche Beschwerden gebracht haben.

Hämorrhoiden, Venenerweiterungen am After, sind im Kindesalter sehr selten und immer Anlaß zur ärztlichen Untersuchung.

Mastdarmvorfall. Durch den After hindurch kann Schleimhaut des Enddarmes beim Pressen zum Stuhlgang austreten. Dieser 2–5 cm lange »Darmrüssel« sieht durchaus aufregend aus. Hebt man den Säugling an den gespreizten Beinen hoch oder lagert man größere Kinder in Kopftieflage, gleitet der ausgetretene Darmteil wieder zurück. Beruhigung mit der Teeflasche kann dies erleichtern. Immer sollte man dieses Ereignis mit dem Arzt besprechen.

≡ Anfälle

Anfälle sind überraschende, plötzlich eintretende Ereignisse, die verschiedene Ursachen und Bedeutung haben und immer näher bedacht werden müssen.

Es kann sich um einen **Tic** handeln. Vor allem nervöse Schulkinder und Jugendliche zeigen im immer gleichen Muskelgebiet in gleicher Weise blitzartige Zuckungen, z.B. Heben einer Schulter, Schütteln des Kopfes, Zucken einer Gesichtshälfte. Die Behandlung besteht darin, diese Erscheinungen zu übersehen und nicht darüber zu sprechen. Statt dessen sollte man alles zu einer locker entspannten Lebensführung in der Familie tun. Spricht man die Kinder darauf an, verstärkt sich das Übel noch.

Schreckhaftigkeit. Blitzkrämpfe? Kurze Zuckungen, die den Körper von Säuglingen oder Kleinkindern durchlaufen, werden zunächst als Schreckhaftigkeit erklärt. Einzelne Zuckungen kann man wirklich mit diesem Wort abtun und nichts Besonderes daran finden. Häufen sich aber solche blitzartige Zuckungen zu Serien, kehren sie wieder, auch ohne daß ein auslösender Schreck zu erkennen ist, sollte man den Arzt zu Rate ziehen. Es können sogenannte kleine Anfälle vorliegen, eine Sonderform der epileptischen Anfälle bei Kleinkindern (Blitz- oder Nickkrämpfe).

»Stäupchen«. Bei Neugeborenen und vor allem bei Frühgeborenen sieht man manchmal einige kurze Zuckungen im Gesicht oder auch ein einseitiges Verziehen des Gesichtes wie ein einseitiges Lächeln. Wenn das Kind sonst unauffällig ist, nicht erbricht und sich nicht im ganzen steif macht, entspringen aus diesen Erscheinungen keinerlei Sorgen – sie sind normal.

Absence, Bewußtseinspause. Zeigen sich Schulkinder für kurze Zeit (10–20 Sekunden) wie geistesabwesend mit einem schlaffen, langweiligen Gesichtsausdruck, kann dies etwas Besonderes bedeuten. Wiederholt sich ein solches Bild, ist dabei das Kind nicht ansprechbar, sinkt vielleicht dabei auch noch der Kopf nach vorne oder hinten, werden in dieser kurzen Zeit vielleicht auch noch einige unverständliche Worte geredet oder wird im Schreibheft einiges falsch geschrieben, sollte man zusammen mit dem Arzt eine genaue Diagnostik anstreben (neurologische Untersuchung, Hirnstromkurve u.a.) Es kann sich also um einen epileptischen Anfall besonderer Art handeln, der, ohne ihn zu kennen, zu leicht verkannt und als Unart und Unaufmerksamkeit falsch gedeutet wird.

Affektanfall. Hat sich ein Kleinkind vielleicht über etwas geärgert, kann es plötzlich die Luft anhalten. Ein kurzes Schreien geht voraus, dann wird es rot, oft auch blau im Gesicht. Es bekommt einen starren Gesichtsausdruck, verdreht mitunter etwas die Augen (Wegbleiben). Dann atmet es wieder, die Hautfarbe normalisiert sich. Im seelischen Gleichgewicht ist es dann meist zunächst noch nicht. Dies alles sieht sehr bedrohlich aus und die Eltern geraten zu leicht in Angst, vielleicht Panik. Man sollte unbedingt mit einem Arzt sprechen. Entscheidend zur richtigen Bewertung ist die Tatsache, daß eine Gemütsbewegung (Affekt) vorausgegangen ist, meist Ärger, Zorn, Schmerz, ferner daß es sich fast immer um kleine Kinder in der sogenannten Trotzphase handelt (und verstärkt eher um recht eigenwillige Kinder). Im Anfall sollen die Eltern eine möglichst gelassene Haltung zeigen, wenn auch fürsorglich darauf achten, daß dem Kind nichts Ernstliches geschieht, falls es im Anfall hinfällt oder sogar noch in kurze Zuckungen gerät. So eindrucksvoll der Atemstillstand ist, das Kind wird mit Sicherheit wieder zu atmen beginnen. Die Anfälle verlieren sich auf Dauer, wenn die Eltern zu einer festen und dazu gelassenen Erziehungshaltung finden können, das Kind seine Gefühle beherrschen lernt und vor allem merkt, daß es mit Zornausbrüchen nichts erreichen kann. Ohne Aufregung und scheinbar gleichgültig zu reagieren ist auf Dauer wirkungsvoller als den Anfall durch ein heftiges strenges Wort oder einmal auch durch einen Wasserguß zu unterbrechen. Ein Gespräch mit dem Hausarzt läßt psychische Hintergründe in der Regel deutlicher sehen (Einzelkindprobleme? Geschwisterprobleme? Inkonsequente Erziehung durch Eltern und Großeltern?).

Vor allem bei Schulkindern kann man einmal einen *plötzlichen Affektwandel* beobachten, der aus der überschaubaren Lebenssituation unerklärlich ist: z.B. plötzlich Zorn, Aggressivität oder Angst. Gleichzeitig sind vielleicht Mundbewegungen zu sehen. Hier ist an eine besondere Anfallform, an einen **psychomotorischen Anfall** zu denken. Siehe auch auf Seite 140.

Bei einem **großen Krampfanfall** (Grand mal) können sich die Kinder nicht mehr auf den Beinen halten, sie zeigen plötzlich Steifheit am ganzen Körper. Arme, Beine, vielleicht auch die Gesichtsmuskulatur verfallen in Zuckungen, dabei besteht Bewußtlosigkeit. Das Entscheidende sind also die Plötzlichkeit, die Zuckungen und die Bewußtlosigkeit, und dies grenzt von den bisher geschilderten Anfällen ab. Mancher Anfall kündigt sich z.B. durch ein »Unwohlsein« an *(Aura)*. Unter dem Stichwort Krampfanfall wird ausführlich auf dieses aufregende Ereignis eingegangen (Seite 201).

Wie ein Anfall kann die Verkrampfung der mimischen Muskulatur im Mundbereich (»**Schnauzkrampf**«) wirken, die als Überdosiserscheinung bei der therapeutischen oder suizidalen *Einnahme von Neuroleptika* entsteht. Dabei hat auch der Kopf eine verkrampfte Haltung, die Finger werden merkwürdig gestreckt gehalten. Neuroleptika sind sedierende Medikamente, die bei seelischen Verhaltenstörungen gegeben werden. Das Bewußtsein ist bei diesem anfallshaften Bild erhalten, besondere Gefährdung besteht im Augenblick nicht. Die Kinder oder Jugendlichen sollen aber unverzüglich einem Arzt vorgestellt werden, wenn bekannt, unter Hinweis auf die Einnahme eines Medikamentes.

Abb. 35
Verkrampfte Finger- und Handstellung bei Tetanie.

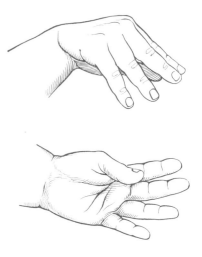

Hyperventilationstctanie. Manche Schulkinder oder Jugendliche, die z.B. in einer Zornreaktion schnell atmen (»*hyperventilieren*«), zeigen eine Verkrampfung der Hände (Abb. 35), manchmal auch Zittern der Beine. Grundlage dieses Zustandes ist Kohlensäuremangel im Blut. Darauf gründet sich eine gezielte Hilfeleistung. Man beruhigt durch Zureden und atmet betont langsam mit, damit der Kohlensäurespiegel im Blut wieder angehoben wird. Noch schneller wird dies erreicht, indem man dem Kranken einen Plastikbeutel vorhält, in den er ausatmet und aus dem er einatmet; im Beutel findet eine Anreicherung von ausgeatmeter Kohlensäure statt. Bei der Tetanie ist also das Bewußtsein des Kranken erhalten geblieben. Dies grenzt von einem *großen Krampfanfall* (Grand mal) ab. Das gleiche Kriterium gilt auch für den *Schüttelfrost*, den Schulkinder und Jugendliche bei schnellem Fieberanstieg zeigen können.

Auch der **Wundstarrkrampf** (Tetanus) ist durch Muskelkrämpfe gekennzeichnet, die bei vollem Bewußtsein sich als wiederholte große Anfälle zeigen. Wichtiger noch als diese dramatischen Abläufe sind die Anfangssymptome, die einen frühen Hinweis auf diese, auch heute noch lebensgefährliche Krankheit geben. Die Muskelverspannung beginnt im Gesicht, der Mund kann kaum geöffnet werden (Kieferklemme), die Augenlider sind eng zusammengezogen und auch die restliche mimische Muskulatur zeigt eine grimassenhafte Dauerspannung.

≡ Angst, Ängstlichkeit, Angstzustände

Angst und Ängstlichkeit sind seelische Verhaltensweisen, die sich in der Regel erst nach bestimmten Erlebnissen einstellen. Die *Angstneigung* kann verstärkt werden durch ängstliche Eltern. Im akuten Fall ist das *Angstausmaß* abhängig von der Umgebung, von anderen Personen und ihrer Haltung, und dadurch zu verstärken oder zu vermindern und abzubauen. *Angstauslösende Momente* gibt es genug im Leben eines Kindes; aber es hängt von der Erziehung und vom elterlichen Vorbild ab, ob schon bei Dunkelheit, Gewitter, bei jedem Alleinsein, bei jeder Tierbegegnung, beim Geschichtenerzählen Angstgefühle wirklich und eindrucksvoll aufkommen.

Eltern können aber auch vor *Angstzuständen* ihres Kindes stehen, *die zunächst unerklärlich erscheinen.* Erst nach einiger Bemühung dringen sie in deren Ursache ein: Manchmal steckt hinter einer irgendetwas ablehnenden Haltung nicht schlicht Unwille oder Faulheit, sondern Angst vor einer Bedrohung, z. B. auf dem Weg in Kindergarten oder Schule: aufregendes Erlebnis durch Erwachsene? Bedrohung durch andere Kinder oder ein Tier? Eine vorsichtige Befragung anderer Kinder und ihrer Eltern bringt eventuell weiter.

Die *Bemühung, ein Kind zu entängstigen,* muß bewußt bei den Eltern ansetzen. Ihre Haltung zu bedrohlichen Erscheinungen des Lebens bestimmt so wesentlich die Haltung des Kindes, daß nicht nur jeder Kinderarzt bei Kindesängsten nach der elterlichen Ängstlichkeit fragt, sondern auch eine Hilfe durch eine sorglosere Elternhaltung auf das Kind bewußt übertragbar sein kann. Verständigen Kinder kann man aber auch durch Erklärungen und Aussprachen helfen. Manche auslösenden Ursachen sind zu vermeiden, die Angstauslösung ist damit zu umgehen.

Treten Angstzustände wiederholt auf, vor allem nachts, und sind diese in ihrem Ablauf und ihrem Inhalt nicht recht zu begreifen, ist unbedingt ein Gespräch beim Hausarzt vonnöten.

Beim **nächtlichen Aufschrecken der Kleinkinder**, das man **Nachtschreck** (Pavor nocturnus) nennt, könnte ein festsitzendes Erlebnis dahinterstecken, das mit angstgefärbten Träumen verarbeitet wird. Hier könnte sich ungünstig auswirken, daß ein kleines Kind einmal nachts allein gelassen wurde (und es gerade in dieser Nacht nach den Eltern verlangte), daß die familiäre Situation einer gestörten Ehe beim Kind (wie bei den Eltern) hochgradige Verunsicherung ausgelöst hat oder – als ganz einfache Ursache – daß es sich hier eben um ein äußerst ängstliches Kind von Grund auf handelt.

Angstzustände gibt es auch aufgrund eines **Hirnanfalles**. So wie jemand plötzlich in Zuckungen verfallen kann, wird in einem anderen Falle jene Hirnstelle plötzlich besonders gereizt, die Einfluß auf das Gefühlsleben hat. Entscheidend für eine solche Erklärung der Angst sind folgende Merkmale: plötzlicher Angstzustand, der ohne erkennbare Erklärung und damit uneinfühlbar ist; keine Möglichkeit, mit Zureden oder fragenden Worten in das Kind oder den Jugendlichen einzudringen; dabei der Eindruck, daß der Kranke im Augenblick mehr oder weniger schlecht orientiert, verwirrt ist.

Bei einem **zuckerkranken Kind oder Jugendlichen** ist ein solches Bild möglicherweise durch eine Unterzuckerung ausgelöst. Man gibt Zuckerwasser zu trinken und ein Stück Brot zu essen, dann muß sich dieser Zustand in wenigen Minuten wieder beheben.

Das gleiche Bild eines uneinfühlbaren Angstzustandes ist auch verdächtig auf **Drogenwirkung**, wobei vor allem an Haschisch (Marihuana) oder LSD (Lysergsäurediäthylamid) zu denken ist. Die Jugendlichen zeigen starke angsterfüllte Erregungszustände, sie fühlen sich von schrecklichen Dingen bedroht (Horrortrip) in einer so bedrückenden Weise, daß sie sich vielleicht sogar das Leben nehmen wollen. Hier hilft nur ein beherrschtes, betont ruhiges und sachliches Verhalten, um den Kranken nicht noch mehr in die Angstnot hineinzutreiben, und ärztliche Hilfe (Zureden, Beruhigungsspritze, Krankenhauseinweisung).

Säuglinge und andere Kinder, die der Sprache noch nicht mächtig sind, zeigen mitunter plötzlich Angstausdruck bei jeder Annäherung einer Person, weil sie **Angst vor Schmerzen**, vor dem Berührungsschmerz haben. In vorsichtiger Untersuchung muß man die Aufklärung suchen: gespannter Bauch? Eingeklemmter Leistenbruch oder ähnliches? Knochenbruch? Akute Entzündung an einer Extremität oder auch die Berührungsempfindlichkeit bei einer Hirnhautentzündung? Ausnahmsweise handelt es sich auch um die Vitamin-C-Mangel-Krankheit, den kindlichen Skorbut, falls Kinder keine Obstsäfte oder Gemüse als Nahrung bekamen. Die Vielfalt der Einzelheiten legt nahe, je nach Befund und auch bei Unklarheiten den Arzt zuzuziehen. Angstausdruck, ein gespanntes Gesicht, stilles Verhalten sind auch durch **Atemnot** ausgelöst. Es muß nicht immer der stark bewegt Brustkorb darauf hinweisen. Atemnot ist ja eine Sonderform der Angst, nämlich der Angst zu ersticken. Es kann sich dabei um einen Asthmaanfall, eine spastische, obstruktive Bronchitis, eine Fremdkörperaspiration handeln. Eine Brustkorbprellung führt vielleicht zu einer zwangshaften Atemsperre. Bei der durch Infektion entstandenen Bornholm-Krankheit kann die Brustwand wie von einem »Teufelsgriff« schmerzhaft und beengend erfaßt sein.

Schließlich verharren Kinder auch dann ängstlich versperrt, wenn sie soeben einen **Fremdkörper** oder einen Speisebrocken zwar **in die Speiseröhre verschluckt** haben, aber dieser hinter dem Brustbein stekken geblieben ist.

Natürlich ist die Aufklärung am leichtesten, wenn die Kinder sich sprachlich ausdrücken können. Das erste und zunächst wichtigste ist, selbst Ruhe zu bewahren. Bei Atemnot siehe Seite 142. Handlungsweise bei einem verschluckten Fremdkörper in der Speiseröhre siehe Seite 177.

≡ Appetitstörungen

Appetitarmut, Appetitlosigkeit. Die meisten als appetitarm geltenden Kinder essen genug, zumindest gedeihen sie *(»gute Futterverwerter«)*, und das ist das Entscheidende. Wenn dies also eine Mutter sieht, dazu ihr Kind munter und frisch erscheint, kein Fieber hat, kein Erbrechen und gute Stühle, dann sollte man aufhören, vom Appetit zu sprechen. Vielleicht hat die Mutter auch *zuviel Nahrung* in der Flasche oder auf dem Teller angeboten. In manchen Familien herrschen mit Billigung der Mutter oder auch ohne ihr Wissen *sonderbare Eßgewohnheiten* insofern, als die Kinder auch außerhalb von Mahlzeiten nach Lust und Laune essen, viel Milch oder zuckerhaltigen Sprudel trinken und dazu noch vom Nachbarn oder von der Großmutter Schokolade oder andere Süßigkeiten zugesteckt bekommen. Kein Wunder, wenn sie dann bei Tisch satt sind.

In anderen Fällen steht hinter der Appetitarmut sehr wohl eine ernste Störung, die eine genaue Untersuchung des Arztes herausfordert. Meist besteht ein *Infekt*, der zu einer allgemeinen Vitalitätsminderung oder zu *Schmerzen* beim Essen, Kauen und Schlucken geführt hat. Fieber, Erbrechen und Durchfall können darauf hinweisen.

Trinkschwierigkeiten der Säuglinge verlangen immer besondere Beachtung. Bei ihnen macht oft schon der banalste Schnupfen größte Schwierigkeiten. Säuglinge können gleichzeitig trinken und atmen, aber ein wahlweises Luftholen durch den Mund ist ihnen fast nicht möglich. Gibt man dann vor jeder Mahlzeit 1–2 abschwellende Nasentropfen in jede Nasenseite, wird die Eßlust ganz erheblich verbessert. Trinkschwierigkeiten können beim *Frühgeborenen* mit einer *allgemeinen Lebensschwäche*, bei *gestillten Kindern* mit einer *schlechtgehenden Brust* (zuwenig Milch, schmerzhafte Schrunden an der Brustwarze), bei Flaschenkindern mit zu *engem Saugerloch* in Zusammenhang stehen. Manche Kinder trinken zunächst hastig und offenbar mit bestem Appetit. Sie ermüden aber, ohne die

Flasche auszutrinken oder die Brust entleert zu haben. Meist wurde dann *reichlich Luft mitgeschluckt*. Man muß in solchen Fällen die Kinder während der Mahlzeit zwischendurch aufstoßen lassen und es mit einem anderen Saugerloch versuchen. Weitere Einzelheiten dazu unter dem Stichwort Gedeihstörungen.

Pubertätsmagersucht, Anorexia nervosa *s. S. 279.*

Gesteigerter Appetit aus seelischer Ursache siehe auf Seite 276, sonst unter Fettsucht auf Seite 255. *Pica-Syndrom*, nennt man jene Störung des Eßverhaltens, bei dem ungewöhnliche, in der Regel unverdauliche Substanzen gegessen werden, in Anlehnung an die Elster (lateinisch Pica), die alles Mögliche verschlingt oder in ihr Nest trägt.

☰ Atemnot, Schwierigkeiten bei der Atmung

Behandlung des Atemstillstandes, Seite 148.
Schnelle Atmung mit Verkrampfen der Finger,
Hyperventilationstetanie, Seite 138.

Schwierigkeiten bei der Atmung können *in verschiedener Höhe des Luftweges*, am Naseneingang angefangen, im *Lungengebiet* oder an der *Brustwand* ausgelöst sein. Welche spezielle Handlungsweise von einem Helfer auch verlangt wird, bei jeder ernstlichen Atemnot heißt es, sich zur Ruhe zu zwingen, diese Ruhe so gut wie möglich auf den Kranken zu übertragen und dann zügig und zielstrebig die nötige spezielle Hilfe zu veranlassen.

Schwere Atemnot ist am Gesichtsausdruck und an der Gesamthaltung des Erkrankten abzulesen. Augen, Mund und Nasenlöcher sind weit geöffnet, die Nasenflügel bewegen sich im Atemrhythmus mit. Die Haut ist blaß bis blaßbläulich. Schweiß steht auf der Stirn. Alle Bemühungen sind auf die Stillung des Lufthungers gerichtet. Für Essen, Sprechen oder anderes sind die Kranken kaum zu gewinnen. Eine erschwerte Atmung zeigt sich an der angestrengten Atemarbeit, wobei mehr die Einatmung oder die Ausatmung oder beide Atemphasen zusammen erschwert sein können. Sind Geräusche zu hören, wird damit nicht nur auf besondere Beengung an sich, sondern auch auf die Höhenlage dieser Verengung in etwa hingewiesen.

Schniefende Geräusche sind leicht auf die Nase zu beziehen, sie treten vor allem bei der Einatmung auf. **Röcheln** entsteht im Rachen, indem der Luftstrom in der Regel während beider Atemphasen durch eine kleine Speichel- oder Schleimansammlung hindurchgezogen wird; es hört sich schlimmer an, als es ist. Ein **scharfes Atemgeräusch** nennt man *Stridor*. Ist es in der Einatmungsphase am stärksten hörbar, liegt das Hindernis im obersten Abschnitt der Luftröhre oder im Kehlkopf oder im Nasen-Rachen-Raum. Ist der Stridor durch Preßatmung in der Ausatmungsphase bedingt, sitzt das Hindernis in den großen Bronchien oder noch tiefer.

Je schwerer die Atemnot ist, je lebensbedrohter ein Kind oder Jugendlicher wirkt, um so entschiedener muß die *Hilfe* kommen. Aufsetzenlassen und dabei stützen, das Öffnen beengter Kleidungsstücke, Frischluftzufuhr ist in jedem Fall richtig.

Bei einer **Behinderung der Nasenatmung** helfen abschwellende Nasentropfen meist schnell. Ein Fremdkörper in einem Nasengang ist nach Einträufeln von Nasentropfen leichter durch Schnauben herauszubringen, sonst muß der Spezialarzt (Hals-Nasen-Ohren-Arzt) extrahieren.

Schleimhautschwellungen am Kehlkopfeingang, im Kehlkopfinneren und im oberen Bereich der Luftröhre verursachen das Krankheitsbild des **Krupp**, ein schnell einsetzendes Bild schwerer Einatmungsbehinderung mit Stridor, großer Unruhe und bellendem harten Husten. Auf Seite 265 gehen wir ausführlich auf die Entstehungsbedingungen ein. Hier sei das Wichtigste der Behandlung geschildert. Wichtig ist ein ruhiges, schnelles und sicheres Handeln. Die eigene Ruhe sollte günstig auf das Kind wirken können. Man gibt zunächst Frischluft, bei Fieber ein Zäpfchen, auch ein Zäpfchen gegen den Hustenreiz. Sehr wertvoll ist die Dampfbehandlung. Dazu muß man die Fenster schließen. Feuchte Tücher werden im Raum verteilt, über Stühle und Dampfheizung gehängt. Noch intensiver wirkt eine »Waschküche«. Man hat zwei Möglichkeiten, sie herzustellen: Entweder man setzt sich mit dem Kind ins Badezimmer und dreht die heiße Dusche maximal auf, oder man bringt auf dem Herd in einem großen Topf Wasser zum sprudelnden Kochen, setzt sich mit dem Kind davor und lenkt durch einen übergehaltenen Schirm, auf dem noch ein Tuch durch Nadeln befestigt ist, den Dampf zum Kind (Abb. 36, S. 144). Hier muß auch auf das sehr ähnliche, eher noch gefährlichere Krankheitsbild der **Kehldeckelentzündung (Epiglottitis)** hingewiesen werden, das die schnell eintretende hochgradige Atemnot mit dem Krupp-Bild gemeinsam hat. Bei diesen Kindern fehlt aber oft der bellende Husten und die Heiserkeit. Sie wirken sehr viel schwerer krank, hinfälliger, so daß vor allem bei Zyanose kein Verzug mit eigenen Therapieversuchen mehr erlaubt ist. Siehe weitere Einzelheiten auf Seite 262.

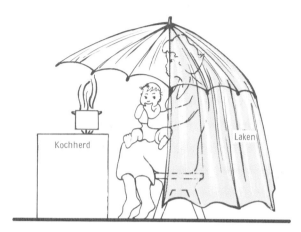

Abb. 36   **Kruppbehandlung.** Wasserdampf aus einem Topf mit sprudelnd kochendem Wasser wird mit Hilfe eines Schirmes auf Mutter und Kleinkind geleitet. Vorsicht!

Auch ein **Insektenstich an der Rachenwand**, z. B. durch eine verschluckte Biene, kann das Bild des Krupp machen. Die Situation macht die Aufklärung, zumindest die Vermutung möglich. Jemand trinkt während der Sommerzeit aus einem Glas oder einer Flasche, spürt einen Stich im Rachen, kann bald nicht mehr recht schlucken und bekommt zunehmend Atemschwierigkeiten. Man gibt Eisstückchen zum Lutschen, legt möglichst kalte Wickel oder Eisblasen um den Hals und bringt den Kranken auf dem schnellsten Weg zum Arzt oder noch besser ins Krankenhaus.

Wird die **Schleimhautreizung durch giftige Gase** ausgelöst (z. B. Chlorgas im Chemieexperiment der Jugendlichen), ist es neben Frischluftangebot günstig, reichlich warmen Tee trinken zu lassen. Krankenhausaufnahme zu weiterer Behandlung, zumindest Beobachtung für 24 Stunden, ist unumgänglich.

Fremdkörperaufnahme in die Luftwege (Aspiration) führt augenblicklich zu heftigster Luftnot, starkem Husten, verzweifelten Ausatmungsbemühungen. Je nach dem Schweregrad der Atemsperre läuft der Kranke bläulich an. Was wird alles verschluckt: *Nahrung, ein Geldstück, ein Bonbon, eine Erdnuß, ein Kunststoffteilchen,* mit dem das Kind spielte, *Puder* aus der Dose, die das Kind wie eine Trinkflasche über sich hielt, wobei sich der Deckel löste, u. a. Im günstigsten Fall wird der Fremdkörper ausgehustet, in einem anderen Fall rutscht der Körper in die tiefsten Bronchien und die Atmung wird wieder besser, der Kranke erholt sich. Man darf sich

Abb. 37
Der Versuch, bei einem Kleinkind einen Fremdkörper aus den Luftwegen herauszutreiben. Helfer I hält das Kind an den Beinen hoch. Helfer II übt einen heftigen raschen Druck auf die Vorder- und Rückwand des Brustkorbes aus. Weiteres im Text.

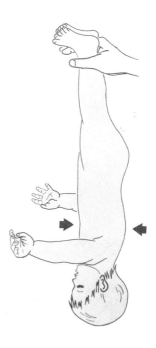

damit aber nicht beruhigen. Jederzeit kann sich der Fremdkörper wieder in Bewegung setzen oder Grundlage für eine schwere Lungenentzündung werden. Genaue ärztliche Untersuchungen sind nötig, den Fremdkörper durch Röntgenbild zu erfassen und eventuell durch Bronchoskopie zu suchen und zu entfernen. Im schlimmsten Fall ist der Fremdkörper im Kehlkopf oder der Luftröhre eingekeilt. Der Tod würde unvermeidlich sein, wenn man nicht mit folgendem Vorgehen glücklich helfen kann: Zunächst versucht man mit dem Finger einen im Kehlkopfeingang verklemmten Fremdkörper zu lösen. Der dadurch ausgelöste Husten- und Würgereiz kann noch eine günstige Mithilfe bedeuten. Es gibt noch zwei weitere Maßnahmen. Kleinkinder nimmt man an den Füßen hoch (s. Abb. 37) und drückt den Brustkorb am Rippenbogen mehrmals kräftig zusammen. Ist ein Helfer auf sich allein angewiesen und handelt es sich um einen Säugling, kann man mit der einen Hand das Kind an den Beinen hochhalten und es mit der anderen Hand zwei- bis dreimal kräftig an den eigenen Körper drücken, wobei die Hauptwirkung dieses heftigen Druckes in der Höhe des Rippenbogens von vorn oder von hinten erfolgen muß. Bei größeren Kindern oder Jugendlichen wendet man den **Heimlich-Griff** an, am besten so, wie es in Abb. 38, S. 146, gezeigt ist: Der Helfer steht hinter dem Erstickenden. Er legt seine Arme um die Taille und umfaßt mit der rechten Hand sein eigenes linkes Handgelenk.

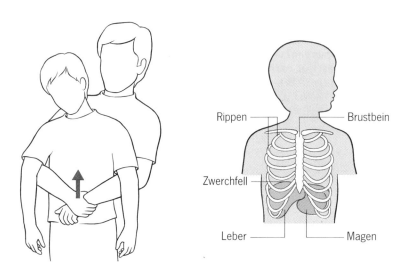

Abb. 38   a) **Entfernung eines Fremdkörpers aus den Luftwegen mit Hilfe des Heimlich-Griffes.** b) Organskizze dazu. Einzelheiten im Text.

Nun wird die linke Hand zur Faust geballt und mit festem Druck nach hinten aufwärts in die Magengrube des Kranken geschoben. Magen und Leber schieben damit das Zwerchfell nach oben, die unteren Lungenabschnitte werden zusammengepreßt und die nach oben drängende Atemluft wirft das Hindernis aus dem Atemweg. Das gleiche kann auch am liegenden Patienten versucht werden, indem man beim gestreckt liegenden Kranken beide Fäuste ruckartig in den Oberbauch Richtung Herz drückt. Dieses Verfahren nach Heimlich ist sehr wirksam, aber auch in glücklich verlaufenden Fällen sehr belastend. So muß der Kranke anschließend einem Arzt zur Untersuchung (mit Ultraschall) gezeigt werden mit der ausdrücklichen Angabe, daß der Heimlich-Griff angewandt wurde.

Ist *vorwiegend die Ausatmung erschwert*, macht der Kranke den Eindruck, er müsse unter heftiger Anstrengung die Atemluft »herausschieben«, liegt ein **Asthmaanfall oder eine asthmatoide (asthmaähnliche) Bronchitisform** vor. Man spricht auch von spastischer Bronchitis, weil dabei die feineren Verästelungen der Bronchien krampfhaft verengt sind, und von obstruktiver Bronchitis. In einer erheblichen Behinderung sind keuchende und pfeifende Atemgeräusche zu hören. Als Medikamente helfen spannungslösende Präparate, die als Zäpfchen gegeben werden können oder aus sogenannten Inhalatoren eingeatmet werden. Kinder, die mit einem Asthmaanfall rechnen müssen, tragen sie meist schon in der Tasche. So hilfreich diese Medikamente akut sein können, es ist sehr wichtig, daß durch genaue ärztliche Diagnostik den Ursachen nachgegangen und durch ein ausführliches Therapiekonzept eine Wiederholung der Anfälle möglichst vermieden wird.

Ist *Atemnot mit seitenungleicher Atembewegung des Brustkorbes*, mit Nachhinken einer Seite verbunden, ist an eine **Prellung des Brustkorbes** und an einen **Rippenbruch** zu denken, auch an einen einseitigen **Lungenriß** und **Lungenkollaps**, weil Luft in den Brustfellraum eingedrungen ist. Dabei besteht eventuell schwerer Reizhusten, und frischschaumiges Blut wird ausgehustet.

Eine **Brustkorbwunde** sollte durch Verband abgedeckt, die kranke Seite durch einen Dachziegelverband aus Pflasterstreifen ruhiggestellt werden. Im übrigen muß das nächste Krankenhaus aufgesucht werden, damit die Feinheiten des medizinischen Befundes erst einmal durch Röntgenbild geklärt werden können. Dann kann gezielte gründliche Behandlung erfolgen.

Von einem **Atemschock** und einer **Atemsperre** spricht man, wenn jemand durch einen Sturz oder heftigen Stoß eine Brustkorberschütterung erleidet. Gleiche Schwierigkeiten kann es nach heftiger Atmungsarbeit bei einem Laufwettkampf geben (Seitenstiche!). In einer ähnlich plötzlichen Weise wird das Atmen bei der infektiösen Bornholm-Krankheit (Virusinfektion) schmerzlich behindert. Hilfen: beruhigend auf den Kranken einwirken, erhöht lagern mit Seitwärtswendung auf die bevorzugt kranke Seite; eventuell feucht-warme Umschläge, die Erleichterung bringen.

≡ Atemstillstand, Atem- und Herzstillstand

Atemstillstand, aus welchen Gründen auch immer, bedeutet aller-
höchste Lebensgefahr. Der Kranke ist bewußtlos, nicht ansprechbar. *Innerhalb weniger Minuten muß wirksame Atemhilfe gebracht werden.* Mit einem
Blick muß die **Situation** klar überschaut werden:

- vollkommener Atemstillstand?
- noch Schnappatmung?
- schlägt das Herz noch?

Zu den **Ursachen**:
- Plötzlicher Kindstod (SIDS)?
- Kann Verschlucken in die Luftwege die Ursache sein? Weiche Nah-
rung oder ein harter Fremdkörper?
- Vergiftung durch Kohlenmonoxid (kirschroter Hautton)?
- Sturzunfall mit Schädigung des Atemzentrums?

In allen diesen Fällen ist der Körper des Aufgefundenen schlaff.

- Ist es ein Krampfanfall mit Atemstillstand?

Dabei ist der Körper verspannt, Arme und Beine zucken, die Hautfarbe ist meist blau-rot. In diesem Fall ist der Atemstillstand durch die
maximale Muskelkontraktion erklärt. Hier wäre eine Atemhilfe nutzlos, ja
falsch!

Die notwendige **Hilfe**:

Schlägt das Herz noch, ist allein Atemspende notwendig.

Hat man Verdacht, daß ein fester Fremdkörper aspiriert wurde,
wird der Heimlich-Griff angewandt oder in der auf Seite 145 geschilderten
Weise der Luftweg freigemacht. Dann anschließend Atemspende.

Ist auch Herzstillstand zu vermuten, muß die Wiederbelebung
Atemspende und Herzmassage verknüpfen.

Atemspende:
1. Atemwege freimachen von Schleim, Blut, Erbrochenem, Bonbon
   und anderen Fremdkörpern sowie von beweglichen Einsätzen zur
   Zahnregulierung. Bei einem Ertrunkenen: Wasser bei hängendem
   Kopf herausfließen lassen!
2. Bei Jugendlichen (und Erwachsenen) Mund-zu-Nase-Beatmung.
   Bei Kleinkindern und Säuglingen Mund-zu-Mund-Beatmung oder
   Lufteinblasen in Mund und Nase gleichzeitig.

Abb. 39
Mund-zu-Nase-Beatmung.
a) Einatmung beim Helfer;
b) Ausatmung in die Nase des Atemlosen.
Einzelheiten im Text.

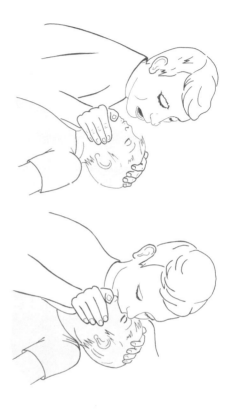

Mund-zu-Nase-Beatmung. Der helfende Luftstrom wird in die Nase geblasen (Abb. 39). Rückenlagerung auf fester Unterlage. Der Helfer steht oder kniet neben dem Kopf. Seine eine Hand schiebt das Kinn nach vorn und oben, dadurch wird die Zunge am Zurücksinken gehindert. Die andere Hand liegt auf dem Schädeldach. Beide Hände beugen nun den Kopf stark im Nacken nach hinten.

Einstrom der Luft. Der Helfer atmet ein. Dann umschließt er mit seinem Mund die Nase des Scheintoten und bläst die eigene Ausatmungsluft unter mäßigem Druck ein. Die Wirkung der Atemspende ist am Heben des Brustkorbes zu erkennen.

Ausstrom der Luft. Man läßt die Nase los, die Ausatmung erfolgt durch Zurücksinken des Brustkorbes von selbst.

Mund-zu-Mund-Beatmung. Rückenlage und Kopfhaltung wie oben beschrieben mit dem Unterschied, daß der Mund des Helfers auf den offenen Mund des Atemlosen gepreßt wird. Bei kleinen Kindern kann der Mund des Helfers gleichzeitig Nase und Mund des Atemlosen umfassen.

Häufigkeit der Atemspende:
- Schulkinder (und Erwachsene) 20mal pro Minute,
- Kleinkinder 30mal pro Minute.
- Säuglinge 35mal pro Minute.

Gleichzeitig Atemspende und Herzmassage: Ist Atemstillstand mit gleichzeitigem oder nachfolgendem Herzstillstand verbunden, ist folgendes Vorgehen nötig:

1. Hochheben der Beine durch einen weiteren Helfer oder Hochlagern der Beine. Dadurch strömt das Blut kopfwärts in die lebenswichtigen Körperregionen.
2. Ist man als Retter allein: erst Atemspende (6mal belüften), dann Herzmassage (15mal drücken) usw. (Abb. 40). Technik und Häufigkeit der ausschließlichen Herzmassage auf Seite 194.
3. Arbeiten zwei Helfer zusammen: Helfer I macht fortgesetzt Herzmassage. Helfer II gibt Atemspende (Abb. 41).

Im Laufe der Beatmung sollten sich die einzelnen Helfer in ihrer Funktion ablösen, um besser durchhalten zu können.

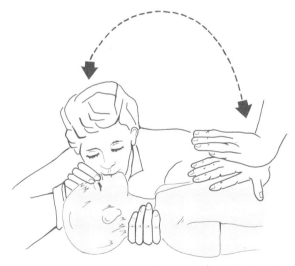

Abb. 40   **Atemspende (Mund-zu-Mund-Beatmung) und äußere Herzmassage im Wechsel,** wenn ein Helfer auf sich allein gestellt ist.

Abb. 41   **Atemspende (Mund-zu-Mund-Beatmung) und äußere Herzmassage.** Gleichzeitige Tätigkeit von zwei Helfern.

Dauer der Bemühungen. Bei Erfolglosigkeit bis zum Eintreffen des Arztes, sonst mindestens 60 Minuten lang. Bei Erfolg: bis die Haut des Kindes wieder rosig wird, die Pupillen sich verengen und der Brustkorb sich wieder spontan hebt und senkt.

≡ Aufstoßen, Schwierigkeiten beim Aufstoßen

Jeder Säugling schluckt, vor allem beim Trinken aus der Flasche, Luft mit, die sich dann in der Magenkuppe sammelt. Sie kann durch ihren Druck Unbehagen auslösen und – bei größerer Menge – schon mitten in der Mahlzeit dazu führen, daß der Säugling mit dem Trinken aufhört. Durch dreimaliges kräftiges Aufstoßen muß die Luft entfernt werden. Man hält das Kind aufrecht, am besten, indem man es gegen die eigene Schulter lehnt, und beklopft den Rücken leicht mit der Hand. Über die Schulter legt man vorsichtshalber eine Windel (Speiwindel), falls der Säugling bei kräftigem Aufstoßen etwas Nahrung herausbringen sollte. Manche Säuglinge stoßen nicht prompt auf; dann ist es ratsam, sie kurz auf den Rücken, in rechte Seitenlage oder auf den Bauch zu legen und dann wieder aufzunehmen in der beschriebenen Weise. Kann man auch dann mit dem Aufstoßen nicht zufrieden sein, legt man das Kind in Seitenlage hin, legt ein Spucktuch vor und nimmt es nach einiger Zeit wieder auf. Rückenlage und Bauchlage sind bei einem solchen Kind nicht zu empfehlen; es könnte beim Spucken oder Erbrechen Nahrung in die Luftwege aspirieren.

≡ Auge, Besonderheiten am Auge

Schielen im wechselnden Ausmaß (Strabismus) ist in den ersten drei Lebensmonaten ein normaler Befund; später muß das Kind einem Augenarzt gezeigt werden. Frühzeitige Schielbehandlung wäre deshalb unbedingt nötig, weil bei einem Dauerschielen die Sehkraft eines Auges erheblich leidet bis zur Erblindung.

Manchmal wird Schielen allerdings nur vorgetäuscht, ohne daß es wirklich gegeben ist. Dieses **Scheinschielen (Pseudostrabismus)** entsteht durch eine senkrechte Augenfalte, die am inneren Augenabschnitt hochzieht und dabei einen Teil des Augenweiß optisch »abschneidet«. Diese sogenanne Mongolenfalte verschwindet in den nächsten Jahren, wenn die Nasenwurzel nach vorn wächst. Diese Falte wird übrigens bei vielen Säuglingen beobachtet, ohne daß es sich um einen Mongolismus handeln muß (vgl. Seite 276).

Tränen der Augen kann auf eine Bindehautentzündung und damit verbunden verstärkte Tränensekretion hinweisen. Ist die Bindehaut reizlos, ist an eine Abflußbehinderung durch den Tränenkanal zu denken, wie sie als angeborene Störung oder im Zusammenhang mit einem Schnupfen entstehen kann. Abschwellende Nasentropfen (in die Nase gegeben!) würden bei einem Schnupfen helfen. Sonst müßte der Augenarzt die Situation klären und eventuell durch eine haardünne Sonde den Tränenkanal durchgängig machen.

Reizzustände am Auge, Entzündungen müssen sorgfältig beachtet und behandelt werden. Die bei *Neugeborenen* am 2. Lebenstag häufig zu beobachtende leichte Lidschwellung und Bindehautreizung ist fast immer harmlos. Sie ist in der Regel durch die *Credé-Prophylaxe* zur Verhinderung der Augengonorrhoe ausgelöst, die darin besteht, daß die Hebamme sogleich nach der Geburt aufgrund einer gesetzlichen Verpflichtung Silbernitrat- oder Penicillinaugentropfen gibt. Allgemein sind Augenentzündungen an der Rötung der Bindehaut (»rotes Auge«), am Tränenfluß, durch morgendliche Krusten im Augenwinkel, Schmerzen bei der Lidbewegung und an der Lidenge erkennbar (Bindehautentzündung, Konjunktivitis). Ursachen sind Infektionen durch Viren oder Bakterien, die auch aus der Nasenhöhle durch den Tränengang aufgestiegen sein können, auch einmal ein Fremdkörper (z. B. Staubkorn), der vielleicht sogar noch im Bindehautsack liegt. Besteht eine Entzündung erst seit einem Tag, ist eine Verletzung des Auges nicht erkennbar, ein Fremdkörper unwahrscheinlich, können Augentropfen eingegeben werden. In jeder anderen Situation ist der Rat des Arztes einzuholen und eventuell spezielle Untersuchung und Behandlung beim Augenarzt nötig.

Augenverletzungen geschehen durch mechanische oder chemische Ursachen. Am häufigsten sind Verletzungen durch Schuß oder Wurf (Pfeil, Schleuder, Luftgewehr), Stich (Schere, Bleistift), Stoß, Splitter zerberstender Flaschen, durch explodierende Feuerwerkskörper und glühende Funken aus Verbrennungsprozessen (einschließlich Bastelarbeiten oder naturwissenschaftlichen Experimenten). Als Fremdkörper sind oft Staubkörner und kleine Insekten eingeflogen. Immer entsteht ein heftiger Schmerz mit starkem Lidkrampf und Tränenfluß. Durch (verständliches) Reiben wird das Ganze eher noch schlimmer.

> *Hilfe:* ruhiges Vorgehen! Der Kranke soll eine bequeme Haltung einnehmen.

Dann geht man an die nähere Untersuchung und Behandlung. Zwei Finger der linken Hand spreizen die Lider zur Untersuchung. Ist eine Augenverletzung sichtbar oder ist nur der Verdacht dafür gegeben, muß unverzüglich ein Augenarzt aufgesucht werden. Das Auge wird durch Verbandmull oder ein sauberes Taschentuch abgedeckt, ohne daß ein Druck ausgeübt wird. Sieht man einen Fremdkörper, macht man einen Entfernungsversuch mit einem sterilen Verbandmullfleck, der zu einer Spitze gedreht ist, mit dem Zipfel eines sauberen Taschentuchs oder mit einem angefeuchteten Watteträger. Ist ein Fremdkörper unter das Oberlid geraten, wird er manchmal durch folgende Methode hervorgebracht: Man verlangt vom Kranken, das Auge weit zu öffnen, dann extrem nach der Seite zu schauen und das Auge wieder zu schließen; dabei muß die seitliche Blickrichtung beibehalten werden. Dann soll er unter fortwirkendem Lidschluß

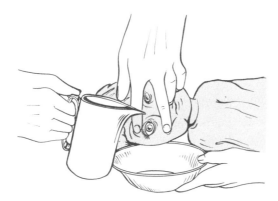

Abb. 42   **Augenspülung.** Methoden der Ersten Hilfe: Mittels einer Kanne gießt man zimmerwarmes Wasser über das Auge, oder ein dicker Wattebausch, mit Wasser beladen, wird wiederholt über dem Auge ausgedrückt.

das Auge zur Nase hin rollen und die Augenlider wieder öffnen. Vielleicht ist jetzt der Fremdkörper zur Entfernung zugänglich. Dieser Versuch kann dreimal wiederholt werden. Die andere Methode, die Augen zu schließen, ein Streichholz auf dem Oberlid querzulegen und durch Ziehen an den Wimpern den unteren Teil des Oberlides umzuschlagen, gelingt allenfalls einmal bei größeren Kindern. Die kleinen sperren sich zu entschieden. Mißlingt die Fremdkörperentfernung, muß unbedingt ein Augenarzt aufgesucht werden.

Ätzverletzungen eines Auges müssen besonders besprochen werden, weil hier die richtige *Erste Hilfe fast noch wichtiger* ist als die augenärztliche Weiterbehandlung. Kommen ätzende Flüssigkeiten (Säuren, Kalkspritzer) ins Auge, muß in folgender Weise anhaltend und sorgfältig gespült werden: Der Verletzte wird in Seitenlage gebracht, auf die Seite des kranken (!) Auges. Das Gesicht überragt etwas die Unterlage, damit eine Schale untergehalten werden kann. Die eine Hand des Helfers spreizt die Augenlider, die andere gießt aus einer Kanne zimmerwarmes Wasser. Man kann auch einen dicken Wattebausch immer wieder in Flüssigkeit eintauchen und ihn über dem Auge ausdrücken (Abb. 42, S. 153). Weitere Möglichkeit: unter der Wasserleitung spülen, wobei der Wasserstrom nur gering aufgedreht sein darf. Immer lange und reichlich spülen! Dann zum Augenarzt! Das Augenweiß kann einmal auch durch eine deutliche **Gelbfärbung** auffallen. Dies ist das Symptom einer Gelbsucht, die z. B. den Verdacht auf eine Lebererkrankung nahelegen würde.

Eingeben von Augentropfen Abb. 9 auf Seite 100.

≡ Austrocknung

Wasserverarmung des Körpers führt zum **Bild der Austrocknung.** Die Kinder machen einen schwachen, mitgenommenen Eindruck (Wasserverarmung des Kreislaufs). Sie zeigen eingesunkene, umränderte Augen; diese erscheinen dabei besonders groß. Abgehobene Hautfalten bleiben länger stehen, sie verstreichen nur langsam. Die Gewebsspannung (Turgor) ist also vermindert. Der Harnfluß ist spärlich. Durch Wiegen ist erheblicher Gewichtsverlust festzustellen. Alles dies ist Zeichen einer bedrohlichen Situation. Die **Ursachen** können in häufigem Erbrechen, in häufigen dünnen Stühlen und im hohen Fieber liegen. Durch das gegebene Flüssigkeitsangebot konnte das Defizit nicht aufgehalten werden. Entschiedene und sofortige ärztliche Hilfe ist nötig. Bis dahin sollte man in kleinen Portionen immer wieder Tee mit Traubenzucker anbieten.

Auswurf

Auswurf im Zusammenhang mit Husten ist etwas sehr Seltenes bei Kindern, diese verschlucken in der Regel den Bronchialschleim. Auswurf gibt es praktisch nur bei zwei Krankheiten, beim **Keuchhusten** und bei sehr **schwerer chronischer Bronchitis**, z. B. bei der Mukoviszidose. Die Mutter sollte den Arzt ausdrücklich darauf hinweisen. Beim Kind hat Auswurf mit Tuberkulose nichts zu tun.

Bauch, Besonderheiten der Bauchregion

Bauchschmerzen siehe Seite 217.

In Abb. 43 sind einige Besonderheiten zusammengefaßt, die der Mutter beim Betrachten des Bauches auffallen könnten.

Säuglinge haben immer einen relativ großen Bauch, vor allem nach einer Mahlzeit. Ein **auffällig aufgetriebener Bauch** könnte durch erhebliche Verstopfung, reichliche Gasentwicklung im Darm, einmal auch durch eine Organvergrößerung hervorgerufen sein. Ob die Erklärung in einer Verstopfung liegt, kann die Mutter in der Regel sogleich selbst entscheiden. In allen unklaren Fällen, vor allem, wenn Bauchschmerz und Erbrechen zur Stuhlverhaltung getreten sind, sollte das Kind umgehend dem Arzt gezeigt werden. Bei einer akuten Verstopfung und den genannten zusätzlichen Zeichen kann es sich auch um einen akuten Darmverschluß handeln.

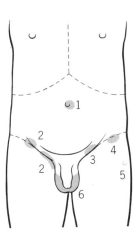

Abb. 43
Umschriebene Vorwölbungen in der Bauchregion.
1 Nabelbruch
2 Leistenbruch
3 Leistenhoden
4 Lymphknoten im Zusammenhang mit der BCG-Impfung,
5 Impfreaktion an der Haut bei BCG-Impfung
6 Wasserbruch, helleuchtend im Licht einer Taschenlampe, oder echter Bruch (Hernie) mit ausgetretenem Darm als Bruchsackinhalt (dunkler Schatten) oder Hodenschwellung

Die Bauchwand hat einige schwache Stellen, an denen **Bruchpforten und Bruchräume** entstanden sein können. Ist dann ein Darmstück in diesen Bruchsack ausgetreten, kann dies die Mutter an der dadurch entstandenen Geschwulstbildung erkennen.

Ein **Nabelbruch** ist ziemlich häufig, Beschwerden ergeben sich daraus selten (Abb. 44). Ein **Leistenbruch** wölbt die Haut an der Leiste, eventuell bis in den Hodensack hinein, vor. Die Größenordnung kann dabei nur so groß wie eine Kastanie sein. Man muß also schon genau hinsehen und mit dem Finger die prallgespannte und meist schmerzhafte Vorwölbung tasten. Es gibt aber auch größere Brüche, die sogar 10 Zentimeter im Durchmesser haben können. In diesem Augenblick ist die Frage wichtig, wie lange dieser Bruch schon besteht. Rasches Handeln ist nötig, weil sich daraus ein Darmverschluß mit Lebensgefahr entwickeln kann. War der Bruch beim letzten Windelwechsel noch nicht ausgetreten, kann die Mutter einen Versuch machen, den Bruchsackinhalt in den Bauch zurückzudrängen: Sie hebt das kleine Kind an den Beinen hoch, legt ein hartes Kissen unter das Becken und drückt mit der Fingerfläche der gestreckten Hand vorsichtig, aber entschieden auf die Vorwölbung. Gelingt die Reposition (das Zurückdrängen) nicht, sollte sofort der Hausarzt oder das Krankenhaus aufgesucht werden. Der Arzt wird selbst noch einen Repositionsversuch machen, sonst ist die Operation unumgänglich. Auch nach gelungener Reposition ist ein operativer Verschluß der Bruchpforte nötig, jetzt aber in größerer Ruhe zu planen. Weiteres zum Leistenbruch auf Seite 267.

Abb. 44
Nabelbruch mittelschweren Ausmaßes.

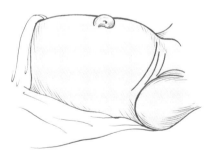

Im Bereich der Leisten können aber noch **andere Knoten** gefunden werden, die anders zu bewerten sind. Hat ein Säugling oder ein älteres Kind eine *Tuberkuloseschutzimpfung (BCG-Impfung)* bekommen, geschah dies in der Regel an der Außenseite des linken Oberschenkels in der Höhe des Hüftgelenkes. An dieser Stelle entstand dann bald ein blaurotes Knötchen, in der Leiste kann ein Lymphknoten als entzündliche Mitreaktion entstehen. Seine Ausdehnung ist bis zur Mandelgröße normal; liegt sie darüber, sollte das Kind dem Arzt gezeigt werden.

Eine deutliche Schwellung der *Leistenlymphknoten* ist aber auch aus anderer Ursache zu tasten, z. B. bei einer Entzündung an den Beinen. Eine ganz geringe, schmerzlose und auch sonst beschwerdelose Schwellung von Leistenlymphknoten ist bei größeren Kindern normal. Beim Jungen kann ein *Hoden* statt im Hodensack *im Leistenkanal* liegen und dann in der Leistenfurche tastbar, bei mageren Kindern auch sichtbar sein. Da auf derselben Seite dann der Hoden im Hodensack fehlt, ist die richtige Erklärung schnell gefunden. Recht bald sollte der Arzt darauf aufmerksam gemacht werden.

Liegt die **Schwellung beziehungsweise Auftreibung** mehr im Hodensackbereich, ist an einen *Wasserbruch*, einen tiefgetretenen *Leistenbruch* oder an eine *Hodenvergrößerung* zu denken (siehe auf Seite 181).

≡ Bewegungen, Besonderheiten der Motorik

Besonderheiten der Körperhaltung, Seite 200.

Bei einer auffälligen Bewegungsführung, bei auffälliger Schonung eines Armes oder eines Beines ist an verschiedene Ursachen zu denken. Die banalste ist ein **Trauma, Sturz oder Stoß**, die zu einer Prellung und einem Bluterguß geführt haben. Ruhigstellung und eventuell eine kalte Kompresse können helfen. Es kann sich aber auch um eine **Verstauchung, eine Gelenkverrenkung oder einen Knochenbruch** handeln, wozu ärztliche Abklärung nötig ist. Ist der Schmerz groß, das Kind dabei recht mitgenommen, muß der Transport liegend, eventuell unter Schienung der Extremität erfolgen.

Bei *Kleinkindern* gibt es eine charakteristische »**Schmerzlähmung**« **eines Armes**. Werden diese Kinder an der Hand geführt und beim Stolpern durch schnelles Hochreißen vor dem Hinfallen bewahrt, äußern sie anschließend mitunter heftige Armschmerzen. Sie halten dabei den Unterarm in der Ellbeuge leicht gebeugt, die Hand nach innen gedreht. Ursache ist eine Ausrenkung des Speichenköpfchens am Ellbogengelenk. Der Arzt kann dies leicht einrenken. 1–2 Tage ist der Arm anschließend durch ein Armtragetuch noch zu schonen.

Gelenkentzündungen gehen meist mit Gelenkschwellung und Fieber einher. Die aktive und passive Gelenkbewegung ist schmerzhaft beschränkt. Manchmal sind auch **Entzündungen der Haut oder der Lymphknoten** Ursache der Bewegungsstörung, wenn diese Entzündungsherde in Gelenknähe liegen. Schmerzen in der Hüfte rühren eventuell auch von einem ausgetretenen **Leistenbruch** oder einer **akuten Appendizitis (Blinddarmentzündung)** her.

Schließlich ist auch an eine **Muskellähmung** zu denken, wie sie früher z. B. bei der Kinderlähmung häufig zu beobachten war. Die Muskulatur des gelähmten Bereiches ist dann schlaff.

Beim Säugling oder Kleinkind kann Bewegungsarmut eines Armes oder eines Beines auch von einer einseitig **erhöhten Muskelspannung** herrühren und damit auf die Zerebralparese (Spastik) hinweisen. **Linkshändigkeit**, also die natürliche Bevorzugung der linken Hand für handwerkliche Betätigung, gibt es erst jenseits des 12. Lebensmonats.

Auffällige Bewegungen entstehen auch durch **eine Steigerung der Motorik**. Geschieht dies plötzlich und für kurze Zeit, handelt es sich um einen Anfall; auf den Seiten 135 und 254 wird darauf eingegangen.

Manche Kleinkinder, selten auch einmal größere, machen zeitweise **rhythmische Körperbewegungen**, vor allem vor dem Einschlafen oder im Halbschlaf. Gewohnheitsmäßig wiegen sie den Oberkörper oder wackeln sie mit dem Kopf. Manche schlagen dabei gegen die Bettbegrenzung, ohne daß es ihnen offenbar unangenehm ist. Man spricht von **Körper- oder Kopfwackeln** (Jaktatio). Offenbar erfahren die Kinder dabei Lustempfindungen, die an das Wiegen auf dem Arm der Mutter erinnern. Eine körperliche Erkrankung liegt dem nicht zugrunde und meist sind es auch seelisch gesunde Kinder. Es wird dies aber auch bei anderen beobachtet, die entweder zuwenig Zuwendung erfahren oder an ein Übermaß an Zuwendung gewöhnt sind oder am Tage zu wenig Bewegungsmöglichkeiten haben. In gravierenden Fällen sollte man das Problem mit dem Arzt durchsprechen.

Ausfahrende Bewegungsführung gibt es bei bestimmten Störungen des motorischen Nervensystems, beim *Veitstanz* (Chorea minor) und bei der *Athetose*. Das Gehen ist umständlich, die Bewegungen sind übertrieben und überschießend, die Mimik vergröbert. Greifbewegungen kommen nur sehr ungenau ins Ziel. Mehrere Ursachen liegen diesen Erscheinungen zugrunde. Die Behandlung muß sich danach richten (Gymnastik oder Medikamente).

≡ Bewußtlosigkeit einschließlich Ohnmacht

Bei einem Bewußtlosen drängt sich sofort die *Frage* auf, ob *Atmung und Kreislauf intakt* sind. Bei *Atemstillstand* muß sofort Atemspende (Seite 148, bei *Kreislaufstillstand* (Pulslosigkeit) äußere Herzmassage (Seite 194) begonnen werden. Bei nur geringen Atembewegungen kann die Atmung dadurch geprüft werden, daß man die Hand etwas oberhalb der Magengegend auf den Rippenwinkel legt, oder einen Spiegel behauchen läßt oder einen Grashalm (oder eine Flamme) vorhält.

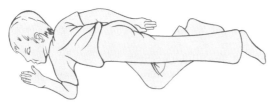

Abb. 45 **Lagerung bei Bewußtlosigkeit:** sogenannte stabile Seitenlage. Einzelheiten im Text.

Die richtige **Lagerung eines Bewußtlosen** geschieht in der sogenannten stabilen Seitenlage (Abb. 45). In dieser Lage bleiben die Luftwege frei, bei eventuellem Erbrechen wird eine Aspiration (Verschlucken in die Luftwege) verhindert und die Hirndurchblutung gesichert. Man zieht den Bewußtlosen aus der Rückenlage in die Seitenlage, indem man – auf einer Seite stehend – die weiter wegliegenden Gliedmaßen in der Kniekehle und am Handgelenk faßt und zu sich heranzieht. Der untenliegende Arm wird unter dem Körper hindurch zum Rücken gezogen. Der Kopf liegt damit zur Seite gewendet und tief, der Mund in der Nähe der Unterlage. Wärmeverlust wird durch Zudecken verhindert, es sei denn, der Kranke hat Fieber.

Einem Bewußtlosen kann man keine Flüssigkeit einflößen!
Erstickungsgefahr!

Über diese Erste Hilfe hinaus verlangt jede Bewußtlosigkeit schnelle ärztliche Hilfe, am besten sofort in einem Krankenhaus. Dafür gibt es zwei Ausnahmen: die **kreislaufbedingte Ohnmacht**, von der sich ein Kind oder ein Jugendlicher in der Regel schnell wieder erholen, und die durch einen **Krampfanfall** gegebene Bewußtlosigkeit, falls die Kranken nach wenigen Minuten wieder erwachen, zumindest erweckbar sind.

Bei allem Drängen zu einem schnellen Transport muß bei einer unklaren Bewußtlosigkeit umsichtig die **weitere Abklärung** bedacht werden. Ist sie

- Folge eines *Verkehrsunfalles* oder eines *Sturzes* oder einer *anderen äußeren Gewalt?* Mit Knochenbrüchen und inneren Blutungen ist zu rechnen. (Siehe Seite 233).
- Wirkung einer *Vergiftung* oder eines *Selbsttötungsversuches?* Leere Behälter oder andere verdächtige Anhaltspunkte können eventuell lebensentscheidende Hinweise geben. Siehe Seite 224 und Seite 238.
- Folge von *Alkoholaufnahme* oder einer *Drogensucht?* Vielleicht können Umstehende zur Aufklärung beitragen.
- Folge eines *Blitzschlages*, eines *Elektrounfalls?* Siehe Seite 161 und 171.
- Wirkung der *Unterzuckerung* bei einem zuckerkranken Kind oder Jugendlichen, der Insulin gespritzt hat? Diesen Hinweis müßte man einem zu Hilfe gerufenen Arzt schon telefonisch geben, damit er Traubenzuckerampullen mitbringt. Viele Diabetiker haben einen entsprechenden Ausweis in der Tasche oder einen Hinweis auf einem Halsanhänger.
- Zuckungen und gesteigerte Muskelspannung sprechen eher für einen *Krampfanfall*.

Die häufigste Erklärung einer Bewußtlosigkeit bei Schulkindern und vor allem aufgeschossene Jugendlichen ist die *kreislaufbedingte Ohnmacht*. Sie zeigen nach längerem Stehen oder nach erheblicher körperlicher Belastung, vor allem in schlecht gelüfteten Räumen, plötzlich fahlgraue Blässe, Schweißausbruch, Brechreiz und Würgen, sie klagen vielleicht über Schwindel und Schwarzwerden vor den Augen, sie sinken zusammen oder stürzen plötzlich hin. Bei der Schnelligkeit des Ablaufes sind Vorboten oft nicht zu erkennen. Die Kinder liegen schlaff da mit blasser, feucht-kalter Haut, mit weichem schnellem Puls und flacher Atmung. Man soll sie liegenlassen, in Seitenlage bringen, Kopf tief, Becken und Beine etwas hochgelagert. Nach einigen Minuten kommen sie wieder zu sich. Dann kann man ihnen zu trinken geben.

Die Bewußtlosigkeit bei einem *Krampfanfall*, wobei ein großer Anfall gemeint ist (Seite 201), hat zwei Aspekte. Während des Krampfanfalls ist an eine besondere Lagerung nicht zu denken und diese auch nicht nötig, weil der Anfall mit seinen Zuckungen nur selten länger als 2 Minuten dauert. Man hat nur dafür zu sorgen, daß sich der Krampfende nicht durch Anschlagen verletzt. Die Bewußtlosigkeit nach dem Anfall gleicht mehr einem Schlafzustand. Man spricht vom sogenannten Nachschlaf. Eine besondere Lagerung ist dann nicht unbedingt nötig.

≡ Blitzunfall

Bei einem Blitzunfall (Entladung atmosphärischer Elektrizität) besteht die größte Gefahr bei einem **direkten Blitzschlag**, wobei der Blitz in die Person selbst fährt. Auch ein **naher Blitzeinschlag** kann bei ungünstigen Stromflußbedingungen zu sehr schweren Schäden führen. Im einzelnen: Bewußtlosigkeit eventuell mit Atem- und/oder Herzstillstand, Verbrennungen, Muskelschäden. Blitzmarken deuten auf die Ein- oder Ausströmungsstelle der elektrischen Energie hin. Es besteht also prinzipiell der gleiche Schädigungsvorgang wie bei einem Elektrounfall (Seite 171).

Erste Hilfe: Atemhilfe, Herzmassage, richtige Lagerung bei Bewußtlosigkeit, Versorgen der Verletzungen durch Verbände und abdeckende Tücher. Die Geschwindigkeit, mit der ärztliche Hilfe in einem Krankenhaus erreicht werden kann, ist eventuell lebensrettend.

≡ Blutungen

Kapilläre Blutung (Blutung aus den feinen Haargefäßen): Eine geringe Menge Blut tritt aus, die Blutung steht in der Regel bald.

Arterielle Blutung: Hellrotes Blut tritt rhythmisch spritzend aus; schnell hat der Blutverlust ein hohes Ausmaß.

Venöse Blutung: Dunkelrotes Blut quillt unter geringer Geschwindigkeit.

Blutungen nach innen in Hohlorgane oder ins Gewebe sind nicht weniger bedenklich als Blutungen nach außen. Was hierbei bedacht werden muß, ist unter dem Stichwort Unfallfolgen zusammengefaßt (Seite 233).

Jene Kinder und Jugendlichen sind bei einer Blutung besonders gefährdet, deren **Blutgerinnungssystem gestört** ist (Bluterkrankheit, Hämophilie; Verminderung der Thrombozyten, der Blutplättchen).

Abb. 46
Abdrosselung der Schlagadern an besonders wirksamen Stellen.

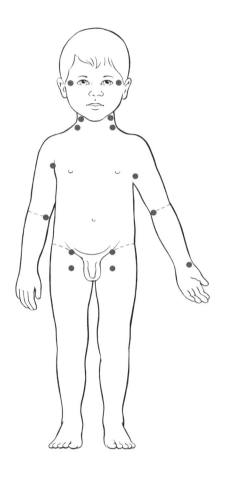

Hilfe: So aufregend jede schwere Blutung aussieht, man muß selbst die Ruhe behalten, um dann möglichst beruhigend auf das Kind einwirken zu können. Bei arterieller Blutung kann zunächst an charakteristischer Stelle (»Schlagader«) abgedrückt werden (Abb. 46). An Extremitäten erfolgt das Abbinden handbreit herzwärts der Wunde (nicht am Knie und am Ellbogen). Hierzu dient z.B. ein Dreiecktuch, das zur »Krawatte« zusammengelegt und mit Knoten unter Zug geschlossen oder durch Knebel gespannt wird (Abb. 47 u. 48). Anderes geeignetes Material sind Leibriemen, Fahrradschlauch, Hosenträger, Hemdstreifen. Die Abbindung darf nur 1½ Stunden liegen, sie muß dann gelöst werden für 1–2 Minuten, damit der abgebundene Abschnitt wieder etwas durchströmt wird. Blutet es dann nicht mehr weiter, kann die Stauung wegbleiben. Der Zeitpunkt der ersten Abbindung wird auf die Haut des Kranken mit Kugelschreiber geschrieben.

Abb. 47 **Abbinden am Oberarm**, der hochgehoben gehalten wird. Dreiecktuch oder anderes Tuch zusammenlegen zu einer Krawatte, dann schlaufenförmig um den Arm legen. Beide Zipfel werden durch die Schlaufe gezogen, unter erheblichem Zug dann um den Arm herumgeführt und verknotet.

Abb. 48
Abbinden am Oberschenkel. Dreiecktuchkrawatte um den Oberschenkel legen und oben verknoten. Dann einen Stab einschieben und drehen, bis die Blutung steht. Stab in dieser Stellung durch weitere Binden festlegen.

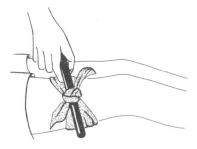

Abb. 49
Druckverband mit einem Verbandspäckchen. Blutendes Glied hochlagern (hier: ein Bein). Verband unter deutlichem Druck anbringen. Falls der erste Verband durchblutet, nachgiebiges weiteres Material, wie z. B. ein Taschentuch, noch darauflegen und durch weitere Bindengänge unter erhöhten Zug fest anbringen.

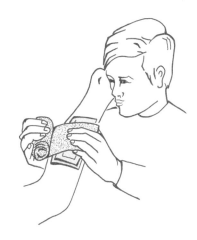

Bei venösen und kapillären Blutungen genügt ein Druckverband, z.B. mit einem Verbandpäckchen, das unter Hochhalten der Gliedmaße angelegt wird (Abb. 49, S. 163).

Bei jeder schweren Blutung ist daran zu denken, einen **Notkreislauf** aufrechtzuerhalten. Eine größere Blutmenge ist für den zentralen Kreislauf dadurch zu gewinnen, daß man die Beine des liegenden Kranken senkrecht aufstellt und – am Fuß beginnend – mit breiten Binden umwickelt (»Eigenbluttransfusion«). In einer Notsituation ist es zum Flüssigkeitsersatz günstig, dem Patienten dünnen schwarzen Tee mit Traubenzucker anzubieten (falls er nicht bewußtlos ist).

Beim **Nasenbluten** fließt das Blut je nach Haltung bzw. Lage des Kranken nach vorn oder hinten. In Rückenlage kann also die Blutung noch unbemerkt in den Rachen weitergehen; erst durch Bluterbrechen wird man vielleicht auf die verlorene Menge aufmerksam. Hilfe: Beruhigung! Hinlegen lassen, ein kleines Kissen unter den Nacken schieben. Sanftes Andrükken der Nasenflügel an die Nasenscheidewand. Vielleicht hilft auch ein leicht angefetteter Wattepfropf, den man in das Nasenloch drückt. Durch Aufsetzenlassen eines liegenden Patienten kann zwischendurch geprüft werden, ob die Blutung steht. Wenn möglich kalte Auflage auf Nase, Stirn oder Nacken. Bei unstillbarer Blutung sollte Transport zum Arzt oder ins nahegelegene Krankenhaus erfolgen.

Ohrenbluten entsteht bei Verletzung des Gehörganges, z.B. durch Einstoßen von Stäbchen oder bei einem Schädelbasisbruch. In jedem Fall ist ärztliche Untersuchung nötig, im letzteren Fall liegender Transport ins nächste Krankenhaus, zumal in der Regel auch die Zeichen der Gehirnerschütterung bestehen.

Innere Blutungen machen manchmal sehr schnell Symptome (*Lungenblutung*: blutig-schleimiger Auswurf, heftiger Husten; *Blutung in den Rippenfellraum*: Atemnot), manchmal zunächst nur wenig und erst nach größerem Blutaustritt in innere Körperräume und damit Blutmangel im Kreislaufsystem. *Nierenbluten* erkennt man am blutigen Harn; viele Patienten klagen aber zunächst über heftige kolikartige Schmerzen, die von den Gerinnseln in den Harnwegen ausgelöst werden.

Eine **Darmblutung** hat dann ein bedrohliches Ausmaß, wenn Blut in größerer Menge dem Stuhl beigemischt ist, vielleicht ausschließlich Blut aus dem After tritt. Feucht-blasse Haut und kaum tastbarer Puls signalisieren die Dringlichkeit eines Transportes ins nächste Krankenhaus. Darmblutung verlangt aber immer sofortige ärztliche Konsultation.

≡ Depression

Depression zeigt sich bei Kindern und Jugendlichen *nicht immer*
unter den Erscheinungen, die man in der Regel beim Erwachsenen sieht:
trauriger Gesichtsausdruck, müdes Aussehen, leise monotone Sprache,
Sichabschließen und Grübeln, Desinteresse an der Umgebung, Antriebs-
mangel oder unfruchtbare Unruhe, Schwernehmen auch von Kleinigkeiten,
schlechter Appetit. Neben diesem Bild zeigen *Kinder und Jugendliche* eher
das Bild einer *larvierten Depression,* also Erscheinungen, die auf den ersten
Blick nicht an eine Depression und Niedergeschlagenheit, sondern an eine
Verhaltensstörung ganz anderer Art denken lassen.

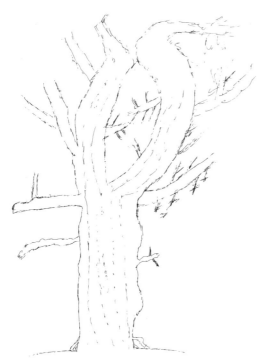

Abb. 50   **Zeichen der Depression in einer Baumzeichnung,** die von einem 16jährigen
Jungen mit erheblichem Minderwuchs stammt. Bemerkenswert ist die zaghafte
Strichführung. Stamm und große Äste werden breit angelegt, dann bleibt alles
unvollendet. Die Äste erscheinen wie abgeschnitten und abgebrochen. Auffällig
auch, daß dieser Baum kaum Wurzeln hat und den Eindruck macht, als würde er
nicht fest im Boden stehen können.

Kleine Kinder neigen zu Schreien und Weinen, sie verweigern die Nahrung, zeigen monotone Körperbewegungen (Jaktationen) und Schlafstörungen (Schreien, nächtliches Aufschrecken, Spielhemmung, auffallende Schüchternheit bis zum auffallenden Schweigen, »Vorbeisehen« an vertrauten Personen oder auch offene Aggressionen, Zorn, Wut.

Bei **Schulkindern und Jugendlichen** fällt Kontaktschwäche und Schüchternheit auf. Sie meiden sonst vertraute Kameraden, äußern Minderwertigkeitsgefühle (Abb. 50, S. 165), sie fühlen sich eher zu kleinen Kindern oder Tieren hingezogen. Sie neigen zu persönlicher Empfindlichkeit und sentimentaler Mitreaktion, sehr häufig aber auch zu Aggressionen gegen Personen und Sachen (»böser Friederich«) oder zum Überangepaßtsein im Willen, alles besonders gut machen zu wollen (»Aschenputtel-Bild«). In der Schule bekommen sie durch Konzentrationsschwäche, Faulheit und eventuell durch störende Umtriebigkeit Schwierigkeiten. Sie fallen auf durch Nägelkauen, durch Schlafstörungen, Kopfschmerz, durch Tics, vielleicht durch Appetitmangel, speziell durch Pubertätsmagersucht, oder auch durch gesteigerte Eßlust (»Kummerspeck«) und durch stärkere Onanie. Vor allem Jugendliche sind in ihren depressiven Nöten suizidgefährdet (s. Seite 224).

Die *Ursachen* einer so vielgestaltig wirkenden Depression im Kindes- und Jugendalter sind manchmal leicht zu finden, manchmal nur unter Hilfe des Hausarztes und/oder eines Psychologen. Natürlich sollte man bei jeder akuten Verstimmung sich sagen, daß in jedem Menschenleben Schwierigkeiten entstehen, die zunächst belastend wirken, die eben aber nach einiger Zeit verarbeitet sind. Bei einer akuten, sehr schweren oder bei einer länger dauernden Verhaltensstörung sollten die Eltern aber doch daran denken, daß ihr Beistand und vielleicht *ärztliche Hilfe* dringend vonnöten sind. Die dann von ihnen geforderte Haltung muß Fähigkeit zur Selbstkritik, offene Hör- und Redebereitschaft und viel Geduld einschließen.

Die Ursachen können in chronischen Organerkrankungen liegen, die bisher unerkannt die Vitalität allgemein beeinträchtigen, oder in seelisch wirksamen Konflikten, die in der Familie, unter Geschwistern, mit den Eltern, in der Schule, unter Freunden und Geschlechtspartnern oder in der geistigen Auseinandersetzung des Alters und der Zeit entstanden sind.

Durchfall

Durchfallkrankheiten können manchmal plötzlich mit zahlreichen spritzenden Stühlen beginnen, vor allem bei Kleinkindern. Meist kündigt sich die Darmerkrankung (Enteritis) durch schlechten Appetit, etwas Bauchschmerzen, vielleicht auch mit Fieber an, bis dann die Stühle zahlreicher und weicher werden. Tritt Erbrechen hinzu, führt der erhebliche Verlust an Körperwasser und Salzen sowie der Mangel an Kalorienträgern unter Umständen schnell zu einem bedrohlichen Bild, zu Kreislaufschwäche und Verminderung der Gewebespannung (*Austrocknung* S. 154), *Erreger* können Viren, z. B. Rotaviren oder Bakterien, z. B. Salmonellen, sein.

Hilfe bei großen Kindern: wiederholtes Angebot von Tee (dünner schwarzer Tee, Kamillentee, Fencheltee mit Traubenzucker), eventuell Mineralwasser oder Coca-Cola ohne Kohlensäure. Als festere Nahrungsmittel Salzstangen, geschlagene Banane, geriebener Apfel, Zwieback, Haferschleimsuppe. Als Medikamente Kohletabletten oder andere Medikamente nach Anordnung des Arztes.

Hilfe bei Säuglingen: Bei leichter Durchfallstörung gibt man die Nahrungszusammensetzung, die der vorherigen Altersstufe angepaßt war. Bei einem älteren Säugling läßt man also z. B. die Milchbreie weg. Den Karottenbrei soll man aber wegen seiner stopfenden Wirkung weitergeben, jedoch jeglichen Fettzusatz weglassen. Nimmt das Kind diesen Karottenbrei im Augenblick schlecht vom Löffel, kann man versuchen, durch Zusatz von Süßstoff und Traubenzucker (5%) den Geschmack für das Kind zu verbessern. Oder man gibt die halbe Breimenge in einer Flasche und füllt mit Tee oder der altersgemäßen Milchmischung auf. In schweren Fällen ersetzt man mindestens zwei Mahlzeiten zunächst durch Tee, der zusätzlich Traubenzucker, Salze und Süßstoff enthält (10% Traubenzucker; s. Näheres S. 87). Man nennt dieses Verfahren »Nahrungspause mit Tee«. Dann geht man mit dem Rat des Arztes auf eine Heilnahrung über, die nur sehr wenig Fett, Magermilch und meist Bananenpulver enthält. Was die Gesamttrinkmenge betrifft, muß man wegen des Wasserverlustes etwa 25% mehr anbieten, am besten aus der Teeflasche, die man nach der Heilnahrung noch zusätzlich reicht. Je nach Ausmaß der Allgemeinerscheinungen und der Dauer des Durchfalles bestimmt sich die Dringlichkeit der ärztlichen Hilfe. Ist *Blut dem Stuhl beigemengt*, wäre dies dem Arzt sofort mitzuteilen. Es könnten Salmonellen (Bakterienart) im Spiele sein.

≡ Durst

Der *Wasserbedarf* ist in jedem wachsenden Organismus, vor allem also bei Säuglingen, sehr viel größer als beim Erwachsenen. Zudem kommen die bewegungsreichen Kinder schneller ins *Schwitzen*. Im Sommer und unter Krankheitsbedingungen wie *Erbrechen, Durchfall* und *Fieber* kommen Kinder daher schneller in eine Mangelsituation, die sich als Durst äußert.

Wenn Kinder Durst haben, sollte man ihnen immer nachgeben, nicht nur bei einer Krankheit. Man sollte nicht abwehren mit dem Spruch, es würden noch »Frösche im Bauch wachsen« – aber Kinder sollten eben nicht alles zu trinken bekommen: Limonaden und Coca-Cola sollten z.B. deshalb eine Ausnahme sein, weil sie sehr viel Zucker enthalten und, vor einer regulären Mahlzeit getrunken, den Appetit blockieren. Am besten sind verdünnte Fruchtsäfte, gesüßter Tee, z.B. Fencheltee oder dünner schwarzer Tee mit Zitrone, oder Malzkaffee mit reichlich Milch. Gegen das Trinken von Milch (½−1 Liter pro Tag bei größeren Kindern) ist nichts einzuwenden. Manche Kinder mögen gern Milch, die man im übrigen auch im Kakao verarbeiten kann. Andere mögen Milch ganz oder gar nicht, und man soll sie auch nicht dazu zwingen. Das erforderliche Nahrungseiweiß kann auch aus Fleisch, Wurst, Joghurt oder Quark kommen.

Auffällig starker Durst, dabei reichliche Harnausscheidung (vielleicht auch nachts), muß den Verdacht auf eine *Zuckerkrankheit* nahelegen.

≡ Einkoten

Der Zeitpunkt der sauberen Hosen, was die Stuhlentleerung angeht, ist nur in großen Umrissen für das »Normalkind« zu nennen. Manche Mütter bekommen diesbezüglich ihr Kind schon am Ende der Säuglingszeit sauber und sind nicht selten stolz auf diese Leistung, anderen gelingt es erst im 3. Lebensjahr. Man steht heute auf dem Standpunkt, daß man nicht zu früh und nicht »mit harter Hand« die Kinder zur Sauberkeit zwingen soll. Je intensiver sich an dieser Körperleistung der Sauberkeit eine erzieherische Bemühung (im Sinne der Mühe und des Zwanges) abspielt, um so anfälliger werden Kleinkinder oder junge Schulkinder bei seelischen Konfliktreaktionen für ein Symptom, das sich im analen Bereich abspielt, also mit der Stuhlentleerung zu tun hat. Sie neigen eher zu Verstopfung und zum Einkoten.

Dies ist eine *typische Situation: Ein Kleinkind* war zur üblichen Zeit sauber geworden. Dann beginnt eine Zeit der Verstopfung, jedenfalls einer Neigung zur Verstopfung. Stühle werden nicht jeden Tag, sondern nur alle paar Tage, nicht in einer normalen Wurstform, sondern in Stückchen gegliedert (»Schafkot«) abgesetzt. Koten dabei die Kinder ein, ist es oft nicht allein eine in ihrer Willkür gelegene augenblickliche Nachlässigkeit, sondern das Zeichen der Afterschlußschwäche: Der Enddarm ist durch übermäßige Füllung stark gedehnt, so daß auch der Afterring etwas erweitert wird.

Besonders unangenehm ist das Symptom des Einkotens, wenn das *Kind mittlerweile in den Kindergarten oder die Schule* geht, unangenehm nicht nur für Lehrer, Kameraden und Eltern, sondern zuvorderst für das Kind selbst. Daran sollte man denken, bevor man sich an die vertiefte Bewältigung der Bedingungen macht, die zum Einkoten führen. In der Regel ist es eben eine **Verhaltensstörung aus seelischer Ursache**, fast nie eine organische Störung etwa der Nervenversorgung des Schließmuskels.

Hilfreich ist, mit den positivsten Eigenschaften eines Erziehers und mit der Stärke des Kindes zu arbeiten, d. h. nicht mit Zorn, Zwang und Autorität, nicht indem man das Kind noch mehr in das unangenehme Elend hineindrängt. Das Kind muß spüren, daß man es trotz allem als sein Kind liebt und annimmt, daß man seinen Wert empfindet und dies auch ausdrükken kann und mag. Mit großer Geduld sollte man auf verschmutzte Wäsche reagieren und auch Rückfälle sachlich verkraften. Mit ruhigen Anweisungen zum Wäschewechsel und zur Toilettenbenutzung findet man den zunächst besten Weg, die Sache zu überwinden. Bei anhaltenden Schwierigkeiten sollte man sich aber daran erinnern, daß sich aufgrund einer möglichen Verstopfung mittlerweile ein Eigenmechanismus im Enddarm entwikkelt hat, den das Kind vielleicht inzwischen gar nicht mehr beherrschen kann, auch wenn es wollte. Der Arzt spricht in diesem Zusammenhang auch von *Einkoten durch Überlauf* (»Überlaufenkopresis«). Übrigens: Zu einer erheblichen Verstopfung kann es trotz täglicher Stuhlentleerung gekommen sein; es braucht ja täglich nur ein wenig Stuhl zurückgehalten worden sein, was sich im Verlauf der Zeit summiert.

Bei einem Einkoten durch Verstopfung müssen – so merkwürdig dies für einen oberflächlich Betrachtenden klingen mag – zunächst Abführmaßnahmen angesetzt werden (Einlauf, Abführmittel) und muß größter Wert auf das fortgesetzte tägliche Stuhlentleeren gelegt werden. Das Entscheidende ist aber eine spannungsfreie Lebensweise in der Familie, zu der man zunächst vor allem sich selbst erziehen sollte, und eine vertiefte Erforschung der psychologischen Auslöser, die zur kindlichen Fehlhaltung geführt haben. So ist dann unter Hilfe des Arztes oder des Psychologen die Prognose für die Beseitigung des Einkotens ziemlich günstig.

≡ Einnässen, Bettnässen, Blasenfunktionsschwäche

Erst im Verlauf des zweiten Lebensjahres lernt das Kind allmählich seine Blasenfunktion zu beherrschen, Harn einzuhalten und unter günstigen Umständen abzugeben, zunächst nur im Wachzustand. Manche Kinder lernen es erst im dritten Lebensjahr, ohne daß dies unbedingt eine krankhafte Bedeutung haben müßte.

Tritt nach völliger Beherrschung der Blasenfunktion am Tag oder in der Nacht erneut wiederholtes Einnässen auf, spricht man von Einnässen, Enuresis. Dafür sind organische oder seelische Begründungen denkbar und zur Abklärung die Untersuchungen des Arztes notwendig.

Es kann sich um eine **banale Blasenentzündung** handeln, die durch ein Antibiotikum behandelt werden würde, oder um **Engstellen an den unteren Harnwegen**, so daß eine Harnentleerung jeweils nur unvollständig erfolgt; hier klärt die urologische Untersuchung. In den überaus meisten Fällen finden sich aber **seelische Ursachen**, die mit viel Geschick und psychologischem Einfühlungsvermögen gefunden werden müssen oder deren Aufklärung man wenigstens versucht haben sollte.

Ein **Kleinkind** fühlt sich vernachlässigt, z. B. nach der Geburt eines Geschwisters, dem nun offenbar alle Liebe und Sorge der Mutter gehören. Für ein Kleinkind von 2–3 Jahren, das mehr aus dem Gefühl und kaum Vernunftserwägungen zugänglich lebt, sieht alles nach einer klaren Vernachlässigung aus, vor allem wenn man vorher als Einzelkind so ganz im Mittelpunkt der Eltern und Großeltern stand. Nun ist »die Mark auf einmal nur noch fünfzig Pfennig wert«, man ist plötzlich »der Große«. Reife, Vernunft, strikte Sauberkeit werden verlangt, weil die Mutter Zeit für ihre neuen Aufgaben gewinnen will. Dabei hat das Kind doch den überzeugenden Eindruck, daß die Mutter »den ganzen Tag lang« sich um Füttern, Baden und Windelpflege des Geschwisters kümmert, Dinge, die man selbst auf einmal möglichst selbständig im Gegensatz zu früher beherrschen sollte. Manches Kleinkind, das die Mutter und ihre liebevolle Zuwendung zum Geschwister beobachtet, drückt Harn und Stuhl in die eigene Hose, es möchte »auch wieder Baby sein«. Es erfährt nun mit seinen vollen Hosen durchaus die pflegerische Zuwendung der Mutter, aber doch wohl in einer eher unwirschen und ungeduldigen Form. Sei es auch um diesen Preis der Mißmutigkeit: Die Mutter hat sich mit mir intensiv beschäftigt wie mit dem Baby, so mag das enttäuschte einnässende Kind denken und dabei noch »froher« sein, als wenn diese »Zuwendung« nicht erfolgt und nicht nötig gewesen wäre.

Dieses typische Beispiel zeigt eine sehr häufige Situation. Es läßt schon den Ansatz einer erfolgreichen mütterlichen Hilfe erkennen: Zuwendung. Dazu muß aber Verständnis kommen. Alles ist wertvoll, was das Kind fester, reifer und unabhängiger macht. Aber es ist im Grunde hier nur ein »kleines« psychologisches Problem gegeben. Vor allem wenn **Schulkinder** noch einnässen oder **Jugendliche**, sind die seelischen Grundlagen sehr viel komplizierter, verschränkter, ist ein für einen Laien fast unentwirrbarer Aufbau über diesem Symptom des Einnässens entstanden. Er kann nur mit intensiver Hilfe des Arztes und des Psychologen durchschaut und in unermüdlicher Arbeit, deren Geduld über viele Rückschläge hinwegreicht, abgebaut werden. Manchmal versucht der Arzt Medikamente. Vielfach bringen sie etwas, aber sicher nur im Zusammenhang damit, daß sich auch die gegenseitige Einstellung grundlegend geändert hat. Manche Ärzte empfehlen Weck- und Warngeräte, wie die »Klingelmatte« oder die »Klingelhose«, die zum Schlafengehen angezogen werden. Sobald diese Flächen nur ein wenig feucht werden, sozusagen beim ersten Tropfen, löst sich auf elektrolytischem Wege eine Warnklingel aus, die den Bettnässer aufweckt.

Einem Bettnässer zu helfen ist wesentlich schwerer als einem Einkotenden zu helfen. Unendliche Geduld ist nötig. Immer wieder sollten Eltern den Mut zu einem neuen Anlauf der Hilfe haben. Nur dann kommen sie weiter, wenn sie sich folgendes immer wieder zu ihrer Überzeugung machen«: Bettnässen ist keine Nachlässigkeit und Gleichgültigkeit. Am schlimmsten sind nicht die Eltern, sondern ist das Kind oder der Jugendliche selbst daran. Es hilft nichts, zu schimpfen, zu bestrafen, zu verspotten oder Spott zuzulassen. Es bringt nichts, abends das Trinken zu verbieten oder nachts mehrmals zum Wasserlassen aufwecken.

≡ Elektrounfall

Vorsicht! Zunächst muß der Verletzte unter allergrößter Vorsicht *aus dem Stromkreis gebracht werden,* damit nicht auch noch der Helfer zu Schaden kommt. Man reißt eventuell eine Leitung aus dem Stecker und trennt mit trockenen Holzstangen oder mit einer durch Wurf angelegten Leine den Verunglückten von stromleitenden Gegenständen. Ist ein Absturz aus einer gewissen Höhe erfolgt, z. B. bei Hochspannungsunfällen, muß mit schweren Knochenverletzungen gerechnet werden.

Gefährlicher und häufiger sind die **Niederspannungsunfälle** im Hause durch schadhafte Schnüre, Lampen und Elektrogeräte. Kleinkinder spielen an Steckdosen und Kupplungsenden von Verlängerungsschnüren, indem sie metallische Gegenstände hineinstecken oder über die Zungenspitze und das Speichelsekret in einen elektrischen Kontakt kommen. **Hochspannungsunfälle** erleiden größere Kinder und Jugendliche beim Drachensteigen (nasse Drachenschnur), wenn sie auf Masten steigen oder von Brücken herab auf die Stromleitungen der Eisenbahn urinieren.

Die **Folge** sind Störungen der Atmung und der Herztätigkeit, Bewußtlosigkeit, schwerste Auswirkungen bis zur Todesfolge. An der Haut sieht man Strommarken und Verbrennungsflächen. Auch tiefergelegene Organe werden durch den Stromdurchtritt schwer geschädigt.

Die **Erste Hilfe** dient der Stütze der Atmung und des Kreislaufs, der richtigen Lagerung bei Bewußtlosigkeit und bei Knochen- und Wirbelsäulenbrüchen, der Versorgung der äußerlichen Verletzungen durch abdeckende Tücher und Verbände. Wiederbelebungsmaßnahmen, Herzmassage und künstliche Beatmung, müssen auch auf dem Transport fortgesetzt werden. Jedesmal, auch bei einem scheinbar geringen Stromunfall, muß genaue ärztliche Untersuchung der möglichen Auswirkungen erfolgen.

≡ Erbrechen, Ausschütten, Speien

Häufiges Erbrechen, ein vieldeutiges Symptom, bringt die **Gefahr** hohen Wasser- und Salzverlustes, damit Gefahr der Austrocknung des Körpers und Kreislaufschwäche, bei Verschlucken des Erbrochenen in die Luftwege eine akute Störung der Atmung. Besonders neigen Säuglinge zu Erbrechen und Ausschütten der Nahrung. Zunächst muß über die Einzelheiten gesprochen werden, in welcher Form sich diese Störung zeigen kann.

Wenn im Anschluß an eine Mahlzeit ein Säugling »Bäuerchen« macht, kann mit dem **Aufstoßen der Luft** etwas Nahrung heraufgedrängt und ausgeschüttet werden, 1 bis höchstens 2 Eßlöffel voll (10–30 Milliliter). Wenn das Kind dabei gedeiht, mit gutem Appetit ißt und normale Stuhlverhältnisse hat, da mag in einem solchen Fall das beruhigende Wort vom »Speikind – Gedeihkind« gelten.

Andere Kinder zeigen die gleichen Störungen, gedeihen dabei aber nicht und zeigen ihr mangelndes Behagen in Unruhe und Unzufriedenheit. Die Menge der hochgekommenen Nahrung ist dann meist auch größer und das Ausschütten regelmäßiger. Es kann sich um eine **Weitstellung des Mageneinganges** handeln (Kardiainsuffizienz). Bevor der Arzt durch Ultraschall oder Röntgenaufnahmen diesen Sachverhalt genau prüft, gibt er einer Mutter den Rat, ihr Kind betont ruhig zu füttern, schon während der Mahlzeiten zusätzlich aufstoßen zu lassen, erneut nach der Mahlzeit in aller

Sorgfalt, und dann den Säugling etwas hochgelagert und in linker Seitenlage hinzulegen. Man kann auch die Zahl der Mahlzeiten vorübergehend von 5 auf 6 erhöhen und die Nahrung durch Nestargel, ein Algenpräparat, andikken (½%, Einzelheiten in der Vorschrift).

Andere Säuglinge erbrechen zwei- oder dreimal pro Tag eine große Menge, offenbar den ganzen Mageninhalt in hohem Bogen. 60 Zentimeter weit kann es sein. Es sind vor allem männliche Säuglinge der ersten 6 Lebenswochen. Sie haben einen **Magenpförtnerkrampf (Pylorusstenose)**, das heißt, der Magenausgang ist durch übermäßige Muskelentwicklung verdickt und kaum mehr für die Nahrung durchgängig. Die Kinder gedeihen nicht. Voll Hunger trinken sie zwar die einzelnen Mahlzeiten. Anschließend zeigen sie ein mißmutiges Gesicht, als hätten sie Leibschmerzen. Etwa eine Stunde nach der Mahlzeit kommt dann das Erbrechen. Da sie nur sehr wenig bei sich behalten, haben sie nur selten einen Stuhl. Betrachtet man den Bauch, erscheint der Unterbauch eingesunken, der Oberbauch dort eher vorgewölbt, wo der vergrößerte Magen liegt. Vielleicht kann man durch die dünnen Bauchdecken hindurch Muskelwellen am Magen sehen, die von links nach rechts sich fortpflanzen. Mit großer Geduld und Vorsicht können diese Kinder zunächst zu Hause behandelt werden: 6–8 kleine Mahlzeiten der normalen Säuglingsnahrung, unterstützt durch Zäpfchen oder Tropfen, die die Muskelspannung am Magenausgang herabsetzen sollen. Sonst ist klinische Behandlung nötig, wobei zunächst ein Teil der Nahrung durch Infusionen gegeben wird und die Medikamente in noch höherer Dosis versucht werden können. Kommt man damit nicht zum Ziel, muß die verdickte Muskulatur operativ durchtrennt werden. Dann ist das Erbrechen in der Regel schlagartig beseitigt und die Kinder gedeihen wieder.

Manche ältere Säuglinge oder Kleinkinder bringen die schon verschluckte Nahrung wieder aus dem Magen hoch, kauen alles erneut und verschlucken es wieder. Dabei können sie auch etwas ausspucken. Viele helfen mit dem Finger nach, daß die Speisen hochkommen. Man nennt dies **Wiederkäuen (Rumination)**. Diese Angewohnheit kann sehr hartnäckig sein, reichlich Nahrung kann verlorengehen, so daß die Kinder schlecht gedeihen. Es handelt sich um eine seelische Verhaltensstörung, die nur unter intensiver Zuwendung und mit viel Geduld zu beheben ist.

Daneben gibt es auch noch **andere Störungen** im Verlauf des Nahrungsweges, die zum Erbrechen führen. Der Arzt muß seine Diagnostik und seine Therapie diesen Grundlagen entsprechend ansetzen, ohne daß in diesem Zusammenhang näher darauf eingegangen werden kann. Insgesamt wird deutlich, daß häufiges Erbrechen beim Säugling, vor allem in Verbindung mit mangelndem Gedeihen, immer eine bedenkliche Störung darstellt.

Durch die gesamte Säuglingszeit hindurch und in jedem folgenden Lebensalter ist Erbrechen häufig durch **Ernährungsstörungen** (z. B. nach einer Geburtstagsfeier), eine **Magen-Darm-Infektion** (dann auch schlechte Stühle) und durch **andere Infekte** verschiedener Art ausgelöst. Auch eine **Hirnerschütterung** nach einem Sturzunfall kann die Ursache sein, eventuell sind Verletzungsfolgen am Kopf sichtbar, ferner eine **Vergiftung** oder ein **Sonnenstich.**

Je nach der mutmaßlichen Ursache kann die Mutter eine Hilfe versuchen: betont ruhige Pflege; nach der ersten Erbrechensattacke zunächst keine Nahrung und Flüssigkeit anbieten; nach 30–60 Minuten dann in kleinen Portionen, am besten beginnen mit Tee. Mineralwasser mit Kohlensäure soll man nicht anbieten. Alle weiteren Maßnahmen müssen sich nach dem Zustand des Kindes, nach der Häufigkeit des Erbrechens und nach der mutmaßlichen Ursache richten.

Ist *Blut dem Erbrochenen beigemengt,* sollte sofortige Krankenhausaufnahme erfolgen.

Eine kritische Situation entsteht dann, wenn Erbrechen mit der **Stoffwechselstörung der Blutsäuerung und der Azetonämie** verknüpft ist, das heißt Azeton im Körper gebildet wird. Die Atemluft der Kinder riecht dann eigenartig aromatisch. Die Mutter kennt diesen Geruch von ihrem Nagellack her, der Azeton als Lösungsmittel enthält. Es ist ein eigenartiges Krankheitsbild: Manche Kinder, vor allem sehr sensible, psychasthenische Kinder neigen dazu. Mit fortgesetztem Erbrechen verstärkt sich die Stoffwechselstörung noch. Gelingt es nicht, einerseits das Erbrechen durch spezielle Zäpfchen zu stoppen und andererseits reichlich Kohlenhydratnahrung dem Kind zu geben, muß die stationäre Einweisung erfolgen. Im einzelnen sieht die Ernährung dann folgendermaßen aus: Beginn mit eisgekühlter Tee-Traubenzucker-Orangensaft-Mischung im Verhältnis 1:1 (10% Traubenzucker = 2 gehäufte Teelöffel auf 100 Milliliter Flüssigkeit), kleine Mengen von 10–20 Milliliter, also tee- oder eßlöffelweise. Man gibt in kurzen Zeitabständen. Auch eisgekühltes Coca-Cola ist zu empfehlen. Die festere Nahrung besteht in eingeweichtem Zwieback, gedrückter Banane, Weißbrot, Salzstangen, Reis, Kartoffelbrei.

Ernstwerden, Verstimmtheit der Kinder

Fröhlichkeit kennzeichnet so sehr das Verhalten eines Kindes, daß plötzliches Ernstwerden und Mißlaunigkeit sogleich den Verdacht auf irgendeine **körperliche Unpäßlichkeit** oder auf **seelische Schwierigkeiten** nahelegt. »Das Kind ist zur Freude geboren«, sagte der berühmte Kinderarzt Czerny. Man sollte sich also fragen, ob vielleicht eine Magenverstimmung oder ein Infekt im Gange ist, und im Zweifelsfall zunächst auch die Körpertemperatur messen. Depression bei Kindern und Jugendlichen siehe auf Seite 165.

Ersticken, Ertrinken

Kinder machen im Spiel mitunter sehr gefährliche Dinge. Beim Indianerspielen ist schon manches Kind **stranguliert** worden. Auch **Badeunfälle** sind nicht selten. Seitdem es Mode ist, viele Säuglinge auf dem Bauch schlafen zu lassen, sind leider auch mehr Kinder in Gefahr gekommen, in dieser Lage **Erbrochenes** in die Luftwege hineinzuziehen, und sie wurden dann leblos gefunden. Man sollte also nur gesunde Kinder in *Bauchlage* bringen und sollte sich bei den ersten Versuchen durch wiederholte Kontrolle vergewissern, daß das Kind dabei keine Unruhe zeigt. Deshalb sollte in einem Säuglingsbett auch kein Kissen zur Verwendung kommen. Kranke Kinder soll man nach der Mahlzeit in Seitenlage, nicht in Bauchlage hinlegen.

Bei jedem bewußtlosen Kind, von dem man annehmen muß, daß es erstickt oder ertrunken ist, ist für die *schnelle Erste Hilfe vordergründig wichtig zu entscheiden, ob es noch atmet, ob nur die Atmung oder auch die Herztätigkeit ausgesetzt hat.*

Erste Hilfe bei Atemnot auf Seite 142,
bei Atemstillstand und/oder Herzstillstand auf Seite 148.

☰ Fieber

Fieber ist Ausdruck einer körpereigenen Abwehrbemühung und insofern keine grundsätzlich unerwünschte Reaktion. Die **Höhe des Fiebers** ist nicht unbedingt ein Hinweis auf die Schwere der Krankheit. Gerade das Kleinkind fiebert schnell, oft nur von kurzer Dauer. Andererseits gibt es manche sehr schwerkranke Säuglinge, die dabei nur gering erhöhte Temperaturen zeigen. Wenn allerdings die Körpertemperatur über 40,5 °C anzeigt, ist doch damit deutlich gemacht, daß die Krankheit eine gewisse Gefährlichkeit erreicht hat. In dieser Überhitzung des Körpers kann es vor allem bei Säuglingen und Kleinkindern zu einem **Krampfanfall (Fieberkrampf)** kommen, in dem die Kinder am ganzen Körper steif werden, in Zuckungen verfallen und dabei nicht ansprechbar sind. Durch ungewöhnliche *Unruhe* kann sich der Anfall ankündigen (weitere Einzelheiten auf Seite 201). Vor allem zerebal vorgeschädigte Kinder neigen zu sehr hohen, rasch ansteigenden Temperaturen. Größere Kinder und Jugendliche reagieren bei schnellem Fieberanstieg mit **Schüttelfrost**.

Der Fiebernde *schwitzt, er atmet schneller,* um durch verstärkte Wasserabdunstung überschüssige Körperwärme loszuwerden. Folglich leiden die Kinder an *Durst*. Kühlende Getränke werden gern genommen.

Hilfe: Ab wann Fiebermittel (Tabletten oder Zäpfchen, z.B. Paracetamol, Ben-u-ron) zu geben sind, hängt einerseits von der absoluten Höhe des Fiebers ab. Man gibt sie in der Regel ab 39 °C am Tag, ab 38,5 °C in der Nacht. Ist eine besondere Gefährdung des Kindes zu berücksichtigen, z.B. bei einer Vorschädigung des Nervensystems, so müssen die Mittel schon früher angesetzt werden, um diese Kinder möglichst nicht über 39 °C fiebern zu lassen. Eine große Hilfe sind Wadenwickel und andere kühlende Packungen, auch Abkühlungsbäder (s. Seite 105) und deshalb noch vor den Medikamenten sehr zu empfehlen, vor allem wenn die fiebersenkenden Medikamente schlecht vertragen würden (Hautausschläge infolge einer Allergie). Alle fiebernden Kinder werden nur leicht bekleidet oder zugedeckt, was vor allem auch bei einem Transport ins Krankenhaus zu bedenken ist; zu leicht steigt die Körpertemperatur durch Hitzestau sonst noch höher an.

Ursachen für Fieber: Infektionskrankheiten, heftige allergische Reaktion, Sonnenstich, großer Durst.

Schüttelfrost siehe Seite 222.

≡ Fremdkörperaufnahme

Fremdkörperinhalation in die Luftwege, in Kehlkopf, Luftröhre und Bronchien führt akut zu *schwerer Atemnot.* Einzelheiten und Hilfe siehe auf den Seiten 142 und 148.

Fremdkörper in einem Nasenloch oder einem Ohr machen Beschwerden durch lokalen Schmerz; falls sie längere Tage unbemerkt liegen, können lokale Entzündungen entstehen, die zunächst aus sich heraus Symptome machen; erst bei näherer Untersuchung findet der Arzt zu seiner Überraschung den Fremdkörper. Akut eingedrungene Fremdkörper in diesen Öffnungen soll man mit einer Pinzette nur dann zu fassen suchen, wenn sie Strukturen zum sicheren Angreifen und zum Herausziehen wirklich bieten und wenn man die nicht sichtbare Oberfläche kennt; sonst könnten beim Herausziehen Blutungen entstehen. Hat der Fremdkörper keinen sicheren Angriffspunkt für die Pinzette, bestünde die Gefahr, daß man ihn durch die Manipulation noch mehr in die Tiefe treibt. Fremdkörper im Nasengang kann man lockern, wenn man reichlich abschwellende Nasentropfen gibt. Quellbare Körper, z.B. Erbsen, verlangen schnelle Entfernung durch den Nasen-Ohren-Arzt. Liegen sie im Gehörgang, kann man einen Versuch mit Einträufeln von Öl (nicht von Wasser!) machen; das gleiche Vorgehen empfiehlt sich akut bei eingedrungenen Insekten.

Fremdkörper, die in den **Speiseweg** gelangt sind, gehen oft auf natürlichem Wege ohne Schaden ab, z.B. verschluckte Bonbons und Geldstücke, in der Regel sogar Nadeln. Ist die Atmung frei, kann man zunächst davon ausgehen, daß das verschluckte Material in die Speiseröhre und nicht in die Luftröhre gelangt ist. Eine lebensgefährliche Situation ist damit also im Augenblick nicht gegeben. Festgekeiltes Material in der Speiseröhre macht sich manchmal durch Druck hinter dem Brustbein bemerkbar. Man soll sich hüten, durch Trinkenlassen den Fremdkörper hinabschwemmen zu wollen. Staut sich nämlich die Flüssigkeit oberhalb des Fremdkörpers an, kann diese in den Kehlkopf gelangen und einen Erstickungsanfall herbeiführen. Viel besser wäre es noch, durch Auslösen des Würgereizes ein Hochdrängen des Fremdkörpers zu erreichen. Die Entfernung erfolgt am besten mit Hilfe einer Sichtröhre. Im übrigen wird in Absprache mit dem Arzt zunächst meist abgewartet und erst nach der Röntgenaufnahme eventuell durch schlackenreiche Kost (Sauerkraut, Gemüse) der Abgang zu beschleunigen versucht. Bedenklich ist es, wenn ein Fremdkörper in bestimmter Höhe einige Tage liegengeblieben ist, weil dann Druckgeschwüre entstehen können. Besonders gefährlich sind in dieser Hinsicht jene beliebten *»Wabbeltiere« aus weichem Kunststoff,* die als Spinnen und andere häßliche Tiere zum Erschrecken der Mitmenschen gedacht sind. Kinder nehmen sie wie Gelee- und Gummibonbons in den Mund, Teile davon werden verschluckt. Im Magen erhärtet der Kunststoff, so daß daraus ein fester Körper mit Spitzen wird, der sich in die Darmwand einbohren kann. Dieses lebensgefährliche Spielmaterial müßte verboten werden. *Knopfbatterien*, meist so groß wie ein Zehnpfennigstück, sind durch Ätzwirkung auf der Schleimhaut von Speiseröhre und Magen gefährlich, falls sie in diesen Bereichen länger als 6 Stunden liegen. Aus der Speiseröhre wird eine solche Batterie sogleich durch Würgenlassen oder durch die Sichtröhre entfernt. Eine Fortbewegung aus dem Magen und bis zur vollständigen Ausscheidung wird durch schlakkenreiche Kost und Flüssigkeit versucht. Unterhalb des Magens ist aber keine Ätzwirkung mehr zu befürchten.

Fremdkörper in der Scheide sowohl bei kleinen wie auch bei größeren Mädchen führen zu Ausfluß (Fluor), nicht selten auch zu akuten und wiederkehrenden Infektionen der Harnwege. Fremdkörper sind an dieser Stelle manchmal Überraschungsbefunde, die erst bei besonders gründlicher Untersuchung erfaßt werden, z. B. in der Abklärung einer hartnäckigen Harnwegsinfektion.

≡ Gedeihen, mangelndes Gedeihen

Stetes Körperlängenwachstum und stete Gewichtszunahme kennzeichnen das gesunde Kind. Ein *gesunder Säugling* hat sein Geburtsgewicht mit 5 Monaten verdoppelt, mit 12 Monaten verdreifacht. Die *wöchentliche Gewichtszunahme* beträgt:

- im ersten Vierteljahr 175–200 g,
- im zweiten Vierteljahr 140–170 g,
- im zweiten Lebenshalbjahr 80–100 g.

Was die *Nahrungsmenge* angeht, vertraut man *bei einem gestillten Kind* zunächst auf die mütterliche Nahrungsmenge, und häufiges Anlegen fördert diese Produktion. Obstsäfte und Breie kommen erst im 5. Monat.

Ein *künstlich ernährtes Kind* erhält in den ersten 8 Lebenstagen die Nahrung nach der Finkelstein-Regel berechnet: Lebenstage minus 1 mal 70 (Milliliter, entspricht Gramm). Ab der zweiten Lebenswoche erhält das Kind als Tagesgesamtmenge rund ⅙ des Körpergewichtes (Frühgeborene etwa ⅕ des Körpergewichtes), bis dann als Gesamtmenge rund 800 g erreicht sind. Damit ist das Kind altersgemäß in den dritten Lebensmonat hineingewachsen. Nun wird nicht mehr die Nahrungsmenge, sondern die

Art der Nahrung geändert, das heißt, Flaschenmahlzeiten werden fortschreitend durch Breimahlzeiten ersetzt, zuerst durch einen Gemüsebrei (frühzeitige Mineralzufuhr).

Die *Zahl der Mahlzeiten* beträgt von Anfang an normalerweise 5 in 24 Stunden. Meldet sich das Kind, vor allem ein junger Säugling der ersten Lebenswochen, auch nachts, soll es auch dann etwas zu trinken bekommen, entweder einen Teil der Milchnahrung oder Tee (dünnen schwarzen Tee oder Fencheltee, jeweils mit 5% Traubenzucker oder auch mit Süßstoff). Man versucht bis zum 6. Lebensmonat bei den 5 Mahlzeiten zu bleiben. Die meisten Säuglinge verschlafen aber ab dem 4. Monat schon die Abendmahlzeit, so daß die Mutter auf 4 Mahlzeiten zurückzugehen gezwungen ist. Dann sollte man sofort auf zwei Breie gehen und im Verlauf des 5. Monats auch eine dritte Flasche durch einen Brei (Vollmilchbrei mit Obst) ersetzen.

Was die Gesamtmenge angeht, so gedeiht ein gesundes Kind mit den angegebenen Mengen. Manche Kinder möchten aber, um ganz zufrieden zu sein, noch etwas mehr essen. So kann die Gesamtmenge von 800 g unbedenklich bis auf 1000 g gesteigert werden. Was man aber nicht braucht, soll man nicht aufdrängen. Manche noch »hungrige« Kinder sind auch damit zufriedenzustellen, daß man nach der eigentlichen Mahlzeit noch die Teeflasche reicht.

Alles dies sind, wie gesagt, Annäherungswerte. Man kann auch nicht jeden Tag eine gleichmäßige Gewichtszunahme erwarten. Es hat also deshalb auch keinen Sinn, ein Kind täglich zu wiegen. Ein gesundes und gedeihendes Kind kennzeichnet die stete grundsätzliche Gewichtszunahme in einer Größenordnung, die dem Alter entspricht, ferner guter Appetit und lebhaftes, zufriedenes Verhalten.

Gedeiht ein Kind nicht, kann dies z. B. zusammenhängen

- mit einer *akuten Erkrankung*, meist einer Infektion: Fieber, Erbrechen, Durchfall, verbunden mit schlechtem Appetit,
- mit *unzureichendem Nahrungsangebot*. Das Angebot entspricht vielleicht nicht dem im oben aufgeführten Schema, oder bei einem gestillten Kind: die mütterliche Brust gibt nicht soviel her, wie das Kind braucht.
- mit *schlechter Verwertung der angebotenen Nahrung:* Schwäche der Verdauungsdrüsen, Durchfall, Erbrechen, Störung des Leberstoffwechsels und andere Stoffwechselstörungen.

Was eine Brust leistet, dafür ist übrigens die Größe der Brust keinerlei Maßstab. Wieviel ein Kind während einer Mahlzeit trinkt, ist durch die sogenannte **Stillprobe** nachzuweisen. Man wiegt das gewickelte

Kind vor dem Stillen und mit gleicher Bekleidung 20 Minuten später. Die Trinkmenge, die man normalerweise erwarten darf, ergibt sich aus den oben genannten Tagesmengen, man muß nur durch 5 teilen. Hat ein Kind nach 20 Minuten nicht ausreichend Nahrung getrunken und enthält die Brust noch abdrückbare Milch, liegt das Defizit an der Trinkfaulheit oder Saugschwäche des Kindes. Diese Beurteilung läßt sich sichern, wenn man nach Beginn des Stillens jeweils nach 5, 10 und 15 Minuten nachwiegt. Bei Trinkschwäche trinkt das Kind in jedem Zeitraum nur wenig und die Brust bleibt gefüllt. Bei schlechtgehender Brust (Hypogalaktie) hat das Kind in den ersten 5 Minuten fast alles, in den späteren Minuten nur noch sehr wenig getrunken. Die Brust ist leer, die Gesamtmenge gering. Man geht dann auf *Zwiemilchernährung*, d. h. das Kind erhält zunächst die Brust, anschließend die Flasche mit der altersgemäßen Milchmischung.

Schlecht ausgebildete Brustwarzen (Hohlwarzen, Flachwarzen) stellen nur selten ein Stillhindernis dar, weil die Kinder die ganze Kuppe der Brust und nicht nur die Warze in den Mund nehmen. Sonst könnte man mit einem aufgesetzten Brusthütchen einen Versuch machen, oder man müßte die Milch abpumpen und aus der Flasche füttern.

Hat ein Kind eine **Fehlbildung an den Lippen oder am Kiefer** (Lippenspalte, Lippen-Kiefer-Gaumen-Spalte), geht es in der Regel viel besser als theoretisch gedacht. Man setzt am besten einen langgestreckten Sauger auf die Flasche.

Daß sich ein **Schnupfen** beim Säugling sehr verhängnisvoll auswirkt, wurde schon auf Seite 141 hervorgehoben.

Kann bei einer Gedeihstörung jede der bisher genannten Ursachen ausgeschlossen werden, bleibt natürlich noch eine **Reihe weiterer Ursachen**, deren Aufdeckung allerdings größeren diagnostischen Aufwand verlangt. Der Arzt muß entscheiden, welche dieser Untersuchungen ambulant und welche im Krankenhaus durchgeführt werden.

≡ Geschlechtsorgan bei Jungen, Besonderheiten

Die **Hoden** liegen in der Regel, auch schon beim Neugeborenen, tief unten im Hodensack. Sie können gelegentlich ihre **Lage wechseln**, im oberen Bereich des Hodensackes liegen oder auch einmal ein Stück in den Leistenkanal hochrutschen. Konstante Lage im Leistenkanal oder das Fehlen eines Hodens sollte dem Arzt mitgeteilt werden. Durch eine Injektionsbehandlung mit einem Hypophysenhormon treten fehlgelagerte Hoden dann meistens tiefer. Sonst müssen sie durch eine Operation heruntergeholt werden.

In der *Leiste* kann nicht nur ein *hochsitzender Hoden*, sondern eventuell auch ein *geschwollener Lymphknoten* oder *ein Bruch* getastet werden. Auf Seite 156 wurde darauf besonders hingewiesen. Der Bruch kann aber auch bis in den Hodensack gehen. Andererseits wird ein Hodensackbruch durch einen sogenannten **Wasserbruch** (Hydrozele) vorgetäuscht, das heißt, daß sich in die Hodenhüllen Wasser eingelagert hat. Die Mutter kann, falls sie dies besorgt sieht, durch eine einfache Untersuchungstechnik etwas zur Klärung tun, wie es auch vom Arzt gemacht wird. Sie hält unter den vergrößerten Hodensack eine Taschenlampe. Erscheint dann die Schwellung in hellrosa Licht, handelt es sich um einen Wasserbruch. Ist die Schwellung nicht zu durchleuchten, liegt ein echter Bruch vor. Im ersteren Fall kann zugewartet werden, im zweiten Fall sollte der Arzt sofort verständigt werden. Er befindet über die Dringlichkeit, eventuell muß eine sofortige Operation erfolgen. Nicht selten ist eine Hydrozele mit einem hochsitzenden Leistenbruch verbunden. Wenn ein Kind Bauchschmerzen und Stuhlverhalten hat, sollte man an diese Möglichkeit denken und den Arzt sofort hinzuziehen.

Schmerzhafte Schwellung der Hoden wird manchmal beim Mumps beobachtet (Orchitis, Hodenentzündung), nach einem Aufprallunfall oder bei einer fixierten Drehung des Hodens (Hodendistorsion). Ärztliche Untersuchung sollte sofort erfolgen.

Das **Glied (Penis)** trägt auf der Spitze der Eichel die Mündung der Harnröhre. Hier ist manchmal eine leichte Rötung zu sehen, die solange ohne Bedeutung ist, wie Wasserlassen ohne Schmerzen möglich ist. Im Zweifelsfall sollte man das Kind dem Arzt zeigen, der dann sicher auch den Harn untersuchen läßt. **Fehlmündungen** der Harnröhre sind nicht selten, meist am Abhang der Eichel oder in der Kranzfurche und dann ohne ernste Bedeutung. Es gibt in sehr seltenen Fällen auch andere Mündungsstellen, die vielleicht dem Arzt bisher entgangen sind und die die Mutter erst entdeckt.

Die Eichel ist von der **Vorhaut** bedeckt, eine schützende Haut, die sich im Verlauf der Säuglingszeit von selbst von der Eicheloberfläche löst und dann abstreifbar ist. Bedenkt man diesen schrittweise voranschreitenden Vorgang, ist verständlich, daß es Kinder gibt, bei denen die Vorhaut nur unvollständig zurückzuschieben ist. Manchmal werden gelblich-weiße Knoten unter der zarten Vorhaut sichtbar, die das gleiche weißliche Material enthalten, das man als abgestoßene Hautschichten (Detritus) beim Reinigen findet. Dies alles ist eine natürliche und unbedenkliche Erscheinung, solange sich darauf keine Entzündung setzt.

Beim Versuch eine enge Vorhaut zurückzuschieben, reißt die Haut sehr leicht etwas ein. Dies ist im Grunde unbedenklich. Man streicht etwas Fettsalbe auf. Erhebliche Gewaltanwendung muß man aber unbedingt vermeiden.

Wird bei der Vorhautreinigung ein *enger Vorhautring* hinter die Eichel geschoben, kann er sich in dieser Stellung festklemmen (**Paraphimose**). Unter schweren Schmerzen kommt es zu venöser Stauung und Schwellung der Eichel, die eine blaurote Farbe bekommt. Dies ist ein aufregendes Bild. Die Mutter kann in folgender Weise eine Hilfe versuchen: kühlende Umschläge machen, dann die Eichel etwas einfetten, mit den Fingerspitzen hinter den Vorhautring fassen und mit mutigem Druck die Vorhaut nach vorne schieben. Mißlingt der Versuch, sollte man ein Beruhigungsmittel geben und den Arzt oder das Krankenhaus aufsuchen.

Von einer Vorhautenge (**echte Phimose**) spricht man, wenn sich jenseits der Säuglingszeit der Vorhautring nicht zurückstreifen läßt und sich beim Wasserlassen der Raum unter der Vorhaut ballonartig aufbläht. Bei vielen Kindern geht dann der Wasserstrahl auch in unvorhersehbar falsche Richtungen. In einem solchen Fall versucht der Arzt den Vorhautring zu dehnen, noch besser muß die Erweiterung durch eine Operation erfolgen.

Balanitis. Eine Entzündung der Penishaut steht häufig im Zusammenhang mit einer Phimose, sie ist ausgelöst durch bakterielle Infektion des Vorhautraumes. Der Penis schwillt an, die Vorhaut ist rüsselförmig verdickt, die Harnentleerung fast immer schmerzhaft. Häufig gewechselte kühlende Umschläge sind von großem Nutzen. Der Arzt empfiehlt, entzündungshemmendes Salbenmaterial in den Vorhautraum hineinzudrücken. Vielleicht macht er auch Spülungen. In schweren Fällen ist Krankenhausaufnahme nötig, zumal die Entzündung auch in die oberen Harnwege aufsteigen kann.

Steifwerden des Gliedes (Erektion) wird gelegentlich schon beim Säugling beobachtet. Dies hat mit vorzeitiger sexueller Entwicklung nichts zu tun.

≡ Geschlechtsorgan bei Mädchen, Besonderheiten

Wie die Abb. 51 deutlich macht, liegen Harnröhrenöffnung und Eingang zur Scheide eng beisammen. Die anatomischen Einzelheiten variieren von Kind zu Kind deutlich, vor allem was den Scheidenbereich und die Ausbildung des Hymens angeht.

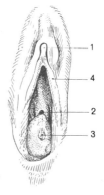

Abb. 51
Äußeres Genitale eines Mädchens.
1 Klitoris
2 Harnröhrenmündung
3 Vagina
4 kleine Schamlippen

In seltenen Fällen sind bei Säuglingen und Kleinstkindern die **Schamlippen verklebt (Synechie)** oder die **Scheide** ist durch das Jungfernhäutchen (Hymen) bis auf eine punktförmige Öffnung **verschlossen.** Der Arzt sollte recht bald zu Rate gezogen werden. Eine Synechie ist durch Ovestinsalbe innerhalb einiger Wochen ohne Operation zu lösen.

Ausfluß aus der Scheide (Fluor) kann schon beim neugeborenen Mädchen beobachtet werden, ein weißlich-schleimiger Ausfluß ohne jede besondere Bedeutung. Später ist ein Ausfluß, der meistens eine gelbliche Farbe hat, verdächtig auf Entzündungen, eine Infektion mit Bakterien oder anderen Erregern. Eine Infektion der Harnwege kann die Folge davon, aber auch die Voraussetzung dafür sein. Manchmal steckt auch ein Fremdkörper in der Scheide, der die Schleimhaut reizt. Aus allem folgt, daß bei Scheidenausfluß immer ärztlicher Rat eingeholt werden sollte.

Die **Entzündung der Haut des Dammes** trifft als Teil des Windelausschlagens (Wundsein) fast alle Säuglinge irgendeinmal mehr oder weniger schwer. In der Regel kommt man mit den üblichen Pflegesalben und sorgfältigem Windelwechsel aus. Bläschenausschlag oder weißliche Pilzherde sind aber sehr hartnäckig und dies manchmal trotz spezieller ärztlicher Behandlung.

≡ Haarausfall

Manche Kinder werden mit dichtem Haarschopf, andere mit nur wenigen Haaren auf dem Kopf geboren. Beides ist normal. Im Alter von 2–3 Monaten fallen die ersten Haare dann weitgehend aus, manchmal wächst eine etwas andere Farbe nach.

Kahle Stellen am Hinterkopf begleiten viele unruhige Säuglinge durchs erste Lebensjahr. Sie sind durch Scheuern auf der Unterfläche entstanden. Eine besondere Behandlung muß dann erfolgen, wenn Hautentzündung, Juckreiz und Schmerz die Ursache für diese Unruhe sind.

In späteren Jahren wird deutlicher Haarausfall nicht selten nach **Infektionskrankheiten** beobachtet. In 2–3 Monaten sind die Haare dann wieder voll. Es kann sich aber auch um eine Erkrankung der Kopfhaut handeln, z. B. um die mit Schuppenbildung einhergehende **Seborrhö der Kopfhaut**. Der Hautarzt verordnet ein besonderes Kopfwaschmittel und Tinkturen zum Einreiben.

Umschriebene Entzündungen der Kopfhaut entstehen beim **Schälblasenausschlag** (Impetigo contagiosa), der sich besonders hartnäckig zwischen den Haaren hält, bei **Kopflausbefall**, ferner durch einige **Pilzerkrankungen der Kopfhaut**. Durch die Entzündung lockert sich die Verankerung der Haare. Juckreiz und Kratzen tun ein übriges, bis das einzelne Haar ausfällt. Kopflausbefall kommt sozusagen auch in den besten Familien vor, kein Wunder, wenn man an die vielfachen Übertragungsmöglichkeiten denkt. In Kindergarten und Schule werden ja Mäntel und Mützen in der Garderobe übereinandergehängt, und bei der körperlichen Nähe der spielenden Kinder sind ebenfalls schnell die Tiere oder ihre Eier übertragen. Die Kopflaus (Größe 3 Millimeter) heftet ihre Eier (Nissen) an die Haare; als weiße Punkte sind sie dort erkennbar. Mit gründlicher Kopfwäsche kann die Mutter selbst schon viel zur Beseitigung der Läuse und Besserung der juckenden Kopfhaut tun. Die Nissen lassen sich allerdings nicht herauskämmen. Die medikamentöse Behandlung des Arztes befreit heute schnell von diesen unangenehmen Kopfbewohnern. Kindern und Jugendlichen sollte eingeschärft sein, daß man fremde Kämme nicht benutzt.

Manche Kinder **reißen** sich selbst einen großen Teil der **Haare aus**, so daß umschriebene kahle Stellen entstehen. Sie tun dies, obwohl sie dabei natürlich Schmerzen empfinden. Es handelt sich hier um eine seelisch ausgelöste Verhaltensstörung, in der diese Kinder nicht (oder nicht nur) mit Zornausbrüchen gegen die Umgebung, sondern vorwiegend mit Aggressionen gegen sich selbst reagieren. So neutralisieren sie ihre inneren Spannungen. Sie fressen sozusagen ihren Ärger in sich hinein. Man spricht von

Trichotillomanie. Manche Kinder **verschlucken ihre Haare,** was nach einiger Zeit zu Magenbeschwerden führen kann. Der Röntgenarzt findet dann auch das Haarknäuel im Magen. Die Behandlung dieses Haarausreißens muß dort ansetzen, wo die Störung entstanden ist: im seelischen Bereich.

Haarausfall entsteht auch bei der **Funktionsstörung einiger Hormondrüsen.** Er kann auch **medikamentös** bedingt sein. Diese Einzelheiten müssen durch den Arzt aufgeklärt werden.

≡ Hautveränderungen

Wunden durch Verletzung, Seite 242.
Blutungen, Seite 161.
Insektenstiche, Seite 197.
Juckreiz, Seite 198.
Schlangenbiß, Seite 198.
Sonnenbrand, Sonnenstich, Seite 228.
Verbrennung, Verbrühung, Seite 236.
Haarausfall, Seite 184.
Kopflausbefall, Seite 184.
Wundsein, Windelausschlag, Seite 244.

Akute Hautveränderungen, Zusammenfassung in Abb. 52, S. 186.
Chronische Hautveränderungen, Zusammenfassung in Abb. 53.

Die im folgenden aufgeführten Hauterscheinungen sollen in chronische Erscheinungen und in akute Erscheinungen unterteilt werden.

Chronische Hauterscheinungen halten Wochen bis Monate unvermindert an.

Leberfleck, Pigmentnävus. Es sind dunkel pigmentierte Hautstellen von 2–5 mm Durchmesser oder noch größer, die einzeln oder mehrfach verstreut an allen Körperstellen auftreten können. Im Gesicht nennt man sie Sommersprossen. Sie sind unbedenklich, solange an ihnen kein besonderes Wachstum beobachtet wird.

Blutschwämmchen, Hämangiom. Einige Säuglinge zeigen bald nach der Geburt beginnend rote Flecken, die nicht nur in die Breite, sondern auch in die Tiefe wachsen und wie dicke Scheiben der Haut aufsitzen. Sie sind blaurot, weich und können bis zu einem Durchmesser von 4 cm und wesentlich mehr heranwachsen. Nach einigen Monaten beginnt im Zentrum die Rückbildung, erkennbar an weißlichen Narbenzügen. Diese Rückbil-

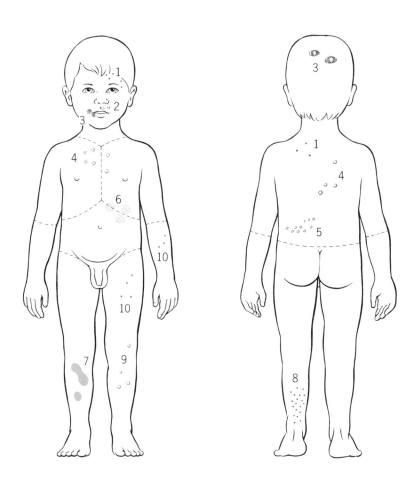

Abb. 52   **Akute Hauterscheinungen**. 1 = Mückenstiche; 2 = Grippebläschen, Herpes;
3 = gelbe Krusten auf rotem Grund: Schälblasenausschlag, Impetigo; 4 = kleine
Bläschen und Krusten, über den ganzen Körper verteilt: Windpocken; 5 = Bläschen
und Krusten in gürtelförmiger Anordnung: Gürtelrose; 6 = rote juckende Flecken:
Nesselsucht, Urtikaria; 7 = größere blaurote, oft etwas erhabene Flecken: Bluterguß
oder Allergie; 8 = kleinste Hautblutungen, nicht wegdrückbare Fleckchen;
9 = einzelne juckende Bläschen: Juckblattern, Strophulus; 10 = Injektionsstellen bei
Drogensucht oder Zuckerkrankheit. Die Hauterscheinungen sind an typischen Stellen eingezeichnet. Sie können aber auch an anderen Körperstellen vorkommen.

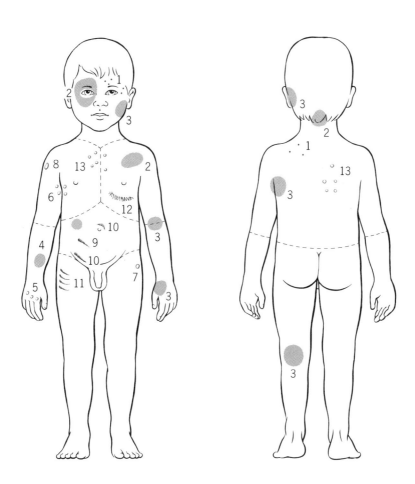

Abb. 53 **Chronische Hauterscheinungen.** 1 = Akne, Hautunreinheit in der Pubertät; 2 = roter Fleck: Hämangiom; 3 = roter Fleck oder Gruppen von kleinen Knötchen, eventuell mit Kratzspuren: Ekzem; 4 = brauner Fleck: Leberfleck, Pigmentfleck; 5 = echte Warzen; 6 = Scheinwarzen, Dellwarzen; 7 = Narbe nach Tuberkulose-schutzimpfung; 8 = Narben nach Pockenschutzimpfung; 9 = Narbe nach Entfernung des Wurmfortsatzes (Blinddarmentzündung); 10 = Narben nach Leistenbruch oder Nabelbruch; 11 = streifenförmige Gewebsnarben (blaurot oder blaß) bei schnellem Gewebswachstum (vor allem bei Übergewicht); 12 = strahlige Narbe nach Verbrü-hung oder Verbrennung; 13 = verstreute Narben nach Windpocken. Die Hauterschei-nungen sind an typischen Stellen eingezeichnet. Sie können aber auch an anderen Körperstellen vorkommen.

dung ist etwa am Ende des 2. Lebensjahres vollzogen, so daß letzten Endes nur eine flache Narbe, durchzogen von einigen zarten Blutgefäßen verbleibt. Dieser Ablauf zeigt, daß eine Behandlung nicht nötig ist. Zu einem geduldigen Abwarten, verbunden mit sauberer Pflege gerade dieser Hautstellen, gewinnt der Arzt die Eltern immer dann ohne weiteres, wenn die Hämangiome an bedeckten Körperstellen sitzen. Ist aber das Gesicht, vor allem die Region um Auge, Nase und Mund befallen, drängen die Eltern verständlicherweise zu einem aktiveren Vorgehen. Sie sollten sich aber auch dann auf den Rat eines erfahrenen Hautarztes verlassen. Nur in wenigen Fällen muß durch Operation, Bestrahlung oder Vereisung eingeschritten werden.

Feuermal, Flammennävus. Hier handelt es sich um zarte, hellrote Flecken, die auf einer Erweiterung der kapillären Blutgefäßnetze beruhen und im Nacken (»Storchenbiß«, ein Wort aus der Zeit, als man noch an den Storch als Kinderbringer glaubte) oder um die Augen herum gefunden werden. Sie sind so zart, daß sie fast nicht auffallen und deshalb nur in Ausnahmefällen kosmetische Bedeutung bekommen. Am Ende des ersten Lebensjahres sind sie fast immer verschwunden.

Es gibt im Gesicht aber auch ausnahmsweise hartnäckigere Feuermale. Diese sind dann aber von vornherein größer, sie bedecken meist das halbe Gesicht. Dieses Bild müssen die Eltern mit ihrem Hausarzt näher besprechen, zumal Kinder mit dieser Art von Veränderungen zu Krampfanfällen neigen können.

Viele Säuglinge haben in den ersten drei Lebensmonaten kleine rote Flecken im Gesicht und am Hals, sie sehen wie rote Punkte aus. Diesen an sich harmlosen Reizzustand einer zarten Haut nennt man *Empfindlichkeitsflecken*, der Arzt spricht von *Dermatitis seborrhoides*. Die Mutter treibt gute Fettpflege der Haut. Wenn sie sieht, daß sie die Flecken damit nicht beseitigen kann, könnte für 1–3 Tage eine kortisonhaltige Salbe angewandt werden, nicht länger. Dann verschwinden die Flecken, wenn auch oft nur vorübergehend. Diese Säuglinge neigen mehr zum Wundsein als andere.

Zu dieser Hautstörung gehört in vielen Fällen eine vermehrte Schuppenbildung auf dem behaarten Kopf. Manchmal bildet sich ein regelrechter Schuppenpanzer (*Kopfgneis*). Auch die bemühteste Mutter kann damit nicht allein fertig werden. Der Arzt verschreibt eine schuppenlösende Salbe, die für 12–24 Stunden, meist zweimal hintereinander aufgetragen wird. Durch anschließendes Kopfwaschen wird der Belag dann entfernt. Teilweise gehen die Schuppen dann auch mit einem sogenannten Staubkamm weg.

Fremdkörpereinsprengung. Wenn ein Kind oder ein Jugendlicher hart auf einen sandigen Boden hingefallen ist, können Mineralien in die Haut eindringen und dort als blau-grüne Flecken verbleiben. Diese Fremdkörpereinsprengung bedarf keiner besonderen Behandlung.

Zu den chronischen Hauterscheinungen gehören noch die *Ekzeme* (auch *Neurodermitis* oder *atopische Dermatitis* genannt). Sie sind durch eine Allergie, eine Überempfindlichkeit z. B. gegen irgendwelche Kontaktstoffe begründet. Eine äußere Ursache muß aber mit einer hohen inneren (konstitutionellen) Bereitschaft zur allergischen Reaktion zusammentreffen. Die Schwerpunkte der Ekzemausbreitung liegen in der Ellbeuge, Kniekehle, an Handrücken, auf den Wangen und um den Ohransatz. Man sieht entweder Gruppen von kleinen Flecken im Durchmesser von 2 mm oder größere Flächen bis 8 cm, die oberflächlich nässen oder auch schuppen können. Ein Ekzem ist hartnäckig, oft trotz Behandlung. Es gibt akute Verschlechterungen, neue Schübe, die z. B. durch Pflanzenkontakt, heftiges Schwitzen und den damit verbundenen Juckreiz ausgelöst sind. Die Kinder können recht gequält sein, die Mütter bei der scheinbaren Erfolglosigkeit und Unheilbarkeit mutlos werden. Aber es lohnt sich immer wieder, einen neuen Anlauf zu machen. Es hängt wirklich von der unermüdlichen Bemühung der Eltern ab, ob das Ekzem im Augenblick ein schweres oder ein erträglich leichtes Ausmaß hat oder ob es nicht eines Tages verschwunden ist. Behandlung: Die Haut braucht mehrmals täglich Fett, viel Fett, vor allem auf den unbedeckten Körperstellen, wenn die Kinder in die kalte Winterluft hinausgehen. Wenig waschen. Nach dem Baden werden Ekzemkinder mit einem Handtuch nicht abgerieben, sondern gut abgetupft und anschließend wieder reichlich eingefettet. Eine gute Fettversorgung der Haut kann auch durch Ölzusätze zum Badewasser (s. Seite 106) gefördert werden. In manchen Fällen wirken kortisonhaltige Salben, für einige Tage gegeben, Wunder. Ob dieser Erfolg dann aber gehalten werden kann, hängt von der oben geschilderten unermüdlichen Weiterbehandlung ab. Alle diese Einzelheiten sollen mit dem Arzt genauestens besprochen werden. Er wird sich auch über die Ursachen und Auslöser Gedanken machen. Vielleicht verspricht auch eine bestimmte Diät etwas. Gespräche mit dem Arzt wären dann schon von Nutzen, wenn sie in der Lage wären, einer verzweifelten Mutter wieder Mut zum Weitermachen zu geben.

Akute Hauterscheinungen zeigen sich nur Stunden bis mehrere Tag lang.

Akute Blässe, Blaßwerden eines Kindes kann auf Kreislaufschwäche und eine nahe Ohnmacht hinweisen. Auslöser: längeres Stehen, Angst, heftiger Schmerz, Infektfolge, Kältefrieren. Hilfe: hinsetzen oder hinliegen lassen, zu Trinken geben in kleinen Schlucken. Weitere Hilfe je nach Sachlage.

Gelbsucht (Ikterus). Hat die Haut einen gelblichen Ton und ist auch das Augenweiß gelblich, spricht man von Gelbsucht. Der Bilirubinwert im Blut ist erhöht. Dieses ernst zu nehmende Krankheitszeichen muß genau abgeklärt werden. Es kann sich um eine Lebererkrankung (Hepatitis) oder einen verstärkten Abbau von roten Blutkörperchen (Hämolyse) oder um Gallestauung handeln. Von dieser Art der Gelbfärbung ist der gelborange Hautton jener Säuglinge zu trennen, die reichlich Karottengemüse gefüttert bekommen. Hier bleibt das Augenweiß charakteristischerweise frei.

Die Gelbsucht des Neugeborenen kann auch bei der Entlassung von Mutter und Kind aus der Entbindungsklinik noch als gelblicher Farbton ein wenig zu sehen sein. Diese Gelbsucht ist fast immer unbedenklich, in den Grundbedingungen normal, weil die roten Blutkörperchen der Schwangerschaftszeit durch andere ersetzt werden müssen. Ist sie aber sehr intensiv, ist dies bei einem Neugeborenen doch auch sehr bedenklich. In der Klinik sollte eine besorgte Mutter mit dem Geburtshelfer und dem Kinderarzt sprechen und fragen, wie in ihrem Falle die Gelbsucht zu verstehen ist. Bekanntlich gibt es eine Unverträglichkeit der Blutgruppen von Mutter und Kind. Es treten dann im mütterlichen Blut Abwehrstoffe gegen die Blutgruppeneigenschaften des Kindes auf. Diese Stoffe wandern durch den Mutterkuchen ins Kind und beginnen dort ihr Zerstörungswerk. Wird der Arzt frühzeitig, z. B. durch Untersuchung der Blutgruppe, auf diese Erklärungsmöglichkeit aufmerksam, kann durch Medikamente, reichliches Flüssigkeitsangebot und durch Lichttherapie (Phototherapie) die Ausscheidung des gelben Farbstoffes erleichtert werden, so daß das Ausmaß der Gelbsucht geringer bleibt. In manchen Fällen ist aber die Blutaustauschtransfusion nicht zu umgehen.

Akute Blauverfärbung der Lippen und weiterer Hautflächen (Zyanose) wird bei schwerer Atemnot oder bei herzkranken Kindern beobachtet. Herzkranke Kinder gehen dabei zur Erleichterung der Situation manchmal in Hockstellung. Hilfe: beruhigen, hinsetzen lassen oder in Hockstellung belassen, frische Luft schaffen, beengende Kleidungsstücke lösen. Weitere Maßnahmen je nach der Grundlage der Erscheinungen. Auch frierende Kinder zeigen schnell einmal bläuliche Lippen. Hier ist keine besondere Besorgnis am Platze.

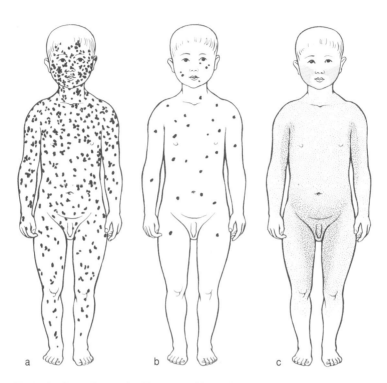

Abb. 54 Typische Ausprägung des Hautausschlages bei Masern (a), Röteln (b) und Scharlach (c).

Rote Flecken, in umschriebenen Körperabschnitten oder über den ganzen Körper verteilt, lassen an sehr verschiedene Ursachen denken (Abb. 54).

Masern. Große Flecken, vor allem im Kopfbereich und am Rumpf, Durchmesser 10–20 mm, meist dabei Fieber, rote Augen (Bindehautentzündung), Schnupfen, Husten. Weiteres auf Seite 271.

Röteln. Kleinere Flecken als bei Masern, Durchmesser etwa 5 mm, in der Regel locker stehende Flecken, kaum andere Krankheitszeichen. Leichte Schwellung der Lymphknoten im Nacken möglich. Weiteres auf Seite 283.

Scharlach. Kleinste Flecken, Durchmesser etwa 2 mm, leicht erhaben, nicht zusammenfließend, oft kaum zu sehen. Schwerpunkt am Rumpf und an den Oberschenkeln. Dabei Fieber, Angina mit Schluckschmerz, rote Zunge. Das Gesicht ist diffus rot. Weiteres auf Seite 285.

Bei Kleinkindern: *Drei-Tage-Fieber.* Nach drei Tagen mit hohem Fieber erscheint ein kleinfleckiger Ausschlag, die Kinder fühlen sich wieder wohl. Weiteres auf Seite 253.

Kleine rote Flecken, ähnlich denen bei Masern oder bei Scharlach, können auch bei sehr verschiedenen *Virusinfekten* auftreten oder *allergisch* bedingt sein. Man sieht es auch unter bestimmten Medikamenten (Fiebermittel, Antibiotika). Bei einer allergischen Ursache wird meist Juckreiz beobachtet. Es ist wichtig, dem Hausarzt Mitteilung von diesen Erscheinungen zu machen.

Hitzepickelchen sind etwas anderes. Gruppen kleinster Fleckchen, auch Bläschen, treten im Gesicht, am Hals, an Brust und Schultern auf, vor allem bei hellhäutigen, leicht schwitzenden Kindern in den Sommermonaten oder bei Fieber. Hilfe: Man wäscht diese Kinder mit lauwarmem Wasser, trocknet gut ab und pudert an den befallenen Stellen und an anderen Körperstellen, wo Haut auf Haut liegt. Leichte, lockere Kleidung anlegen.

Affektive Erregung, z. B. im Zorn, *starke körperliche Anstrengung, schwerer Husten,* können zu großen roten Flecken, vor allem im Gesicht, am Hals und im oberen Brustbereich, führen, sie jucken nicht. Vor allem bei vegetativ labilen Kindern sind sie zu beobachten, der Ausschlag klingt von selbst ab.

Nesselsucht (Urticaria). Hier sieht man eine Gruppe von blaßroten, leicht erhabenen Flecken, unregelmäßig begrenzt. Die Flecken haben einen Durchmesser von 10–30 mm. Meist jucken sie, dementsprechend sieht man Kratzspuren. Einzelstehende Flecken dieser Art lassen an Insektenstiche denken (Seite 197). In der Regel steckt eine Allergie dahinter, durch Nahrungsmittel, Gräser, Quallen, Insektenstiche, Medikamente oder Kälte. Hilfe: juckreizstillender Puder oder kalte Umschläge.

Kleine Flecken, Bläschen (Durchmesser etwa 4 mm) und *Borken* kennzeichnen die Stadien der *Windpocken, Varizellen.* Zunächst sind kleine rote Flecken gegeben, die sich rasch in dünnwandige Bläschen, zuletzt in Krusten verwandeln. Am dichtesten stehen sie auf Brust und Rücken, auch auf dem behaarten Kopf sind sie zu finden. Krusten (Borken) bleiben länger. Weitere Einzelheiten Seite 290. Die gleichen Hauterscheinungen können in umschriebenen Körperabschnitten auftreten, insbesondere an der Brustwand (Gürtelrose), aber auch im Gesicht; dabei klagen die Kinder in vielen Fällen über heftige Nervenschmerzen. Einzelheiten siehe unter Gürtelrose Seite 256.

Größere gelbe Bläschen (Durchmesser 15–20 mm), Eiterbläschen, die schnell platzen und zu einer gelblichen Borke werden, lassen an den hochinfektiösen *übertragbaren eitrigen Schälbläschenausschlag, Impetigo contagiosa,* denken. Bevorzugte Lokalisation: Gesicht, Lippenregion, behaarter Kopf. Manchmal treten diese Erscheinungen in mehreren Schüben auf. Auch bei anderen Kindern sind sie bei der hohen Ansteckungsgefahr zu beobachten. Weiteres Seite 285.

Bläschen an den Lippen und auch an der Mundschleimhaut: Mundfäule. Weiteres Seite 203.

Bläschengruppe, z.B. nur an der Lippe: Grippebläschen (Herpes). Durchmesser 5 mm. Manchmal etwas lokaler Schmerz und Spannung. Ursache: grippaler Infekt, starke Sonneneinstrahlung, bei Mädchen gelegentlich im Zusammenhang mit der Regelblutung zu beobachten. Behandlung: Fettsalbe dünn auftragen oder spezielle Herpessalbe.

Hauteiterungen stehen meist im Zusammenhang mit Schürfwunden, vor allem im Bereich der Knie und Ellbogen. Saubere Wundversorgung, eventuell mit antibiotikahaltigen Salben. Je nach Ausmaß ist ärztliche Hilfe zu veranlassen. Bei längerer Dauer kann auch eine Nierenreizung auftreten. Wassereinlagerung im Gesicht, vor allem um die Augen (Ödem), kann darauf hinweisen.

≡ Herzklopfen, auffällige Pulsfolge

Kinder und Jugendliche sprechen selten von ihrem Herzen. Tun sie es, sollte man es ernst nehmen und der Sache nachgehen.

Von **Herzklopfen** sprechen vielleicht einmal hochfiebernde Kinder. So lange der Kreislauf stabil ist und Zeichen der drohenden Ohnmacht wie Blässe und Schwindel fehlen, kann man sich und das Kind gut beruhigen. Hohes Fieber sollte allerdings gesenkt werden.

Ungleichmäßige Pulsfolge wird als **Herzstolpern** empfunden, wenn ein Herzschlag verfrüht auf den vorhergehenden folgt und danach dann eine längere Pause entsteht. Es kann sich aber auch um eine vollständig **unregelmäßige Schlagfolge** handeln. Ob Extraschlag oder unregelmäßige Folge, in jedem Fall sollte nähere ärztliche Untersuchung stattfinden. Es muß sich durchaus nicht um eine Herzkrankheit handeln. Diese Erscheinungen werden auch bei vollkommen gesunden, wenn auch vegetativ etwas labil eingestellten Kindern und Jugendlichen beobachtet. Verbindet sich aber eine Irregularität am Herzen mit allgemeiner körperlicher Hinfälligkeit, sollte Bettruhe eingehalten und der Arzt verständigt werden. Die Ernährung sei leicht, salzarm, häufige Mahlzeiten in kleinen Portionen.

Bei Anstrengung, seelischer Erregung und Fieber steigert das Herz seine Leistung. Der Puls wird schneller. Werden 150 Schläge pro Minute überschritten, wird der Puls praktisch unzählbar. Man spricht von **Herzjagen**. Manchmal geht dieses Jagen plötzlich, anfallsartig los (paroxysmale Tachykardie). Die Kinder und Jugendlichen sind davon zunächst erstaunlich wenig beeinträchtigt. Dennoch muß bei dieser extremen Herzüberlastung möglichst baldige ärztliche Untersuchung, wahrscheinlich auch Krankenhauseinweisung erfolgen, um die Herzaktion wieder in vernünftige Bahnen zu lenken. Behandlungsversuch: Größere Kinder eiskalten Sprudel trinken lassen. Säuglingen kann man für etwa 15 Minuten einen Plastikbeutel mit Eiswasser auf die Wangen und die Stirn legen (Beutelinhalt zu ⅓ mit Wasser, zu ⅓ mit Eisstückchen füllen).

≡ Herzstillstand

Herzstillstand bedeutet Kreislaufstillstand, das Blut strömt nicht mehr. Lebenswichtige Organe, vor allem Gehirn und Nieren, können nur wenige Minuten auf die Sauerstoffzufuhr verzichten, wenn das Kind oder der Jugendliche überleben soll.

Wird z.B. ein Kind oder Jugendlicher **nach einem Unfall bewußtlos** gefunden, ist der **Puls nicht mehr zu fühlen** oder der Herzspitzenstoß an der Brustwand nicht mehr zu spüren, muß sofort mit Herzmassage begonnen werden.

Zuvor ist noch die *Entscheidung wichtig,* ob die *Atmung ausreichend* funktioniert. Verhalten bei Atemstillstand siehe auf Seite 148.

Wie die Abb. 55–57 zeigen, wird bei der **Herzmassage** die vordere Brustwand auf die Wirbelsäule hin bewegt, damit auch das Herz komprimiert und der Blutstrom in die große Schlagader hinein bewegt. Läßt dieser Druck wieder nach, füllt sich das Herz wieder. Der Kranke wird in Rückenlage auf eine feste Unterlage gebracht, der Kopf liegt tief, etwas zur Seite gewandt, weil man mit Erbrechen rechnen muß. Die Beine sollten hochgelagert oder mit breiten Binden fest umwickelt sein, damit das dort befindliche Blut in den Körper strömt und die wichtigsten Blutgefäße besser füllt.

Technik beim Säugling. Zwei Finger – Zeigefinger und Mittelfinger – drücken kurz und kräftig auf die Mitte des Brustbeines. Frequenz 120 pro Minute (Abb. 55).

Technik beim Kleinkind. Druck wird mit dem Ballen nur einer Hand ausgeübt (Abb. 56). Frequenz 90 pro Minute.

Abb. 55
Äußere Herzmassage. Zweifingermethode
für **Säuglinge.** Strichlinie = Brustkorbgren-
ze.

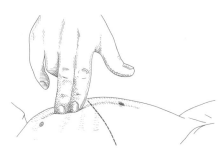

Abb. 56
Äußere Herzmassage. Einhandmethode für
Kleinkinder. Die Finger berühren die Brust-
wand nicht!

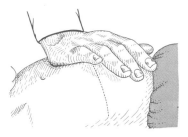

Abb. 57
Äußere Herzmassage. Zweihandmethode
für **ältere Kinder und Erwachsene.** Die Finger berühren die Brustwand nicht!

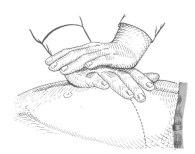

Technik beim älteren Schulkind und beim Erwachsenen.
Beide Hände werden übereinander auf das untere Brustbeindrittel gelegt
(Abb. 57) und 60mal pro Minute kräftig und ruckartig nach unten gedrückt.

Bei gleichzeitigem Herz- und Atemstillstand muß die Wiederbelebung auch Atemhilfe einschließen. Beides erfolgt gleichzeitig (zwei Helfer)
oder gestaffelt hintereinander, wenn die Erste Hilfe von einem einzelnen
Helfer durchgeführt werden muß. Einzelheiten dazu auf Seite 150, Atemstillstand.

≡ Husten

Husten wird durch Reizung der Luftwegschleimhaut im Kehlkopf, in der Luftröhre und in den Bronchien ausgelöst. Ursachen sind **Entzündungen**, reichlich abgesonderter Schleim, der beseitigt werden soll, sind **Fremdkörper**, die akute Luftnot machen oder schon längere Zeit in den Bronchien liegen, sind **Reizzustände durch inhalierte Gase** oder eine **Allergie.** In seltenen Fällen wird Husten auch durch eine **Reizung des Brustfelles** ausgelöst; dies ist dann immer ein kurzer, schnell wieder abgebrochener Hustenstoß (»Reizhusten«).

Wiederholte, schwere Hustenanfälle, zwischen denen das Kind wieder unauffällig ist, kennzeichnen die **schwere Bronchitis.** Der Hustentyp beim **Keuchhusten** ist anders. Es sind kurze Hustenstöße, die in Serien hintereinander folgen (Stakkatohusten). Die Gesichtshaut des Kindes läuft rot, im schweren Anfall blau an. Im schweren Anfall folgt nach einer ersten Hustenserie eine tiefe, juchzende Einatmung, hinter der eine zweite Serie von Hustenstößen unmittelbar folgt. Glasiger Schleim wird am Ende ausgewürgt. Die Kinder sind arg mitgenommen. Beim Keuchhusten wird vor allem nachts, am Tag weniger gehustet. Die Hustenanfälle führen vorübergehend zu einem erheblichen Druck in den Blutgefäßen des Kopfes, so daß kleine Blutungen auftreten können, z. B. an der Bindehaut der Augen. Weiteres zum Keuchhusten auf Seite 263.

Ähnlich schwerer Husten, ebenfalls mit Auswurf, wird bei der **Mukoviszidose**, einer Erbkrankheit, beobachtet; siehe Seite 277.

Auch **starke körperliche Anstrengung** kann schweren Husten bei größeren Kindern einmal auslösen. Es ist dann ein einfacher Bronchialreiz durch die heftige Luftstrombewegung ausgelöst, eine Beruhigung tritt schnell wieder ein. Es kann aber in einem gewiß sehr seltenen Fall auch ein Lungenbläschen geplatzt sein, so daß Luft in den Brustfellraum eingedrungen ist (sogenannter Spontan-Pneumothorax). Erhebliche Atemnot zeigt den Schweregrad der augenblicklichen Situation, schnelle ärztliche Hilfe ist dann nötig.

Der **Krupp** muß auch an dieser Stelle besonders besprochen werden. Zu den Symptomen dieser sehr bedrohlichen Atembehinderung gehört gerade am Anfang ein harter, bellender Husten. Dazu besteht das charakteristische Atemstromgeräusch in der Einatmungsphase. Weitere Einzelheiten auf den Seiten 142 und 265.

≡ Insektenstiche

Stiche von *Mücken, Bremsen, Wanzen, Läusen und Flöhen*, Hautreizung durch *Ameisen* machen in der Regel nur geringfügige Hautveränderungen, leichte Schwellung und Rötung, manchmal mit einer zentral stehenden winzigen Blutung. Sie sind in erster Linie durch den Juckreiz lästig.

Zeckenstichen ist man vor allem bei Waldwanderungen ausgesetzt. Festgebissene Zecken soll man nicht mit Hilfe von Öl oder unter Einbetten in Uhu-Klebstoff entfernen, sondern hinter dem Kopf mit einer Pinzette oder zwei angelegten Zündhölzern fassen und herausdrehen. Es besteht Übertragungsgefahr für Enzephalitis-Viren und für Borrelien (spiralige Stäbchen, die hartnäckig bleibende Hauterscheinungen mit Fieber hervorrufen). Aktive Impfung gegen die Zeckenenzephalitis siehe bei Impfungen, Seite 296, bei Ungeschützten ist nach einem Stich die passive Schutzimpfung durch Serum zu bedenken. Nicht alle Zeckenarten beherbergen diese Erreger.

Stichen von *Wespen, Bienen und Hornissen* haftet immer eine große Gefahr an. Allgemeinerscheinungen wie Erbrechen und Schwindel werden hier öfter beobachtet. An der Einstichstelle entsteht Rötung im Ausmaß von 5–15 mm Durchmesser, dazu eine Schwellung, die weit über dieses Maß bis auf 10 cm Durchmesser gehen kann. Schmerz und Juckreiz werden fast immer geklagt. Bei kleinen Kindern zeigt die Einstichstelle gelegentlich blasige Anhebung mit wäßrigem Inhalt. Nelkenöl soll am besten helfen.

Stiche im **Augenbereich** führen zu Verschwellung des Auges, im **Mundbereich** zur Essensbehinderung, im **Rachen** zu Schluckbehinderung und bei Mitreaktion der Luftwegsschleimhaut zu mehr oder weniger schwerer Atemnot, damit zu einem lebensbedrohenden Zustand. Weitere Einzelheiten dazu auf Seite 142.

Die **Allgemeinerscheinungen** eines Insektenstiches zeigen sich Sekunden bis Stunden nach dem Stich: Fieber, Erbrechen, Schwindel, Kreislaufkollaps, Atemnot durch Lungenödem, allgemeine Nesselsucht.

Zur **Lokalbehandlung** reichen feucht-kalte Umschläge, Eisbeutel- oder Eisstückchenauflage, spezielle Insektensalben und juckreizstillender Puder aus, falls die äußere Haut betroffen ist. Bei einem Schleimhautbefall, vor allem bei Schluckbeschwerden und Atemnot, muß unverzüglich die Überweisung in ärztliche Hilfe erfolgen. Eventuell ist Intubation nötig, um den Luftweg durchgängig zu halten.

≡ Juckreiz

Juckreiz kann belastender als Schmerz sein. Hautjucken zwingt unwiderstehlich zum Kratzen. Hautabschürfungen sind häufige Folgen. Hautinfektionen können dazu kommen. Die Kinder sind unruhig, der Schlaf ist gestört.

Ursachen sind Allergien der Haut (z. B. Ekzemerkrankung, Seite 189), Insektenstiche (Seite 197), Krätze und Pilzerkrankungen, um das Wichtigste zu nennen. Abendlicher Juckreiz am After kann auf Würmer (Oxyuren) hinweisen. Manche Kinder verspüren heftigen Juckreiz nach Temperaturwechsel, nach dem Auskleiden oder nach dem Baden (Badpruritus).

Als *Erste Hilfe* könnten juckreizstillender Puder oder Salbe, auch juckreizstillende Tropfen angewendet werden. Beruhigend ist frische Wäsche, lockere Kleidung, Vermeiden von Wollsachen. Die wirksamste Behandlung richtet sich natürlich gegen die Ursache.

≡ Knochenbrüche, Verstauchung, Verrenkung

Verstauchung, Verrenkung oder ein Knochenbruch sind praktisch immer Folge einer Gewalteinwirkung bei Sturz oder Aufprall. Auf diese Ursachen und ihre Folgen weisen folgende **Erscheinungen** hin:

- Schmerz, Spontanschmerz, Schmerzen beim Bewegungsversuch, bei Druck, Zug oder Stauchung der betroffenen Stelle;
- Formänderung des Körperabschnittes, z. B. durch Achsenabknikkung im Extremitätenverlauf, Schwellung der Weichteile infolge Ödem oder Bluterguß;
- eventuell abnorme Beweglichkeit und Knochenreiben bei Bewegungsversuchen.

Ein **Knochenbruch (Fraktur)** ist fast immer Unfallfolge. Eine Spontanfraktur, das heißt ein Bruch ohne wesentliche äußere Einwirkungen, kommt nur sehr selten einmal bei krankhaft herabgesetzter Knochenfestigkeit vor. Zunächst seien einige Begriffe erläutert.

Direkter Knochenbruch: Die Gewalt wirkte unmittelbar auf die Frakturstelle ein.

Indirekter Knochenbruch: Der Bruch entsteht fernab der Stelle der einwirkenden Gewalt (z. B. Schlüsselbeinbruch beim Sturz vom Pferd, wobei der Stürzende mit der Hand auf den Boden aufkam).

Komplizierter Bruch: Er liegt vor beim Gelenkbruch (Bruchlinie durch eine Gelenkfläche) oder beim offenen Knochenbruch (Hautverletzung über der Fraktur, so daß hohe Infektionsgefahr an dieser Stelle gegeben ist).

Verrenkung (Luxation). Hier werden durch die einwirkende Gewalt zwei Knochenenden, die miteinander ein Gelenk bilden, aus ihrer anatomischen Lage gebracht. Sie verbleiben in dieser abnormen Stellung. Nicht selten sind dabei Gelenkkapsel und Bänder gerissen oder gezerrt.

Verstauchung (Distorsion). Knickt z. B. ein Fuß um, werden die Gelenkflächen vorübergehend unter heftigem Druck gegeneinander verschoben. Dabei wird der Bandapparat gezerrt, Blutgefäße können reißen.

Bei abnormer Beweglichkeit, abnormer Stellung der Knochen und bei hörbarem Knochenreiben besteht kein Zweifel an einer Fraktur. In vielen anderen Fällen ist die genaue Diagnose nur durch das Röntgenbild möglich.

Bevor die verletzte Stelle versorgt wird, ist nach den **allgemeinen Auswirkungen des Unfallereignisses** zu fahnden:

– bei *Schock* muß der Kreislauf verbessert werden (Seite 233),
– bei *Atemschwierigkeiten* Atemhilfe gegeben werden (S. 142, 148),
– bei *Herzstillstand* Herzmassage gemacht (Seite 194),
– bei *blutenden Wunden* Blutstillung angestrebt werden (Seite 161).

Im folgenden werden noch besondere **Hinweise für die einzelnen Brucharten** gegeben. Ein *Nasenbeinbruch* muß noch am gleichen Tag von einem Spezialarzt behandelt werden, um einer bleibenden Deformierung vorzubeugen. Bei einem *Kieferbruch* muß der Unterkiefer vorsichtig gegen den Oberkiefer angehoben werden bis zum Zahnschluß; er wird dann mit einem Tuch fixiert, das über dem Kopf geknotet wird. Bei *Rippenbrüchen* wird die betroffene Stelle durch Pflasterstreifen, die dachziegelartig übereinander angeordnet sind, ruhiggestellt. Schmerz und Hustenreiz werden damit weitgehend vermindert. Ein Verband darf aber dann nicht angelegt werden, wenn Verdacht auf eine Lungenverletzung besteht, weil sonst ein spitzes Rippenende noch mehr in die Lunge hineingedrückt würde. Bluthusten kann darauf hinweisen. Ein *Schlüsselbeinbruch* wird zunächst dadurch versorgt, daß der gleichseitige Arm in einem Dreiecktuch leicht angehoben gehalten wird. Bei einem *Knochenbruch an Arm oder Bein* muß die betreffende Extremität so geschient werden, daß sich die Knochenabschnitte nicht mehr verschieben können. Dazu ist ein schmales Brett, ein Stock, ein Ast gut geeignet; alles muß so gepolstert sein, daß über vorstehenden Knochenstellen keine Druckstelle entsteht. Die Intensität der Schnürung muß die Blutzirkulation weiterhin ermöglichen. Bei Verdacht auf einen *Wirbelbruch* (eventuell sind schon Lähmungen festzustellen) muß am Unfallort auf Arzt und Krankenwagen gewartet werden. Bei der Bergung aus einer unglücklichen Lage müssen mehrere Helfer anfassen, damit eine Abknickung der Wirbelsäule nicht eintreten kann mit der eventuellen Folge einer Querschnittslähmung.

Körperhaltung, Besonderheiten der Körperhaltung

Einige Einzelheiten zur auffälligen Körperhaltung wurden schon bei der *Besprechung der auffälligen Bewegungsformen* gesagt (Seite 157). Eine *auffällige Stellung der Extremitäten* läßt an Knochenbrüche oder an eine Verrenkung denken (Seite 198).

Auf zwei besondere Körperhaltungen sei näher in diesem Abschnitt eingegangen.

Bei einem **akuten Schiefhals** ist die Seitwärtsbewegung des Kopfes schmerzhaft behindert. Der Kopf steht leicht gedreht nach einer Seite und gleichzeitig nach der anderen Seite etwas geneigt. Dies kann durch eine Reizung des Kopfwendemuskels anatomisch leicht erklärt werden. In fast allen Fällen handelt es sich um einen Infekt, der zu einer entzündlichen Reizung von Halslymphknoten geführt hat. Diese Knoten sitzen zum Teil im Kieferwinkel unterhalb des Ohres, zum Teil wie auf einer Perlenkette am Hinterrand des Kopfwendemuskels und einige auch im oberen Drittel des Muskels selbst. Der unangenehme Zustand ist durch einfache schmerzstillende Mittel, wie sie z. B. auch in einem Fieberzäpfchen enthalten sind, und durch wärmende entspannende Halsumschläge zu bessern. Hat allerdings ein Kind Fieber und ist die Lymphknotenschwellung eindrucksvoll, kann man sich mehr von kalten, öfter gewechselten Halswickeln oder von einer Eiswasserblase versprechen. Im übrigen bessert sich dieses Symptom mit der Besserung des Infektes.

Ein anderes Kind zeigt **Nackensteife**. Dies heißt, daß es den Kopf nur sehr gering auf die Brust beugen und im Sitzen das Kinn nicht bis auf die Knie herunter bringen kann. Vielleicht nimmt der Kranke eine eigenartige Liegestellung ein, indem er in Seitenlage die Beine an den Bauch zieht und den Kopf im Nacken nach hinten beugt. In einer solchen Situation müssen Eltern und Arzt an eine Hirnhautreizung denken. Dringliche Diagnostik ist nötig. Eine Hirnhautentzündung darf nicht übersehen werden.

Der Arzt findet eine *Lumbalpunktion* für nötig. Dabei wird Nervenwasser (Liquor) mit einer Hohlnadel aus dem Wirbelkanal am unteren Ende der Lendenwirbelsäule entnommen, an einer Stelle, an der das Rückenmark schon zu Ende ist. Es wird also nicht ins Rückenmark gestochen, sondern in einen flüssigkeitsgefüllten Sack, der von den Rückenmarkshäuten an dieser Stelle gebildet ist. Eltern haben leider eine kaum verständliche Angst vor dieser Punktion, die in jeder Kinderklinik täglich durchgeführt wird. Natürlich ist es kein angenehmer Eingriff, weil die Kinder in Beugehaltung sehr ruhig sitzen müssen. Die Schmerzen entsprechen etwa dem Schmerz einer Venenpunktion. Es ist also nur bei besonders ängstlichen Kindern nötig, eine Allgemeinnarkose zu machen, um darin schmerzfrei zu punktieren. Viele Kinder machen sogar ausgesprochen gut mit, wenn man ihnen alles gut erklärt, wenn man von dem »Katzenbuckel« spricht, den sie machen sollen, dem Pieks der Nadel, den sie dann spüren, und von dem gemeinsamen »Schieben« von Kind und Arzt, bis dann die Flüssigkeit fließt. Dann ist der ganze Eingriff sowieso gleich zu Ende. Im Anschluß an eine Liquorpunktion müssen die Kinder für 24 Stunden flach liegen, damit nachfolgende Kopfschmerzen (durch die Liquorentnahme) vermieden werden. Ist übrigens der Liquordruck bei einer Entzündung erhöht, hat die Punktion auch eine erwünschte therapeutische Wirkung, indem sie Entlastung bringt und z. B. bestehende Kopfschmerzen vermindert.

≡ Krampfanfall, großer Anfall

Über die sogenannten **kleinen** Anfälle wurde auf Seite 135 geschrieben. Das Krankheitsbild der Epilepsie wird auch auf Seite 254 zusammengefaßt dargestellt.

Dem **großen Anfall** liegt eine plötzliche krankhafte, »gebündelte« Reizung von Hirnzellen zugrunde. Das hervorstechende Merkmal sind krampfhafte Bewegungen der Muskulatur, der Extremitäten und der mimischen Muskulatur. Das Bewußtsein ist erloschen, die Kinder erinnern sich später an nichts. Vorboten können Schwindel, Bauchschmerz oder eine Verhaltensstörung des Kindes sein. Man spricht von einer *Aura*. Das Kind fällt plötzlich, vielleicht mit einem Schrei, bewußtlos zusammen. Der *ganze Körper versteift sich*, die Augen stehen verdreht in eine Richtung. Bei dem gleichzeitigen Atemstillstand kann sich die Haut bläulich verfärben. Dann verfallen Arme und Beine, auch die Mimik, in *Zuckungen*. Manche Kinder beißen sich in die Zunge (eventuell Blut im Mund). Dies dauert 1–3 Minuten, eine lange Zeit für Eltern, die dies beobachten müssen. Dann erschlafft der Körper und die Atmung setzt wieder ein. Das Kind kommt langsam zu sich, ist aber noch für einige Minuten müde und erschöpft: Anschließend schläft es meist für einige Zeit ein, ist aber dabei erweckbar. Während des Anfalles kann *Stuhl oder Harn abgehen oder Erbrechen* erfolgen.

So aufregend das Ganze ist, von beobachtenden Eltern muß im Interesse des Kindes verlangt werden, daß sie diesen *Ablauf möglichst genau verfolgen*. Der Arzt braucht für seine Überlegungen folgende Angaben: Welche Vorboten? Waren die Muskelbewegungen seitengleich oder einseitig betont? In welche Richtung blickten die Augen? Dauer des Krampfanfalles? Bestand Fieber? Wie hoch war das Fieber? In den weitaus meisten Fällen hatten die Kinder vor dem Anfall hohes *Fieber*. Dies ist für die Bewertung eher eine beruhigende Ausgangslage, beweist dies doch eine abnorme Stoffwechselsituation des Körpers, in der praktisch jedermann einen Krampfanfall erleiden könnte. Ob man zuletzt **Fieberkrampf** zu diesem Ereignis sagen kann, hängt von einer genauen ärztlichen Untersuchung ab, wobei es vor allem wichtig ist, eine Erkrankung des Gehirns oder der Hirnhäute exakt auszuschließen. Deshalb muß der Arzt in den meisten Fällen von den Eltern das Einverständnis zur Lumbalpunktion haben, die im Krankenhaus durchgeführt wird.

Krampft ein Kind häufiger, auch ohne Fieber, liegt der Verdacht einer *Hirnschädigung* nahe, also einer Hirnstrukturveränderung, die eine besondere Neigung zum Krampfanfall zuläßt. Vielleicht ist diese Vorschädigung des Kindes schon bekannt, z. B., weil eine Bewegungsstörung im Säuglingsalter Heilgymnastik notwendig gemacht hatte und weil der Geburtsverlauf schwierig war. In jedem anderen Fall muß diesen Fragen mit entsprechenden Untersuchungen erst nachgegangen werden (Röntgenuntersuchungen, Untersuchung des Augenhintergrundes, Hirnstromkurve, bestimmte Blutuntersuchungen).

Muß mit weiteren Anfällen gerechnet werden, bekommt das Kind Medikamente, die die Krampfschwelle heraufsetzen (Antiepileptika). Das Krankheitsbild der wiederholten Krampfanfälle heißt **Epilepsie**.

Neigt ein Kind allgemein zum Krampfanfall oder hat es nur einen oder mehrere Fieberkrämpfe gehabt, ist *bei jeder Infektionskrankheit vorzusorgen*, daß es möglichst keine hohen Fiebertemperaturen gibt. Diese Kinder erhalten frühzeitig Zäpfchen oder Tabletten gegen Fieber (etwa ab 38,3 °C), Wadenwickel und andere abkühlende Maßnahmen bei höherem Fieber, am besten zusätzlich noch Beruhigungsmittel, die man für solche

Fälle genau mit dem Arzt besprochen und in die Hausapotheke eingelegt hat. Sollte trotz aller Vorsorge ein Anfall kommen, liegen Beruhigungsrektiolen bereit, von denen je nach Alter des Kindes 1–3 in den Enddarm entleert werden, falls der Anfall länger als 1½ Minuten dauert.

Hilfe: In einem großen Anfall soll man das krampfende Kind liegen lassen, lediglich die Gegenstände wegräumen, an denen es sich verletzen könnte. Erbricht es, soll man das Erbrochene wegwischen, um einer Aspiration vorzubeugen. Künstliche Beatmung ist nicht angezeigt, selbst wenn das Kind bedrohlich blau aussieht. Durch künstliche Beatmung könnte man sogar einen Anfall noch verlängern. Dauert ein Anfall länger als fünf Minuten, sollte man den Krankenwagen für die eilige Fahrt ins Krankenhaus rufen. Fiebernde Kinder dürfen auf dem Transport dann nicht zu warm angezogen sein, sonst krampfen sie im Hitzestau erneut. Stellt man nach dem Anfall weiterhin hohes Fieber fest, müssen weiterhin fiebersenkende Medikamente unbedingt angesetzt werden, um der Wiederholung des Krampfes vorzubeugen.

Mund, Besonderheiten in der Mundhöhle

Kieferklemme, also die Schwierigkeit, den Mund zu öffnen, weist auf Entzündungen an den Kiefern, auf eine erhebliche Entzündung der Mandeln, Vergrößerung der Lymphknoten im Kieferwinkel, auf erhebliche Schwellung der Ohrspeicheldrüse, eventuell auch auf die ersten Anzeichen eines Wundstarrkrampfes hin. Alle diese Überlegungen zeigen die Dringlichkeit einer ärztlichen Untersuchung an. Bis dahin kann man Kinder nur mit Flüssigkeit und Brei ernähren. Bei Entzündungszuständen helfen wahrscheinlich feucht-kalte Umschläge etwas.

Schleimhautveränderungen der Mundhöhle machen meist auch in ganz geringer Ausdehnung schon so eindrucksvolle Symptome, daß sie die Nahrungsaufnahme behindern und die Aufmerksamkeit auf sich lenken. Meist sind es Entzündungen, die flächige Rötung, Bläschen oder Geschwüre verursachen (*Stomatitis*). Als Erreger sind in erster Linie Viren, in zweiter Linie Bakterien und Pilze tätig. Einzelne Geschwüre sind nur wenige Millimeter breit, aber auch dann schon unangenehm. Vielleicht verstecken sie sich an der Innenseite der Lippen, am Zungenrand oder unter der Zunge. Bei allen diesen Erscheinungen muß man daran denken, ob nicht die Abwehrfähigkeit des Körpers gegen Infekte allgemein herabgesetzt ist. Dies gilt bestimmt für Pilzbefall der Mundschleimhaut (*Soor, »Mundschwämmchen«*), der vor allem bei geschwächten Säuglingen als hartnäckige Erkrankung festzustellen ist. Man sieht linsengroße weißliche Auflagerungen an der Wangeninnenseite, auf Gaumen und Zunge, die sich kaum abschieben lassen und sich dadurch von Milchresten unterscheiden. In schweren Fällen überzieht ein weißer Rasen die Schleimhaut.

Auch durch *Verbrühung oder Verätzung* entstehen aufgelockerte Flächen, die an der Oberfläche auch eine weißliche Trübung, Blasen oder Epitheldefekte (Erosionen) aufweisen können.

Was die *Behandlung* anlangt, kann sich die Mutter in leichten Fällen selbst helfen. Die Nahrung soll flüssig-breiig sein, kalorisch angereichert, damit die Kinder trotz ihrer Schmerzen und der dadurch bedingten Appetitarmut etwas hineinbekommen. Was im einzelnen gegeben wird, muß auch von der Verträglichkeit abhängig gemacht werden. Manche Obstarten, z. B. Bananen, rufen bei manchen Kindern brennenden Schmerz auf der Schleimhaut hervor. Ein schmerzlindernd wirksames Zäpfchen, eine halbe Stunde vor der Mahlzeit gegeben, kann vieles erleichtern. Für Mundpflege und -reinigung empfiehlt sich Kamillentee, manche Kinder bevorzugen Pfefferminztee. In ernsteren Fällen muß der Arzt mit seinem Rat und seiner Verschreibung helfen. Eventuell muß auch die Hilfe eines Krankenhauses in Anspruch genommen werden, um vor allem durch Infusionen die Ernährungsschwierigkeiten zu überbrücken.

Zahnschmerz und dicke Backe sind häufig durch *Zahnfäule* (Karies), *Zahnwurzelentzündung und Kiefereiterung* zu erklären. Hier muß der Zahnarzt helfen. Bis dahin können schmerzlindernde Tabletten oder Zäpfchen, kühlende oder wärmende Kompressen (ausprobieren!) versucht werden.

Mitunter sieht die Mutter bei der Untersuchung der Mundhöhle auch Veränderungen an der **Zungenoberfläche**:

- weißlicher *Zungenbelag*, häufig bei hochfiebernden Kindern (»belegte Zunge«). Gute Mundpflege! Es kann sich aber auch um Soor handeln (s. oben).
- trockene Zunge, Zeichen der Wasserverarmung des Körpers. Tee anbieten!
- sogenannte *Himbeerzunge*, rötliche Schwellung der Zungenpapillen. Hier ist an Scharlach zu denken, wenn zusätzlich hohes Fieber, Angina und Hautausschlag gegeben sind.

Verstärkter Speichelfluß ist häufig und normal bei vielen Säuglingen im zweiten Lebenshalbjahr. Unter krankhaften Umständen findet man vermehrt Speichelsekret, so bei Entzündungen, Verätzungen und Verbrühungen in der Mundhöhle und im Rachen.

Übler Mundgeruch ist meist durch kariöse Zähne sowie chronisch entzündete Mandeln und Nasennebenhöhlen bedingt. Alle drei Ursachen sind Erscheinungen, die ärztliche oder zahnärztliche Behandlung verlangen.

Auf eine weitere Geruchsqualität der Mund- und Atemluft ist noch besonders hinzuweisen, auf den **Geruch nach Azeton**, ein Geruch wie nach frischem Obst. Er weist auf eine Stoffwechselstörung hin, die vor allem bei häufigem Erbrechen beobachtet wird. Einzelheiten dazu auf Seite 174.

Viel ist schon über das **erschwerte Zahnen** gesprochen worden und die Krankheitserscheinungen, die sich daraus entwickeln sollen. So hängt man in einer Gegend den Kindern ein Halskettchen aus Korallen um, weil es das Durchbrechen der Milchzähne erleichtern soll. Ein harmloser und liebenswerter Aberglaube gegenüber der fast schon bedrohlichen Vorstellung, daß ein Säugling im ersten Lebensjahr sterben müsse, wenn die oberen Schneidezähne zuerst durchtreten würden. Gefährlich auch die Vorstellung, daß Krampfanfälle durch die Zahnung zu erklären wären, eine gefährliche Begatellisierung dieses bedrohlichen Ereignisses, die schon manche genaue Aufklärung der Krampfbedingungen versäumen ließ. Fieber soll durch den Zahndurchbruch entstehen. Von Zahnfieber spricht man dann, ohne der eigentlichen Ursache genügend auf den Grund zu gehen. Um auch noch diese Kuriositäten im Volksmund zu nennen: Bei Lungenentzündung »zahnt der Säugling durch die Brust«; zeigt er eine schwere Hautentzündung am Gesäß, »zahnt der durch den Po«.

Was man so schnell *Zahndurchbruch* nennt, ist in Wirklichkeit kein gewaltsamer Vorgang, hier bricht nichts durch. Die Natur hat es so eingerichtet, daß in dem Maße, wie der neue Zahn der Mundhöhle zustrebt, der darüberliegende Knochen und das Zahnfleisch weggenommen, man könnte sagen, aufgelöst werden. Beschwerden gibt es daher für das Milchgebiß fast nie. Für das Fieber findet sich bei einer sorgfältigen Untersuchung fast immer ein mehr oder weniger ausgeprägter Infekt der Luftwege, des Rachens, des Mittelohres oder der Harnwege. Manchmal – das ist schon eine große Ausnahme – sieht man über einem durchtretenden Zahn einen flüssigkeitsgefüllten Raum, der auch etwas Blut enthalten kann. Hierbei sind Beschwerden für den Säugling denkbar, etwas Spannungsschmerz, etwas Unbehagen. Nur in Ausnahmefällen wird eine Entzündung daraus.

Anders verhält es sich beim Erscheinen des bleibenden Gebisses, wenn die Zähne in einem zu engen Kiefer stecken. Die Beschwerden mit den Weisheitszähnen sind allgemein bekannt und manchmal sehr groß.

Nabel, Besonderheiten im Nabelbereich

Die sorgfältige *Nabelpflege* beginnt mit dem Abnabeln des Kindes. Der Nabelschnurrest wird mit einer sterilen Zellstoffplatte umgeben. Nach dem Abfallen des Nabelschnurrestes und nach Heilung der Nabelwunde ist eine Nabelbinde überflüssig. Der Glaube, damit könne ein Nabelbruch verhindert oder ein schon gegebener günstig beeinflußt werden, ist irrig.

Der Nabelbereich soll in den ersten Tagen nach der Geburt gut beobachtet werden, weil in die offene Hautstelle Bakterien, also Entzündungserreger, eindringen können. Eine **Entzündung** würde sich lokal an der Hautrötung insbesondere oberhalb des Nabels zeigen, an der wäßrig-gelblichen Absonderung aus der Nabelwunde, nicht selten durch eine Blutung. Bei einem ernsteren Ausmaß verlieren die Säuglinge an Appetit, sie neigen zum Erbrechen.

Sobald die Nabelschnur abgefallen ist, kann der Säugling gebadet werden.

Erst wenn die Nabelwunde mit einem Epithelhäutchen abgedeckt ist, ist der Nabel trocken. In besonderer Sorgfalt muß der Nabel dann gepflegt werden, wenn noch eine Wunde gegeben ist. Ein **nässender Nabel** hat auf dem Grunde der Nabelgrube ein *kleines Geschwür* oder ein rötliches Wärzchen *(Nabelgranulom)*. Dies sind im Grunde Veränderungen, wie sie von jeder langsam heilenden Wunde bekannt sind. Die Absonderung kann zu Krusten eingetrocknet sein. Diese Krusten lösen sich im Bad, sonst können sie mit Hilfe eines in Öl getauchten Watteträgers beseitigt werden. Die Reinigung soll bis auf den Grund der Nabelgrube erfolgen. Die Mutter muß bei vorsichtigem Vorgehen keinerlei Sorgen haben, dabei etwas zu

Abb. 58
Pflasterverband bei Nabelbruch.

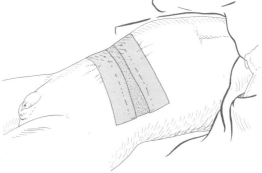

verletzen. Nach dem Baden soll, ebenfalls am einfachsten mit dem Watte-stäbchen, das Wasser abgetupft werden. Schließlich werden die Nabelfalten nochmals gespreizt, um Puder (z. B. Dermatol-Puder) einzubringen. Hält trotz dieser Bemühungen ein Nabelnässen an, sollte man den Arzt hinzuzie-hen. Ein Nabelgranulom wird er wohl mit dem Höllensteinstift ätzen.

Das Nabelfeld ist eine schwache Stelle der Bauchwand, eine Bruch-anlage. Ein **Nabelbruch** ist daher keine seltene Erscheinung. Meist ent-steht daraus nur ein kosmetisches Problem, kaum eine ernstere Beschwer-de. Über den Wert einer Pflasterbehandlung kann man streiten. Eine kleine Bruchpforte würde sich im Laufe von Monaten durch Gewebsschrumpfun-gen sicher auch von selbst schließen. Ein großer Nabelbruch kann durch Pflaster kaum heilen, eines Tages ist die Operation nötig. Aber man kann mit einem Pflaster den spontanen Heilungsvorgang sicher unterstützen und ferner zu verhindern suchen, daß aus einem kleinen Bruch dann ein großer wird, wenn bei einem schweren Husten die Bauchwand unter besondere Spannung gerät. So hat ein Nabelpflaster doch einigen Sinn. Der Arzt oder seine Helferin legen dachziegelartig Pflasterstreifen so dicht auf, daß das Badewasser nicht in die Nabelfalten eindringen kann (Abb. 58). Das Pflaster wird zwar schnell häßlich, dies sollte aber die Mutter nicht stören. Nach etwa 3 Wochen löst es sich von selbst schrittweise ab. Eine Woche lang gibt man dann der Haut Zeit, sich wieder zu erholen, dann kann der Pflasterver-band erneut angelegt werden.

Neugeborenes, Besonderheiten am Neugeborenen

Ein Neugeborenes ist, trotz aller inneren Nähe, die sich zwischen Mutter und Kind schon während der Schwangerschaft entwickelt hat, doch zunächst *ein unbekanntes Wesen*. Dementsprechend verhält sich ja auch im Grunde jede Mutter: Sie sieht ihr Kind immer wieder an, um Vertrautes und Verwandtes im Gesicht und im Verhalten zu entdecken. Sie erforscht die anderen Feinheiten, die das Einzigartige und Neue ihres Kindes ihr anzei-gen und nimmt sie auf. Sie schaut darüber hinaus ihr Kind mit unbestechli-chen Augen und vielleicht auch mit sorgenvollen Gedanken immer wieder an, ob es auch in jeder Hinsicht gesund ist. Sie nimmt in vielen Fällen heute ihr Kind schon früher, als es sonst üblich war, in die eigene Obhut: wenn sie in der Entbindungsklinik im Rooming-in ihr Kind Tag und Nacht bei sich hat. Damit kommt aber auch schon die Aufgabe der Überwachung ihres Kindes auf sie zu, sie übernimmt dann damit einen wesentlichen Teil der Aufgaben, die sonst die Schwester zu erfüllen hat. Manche Dinge fallen einer Mutter auch erst zu Hause als etwas Besonderes auf. Im folgenden

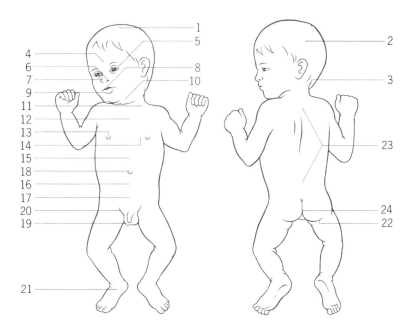

Abb. 59   **Besonderheiten in den ersten Lebenstagen.**

1 Große Fontanelle, eine knochenfreie Zone, die jedes Kind haben muß. Hirnpulsationen sind oft hindurchzufühlen. Bemerkenswert wäre es, wenn die Fontanelle vorgewölbt wäre.

2 Schwellung am Kopf, meist am Hinterkopf, der im Geburtsvorgang vorausgeht. Welche Schwellung = Geburtsgeschwulst. Sie ist grundsätzlich ein normaler Befund, zeigt sich aber verstärkt nach Anlagen und durch Auswirkung der sogenannten Saugglocke (Vakuumextraktion). Es kann auch ein Bluterguß entstanden sein = Kephalhämatom. Bemerkenswert ist auch, wenn an anderen Stellen des Hirnschädels weiche Schwellungen tastbar sind.

3 Flammennävus: Flächen mit Erweiterung der feinsten Blutgefäße (unbedeutend).

4 Auffälliges Gesichtsbild. Wenn man Sorgen hat, es könnte Mongolismus sein, mit dem Arzt sprechen.

5 Besonders große Augen. Der Innendruck der Augen könnte in seltenen Fällen erhöht sein. – Reizung der Bindehaut durch die Credé-Prophylaxe.

6 Behinderung der Nasenatmung? Trinkt das Kind gut?

7 Weiße Punkte auf der Nasenhaut: Milien = Stauung des Talgdrüseninhaltes (normal).

8 Lippenspalte, vielleicht auch Kiefer- und Gaumenspalte.

9 Weiße Flecken an der Mundschleimhaut (Soor?).

10 Schiefe Kopfhaltung? Ist ein Knoten im Kopfwendemuskel tastbar?

11 Auftreibung am Schlüsselbein. Hinweis auf eine Schlüsselbeinfraktur (gute Heilungstendenz).

12 Ist die Speiseröhre gut durchgängig? Wenn ein Kind sich bei den ersten Mahlzeiten verschluckt, sollte man nicht weiter füttern, bis der Arzt genau untersucht hat.

13 Vergrößerung der Brustdrüsen (bei Jungen und Mädchen), durch mütterliche Hormone hervorgerufen: Mastopathie. Etwas Milch kann gebildet werden und austreten. Rötung der Haut um die Brustwarze: Verdacht auf eine Entzündung (Mastitis).

14 Verstärkte Herzpulsation. Mit dem Arzt sprechen.

15 Rote Hautflecken, die im Zentrum häufig eine hellere knötchenartige Erhebung haben: Neugeborenenerythem (ohne Krankheitswert).

16 Schuppende Haut (normal).

17 Auffallend großer Bauch: mit dem Arzt sprechen.

18 Rötung um den Nabel, Nabelblutung, Nabelbruch: mit dem Arzt sprechen.

19 Genitale. Bei Jungen: Liegt der Hoden nicht am richtigen Ort, dann mit dem Arzt sprechen. Mündung der Harnröhre an der Penisspitze? – Bei Mädchen: Bei Zweifel, ob am Genitale alles anatomisch regelrecht ist, mit dem Arzt sprechen. Etwas Schleimausfluß ist in den ersten Lebenstagen normal.

20 Vorwölbung in der Leiste: Leistenbruch?

21 Stellung der Füße, eventuell mit dem Arzt sprechen

22 Gesäßfalte: Seitendifferenz zwischen rechts und links könnte auf eine Hüftgelenksluxation hinweisen. Die in der Oberschenkelmitte gelegenen Falten sind ohne Bedeutung für diese Frage.

23 Auffälligkeiten an der Wirbelsäule: tiefes Grübchen im Nacken oder oberhalb des Afters? Vorwölbung an der Wirbelsäule?

24 After: Läßt sich ein Fieberthermometer ohne Schwierigkeiten hineinschieben? Kommt Stuhl – bei Mädchen – auch aus der Scheide?

wird daher mit Hilfe der Abb. 59 auf *Abweichungen am Neugeborenen* hingewiesen, die die Mutter kennen sollte, damit sie den Arzt darauf aufmerksam machen und im Zweifelsfall um Rat fragen kann.

Darüber hinaus sind folgende Fragen in der **Beobachtung eines jungen Säuglings** immer wieder von allergrößter Bedeutung:

- Ist die *Atmung* ungestört? Trinkt das Kind gut? Ist die Haut rosig oder bläulich?
- Besteht *Gelbsucht?*
- Ist die *Verdauung* ungestört? Erbrechen? Ist der erste Stuhl da? Der *erste Urin?* Ist dem Stuhl Blut beigemengt?
- Fällt etwas am *Nervensystem* auf? Krämpfe? Ist das Kind zittrig oder auffällig unruhig?

≡ Niesen

Niesen ist sozusagen ein »Husten durch die Nase«. Es wird ausgelöst durch **akute Entzündungen der Nasenschleimhaut** (Schnupfen)
oder durch Reiz eines **Fremdkörpers**, der in die Nase gelangt ist. Eingabe
von Nasentropfen hilft, bei größeren Kindern auch kräftiges Schnaubenlas-
sen, damit die Nase frei wird.

Merkwürdig, aber letztlich unbedeutend ist das Phänomen, daß
jemand niesen muß, wenn er ins helle Licht der Sonne sieht.

In seltenen Fällen reagieren Säuglinge mit **Keuchhusten** anstelle
von Husten mit Niesen.

≡ Ohr, Besonderheiten im Ohrbereich

Ohrenschmerzen sind in erster Linie auf eine *Mittelohrentzündung* verdächtig. Fieber und Schnupfen können dafür sprechen. Manchmal
steigern sich die Schmerzen, bis das Trommelfell reißt und wäßriger Eiter,
vielleicht mit etwas Blut vermischt, aus dem Gehörgang kommt; der
Schmerz läßt dann nach. Es kann sich aber auch um einen *Gehörgangsfu-
runkel* handeln, der erfahrungsgemäß sehr starke Schmerzen verursacht.
Mit Fieber- und Schmerzzäpfchen, ferner mit Nasentropfen (um damit die
Mittelohrbelüftung zu verbessern) kann man schon selbst helfen, ferner
einen Versuch mit wärmenden oder kühlenden Auflagen aufs Ohr machen.

Die Entzündung kann sich auf den *Knochen hinter dem Ohr* aus-
breiten, dort Druckschmerz, vielleicht sogar eine Vorwölbung. Spätestens
jetzt sollte eine ärztliche Behandlung beginnen, da als weitere Komplikation
die Entzündung noch ins Innenohr (Taubheit, Schwindel, Erbrechen) oder
zu den Hirnhäuten (Hirnhautentzündung) fortschreiten kann.

Ohrenlaufen kann auch ohne vorhergehenden Schmerz plötzlich
zu sehen sein. Unbemerkt ist ein *Trommelfell eingerissen*, oder eine Entzündung bzw. ein Ekzem sitzen im *äußeren Gehörgang*. Nach einem Unfall
weist Blutabgang auf einen *Schädelbasisbruch* hin.

Fremdkörper im Gehörgang, Seite 177.

Ohrschmalz (Zerumen), eine braune Masse aus Fett und abge-
schilferten Deckzellen der Haut, wird in individueller Menge gebildet und
ist keine Frage der Reinlichkeit. Im Gegenteil: Eine Mutter sollte gar nicht
versuchen, durch Stäbchen oder ähnliche Gegenstände das Ohrschmalz zu

entfernen. Sie wäre in Gefahr, das vorliegende Ohrschmalz in den Gehörgang hineinzudrängen, wo es dann zu einem Pfropfen heranwachsen kann. Dieser verschließt unter Umständen den Gehörgang, was akut zu Schwerhörigkeit und zu lokalem Druckschmerz führen kann. Dieser Verschluß tritt meist ganz plötzlich auf, z.b. nach dem Baden oder Duschen, also wenn Wasser in den Gehörgang gekommen ist. Dadurch quillt die Ohrschmalzmasse. Hilfe kann nur der Arzt bringen dadurch, daß er durch Spülung oder instrumentelles Ausräumen den Gehörgang frei macht.

Akute Schwerhörigkeit bis Taubheit kann folgende Ursachen haben: Verschluß des äußeren Gehörganges durch einen *gequollenen Ohrschmalzpfropf* (z.B. nach dem Tauchen), totaler Verschluß durch einen *Fremdkörper* (z.B. quellende Erbse), *akute Mittelohrentzündung, Schädigung des Innenohres* nach einem Schädeltrauma oder durch eine Entzündung. In jedem Fall ist ärztliche Untersuchung sofort zu veranlassen.

So auffällig eine akute Hörstörung ist, bei vielen anderen Kindern dauert es mitunter sehr lange, bis man erkennt, daß eine **chronische Hörbehinderung** besteht. Erst dann, wenn man mit der Sprechentwicklung oder allgemein mit der geistigen Entwicklung nicht zufrieden ist, wird eine gründliche ärztliche Untersuchung auch auf dieses Organ ausgedehnt. Zweifellos ist es schwierig, sich beim Säugling schon ein klares Urteil über das Hörvermögen zu machen, obwohl eine Frühbehandlung auch schon beim älteren Säugling einsetzen könnte. Hier sind mittlerweile raffinierte technische Untersuchungsverfahren entwickelt, die in einem Stimm- und Sprachlabor zur Verfügung stehen. An eine Schwerhörigkeit ist z.B. dann zu denken, wenn ein Kind Flüstersprache im Abstand von 4 Metern nicht hört.

≡ Schlafstörungen

Man unterscheidet *Schwierigkeiten beim Einschlafen, Durchschlafstörungen und zu frühes Wachwerden.*

Über den **Schlafbedarf** ihrer Kinder besteht bei vielen Eltern Unklarheit. Ein *junger Säugling* verbringt nicht, wie man oft denkt, seinen Tag nur mit Essen und Schlafen. Es sind, wie genauere Beobachtungen gezeigt haben, eigentlich überhaupt nicht lange Schlafzeiten, sondern eine Gesamtschlafzeit von rund 16 Stunden setzt sich aus vielen nur kurzen Schlafphasen zusammen, die über Tag und Nacht verteilt sind. Ein junger Säugling hat eben überhaupt einen ganz anderen Schlaf-Wach-Rhythmus, woraus sich schon nächtliche »Schlafstörungen« der ersten Lebenswochen erklären. Ab der 4.–6. Woche nähern sich die Säuglinge dann immer mehr dem üblichen Verhalten an. Sie werden zum »guten Bürger«, indem sie vorwiegend in der Nacht schlafen und am Tag wachen. Die Gesamtschlafdauer geht auf rund 14 Stunden zurück. *Kleinkinder* haben einen Schlafbedarf von 11–13 Stunden, *Schulkinder* von 9–10, *Jugendliche* von rund 8 Stunden wie ein Erwachsener. Kleinkinder haben noch ein Schlafbedürfnis in der Mittagsstunde. Die Verminderung des Schlafbedarfes beim Schulkind geht insbesondere auf den Wegfall des Mittagsschlafes zurück.

Die Schlafeinteilung der jungen Säuglinge richtet sich sehr nach den Mahlzeiten. Diese innere Uhr ist zunächst auf einen gleichmäßigen Abstand der Mahlzeiten eingerichtet. Daraus folgt als Rat an die Eltern, jungen Säuglingen, die sich nachts durch Schreien melden, eine Nachtfütterung, Milchnahrung oder Tee, zu geben. Man muß keine übertriebene Sorgen haben, daß sich diese unpraktische Schlafstörung zu einer Verwöhnung fixieren würde.

Bei jeder **Schlafstörung** eines Kindes, wenn sie »außer der Reihe« kommt, ist an eine *besondere Begründung* zu denken, die in körperlichen oder seelischen Besonderheiten liegen kann. Man sollte nach dem Kind oder dem Jugendlichen sehen, um nichts zu versäumen. *Fieber, Schmerzen, Wundsein* sind meist die Ursache. Durch Beruhigung, Trockenlegen und Teegeben ist oft schnell zu helfen.

Das Kind kann auch einen bösen Traum gehabt haben und angsterfüllt davon aufgewacht sein. Gerade von den Kleinkindern kennt man dieses **Bild des nächtlichen Aufschreckens,** des **Nachtschrecks,** des **Pavor nocturnus.** Schreiend melden sie sich, nachdem sie 1–2 Stunden geschlafen haben. Schweißgebadet und mit angstvollem Gesichtsausdruck stehen oder sitzen sie im Bett. Sie spüren zwar, daß die Mutter hinzugekommen ist, sie sind aber nur schwer zu beruhigen und sie machen den Eindruck, als wären sie zuerst nicht richtig ansprechbar. So denkt man auch an einen echten Krampfanfall. Das charakteristische Bild spricht aber dagegen, und eine sicherheitshalber durchgeführte EEG-Untersuchung hat ein normales Ergebnis. Hinter diesen nächtlichen Angstzuständen, die sich bei manchen Kindern unregelmäßig wiederholen, können Verlustängste und Ängste der Vereinsamung stehen. Dies könnte ein Kind schon in Wirklichkeit erfahren haben, wenn es nachts einmal allein war und die Eltern gebraucht hätte. Es kann aber auch die allgemeine Unsicherheit sein, die verstärkt ein ängstliches Kind ängstlicher Eltern besitzt. Man hat den Eindruck, daß viele Kinder Ereignisse des Tages, banale und auch spannungsgeladene, mit in den Schlaf nehmen und im Traum weiter verarbeiten. In dieser psychologischen Situation ist es vonnöten, daß die Eltern das aufgeschreckte Kind durch ihre Nähe beruhigen, selbst dann, wenn sich das Ereignis wiederholt und man den Eindruck gewinnen kann, daß das Kind zu schnell nach den Eltern verlangt. Ängste sind aber eben nicht in der nächtlichen Angstsituation in ihrer Wurzel zu behandeln, sondern nur in der Lebensführung des Tages. Sie müssen behandelt werden aus der Sicherheit und mit der Sicherheit, wie die Eltern selbst im Leben stehen, und wie sie durch Tat und Gespräche ihre Kinder lebenstüchtig erziehen. Natürlich soll bei jedem nächtlichen Zuhilfekommen bedacht werden, wie man es richtig angemessen macht, man soll aber im Vordergrund das Kind in seiner augenblicklich als bedrohlich erlebten Situation sehen. Von großem Nutzen sind Gespräche mit einem erfahrenen Arzt. Vielleicht kann man vorübergehend auch durch entspannende Medikamente die Schlaftiefe beeinflussen.

Das **Einschlafen** eines Kindes ist von gewissen Voraussetzungen abhängig, die man Einschlafzeremoniell genannt hat. So wenig wie ein Erwachsener kann ein Kind abrupt vom Wach- in den Schlafzustand hineinfinden. Der Übergang fängt schon am Nachmittag an, wenn aufregende Erlebnisse (Fernsehen, Geschichtenerzählen) eher vermieden werden sollten. Viele wertvolle Gewohnheiten haben sich in den Familien entwickelt: Gutenachtkuß, Nachtgebet, ein Märchen, ein Lied. Viele Kinder brauchen ihre Puppe oder ein Tier im Arm. Der Schnuller oder der Daumen spielen beim Einschlafen vieler Kleinkinder eine große Rolle. Manche Kinder brauchen noch etwas Licht, andere wollen die Türe offen behalten, zu anderen sollen sich Vater oder Mutter zunächst noch ins Bett legen. Ablehnen sollte man die süßen Betthupferl, wenn die Zähne danach nicht mehr geputzt werden. Was alle diese Einzelheiten betrifft, sollte man frühzeitig darauf achten, daß man mit möglichst wenig Zeremoniell auskommt, daß man einfach bleibt und damit weniger abhängig ist. Die Tiefe der Zuneigung eines Vaters und einer Mutter ist gewiß nicht von der Zahl und der Originalität solcher Einzelheiten abhängig. Klappt es also mit dem Einschlafen nicht, sollte man die Gegebenheiten kritisch überprüfen, die den Schlaf vorbereiten.

Kinder wachen als Früheinschlafende auch **morgens früh** auf. Erst Schulkinder und Jugendliche können »bis zum Mittag« schlafen. Wenn die Morgenruhe der Familie durch Kleinkinder gestört ist, könnte man versuchen, diese etwas später ins Bett zu bringen oder ihnen für das Erwachen Spielzeug in Reichweite zu geben. Wenn dies alles nichts nützt, bleibt das Schicksal der Durchschnittsfamilie mit Kleinkindern nicht erspart: Die Eltern müssen mit ihren jungen Hähnen den Tag früher beginnen!

☰ Schlangenbiß

Die giftigen Schlangen Europas sind *Vipernarten*, so z. B. die *Kreuzotter*.

Der **Biß** erfolgt meist an Hand und Unterarm, wenn jemand in irgendeinen Busch gegriffen hat, seltener an den Beinen. **Bißspuren** sind nicht immer deutlich auszumachen. Schnell entsteht im betroffenen Gebiet Schwellung, immer Schmerz und blau-rote Verfärbung (beginnende Gewebszerstörung, Nekrose). Weitere Körperregionen schwellen an, Blutungen erscheinen auch in anderen Hautbezirken. Blutiger Harn wird abgesetzt. Über Augenflimmern und Leibschmerz kann geklagt werden.

Erste Hilfe: Abbinden der Extremitäten zur Stauung des Rückstromes von Blut und Lymphe (Gewebswasser); im Zeitabstand von 20–30 Minuten wird die Binde gelockert. Die Wunde kann man aussaugen, man sollte jedoch alles sofort wieder ausspucken. Besser ist es, mit einem Messer einen 5 mm tiefen Kreuzschnitt im Bißgebiet zu machen und reichlich bluten zu lassen. Ruhigstellen des verletzten Gliedes, Auflegen von Eis oder oft gewechselten kalten Umschlägen. Reichlich Flüssigkeit wird angeboten (Tee, Kaffee, kein Alkohol). Möglichst schnell soll der Transport zum nächsten Arzt oder ins Krankenhaus erfolgen zur Heilserumtherapie, möglichst unter telefonischer Anmeldung mit Nennen der Schlangenart.

☰ Schluckauf

Alle Kinder, auch schon Säuglinge, haben hin und wieder Schluckauf. Es ist eine harmlose Erscheinung, in den meisten Fällen nicht einmal lästig, höchstens etwas zum Lachen. Schluckauf ist durch eine krampfartige Zusammenziehung des Zwerchfells bedingt, sozusagen ein *Schüttelkrampf des Zwerchfells*. Durch die anfallsartige Spannung des Zwerchfells dehnen sich die Lungen plötzlich aus, Luft wird heftig eingesaugt. Es entsteht dabei das charakteristische »Hick«. Auflösend ist eine reichliche Magenfüllung durch Speisen oder durch Luft, die übrigens auch bei angeregtem Sprechen verschluckt werden konnte.

Schluckauf verschwindet in der Regel von selbst. Die *Hausmittel*, z. B. Aufsagen eines Kinderverses (»Huckauf und Schluckauf gingen übern Steg, Huckauf kam rüber, Schluckauf blieb weg«,), dienen der Beruhigung und helfen dann wohl auch. Kaum anders sind die anderen Hilfen: tief und langsam ein- und ausatmen lassen, die Luft im eingeatmeten Zustand möglichst lange anhalten und dabei dreimal hintereinander schlucken lassen. Auch Trinken in kleinen Schlucken, ohne abzusetzen, kann ablenken.

≡ Schmerzen

Schmerz ist von Natur aus etwas Hilfreiches und Sinnvolles, weil
der Erkrankte gewarnt wird von der Leistungsstörung eines Organs und
gezwungen wird, sich entsprechend schonend und vernünftig zu verhalten.
Ein Schmerz, der durch ein hilfreiches Verhalten nicht beseitigt werden
kann, wird aber zu einer schweren Belastung, ein auf Dauer zermürbendes
Empfinden, dem man dann durch schmerzlindernde Mittel zu Leibe rücken
muß.

Aussagen über den Ort, die Art und möglicherweise die Ursache
des Schmerzes sind nur von etwas älteren Kleinkindern und von Schulkindern zuverlässig zu erhalten. Die *Schmerzempfindlichkeit* ist beim Kind
individuell sehr verschieden und in hohem Maße von der Situation abhängig.

Schmerzempfindung und Schmerzausdruck steigern Ängste z. B.
vor den Folgen des fließenden Blutes und auch andere Überlegungen, bei
Kleinkindern z. B. der Zorn über das auslösende Ereignis (nach Schlägen,
die als Strafe gedacht waren, oder aus Ärger gegen die zugeschlagene Tür,
die den Finger eingeklemmt hat).

Vermindernd wirken auf die Schmerzempfindung Ängste vor ärztlichen Eingriffen (Verdrängungseffekt, z. B. eine Erfahrung beim Zahnarzt)
oder Angst vor Strafe bei eigener Schuld am schmerzauslösenden Ereignis,
kämpferische Wut, seltener auch bewußte Beherrschung.

Je kleiner ein Kind ist und um so weniger man eine Schilderung des
Schmerzbildes erwarten kann, um so mehr muß aus dem *Ausdrucksbild* auf
die Ursache geschlossen werden. Verständlicherweise sind die Schwierigkeiten bei kleineren Kindern am größten. Hier kommt es entscheidend auf
die Beobachtungsfähigkeit der Eltern an, die es auch ermöglicht, den zugezogenen Arzt in der nötigen Weise orientieren.

Einige ziemlich charakteristische **schmerzbedingte Körperhaltungen** seien näher beschrieben:

- *Bewegungsarmut eines Armes oder eines Beines:* Man denkt an
  Knochenbruch, Entzündung eines Knochens oder eines Gelenkes,
  an eine Weichteilverletzung (Wunden, Blutungen in der Tiefe der
  Gewebe), an einen Zustand nach Gelenkverrenkung.
- *Haltung im Stehen gebeugt, eventuell mit Seitwärtsneigung, oder
  im Liegen eine betonte Rückenlage, öfter aber Seitenlage mit etwas
  angezogenen Beinen:* Man denkt an Bauchschmerz durch Entzündungen, Schmerz an der Brustkorbwand, Kolikschmerz im Bereich

der Harnwege, der Gallenwege oder des Darmes, an einen eingeklemmten Leistenbruch, an Einklemmungserscheinungen am Hoden, Darmeinstülpung (Invagination) oder andere Störungen im Darmverlauf.

– *Lage auffällig ruhig, Vermeiden jeder Bewegung, auch Beschränkung der Atemexkursionen:* Man denkt an Knochenbrüche an verschiedenen Stellen, z. B. auch an Rippenbrüche. Ein ähnliches Bild besteht bei Prellungen nach Unfall oder durch Mißhandlung, aber auch bei Schmerzen am Rippenfell (Brustfell), bei akuten schwerwiegenden Veränderungen im Bauchraum (Entzündung, Blutungen, Darmverschluß) und bei Hirnhautentzündung.

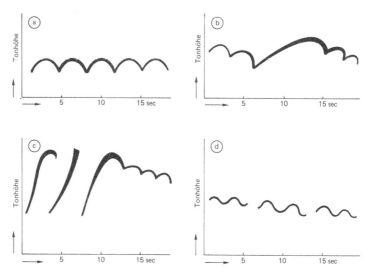

Abb. 60   **Versuch einer Lautschrift des Schreiens von Säuglingen.** Zeitangabe in Sekunden. Je dicker die Linie, um so lauter das Schreien. Je höher die Linie, desto höher die Tonlage. a) Schreien in relativ niedriger Tonlage (»a«, »ä«) und in regelmäßiger Schreifolge: so bei Hunger, nassen Windeln, Übermüdung b) Schreien in gleicher Tonlage mit ungleichmäßiger Schreifolge: so bei Zorn, schweren Ohrenschmerzen, Wundsein. c) Plötzlich einsetzendes Aufschreien: so bei Blähungen, Koliken. In übersteigerter Form bei schwerer Hirnstörung (dabei aber auch Wimmern). d) Leises an- und abschwellendes Schreien, Wimmern: so bei schwerkranken geschwächten Kindern, z. B. bei Lungenentzündung und Kreislaufschwäche.

Besonders schwierig ist die Situation beim **Säugling**. Er pflegt sich seiner Schmerzempfindung ungestüm hinzugeben, er weint, wie man sagt, »mit dem ganzen Körper«. Seine Reaktion zeigt am wenigsten eine wahre innere Beziehung zum Schmerzausmaß und zur Größenordnung der gegebenen Bedrohung. Was einem Erwachsenen ein Unbehagen wäre, kann schon das Bild des »**Schreiweinens**« bringen. In Abb. 60 ist der Versuch gemacht, aus der Intensität und dem Ablauf des Schreiens etwas tiefer in die Ursachen einzudringen. Man soll sich also auch ein Urteil darüber machen, ob das Schreien z. B. mehr ein Wimmern oder ein zorniges Brüllen ist.

Beim Säugling, aber auch bei vielen kleinen Kindern haben daher **zwei Verfahren zur näheren Schmerzbeurteilung** große Bedeutung:

— Will man das *Ausmaß des Schmerzes* abschätzen, prüft man, ob das Kind durch Zureden, Ablenken im Spiel, Hochnehmen auf den Arm oder durch Füttern zu beruhigen ist. Ein schwerer Schmerz läßt sich nicht beeinflussen.

— Um den Ort *der Schmerzauslösung* näher zu erfassen, tastet man verdächtige Körperbezirke ab, beginnt aber nicht sofort im mutmaßlichen Erkrankungsbereich, sondern auf der gesund erscheinenden Gegenseite. Erst hernach wird die Stelle begutachtet, an der man die Schmerzauslösung vermutet. Dieser Untersuchungsgang kann erleichtert werden, wenn eine dritte Person das Kind ablenkt.

Schmerzpunkte sind in Abb. 61, S. 218, zusammengefaßt dargestellt. Zugleich sind die Organe angegeben, deren Erkrankung mit hoher Wahrscheinlichkeit die Schmerzen ausgelöst hat. Eine genaue Schmerzbeurteilung fällt einem Laien immer sehr schwer, oft auch einem Arzt nicht leicht. Den Überlegungen, die zunächst auf sich allein gestellte Eltern sich machen müssen, soll mit einigen Bemerkungen geholfen werden.

Besondere Bewertungsschwierigkeiten machen nach aller Erfahrung die **Bauchschmerzen**, weil sie manchmal besonders dringlich ärztliche Hilfe erfordern, um Lebensgefahr abzuwenden. Schon die Untersuchung ist schwierig, vor allem bei kleinen Kindern. Von einem geschickten Kinderarzt kann eine Mutter, die auch einmal selbst untersuchen muß, den folgenden Trick übernehmen: Man legt ein dünnes Tuch auf den Bauch oder läßt das Nachthemd übergezogen. Man untersucht durch das Tuch hindurch. Der Bauch wird dann auch entspannter, wenn man die Beine etwas, in der Hüfte gebeugt, aufstellen läßt und dabei ein Kissen unter die Knie legt. Oder eine andere Methode: Das Kind bleibt zugedeckt. Man unterhält sich mit dem Kind, die tastende Hand geht unter die Decke und fühlt die einzelnen Regionen ab.

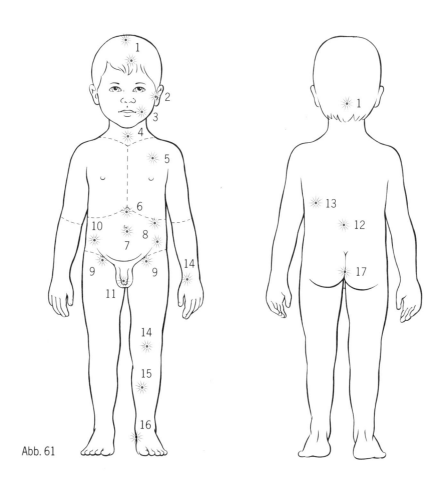

Abb. 61

Schmerzen im rechten Unterbauch sind immer auf eine Appendizitis, »Blinddarmentzündung«, verdächtig. Die Schmerzen setzen in der Regel akut und heftig ein, so daß sich die Kinder krümmen. Fieber und Erbrechen können Begleitsymptom sein. Betastet man den Bauch, ist er fast immer sehr gespannt und druckempfindlich. Ärztliche Diagnostik sollte man sobald wie möglich veranlassen.

Bei Kleinkindern können akute Bauchschmerzen auch auf **Organe außerhalb des Bauches** hinweisen. Man spricht von fortgeleiteten Schmerzen, weil Angina (Halsentzündung), Rippenfellentzündung, Lungenentzündung und auch Hirnhautentzündung Bauchschmerzen machen

Abb. 61 **Schmerzpunkte und ihre mutmaßlichen Organhinweise.**
1 Kopfschmerz: Nasenhöhlen, Nervensystem, Augen, Blutdruck.
2 Ohrschmerz: Ohr, Ohrspeicheldrüse, Rachen, Mandeln, Lymphknoten in der Umgebung.
3 Zahnschmerz: Zähne, Kieferknochen.
4 Halsschmerz: Schluckvorgang, Kehlkopf, Luftröhre, Lymphknoten in der Umgebung, Mandeln.
5 Brustschmerzen: Atmungsorgane, Rippen, Herz, Schultergelenk.
6 Oberbauchschmerz: Leber, Magen, Zwölffingerdarm, Bauchspeicheldrüse, untere Lungenabschnitte und Brustfell, Gallenwege.
7 Mittelbauchschmerz: Nabelbruch, Bauchspeicheldrüse, Darm.
8 Schmerzen im linken Bauchraum. Dickdarm, linke Niere, Milz, untere Rippen, unterer Lungenlappen mit Brustfell.
9 Leistenschmerz: Leistenbruchpforte, Lymphknoten, abweichende Hodenlage, Hüftgelenk.
10 Schmerz im rechten Unterbauch: Wurmfortsatz, Dickdarm, rechte Niere, Harnleiter, Bauchlymphknoten.
11 Schmerz beim Wasserlassen: Harnwege, Penis.
12 Rückenschmerz: Wirbelsäule, Niere.
13 Lendenschmerz: Niere, Dickdarm.
14 Gelenkschmerzen: Entzündung, Verletzungsfolge, Rheumatismus.
15 Knochenschmerzen: Entzündung, Verletzungsfolge, Knochenmarkerkrankung.
16 Fußschmerz: orthopädische Krankheiten, Verletzungsfolge, Entzündungen.
17 Schmerz beim Stuhlgang: Veränderungen am After oder im Dickdarm.

können. Bauchschmerz bei dieser Altersgruppe weist also in vielen Fällen durchaus nicht auf ein chirurgisches Problem. Man sollte bis zur Abklärung den Kindern nichts mehr zu essen oder zu trinken geben und, wenn man den Hausarzt nicht erreichen kann, zunächst ein Kinderkrankenhaus zur Abklärung aufsuchen. Ist es etwas Chirurgisches, kann ja immer noch die Überweisung zum Chirurgen erfolgen.

Klagen Kinder oder Jugendliche in Abständen wiederholt über **Schmerzen in Bauchmitte** (»Nabelkoliken«), können Verdauungsschwierigkeiten (Verstopfung, Blähungen), Wurmbefall, ein Nabelbruch, Schleimhautentzündungen an Magen und Dünndarm oder ein Geschwür an Magen oder Zwölffingerdarm die Ursache u. a. sein. Akute Dringlichkeit haben diese Krankheiten in der Regel nicht.

Drei-Monats-Kolik. Säuglinge der ersten Lebenswochen fallen mitunter während der Mahlzeiten durch heftige Bauchschmerzen auf, und sie verweigern dann das weitere Trinken. Das Ganze hält nur kurz an und ist offenbar durch Blähungen, etwas Verstopfungsneigung und vermehrte Darmbewegungen bedingt; manchmal sind in dieser Zeit die Stühle aber auch etwas locker. Eine nähere Untersuchung ergibt in der Regel keine Besonderheiten. Der Arzt empfiehlt Fencheltee, auch zum Auflösen des Milchpulvers, vielleicht auch eine Umstellung der Nahrung.

Schmerzen beim Wasserlassen, ziehende Schmerzen lassen an eine Entzündung der Harnwege denken, meist besteht auch deutlich erhöhte Körpertemperatur.

Schmerzen beim Stuhlgang, Seite 135 und 241.

Schmerz in der Leiste ist u. a. durch einen eingeklemmten Leistenbruch hervorgerufen. Meist ist an dieser Stelle eine deutliche Vorwölbung der Haut sichtbar, die sich nicht wegdrücken läßt. Dann ist wahrscheinlich eine Operation nötig. Weitere Einzelheiten auf Seite 156.

Das Verhalten der Eltern muß sich nach der erkennbaren Ursache richten. Als *Erste Hilfe* kann das Folgende gelten: Beim *Zahnschmerz* gibt man versuchsweise kühle oder warme Umschläge, schmerzstillende Medikamente. Auch bei heftigen *Ohrenschmerzen* kommt man ohne ein schmerzstillendes Medikament kaum aus. *Schluckschmerzen* können durch kalte Getränke und feucht-kalte Halswickel gemildert werden: *Schmerzen beim Atmen* lassen meist nach, wenn man den Kranken auf die schmerzende Seite legt. Bei *Bauchschmerzen*, die ihrer Art nach nicht sofortige chirurgische Intervention verlangen, kann man mit einem feuchten heißen Leibwickel Erfolg haben. *Gelenkschmerzen* lassen bei Ruhigstellung des Gelenkes nach (elastische Binde oder wollene Umschläge mit Ruhigstellung).

≡ Schnupfen

In verschiedenem Zusammenhang, bei Schwierigkeiten der Atmung und bei Trinkschwierigkeiten der Säuglinge wurde schon auf den Schnupfen hingewiesen. Er wird durch eine **entzündliche oder allergische Reizung der Nasenschleimhaut** ausgelöst. Oft sind in diesem Ablauf auch die *Nasennebenhöhlen* einbezogen. Ein akuter Schnupfen kann mit abschwellenden Nasentropfen oder mit Salben, die ätherische Öle enthalten, verhältnismäßig leicht angegangen werden. Bei einem chronischen Schnupfen wird mitunter eine Röntgenaufnahme der Nebenhöhlen nötig. Sie zeigt dann nicht selten eine erhebliche Verschattung z. B. der Kieferhöhlen. Eine **Nebenhöhlenentzündung** (Sinusitis) verursacht neben der Behinderung der Nasenatmung heftigen Kopfschmerz, Appetitlosigkeit, auch Lernschwierigkeiten durch die Allgemeinbelastung des Körpers. Sie unterhält eine chronische Bronchitis und bewirkt nicht selten eine Reizung der Magenschleimhaut (Oberbauchschmerzen). In der Behandlung stehen Nasentropfen und Kamillendampfbäder obenan. In vielen Fällen müssen Antibiotika angesetzt werden, damit man die Nebenhöhlenentzündung endlich los wird.

Eine **allergische Rhinitis** kann durch Testungen näher aufgeklärt werden. Erfaßt man ein bestimmtes Allergen, ist dies vielleicht dann zu meiden. Der Arzt könnte auch eine Desensibilisierungskur machen, z.B. beim Heuschnupfen. Sonst empfehlen sich spezielle Nasentropfen, die sich ganz allgemein gegen allergische Stoffwechselvorgänge richten.

≡ Schreckhaftigkeit

Schreckhaftigkeit ist ein Hinweis auf eine *stärkere Reizbarkeit des Nervensystems*. Man sieht sie eher bei einem sensiblen Kind. Sie muß nicht unbedingt etwas Krankhaftes bedeuten. Mit Ängstlichkeit hat sie keinen direkten Zusammenhang. Diese ist eine seelische Reaktion, die auf vorausgegangenen Erlebnissen beruht.

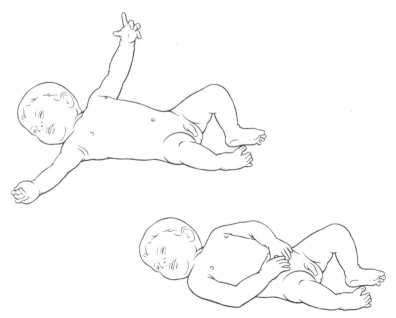

Abb. 62   **Umklammerungsreflex,** auch Moro-Reflex genannt nach dem Erstbeschreiber, einem Heidelberger Kinderarzt. Erklärung im Text.

Bei **fiebernden Kindern** zeigt eine erhöhte Schreckhaftigkeit allerdings doch einen beachtenswerten Erregungszustand des Nervensystems. Man muß mit einem Fieberkrampf rechnen und sollte deswegen fiebersenkende Maßnahmen ansetzen.

Neugeborene und junge Säuglinge zeigen normalerweise einen ruckartigen Bewegungsvorgang, der wie eine Schreckreaktion wirkt. Es handelt sich um den **Umklammerungsreflex**. Bei Lagewechsel oder bei Erschütterung der Unterlage nehmen sie plötzlich die Arme auseinander und führen diese dann in einer bogenförmigen Bewegung nach vorn, als wollten sie einen Gegenstand umklammern (Abb. 62, S. 221).

Bei älteren Säuglingen, die an **Rachitis** erkrankt sind (Seite 281), weist eine erhöhte Schreckhaftigkeit und Unruhe auf eine Verminderung des Kalkgehaltes im Blut hin. In der Schreckhaftigkeit drückt sich eine Krampfneigung aus, die vom Arzt sogleich näher untersucht werden sollte.

Schreien, unklares Schreien der Säuglinge und Kleinkinder

Bei der Besprechung des Schmerzes wurde Näheres darüber gesagt, daß Säuglinge und Kleinkinder ihr Unbehagen sehr schnell durch Schreien kundgeben, wobei die Intensität dieser Äußerung nicht immer dem wahren Ausmaß ihrer Bedrohung entspricht. Im Gegenteil: Bei sehr schwer kranken Kleinkindern pflegt das Schreien eher kümmerlich auszufallen. Was man zu bedenken hat und wie man versucht, die Hintergründe des Schreiens aufzuklären, wird auf Seite 215 ausführlich beschrieben.

Schüttelfrost

Schüttelfrost wird vor allem bei Schulkindern und Jugendlichen beobachtet. Er ist ausgelöst durch Kälteempfindung auf der Haut, die dabei blaß und kalt ist. Die Oberfläche zeigt die bekannte Gänsehaut. Frostgefühl wird geäußert. Im Körperkern ist dabei die Temperatur gesteigert. Nun setzt ein unwillkürliches Zittern der Muskulatur ein, daß die Zähne klappern. Dadurch steigt die Körpertemperatur noch weiter rasch an, das Fieber ergreift auch die Extremitäten.

Ursachen sind *Infektionskrankheiten* und *allergische Reaktionen*. Auch bei *Sonnenbrand und Sonnenstich* wird Schüttelfrost beobachtet. Von einem großen Krampfanfall grenzt ab, daß das Bewußtsein immer erhalten ist.

Zur *Behandlung* unterstützt man das, was die Kranken schon instinktiv selbst tun: Man deckt gut zu, um Wärme zu geben, eventuell kann man auch mit einer Wärmflasche an den Beinen helfen. Ein Schüttelfrost geht nach 3–5 Minuten zu Ende. Dann verlangt der Fieberzustand seine entsprechende Berücksichtigung durch fiebersenkende Maßnahmen (siehe unter Fieber).

≡ Schwellungen und Auftreibungen am Körper

Dieses Stichwort mit seiner allgemeinen Bedeutung verlangt ausführliche Darstellung, weil jede Schwellung und Auftreibung von den Eltern gewöhnlich mit besonderer Besorgnis bemerkt wird. Was dahinter stehen kann, läßt sich am besten mit Hilfe der Abb. 63 darstellen. Besonderheiten, die nur am Kopf des Neugeborenen zu finden sind, werden hier allerdings nicht berücksichtigt (s. Seite 208). Zur näheren Beurteilung sollte möglichst bald der Arzt darauf hingewiesen werden.

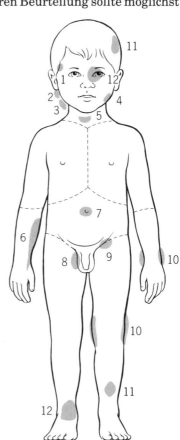

Abb. 63
Schwellung in den einzelnen Körperregionen, ihr Organbezug und ihre wahrscheinliche Bedeutung.
1 Zysten von vergrößerten Talgdrüsen.
2 Ohrspeicheldrüse.
3 Halslymphknoten, Zyste.
4 Entzündung, von einem Zahn ausgehend.
5 Vergrößerung der Schilddrüse (Struma).
6 Entzündungsreaktion nach einer Verletzung am Zeigefinger, auch an anderen Stellen in dieser Weise denkbar.
7 Nabelbruch.
8 Vergrößerung des Hodensackes durch einen Wasserbruch (Hydrozele) und/oder Leistenbruch.
9 Leistenbruch, Leistenhoden, Leistenlymphknoten.
10 Gelenkschwellung, durch Blutung oder entzündlichen Erguß.
11 Beule, Bluterguß nach Stoß oder Sturz, die auch an anderen Körperstellen sitzen können.
12 Ödeme, Wassereinlagerung aus verschiedenen Ursachen (Niere? Insektenstiche?).

≡ Schwindel

Das subjektive Symptom Schwindel wird schon beim Erwachsenen oft sehr ungenau vorgebracht. Noch unzuverlässiger äußert sich damit das Kind. In unserem Zusammenhang arbeitet man besser mit dem Begriff **Gleichgewichtsstörung**. Bei einer Störung des Gleichgewichtsorgans (im Innenohr und im Kleinhirn) sind oft Ohrensausen, Übelkeit, Erbrechen, Blässe und Schweißausbruch zusätzlich zu beobachten.

Schwindel, Gleichgewichtsstörung wird ausgelöst:
- bei *direkter Erkrankung des Innenohres* (z.B. im Zusammenhang mit einer eitrigen Mittelohrentzündung),
- durch *schwere Störung des Blutkreislaufs (Zusammenhang zur Ohnmacht),*
- durch *Schädelverletzung* (Hirnerschütterung, Schädelbasisbruch),
- sowie durch *Vergiftungen.*

Erste Hilfe: beruhigen, hinsetzen oder hinlegen lassen mit Kopftieflage. Bei Kreislaufschwäche gibt man in kleinen Portionen zu trinken. Falls sich der Schwindel nicht bessert, schon gar bei Vergiftung, unverzüglich zum Arzt.

≡ Selbsttötungsabsicht, Suizidversuch

Jedes Gerede von Selbsttötung und vor allem eine ausdrückliche Drohung sind ernst zu nehmen. **Besondere Gefährdung** besteht für Jugendliche im Scheidungsmilieu oder von beruflich überforderten Müttern und Vätern, für Kinder mit pädagogischer oder intellektueller Überforderung (falscher Schultyp, hoher Leistungsdruck), bei stark autoritärer Erziehung im Elternhaus und in der Schule, bei Problemen im Freundeskreis (Geschlechtspartner), bei chronischer Behinderung und Krankheit, die zu anhaltender Frustrierung und Depression geführt hat, ferner in suizidbelasteter Familie und mit gleichen Erfahrungen im Freundeskreis (Ansteckungseffekt). Der Weg zur Tat ist meist ein langer Weg. **Zeichen der Depression**, der offenen und verdeckten Depression, siehe auf Seite 165.

Akute Anlässe sind fast immer banal, wenn auch für Kinder und Jugendliche schwerwiegend genug: Tadel, Bevorzugung eines anderen Kindes, Tod eines geliebten Haustieres oder eines nahestehenden Großelternteils, Verlust einer Freundschaft, Versagen in der Schule (Zeugnisausgabe).

Erste Hilfe. Wurden *Medikamente oder Gifte* eingenommen, muß sofortige Einweisung in ein Krankenhaus zur entsprechenden Behandlung erfolgen. Die Eltern sollten aber sobald möglich dort Verbindung aufnehmen, wenn Besuch wieder zugelassen ist. Gerade in der ersten Zeit danach kommt wertvollen Gesprächen ein Prägungseffekt für die Zukunft zu. *Steht die suizidale Handlung erst dringend bevor,* kommt dem ehrlichen, zugewandten und warmherzig verstehenden Gespräch eine entscheidende Rolle zu. Man muß im Suizidgefährdeten einen Kranken sehen, der sich in höchster seelischer Not befindet. Das Gespräch ist zu suchen, unermüdlich zu führen und fortzusetzen, bis die akute Gefahr abgewendet ist. Solange man noch miteinander spricht, ist nicht alles verloren. Man muß das Kind und den Jugendlichen mit seiner Sicht der Dinge ernst nehmen. Auch wenn keine schädigenden Substanzen eingenommen wurden: Bei anhaltender akuter Lebensgefahr ist Einweisung in eine Klinik nicht zu umgehen.

Selbsttötung ist immer auch **Symptom einer sozialen Krankheit**. Das Kind oder der Jugendliche kommt mit der Belastung allein nicht zurecht. Die Hilfen, die er gebraucht hätte, hat er in dem nötigen Ausmaß nicht bekommen. Selbst wenn er reichlich Hilfestellung und Verständnis erhielt, in seiner Situation und bei der Prägung seiner Persönlichkeit hat es nicht gereicht. Ein Selbsttötungsversuch bei Jugendlichen ist im Grunde als ein Signal dafür zu verstehen, daß man sich in verzweifelter Situation fühlt, es ist ein Eingeständnis der eigenen Hilflosigkeit, ein Ruf nach Hilfe, die endlich kommen sollte. Diese Kinder und Jugendlichen wollen in ihrer Tat in den meisten Fällen gar nicht den Tod als eine Erlösung suchen, sondern den Weg zu einem lebenswerten Leben wiederfinden. »Ein Selbstmörder geht mit dem Rücken zum Grab«, ist eine gute Bezeichnung für diese Einstellung. Oft liegt ein Vorwurf darin eingeschlossen, ein Vorwurf, der sich gegen die mitmenschliche Umgebung richtet, die in irgendeiner Weise versagt hat. »Nun seht zu, wie es ohne mich ist!«

Jedes Kind und jeder Jugendliche mit Suizidversuch muß in die *Behandlung eines Kinderpsychiaters oder Psychologen.* Das Leben muß anders weitergehen, von Grund auf anders. Es muß also Wille und Bereitschaft gerade bei den Eltern gegeben sein, die Hintergründe aufzudecken und von daher einen neuen Weg zu suchen. Dann kommt es entscheidend auf die Eltern an, auch wenn diese vordergründig keine Schuld an der Auslösung dieser Tat haben. Auf eine lange Zeit der Bemühung, auf wiederkehrende Schwierigkeiten muß man sich einstellen. Die Probleme wegzudrängen, zuzudecken, bringt auf Dauer keinen Erfolg, nur Mißerfolg und weitere Schwierigkeiten. Bei einem erneuten Suizidversuch könnte ein seelisch Kranker noch gefährlichere Methoden anwenden, die dann wirklich zum Tode führen.

Ein Kind, ein Jugendlicher hat versucht, sich das Leben zu nehmen, aus einer selbst schwer genug empfundenen Notsituation. Die Lebensgefahr ist abgewendet worden. Warum?, muß nun die eine Frage sein. Wie geht es »anders«, »besser« weiter?, die zweite Frage. Mit den direkten ärztlichen Maßnahmen, die der Neutralisation und der Ausscheidung der Vergiftungssubstanzen dienen, ist etwas Entscheidends getan: das Leben ist erneut geschenkt, die körperliche Gesundheit erhalten. Zuviele glauben nun leider, daß mit der sogenannten Entgiftung die Aufgabe des Arztes und eines Krankenhauses erfüllt wäre. Der Schock, den der Noch-einmal-Davongekommene erhielt, sei eindrucksvoll, ausreichend und nachhaltig. Der Schock, der die Familie traf oder andere in dieses Geschehen verflochtene Mitmenschen, würde reichen, daß jetzt ein neues Beginnen geschaffen wird. Man glaubt es um so mehr, weil man bei Kindern und Jugendlichen den Ernst zur Tat in vielen Fällen als nicht so schwerwiegend auffaßt und sich in der falschen Hoffnung wiegt, auf die Wirkung einer tiefen oder neuerdings vertieften Zuneigung innerhalb der Familie und auf die der Jugend zugerechnete optimistische Lebensgrundhaltung rechnen zu dürfen (»Wir meinen es ja nur gut«, »wir sind ja nur für unser Kind da«, »alles soll nun anders werden« und »die Jugend vergißt schnell«). So werden Kranke nach versuchter Selbsttötung in den meisten Fällen zu schnell wieder ins alte Milieu entlassen. Die schmerzliche Erfahrung in den meisten Fällen ist dann die, daß die seelischen Bedingungen zur Tat dabei zu wenig aufgeklärt und bedacht werden, daß neue Einstellungen nur ungenügend entwickelt, gute Vorsätze nicht ausreichend befolgt, Ratschläge – zum Beispiel, einen psychologisch befähigten Arzt oder einen Psychologen aufzusuchen – auf die lange Bank geschoben werden. Ein Suizidversuch ist eine tiefsitzende seelische Krankheit, deren Ursachen der Alltag zu leicht wieder überwuchert. Später ist kaum mehr an sie heranzukommen, um sie dann genau zu erfassen und zu beseitigen.

Eine angemessene und entschiedene Behandlung eines jeden Suizidversuches orientiert sich an folgenden ärztlichen Leitlinien: Hand in Hand mit den Bemühungen, die Lebensgefahr durch »Entgiftung« zu beseitigen, beginnt eine einfühlende, eindringende, aufklärende und auch schon auf Hilfe abgestimmte seelische Behandlung. Genauso wie für die Entgiftungstherapie steht auch hierfür nur ein knapper Zeitraum zur Verfügung, in dem das Entscheidende besonders gut anzusetzen ist. *Diese besonders sensible Phase beträgt nur 48 Stunden, 2 Tage.* Sie beginnt bei einem bewußtlosen Kranken in dem Augenblick, wo er sich aus der tiefsten Bewußtlosigkeit gerade zu lösen beginnt. Der Kranke muß spüren, daß man ihn in seiner Tat aus seinen Gründen, in seiner Person, so wie sie ist, ernst nimmt, daß man zur Hilfe bereit steht. Er muß diese Zuneigung empfinden, um sich *in Vertrauen öffnen* zu können. Öffnen heißt zunächst, daß er mitmenschlichen Kontakt annimmt, heißt dann, daß er Einblick gibt in sein Empfinden und seine Motivation, heißt zuletzt, daß er andere Einstellungen aufnimmt, die ihn weiterbringen. In dieser Zeit müssen Ärzte, Schwestern, Psychologen, Eltern, alle, die zur Hilfe fähig sind, in ehrlicher Bemühung und großer Geduld unbeschränkt von Tageszeit und Wochenende bereit sein.

Eltern und Familien müssen sich in dieser Zeit auch selbstkritisch darin auseinandersetzen, was diese Entwicklung bis zur Tat von ihrer Seite bewußt oder unbewußt begünstigt haben könnte. Selbstkritik setzt Ehrlichkeit voraus und die gleiche Offenheit, die auch der Kranke, wie gesagt, zu einer grundlegenden Genesung braucht. Auch für die Eltern gilt dabei diese besonders wichtige Phase von 48 Stunden. Unter dem Leidensdruck, in dem der Kranke und seine Eltern in diesen ersten Stunden nach einem Suizidversuch stehen, werden die wichtigsten Grundlagen dafür gelegt, daß ein solches Unglück sich nicht wiederholt.

So sehr man aus Erfahrung weiß, welche Faktoren einen Suizid (Selbsttötung) fördern können, stellt sich immer wieder die Frage, woran man die **drohende Gefahr erkennen** kann. Hier erweisen sich Kinder im Alter von 7–11 Jahren eher noch undurchsichtiger als Jugendliche. Bei kleineren Kindern hat aus psychologischer Erfahrung das Weglaufen von zu Hause diesbezüglich eine schwerwiegende Bedeutung erlangt, da jetzt weitere lebensbedrohende Handlungen zu befürchten sind. Für Jugendliche läßt sich die sogenannte präsuizidale Situation bei der Fülle der Einzelbedrängnisse, die diese Altersgruppe belastet, nur allgemein beschreiben. Natürlich muß man zunächst davon ausgehen, daß jeder Mensch und gerade auch der Heranwachsende Vieles in seinem Leben zu bestehen und zu überwinden hat, viele zunächst komplizierte Situationen aufzulösen und zunächst unlösbar erscheinende Probleme doch zu überwinden hat. Der Eindruck, daß ein Mitmensch suizidgefährdet ist, muß dann aufkommen, wenn jemand aus eigener Kraft und/oder der Hilfe seiner mitmenschlichen Umgebung nicht zurechtkommt, wiederholt resigniert, mitmenschlich isoliert dasteht, Einblick in seine Denkweise und inneren Gefühle auch dem nahestehenden Mitmenschen verwehrt, in gespielter Oberflächlichkeit hinweggeht über Vieles, dem dabei doch eine große Bedeutung aus einer logischen Bewertung der Situation zukäme. Insgesamt kann also von klaren Merkmalen einer Selbsttötungsgefahr nicht ausgegangen werden. Derjenige kann jedoch am besten in einer solchen Gefährdung helfen, der eine ausreichende Sensibilität für den Mitmenschen besitzt oder sich erwirbt, der sieht, ob dieser sich in kaum lösbaren Schwierigkeiten befindet, der erkennt, daß dieser seiner Wesensprägung nach nicht über die Gelassenheit und Gelöstheit verfügt, seine Schwierigkeiten allein aufzulösen.

Sonnenbrand, Sonnenstich

Sonnenbrand ist eine Hautverbrennung 1. oder 2. Grades, das heißt Rötung eventuell bis Blasenbildung. Das Ausmaß kann beträchtlich, die Beschwerden können groß sein: schmerzhafte Spannung der Haut, Frösteln, eventuell sogar Schüttelfrost. Hilfreich sind abkühlende Bäder, nach denen die Kinder oder Jugendlichen nur vorsichtig abgetrocknet (abgetupft) werden. Man trägt entweder juckreizstillenden Puder oder leichte Fettcreme, eventuell mit Kortison auf, mehrmals täglich. Die Bekleidung soll leicht sein.

Sonnenstich entsteht bei einer längeren Hitzeeinwirkung auf den ungeschützten Kopf. Die große Gefährdung besteht für unangepaßte Urlauber im Hochgebirge oder am hellen Sandstrand. Durch Reizung der Hirnhäute und des Gehirns entstehen Kopfschmerz, Erbrechen, Fieber, eventuell Kreislaufschwäche bis zum Kollaps; auch Krampfanfälle können eintreten. Die Gesichtshaut ist stark gerötet. Das Unbehagen ist auch an der Unruhe dieser Kranken abzulesen. Man gibt wiederholt kühle Getränke in kleinen Portionen, macht kühlende Umschläge auf Stirn und Nacken und entfernt alle unnötigen Kleider. Flache Lagerung im Schatten wird gern angenommen. Bei heftigen Beschwerden ist ärztliche Hilfe nötig.

Sprachstörungen

Die **normale Sprach- und Sprechentwicklung** geschieht in folgenden Stufen
- mit etwa 12 Monaten erste Worte (Papa, Mama, z.B. Auto),
- mit 1½ Jahren Einwortsätze und Benennung von Gegenständen,
- mit 2½ Jahren spontane Zweiwortsätze, Wiederholung vorgesprochener kleiner Sätze, Verwendung von Pronomen wie »ich«, »mich«, »dein«,
- ab 3½ Jahren Erzählen mit kurzen Sätzen.

Ab dann auch Übergang zur Satzstellung der Schriftsprache, weg von der Babysprache mit einem eigenwillig gestellten Satzaufbau (z.B. »Bonbon will ich« oder die Verneinung am Ende des Satzes: »Ich will essen nicht«).

In dieser Entwicklung sind die Kinder abhängig von ihren *Sprechwerkzeugen* (Atmungsorgane, Nervensystem, Nasen-Rachen-Raum), von einem *Sprech- und Sprachvorbild* und von *Sprechantrieben*. Überall hier liegen Ursachen einer gestörten Entwicklung. Zu bedenken ist bei jeder

Beurteilung eine große Breite des noch normalen Entwicklungszeitraumes. Mit dem Wort »Spätentwickler« muß man allerdings vorsichtig umgehen; ärztliche Diagnostik ist hier Voraussetzung.

Störungen der Sprache nach dem geistigen Inhalt sind verdächtig auf eine Hirnschädigung (Schwachsinn) oder Hörstörung. Ein kurzes Zungenbändchen hat keinerlei Bedeutung für eine verzögerte Sprachentwicklung oder eine Sprechstörung.

Ein **verspäteter Sprachbeginn** hat nicht selten seine Ursache
- in der Stellung des Kindes in der Familie (eher bei Nachkömmlingen zu beobachten),
- in Schüchternheit, inmitten einer dominierenden Umgebung,
- im fehlenden affektiven Kontakt (von sich aus kontaktschwache Kinder oder solche, um die man sich wenig kümmert).

Wollen Kinder nicht oder nur wenig sprechen, ist zu fragen, ob dies generell oder nur gegenüber bestimmten Personen geschieht. Es gibt die seelische Verhaltensstörung des Mutismus, des **»freiwilligen« Schweigens** gegen jede oder gegenüber einigen Personen. Von der Taubstummheit kann man dies abgrenzen, weil die Kinder hören, weil sie früher schon gesprochen haben oder weil sie auch jetzt mit bestimmten Personen unbeschränkt sprechen.

Der **Fluß der Sprache** ist gestört bei *Erkrankungen der Atmungsorgane* oder auch des *Herzens*, hervorgerufen durch die Luftnot. Die Kinder sprechen dann eher mit leiser, ausdrucksarmer Stimme, in kurzen oder in zerrissenen längeren Sätzen. Die vermehrte Anstrengung, die nötig wäre, führt zur Sprechfaulheit. Eine ungehindert fließende Sprache ist aber auch von einer fein abgestimmten Tätigkeit der Muskulatur der Atmung und der Sprechorgane Kehlkopf und Mund abhängig: Deshalb können *Kinder mit Bewegungsstörungen (z.B. Athetose)* nur undeutlich und viel zu wenig von dem herausbringen, was sie eigentlich geistig sagen könnten und möchten.

Störungen der Artikulation, also der klaren Sprechweise, hängen von den *Resonanzräumen* oberhalb des Kehlkopfes ab. Sie sind bei einer Behinderung der Nasenatmung (große Rachenmandel = »Polypen«?), bei einer Kieferspalte, bei Gaumensegellähmung zu beobachten.

Stammeln ist eine Störung der Aussprache. Bestimmte Laute wie »s«, »sch« werden beim *Lispeln* falsch ausgesprochen. Manche Kinder können das »g« schlecht aussprechen, sie ersetzen es mitunter durch »d«.

Beim **Stottern** ist der Redefluß gestört. Diese häufige Störung erstreckt sich von einer leichten Hemmung beim Sprechbeginn über wiederholte Ansätze, Worte ganz auszusprechen, bis zu einer völligen Unfähigkeit, sich sprachlich verständlich zu machen. Bei schwerer Beeinträchtigung werden auch Mitbewegungen des Gesichts, der Arme und Schultern bemerkt. Ein leichtes Stottern ist bei Kleinkindern in der Sprechentwicklung normal. Man beobachtet vor allem eine Wiederholung schwieriger Wörter. (»Ich, ich, ich gehe spielen.«) Für die Lebenssituation stärker stotternder Kinder ist bezeichnend, daß häufig auch andere Familienmitglieder darunter gelitten haben oder leiden, daß in einer Familie mangelnde Bereitschaft besteht, das Kind zu Wort kommen zu lassen, ferner ein strenger Lebensstil herrscht. Die Bedeutung der Umwelt zeigt sich auch darin, daß in den ersten Schuljahren unter der Schulbelastung Stottern vermehrt zu beobachten ist.

Ursache. Aus den oben geschilderten Einzelheiten ist erkennbar, daß sich Auffälligkeiten der Sprache (ihrem Inhalt nach) und des Sprechens aus dem normalen Entwicklungsgang eines heranreifenden Kindes erklären lassen, daß diese verstärkt unter ungünstigen seelischen Lebensbedingungen auftreten, daß aber auch Hirnschädigung sich gerade an diesen Merkmalen erkennbar machen kann.

Bei der Wichtigkeit der Sprache für den sozialen Kontakt ist verständlich, daß ein *sprachgestörtes Kind in eine Sonderstellung* geraten kann, vor allem wenn es ältere Kinder und Jugendliche sind. Spott, Hänselei und herabsetzende Nachahmung werden herausgefordert.

Dies gilt vor allem für einen *Stotterer.* Das physiologische Stotteralter liegt im 3.–4. Lebensjahr. Die Kinder wollen von ihrem Erlebnisinhalt mitteilen, mehr sagen, als sie sprach- und sprechtechnisch vorläufig noch ausdrücken können. Es sind vor allem die robusten Kleinkinder, die so auffallen. Später, in der Schulzeit, sind es mehr die sensiblen Kinder mit wenig Selbstvertrauen, die Sprechangst, Angst, zu laut zu sprechen, und Schüchternheit zeigen. Es gilt, ihr Selbstvertrauen allgemein zu stärken und ihnen damit mehr Mut zum Sprechen zu geben. Die *positive Haltung der Eltern und der anderen Erzieher* liegt darin, über diese Sprechstörung hinwegzusehen. Sie sollten ihr eigenes Erziehungsverhalten dem Kind gegenüber bedenken, Überforderungen abbauen oder vermeiden, das Kind besser zu Wort kommen lassen, durch Gelassenheit und persönliche Ruhe auf das Kind prägend einwirken. Ihr eigenes sprachliches Vorbild sollte in einer klar geprägten, ruhigen Aussprache liegen. In einer konkreten schwierigen Sprechsituation sollten sie dem Kind durch Mitsprechen, Ablenken oder verständnisvolles Zureden helfen, ohne aber direkt auf die Sprechbehinderung erkennbar einzugehen, ohne direkt zu korrigieren oder verunglückte Wörter korrigieren zu lassen. Wo die Kinder ihre Stärke haben, z. B. in schriftlichen Arbeiten oder in bestimmter Wesensprägung, sollte nicht mit

Lob gespart werden. Ungünstig reagierende Geschwister oder Kameraden sollten zum Verständnis erzogen werden. Mit einigen direkten Hilfen kann die Sprechweise übrigens auch gefördert werden: indem man ausnutzt, daß ein Stotterer beim Ablesen keine Schwierigkeiten hat, daß der Vortrag eines auswendig gelernten Gedichtes ohne weiteres gelingt, daß beim Singen die Worte ungestört kommen und daß auch bei einem bewußten Flüstern und leisen Sprechen das Stottern ausbleibt.

Anders ist es mit *stammelnden, lispelnden oder sprachlich verschlampten Kindern und Jugendlichen.* Diese muß man auf ihre Störung geduldig, aber auch entschieden hinweisen. Natürlich kommt es dabei sehr auf die Altersgruppe an, in der diese Sprachstörung beobachtet wird. Durch wiederholtes Sprechen wird Gelegenheit zur Verbesserung gegeben. Auch Atemübungen können helfen. Sprachschulen haben hier ihre besondere Aufgabe. Ratschläge sind vom Sprachheilpädagogen, vom HNO-Arzt oder vom Arzt einer Stimm- oder Sprachabteilung an einer Spezialklinik zu erwarten.

Jede stärker anhaltende Sprachstörung bringt aufgrund der gegebenen sozialen Schwierigkeiten die Gefahr einer Entwicklungsstörung und die Möglichkeit anhaltender Lebensschwierigkeiten.

≡ Stuhl, Besonderheiten der Stuhlentleerung

Normale Stuhlverhältnisse, Seite 86.
Besonderheiten im Afterbereich, Seite 135.
Einkoten, Seite 168.
Darmblutung, Seite 164.
Wurmbefall, Seite 245.

Farbänderungen des Stuhles. Diese ergeben sich zunächst in Abhängigkeit von der Nahrung oder durch Medikamente: *rotbraune Farbe* durch reichliche Karottenzufuhr (Säugling) oder nach Aufnahme von roten Beten, *grünliche Farbe* bei reichlichem Spinatgenuß, *schwarze Farbe* nach Einnahme von Kohletabletten oder Eisenpräparaten. Schwarze Stuhlfarbe (»*Teerstuhl*«) kann aber auch ein Hinweis auf eine erhebliche Darmblutung sein, wobei die Blutungsquelle in höheren Darmabschnitten, im Magen oder in der Speiseröhre zu vermuten ist; es kann sich aber auch um verschlucktes Blut bei Nasenbluten oder nach einer Rachenblutung (nach Mandeloperation z. B.) handeln. *Sehr hellbrauner Stuhl* (Ockerfarbe) wird bei Durchfällen beobachtet, Hinweis auf eine schnelle Darmpassage. *Grauweißer Stuhl* beweist, daß die Gallezufuhr unterbrochen ist, im Kindesalter allerdings eine sehr seltene Erkrankung.

Von **Durchfall** (Diarrhö) ist zu sprechen, wenn mehrere dünnflüssige Stühle entleert werden. Kolikartige Bauchschmerzen können dies einleiten und ziehende Schmerzen am After (Tenesmen) sie begleiten. Die Ursachen sind *Infektionen* des Verdauungsapparates (Bakterien, Viren, Pilze), *Allergien* gegen Nahrungsmittel und sonstige Nahrungsmittelunverträglichkeit (z. B. durch frisches Obst). Häufige Darmentleerung belastet die Kranken sehr durch den Verlust von Wasser und Nahrungsstoffen, auf die der Körper nicht verzichten kann (Kreislaufschwäche, Verlust der Gewebsspannung). Bei jeder ernsteren Durchfallskrankheit ist ärztliche Hilfe und bakteriologische Stuhluntersuchung vonnöten. Weitere Einzelheiten, insbesondere Behandlung des Durchfalls, Seite 167.

Von **Verstopfung** spricht man, wenn die tägliche Stuhlentleerung ausbleibt. Das gelegentliche Überspringen eines Tages ist belanglos. Chronisch verstopfte Kinder und Jugendliche setzen nur alle 2–4 Tage einen Stuhl ab. Er ist dann eher recht fest, in kleine Knollen gegliedert (»Schafkot«) und ziemlich dunkel. Die Ursachen sind mannigfaltig und nur durch ärztliche Untersuchung voll aufzuklären: *schlackenarme Kost* (reichlich Schokolade, Flüssigkeit, Banane, viel Milch), *Schmerzen beim Absetzen des Stuhles,* weswegen die Entleerung zurückgehalten wird (Einrisse am After, Hämorrhoiden), bei Kleinkindern auch eine *Verhaltensstörung* aus Protest gegen die Mutter; manchmal sind es *Medikamente* (z. B. längerer Gebrauch von bestimmten Hustensäften) oder die *Unterfunktion der Schilddrüse* (Hypothyreose). Ausnahmsweise findet der Arzt bei seinen näheren Untersuchungen eine *Engstelle am Dickdarm* als Weghindernis. Weitere Einzelheiten und Behandlung auf Seite 241.

Akute Stuhlverhaltung, vor allem verbunden mit Erbrechen und Bauchschmerzen, ist verdächtig auf eine akute Sperre im Nahrungsweg, auf einen *Darmverschluß (Ileus).* Ausführlich wird auf Seite 252 darauf eingegangen. Hier ist noch die Bemerkung wichtig, daß es bei einer Form des Darmschlusses, bei der *Invagination,* dennoch zur Darmentleerung kommt. Invagination besagt, daß sich ein Darmstück in ein anderes hineingeschoben hat. Da dies fast immer im Bereich des Dickdarmes geschieht, wird die Dickdarmschleimhaut dadurch gereizt, und sie reagiert mit verstärkter Schleimabsonderung. Durch die Stauung können auch einige Blutgefäße der Darmwand zerreißen, so daß auch noch etwas Blut austritt. So ist es charakteristisch, daß bei einer Invagination weißlicher oder blutiger Schleim in kleinen Portionen wiederholt unter heftigem Schmerz ausgestoßen wird. Etwas Stuhl kann noch dabei sein. Im Gegensatz zu einer Durchfallkrankheit wie der Ruhr werden nur kleine Mengen ausgeschieden in der Größenordnung eines Teelöffel- bis Eßlöffelinhaltes.

Als bedeutsame Beimengung zum Stuhl sind **Würmer und Schleimhautfetzen** zu nennen. Schleimhautfetzen sprechen für eine schwerwiegende Zerstörung vor allem an der Dickdarmwand. Jede Mutter wird sofort den Arzt zu Rate ziehen. Was Würmer angeht, gibt es verschiedene Größenordnungen, vom Spulwurm bis zum kaum sichtbaren Fadenwurm (Oxyure). Andere Würmer erscheinen nur mit Teilabschnitten ihres Körpers im Stuhl, die Bandwürmer. Es sieht aus, als wäre ein unverdautes Bandnudelstück abgegangen. Weitere Einzelheiten zum Wurmbefall auf Seite 245.

≡ Übelkeit

Übelkeit ist in der Regel mit Brechreiz und auch mit Erbrechen verbunden. In den meisten Fällen ist die **Ursache** leicht zu erkennen oder durch Fragen herauszubringen:

– wildes Spielen auf dem Rummelplatz, z. B. Karussellfahren,
– verdorbener Magen, z. B. nach einer Geburtstagsfeier,
– Zeichen einer leichten Vergiftung, z. B. bei der ersten Zigarette oder nach Alkoholgenuß (Geruchsfahne?),
– Folge eines Sturzes und damit Hinweis auf eine leichte Gehirnerschütterung.

Man sollte die Kinder hinsetzen oder hinlegen und etwas Tee oder verdünnten Fruchtsaft zu trinken geben.

In anderen Fällen könnte es sich um einen **beginnenden Infekt** handeln. Man sollte insbesondere nach **Bauchschmerzen** fragen. Unfallfolge könnte auch ein **Schädelbruch** sein. Länger dauernde Übelkeit ist auch auf eine **Erkrankung der Leber, der Nieren, des Magens oder der Bauchspeicheldrüse** verdächtig. Diese Einzelheiten muß die ärztliche Untersuchung klären.

≡ Unfallfolgen

Unfallfolgen können banal sein und ein alltägliches Ereignis bei Kindern und Jugendlichen: eine Beule, kleine Wunden, Prellungen, Übelkeit. Sie können schwerste Auswirkungen haben: *Knochenbruch und Verrenkung, Schädelverletzung, Gehirnerschütterung, tiefe Wunden mit reichli-*

chem Blutverlust, innere Verätzung, Verbrühung und Verbrennung, Folgen eines Elektrounfalles. Je nach den vordergründigen Symptomen sollte man im Stichwortverzeichnis nachschlagen, um zu sehen, was akut zu tun ist.

Im schlimmsten Fall besteht **Bewußtlosigkeit** (Seite 159) eine **Störung der Atmung** (Seite 142 und 148) und der **Herztätigkeit** (Seite 197). Wirkt sich etwas allgemein auf den Körper aus, ist dies am Kreislauf abzulesen: Es ist ein **Kreislaufschock** entstanden. Schock besagt in diesem Zusammenhang, daß die Durchblutung des Körpers gestört ist und die Sauerstoffversorgung des Organismus unzureichend ist.

Zeichen des Schocks sind: blasse, kühle Haut als Zeichen der Minderdurchblutung, kalter Stirnschweiß, kaum tastbarer Puls; oft allgemeine, ungezielte Unruhe, weite Pupillen; Benommenheit, von Schläfrigkeit (also noch ansprechbar) bis zu voller Bewußtlosigkeit.

Erste Hilfe: Flachlagerung. Beine hochlagern, wenn möglich mit breiten Binden umwickeln (Seite 161). Wärmeverlust durch Zudecken verhindern.

Sobald möglich sollte ärztliche Versorgung erfolgen, am besten noch am Ort beginnend mit Infusionen. Kann man den Hausarzt nicht erreichen, sollte man den Notarzt rufen oder sogleich – nach einem Versuch der telefonischen Besprechung – den Verunglückten schnell aber schonend ins Krankenhaus bringen.

Auch daran ist zu denken: Wird ein Kind bewußtlos und mit Verletzungen aufgefunden, muß es sich nicht unbedingt um eine äußere Ursache handeln. Es kann auch durch einen Krampfanfall, eine Unterzuckerung (bei einem mit Insulin behandelten Diabetiker), unter Alkoholwirkung oder durch eine Kreislaufschwäche eine hilflose Situation entstanden sein, in der das Kind hinstürzte.

Mehr und mehr Kinder, die aufgrund einer chronischen Erkrankung oder Behinderung ein höheres Lebensrisiko zu tragen haben, werden mit einer *Rettungsplakette* versehen, die in einer sonst unübersichtlichen Situation richtige Auskünfte gibt. Sie ist besonders für Kinder mit Hämophilie, chronischer Thrombozytenverminderung, Epilepsie, Diabetes mellitus und bei Unverträglichkeit bestimmter Medikamente zu empfehlen.

Vorbeugung: Durch einige Überlegungen sind die meisten Unfälle vermeidbar. Tod durch Ersticken ist die häufigste Ursache tödlicher Unfälle: Strangulation durch Schnüre und Haltegurte, Ersticken unter Kissen, Decken und in einem übergestülpten Plastikbeutel, Einatmen von Kugeln, Kleinteilen des Spielzeuges oder Badewasser. Dann die Sturzunfälle vom Wickeltisch, aus der Tragetasche, über Treppen hinunter, wenn sich die Kinder in einem »Gehfrei« bewegen. Im Kleinkindalter Ertrinken, unbeaufsichtigt in der Badewanne, im Garten in der Regentonne oder im Schwimmbecken. Verbrühungen treffen eher Kleinkinder durch heiße Getränke am Familientisch, Verbrennungen größere Kinder beim Spiel mit dem Feuer (siehe Seite 236). Vergiftungen gefährden alle Altersgruppen, vor allem aber die kritiklosen Kleinkinder, die alles in den Mund stecken. Zu den Materialien siehe Tabelle 5 auf Seite 239.

≡ Urin, Harn, Besonderheiten der Harnbeschaffenheit

Technik der Harngewinnung, Seite 84.

Die **Harnmenge** ist **vermindert** bei *Fieber, starkem Schwitzen und geringer Trinkmenge* sowie bei *schlechten Kreislaufverhältnissen*. So wird – im letzteren Zuammenhang – die Harnproduktion geradezu zu einem Maßstab für die Normalität oder Abnormalität der Körperdurchblutung; diese ist z. B. im Schock erheblich gestört.

Eine **echte Vermehrung** der Harnmenge muß unterschieden werden vom Befund des **häufigen Wasserlassens**. Bei *Reizzuständen der Harnblase* wird schon bei geringem Füllungsgrad die Harnentleerung erzwungen, mitunter unter ziehenden Schmerzen. Harnflut kann auf eine *Zuckerkrankheit* hinweisen.

Das **Aussehen des Urins** läßt wichtige Abweichungen erkennen. *Normalerweise* hat er eine schwach gelbliche Tönung bis zu einem dunklen Bernsteingelb. Ein *konzentrierter dunkler Harn* wird bei Fieber und längerem Dursten beobachtet.

Bei reichlicher Harnproduktion (z. B. bei großer Wasseraufnahme) ist die *Farbe eher heller*.

Wird ein *dunkelbrauner Urin* von der Farbe des dunklen Bieres ausgeschieden, ist an eine Lebererkrankung zu denken. In einem telefonischen Gespräch würde der Arzt nach der allgemeinen Körperfarbe und nach der Farbe der Bindehäute des Auges fragen, die eventuell Gelbsucht aufweisen könnten.

Ein *rötlicher Farbton* kann durch eine verstärkte Harnsäureausscheidung als harmlos zu erklären sein; in den Windeln können ziegelrote Flecken darauf hinweisen. Es kann sich aber auch um eine Blutbeimengung handeln. Charakteristisch für eine Nierenentzündung ist die »Fleischwasserfarbe«. Bei einer starken Harnblutung ist der Harn *braunschwarz*.

Ist der Harn *milchig-trüb mit gelblichem Ton*, ist an eine Entzündung der Harnwege zu denken. Schleimhautflocken können sich beim Stehenlassen absetzen. Bei mikroskopischer Untersuchung findet der Arzt dann vor allem weiße Blutkörperchen (Leukozyten), aber auch einige rote (Erythrozyten) und Bakterien.

Auch auf *andere Farbänderungen* sei hingewiesen, die zunächst vielleicht als sehr bedenklich angesehen werden, sie haben aber keine krankhafte Bedeutung: so die intensiv gelbliche Verfärbung durch B-Vitamine und einige Medikamente; der rötliche Farbton nach Genuß von roten Rüben (rote Bete) und bei Anwendung von Medikamenten gegen Fieber. Wird der Harn nach Stehenlassen trüb, ist dies durch Salzausfälle bedingt (z. B. bei geringer Raumtemperatur) oder aber ein Hinweis auf bakterielle Beimengungen, die im Auffanggefäß enthalten waren.

Der **Uringeruch** läßt kaum auf eine bestimmte Erkrankung schließen.

≡ Verbrennung, Verbrühung

Verbrennungen oder Verbrühungen führen zu lokaler Gewebsschädigung und – je nach Schweregrad der Hitzeeinwirkung – zu Allgemeinerscheinungen. Gerade die letzteren Auswirkungen, die sich im Aspekt als Schock (Seite 234) ausdrücken, schließen Lebensgefahr ein. Auf beides, auf die lokalen Wirkungen und die Allgemeinerscheinungen, muß die Erste Hilfe ausgerichtet sein.

Die **lokale Schädigung** wird folgendermaßen eingeteilt:

Verbrennung 1. Grades: Hautrötung;

Verbrennung 2. Grades: Blasenbildung und Flüssigkeitsaustritt aus den geschädigten Blutgefäßen;

Verbrennung 3. Grades: Zerstörung von Gewebsschichten, Blutungen ins Gewebe, eventuell Verkohlung.

Die **Allgemeingefährdung** läßt sich schon unmittelbar nach dem Ereignis abschätzen. Dabei kann die Handfläche des Kranken als Maß dienen:

Handfläche des Kranken = 1% Körperoberfläche.

Verbrennungsflächen über 7% bedeuten Lebensgefahr. Schneller und dabei schonender Transport ins Krankenhaus ist unbedingt nötig.

Kleinere Ausmaße können vielleicht zu Hause behandelt werden, falls nicht **bei besonderer Lokalisation** mit Heilungsschwierigkeiten gerechnet werden muß:

- am behaarten Kopf wegen der großen Gefahr eitriger Wundinfektion mit Übergang der Infektion auf das Schädelinnere;
- im Bereich der Augen wegen der Gefahr der Mitschädigung dieses Sinnesorganes und der Erfahrung, daß die Augen durch Wundödem zuschwellen:
- an Nase und Mund, wo Schwierigkeiten der Atmung und der Nahrungsaufnahme entstehen und eine schlechte Heilung unter starker Narbenbildung zu Verziehungen führen kann;
- im Mund-, Rachen- und Halsbereich wegen der möglichen Schluck- und Atembehinderung;
- an Händen, Füßen und in der Nähe von Gelenken, wo die Behandlung erfahrungsgemäß besonders schwierig ist und wegen der späteren Funktionstüchtigkeit dieser Organe möglichst wenig Narben entstehen sollten;
- im Bereich des Dammes mit Harnröhre, Penis, Scheide und After wegen der Gefahr der Harn- und Kotsperre sowie späterer Narbenverziehungen.

Erste Hilfe bei Verbrennungen: sofort kaltes Wasser über die erkrankte Fläche gießen, bis nach 5–10 Minuten der Schmerz etwas nachläßt. Bei größeren Flächen setzt man das Kind am besten in die Badewanne. Die Kleidung wird nur dort entfernt, wo dies leicht geschehen kann. Wo die Kleidung an die Haut geklebt ist, darf sie nicht abgerissen werden. Dann die erkrankten Flächen mit sauberen möglichst sterilen Tüchern abdecken. Keine Lokalbehandlung mit Mehl, Salben oder Puder! Schließlich die Kinder mit einigen Decken warm einpacken, damit vor Wärmeverlust schützen.

Erste Hilfe bei Verbrühungen, insbesondere wenn das Kind Kleider anhat: sofort reichlich kaltes Wasser über die verbrühten Körperbezirke gießen, erst dann die Kleider ausziehen und die weitere Versorgung, wie bei Verbrennung geschildert, anschließen.

Wenn möglich, sollte sogleich auch ein Arzt hinzugerufen oder das Kind hingebracht werden, damit er ein schmerzstillendes Mittel verabreicht, um dem Schockausmaß entgegenzuwirken.

Behandlung kleinerer Schadensflächen: Saubere Verbandabdeckung, leichte Fettsalben, eventuelle Salben mit Antibiotika.

≡ Vergiftungen

Bei einer Vergiftung oder auch nur bei Verdacht auf eine Vergiftung gibt es drei Regeln:

Umsichtig handeln! Schnell handeln! Keine Milch geben!

Verdacht auf eine Vergiftung müssen folgende Beobachtungen erregen:
– daß ein gesundes Kind plötzlich bewegungsunsicher, taumelig erscheint oder bewußtlos wird;
– daß ein Kind Verätzungen an den Lippen oder in der Mundhöhle zeigt, Schmerzen in der Mundhöhle äußert und reichlich Speichel absondert;
– daß es beim Spiel mit Medikamenten angetroffen wird, und seien es nur leere Packungen, die es in den Händen hat.

Die Entscheidung, ob der Vergiftungsverdacht berechtigt ist, muß sofort getroffen oder angestrebt werden.

Übersicht über die **Vergiftungssubstanzen** siehe Tab. 5.

Erste Hilfe. Vorrang vor der Giftentfernung hat die elementare Lebenshilfe, falls durch die Vergiftungssubstanz Atmung und Kreislauf beeinträchtigt sind. Das bedeutet bei *Atemstillstand* Atemspende (Seite 148), bei *Herzstillstand* äußere Herzmassage (Seite 194), bei *Bewußtlosen* richtige Lagerung (Seite 159).

Gasvergiftung. Sofortig frische Luft schaffen durch Öffnen oder Zerschlagen der Fenster, noch besser dadurch, daß der Kranke ins Freie gebracht wird. Keine Lichtschalter in einem Raum betätigen. Explosionsgefahr! Kein offenes Licht!

Aufnahme des Giftes durch den Mund. Ist der Kranke nicht bewußtlos, muß versucht werden, durch Erbrechen den *Magen zu entleeren.* Dies geschieht *nicht* bei Vergiftungen durch Trinken von Petroleum, Terpentin, Benzin und anderen organischen Lösungsmitteln, bei Säuren und Laugen oder sogenannten waschaktiven Substanzen (Entspannungsmittel), wie sie im Haushalt üblich sind.

Methode, um Erbrechen herbeizuführen: Reichlich warmes Wasser zu trinken geben, Himbeersaft kann zur Geschmacksverbesserung dienen. Wenn dieses Getränk abgelehnt wird, in großer Menge anderes Wasser oder Fruchtsaft (kein Salzwasser) anbieten, auch unter Zwang. Kleinkinder dann quer, mit dem Bauch nach unten, über die Knie eines Erwachsenen

Tab. 5   Vergiftungsmaterialien

Reinigungsmittel des Haushalts

Medikamente der verschiedensten Art

Giftige Gase wie Kohlenmonoxid und Chlor, verdampfte organische Lösungsmittel wie Äther und Azeton

Organische Lösungsmittel wie Petroleum, Benzol, Terpentin, Azeton

Pflanzengifte aus Herbstzeitlose, Pilzarten (Knollenblätterpilz, Gifttäublinge, Fliegenpilz, Lorchel, Pantherpilz), Bilsenkraut, Seidelbast, Tollkirsche, Stechapfel, Eisenhut, Goldregen, rohen grünen Bohnen, bitteren Mandeln

Pflanzenschutzmittel

Giftstoffe aus verdorbenen Konserven und schlecht geräucherten Fleischwaren

Lötwasser

Rattengift, Schlangengift

Alkohol, Drogen, Rauschmittel, auch organische Lösungsmittel, die durch »Schnüffeln« aufgenommen werden

Knopfbatterien, Minibatterien

legen, Kopf und Gesicht nach unten hängend. Finger oder Löffelstiel in den Rachen stecken, bis Erbrechen eintritt (Abb. 64, S. 240). Größere Kinder oder Jugendliche werden zum Erbrechenlassen in Seitenlage gebracht.

Grundsätzlich gilt: *Keine Milch geben, kein Rizinusöl!*

Verätzung durch Säuren oder Laugen. Kein Erbrechen herbeizuführen suchen! Man gibt reichlich Wasser zu trinken, um den Verdünnungseffekt des Wassers auszunützen. In dieser Situation kann ausnahmsweise auch ½ Liter Milch, in den etwa 3 Eiklar verquirlt sind, gegeben werden. Keine kohlensäurehaltigen Getränke.

Bei ätzenden Materialien, die auf die Haut einwirken: Bekleidung entfernen (ohne sich selbst zu schädigen!). Betroffene Hautstelle mit reichlich Wasser abspülen und mit Seife waschen.

Augenverätzung siehe Seite 153.

Giftschlangenbiß siehe Seite 214.

In unklaren Fällen holt man sich *Rat vom Hausarzt* oder direkt in einer *Vergiftungszentrale.* Drei **Informationszentralen für Vergiftungsfälle** seien hier genannt (Tag und Nacht erreichbar):

Berlin: Beratungsstelle für Vergiftungserscheinungen und Embryonaltoxikologie, Universitäts-Kinderklinik, Tel.: (030) 3023022.

Abb. 64
Erbrechenlassen bei einer Vergiftung.
Einzelheiten im Text.

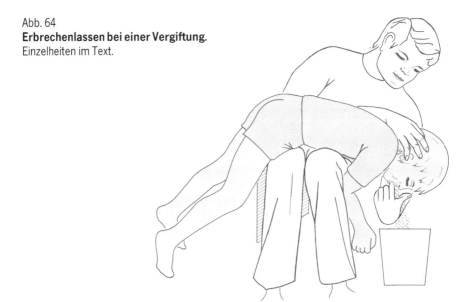

Wien: Vergiftungsinformationszentrale, Universitätskliniken, Tel.: (Vorwahl 02 22) 43 43 43.

Zürich: Schweizerisches Toxikologisches Informationszentrum, Gerichtlich-Medizinisches Institut der Universität, Tel.: (Vorwahl 01) 251 51 51.

Vor dem telefonischen Anruf sollte man sich *auf 5 Fragen vorbereitet* haben:

1. Welche Substanz und wie wurde sie eingenommen? (Durch den Mund, durch Inhalation über den Atemweg, durch Injektion?)
2. Welche Menge?
3. Wann eingenommen?
4. Wie alt ist das Kind oder der Jugendliche?
5. Wie ist der Zustand? (Ansprechbar? Krämpfe? Erbrechen? Hautfarbe? Atmung?)

So dringend wie nötig und so schnell wie möglich sind die Voraussetzungen für eine speziellere ärztliche Hilfe, also der Transport in ein Krankenhaus, zu organisieren.

Transport: Bewußtlose Kranken werden in Seitenlage transportiert. Erbrechende Kleinkinder nimmt man in Bauchlage quer auf die Knie. Ein kleiner Eimer wird mitgenommen, in den die Kinder weiter erbrechen können.

≡ Verschlucken

Von Verschlucken spricht man, *wenn Flüssigkeit oder ein fester Körper in den Kehlkopf oder noch tiefer geraten sind.* Schwere Atembehinderung ist die Folge. Einzelheiten siehe Seite 142.

Von Verschlucken spricht man aber auch, wenn *ein Fremdkörper,* der nicht als Nahrungsmittel vorgesehen sein konnte, z.B. ein Geldstück, *in die Speiseröhre gelangt ist.* Aber auch ein Bonbon kann verschluckt werden, bevor es geschmolzen ist, ein Fleischbrocken, der noch nicht genug kleingekaut war, oder aus Versehen auch eine Fischgräte. Einzelheiten dazu Seite 177.

≡ Verstopfung

Bleibt die Darmentleerung länger als einen Tag aus, spricht man von Verstopfung. Je länger sich die Entleerung verzögert, um so fester wird die Beschaffenheit des Kotes, so daß schließlich die Entleerung nur unter **Schmerzen am After** erfolgt. *Einrisse* können entstehen. *Blut* kann dem Stuhl dann *aufgelagert* sein. Hinter einer Kotstauung bilden sich vermehrt *Darmgase.* Dadurch und eben durch die verstärkte Kotfüllung des Darmes entstehen nicht selten heftige *Bauchschmerzen,* die meist kolikartigen Charakter haben.

Die *Erste Hilfe* arbeitet mit einem Einlauf oder der Gabe von abführenden Zäpfchen oder Rektiolen. Besser ist es, mit Abführmitteln, die durch den Mund eingenommen werden, zum Ziel zu kommen, weil dann der Entleerungsmechanismus mehr dem normalen Ablauf folgt (Abführsäfte also oder Milchzucker).

Neigen Kinder zur Verstopfung, sollte die *Ernährung neu überdacht werden:*

- weniger: Kuchen, Weißbrot, Schokolade, Banane, Milch;
- mehr: Obstsäfte, Gemüse, Salate, Schwarzbrot, Obst mit der Schale, Joghurt.

Bedeutung von Schleimhautrissen am After für die Entstehung der Verstopfung, siehe Seite 241.

Bedeutung der Verstopfung für das Symptom des Einkotens, siehe Seite 168.

Beim Brustkind wird eine scheinbare Verstopfung beobachtet (**Scheinverstopfung**). Die Stuhlentleerung erfolgt vielleicht nur alle paar Tage, nicht deshalb nur so wenig, weil Kot aufgestaut wird, sondern weil aufgrund der besonderen Beschaffenheit der Muttermilch weniger Schlacken anfallen. Eine Behandlung ist somit unnötig.

≡ Verwirrtheit, uneinfühlbare Wesensveränderung

Ein Kind oder ein Jugendlicher fällt auf durch ein aus der Situation unverständliches Verhalten. In erster Linie ist an drei Möglichkeiten zu denken und entsprechend zu handeln:

- an eine **Vergiftung** einschließlich **Drogeneinnahme** oder **Alkoholvergiftung,** Einzelheiten auf Seite 238.
- an einen **Gehirnkrampf;** es gibt Anfälle, die sich nicht in Zuckungen, sondern in einer unverständlichen Wesensänderung äußern, sie können Minuten bis Stunden anhalten;
- bei Diabetikern (Zuckerkrankheit), die Insulin erhalten, an eine **Unterzuckerung.**

In jedem Fall ist sofortige ärztliche Hilfe nötig. Trotz der eigenen Verunsicherung und Aufregung muß man dem Kranken mit größter Ruhe begegnen, vor allem dann, wenn in der Wesensänderung Ängste, Aggressivität, Verkennung der Umwelt oder Suizidgefahr erkennbar sind. Ein Verwirrter und Hilfloser muß immer und in erster Linie als hilfsbedürftiger Kranker angesehen werden, und wenn er sich noch so aggressiv gibt!

≡ Wunden

Wundsein, Seite 244.
Verbrennung, Verbrühung, Seite 236.
Insektenstiche, Seite 197.

Die hier zu besprechenden Wunden sind Verletzungsfolgen, also durch mechanische Gewebstrennung entstanden. Als Flüssigkeit ergießen sich Gewebswasser (Lymphe) und vor allem Blut in den Gewebsspalt. Sie gerinnen, schließen damit die Wunde und trocknen zu einer Borke.

Man unterscheidet:

Schnittwunden. Sie haben einen glatten Wundrand, die Wunde ist gut zu überschauen. Liegen die Wundränder nicht an, spricht man von klaffender Wunde.

Stichwunden. Die Oberflächenöffnung ist klein. Das Tiefenausmaß ist schlecht bestimmbar.

Quetschwunden. Der Rand ist unregelmäßig gezackt. Die Gewebszertrümmerung kann tief gehen, der Bluterguß reichlich sein. Ursache: stumpfe Gewalteinwirkung wie Einklemmen, Überfahrenwerden, Stockhieb, Steinwurf.

Platzwunden. Stumpfe Gewalteinwirkung traf auf Weichteile, die über Knochenflächen liegen. Typische Verletzung: Stirnwunde, wenn ein Kind gegen eine Türkante oder einen Heizkörper rennt.

Rißwunden. Die Ränder sind unregelmäßig zerfetzt. Oft sind die Wunden infiziert.

Kratzwunden, Hautabschürfung. Eine Hautabschürfung ist eine Flächenwunde von geringer Tiefe. Kratzwunden sind meist ausgelöst durch juckende Hauterkrankungen oder Tierverletzungen.

Bißwunden. Sie bieten das Bild einer oberflächlichen Stichwunde, kombiniert mit der Quetschung tieferliegender Gewebe.

Schußwunden. Die Tiefe ist abhängig von der Größe, Form und Durchschlagskraft des Geschosses.

Erste Hilfe und weitere Maßnahmen. Maßnahmen der Blutstillung siehe Seite 161. Steriles Abdecken, um Wundinfektionen zu vermeiden. Man deckt mit sterilen Mullplatten aus der Hausapotheke ab. Sehr praktisch sind die sog. Schnellverbände. Weiteres zu den Verbänden siehe Seite 112. Immer zum Arzt bei größerer Wunde, bei unübersichtlicher Wundausdehnung in die Tiefe hinein, bei wesentlicher Blutung, bei bedenklicher Wundinfektion. In diesem Zusammenhang muß auch immer *der Impfschutz gegen Wundstarrkrampf* überprüft werden (Impfpaß mitnehmen).

Tollwutinfektion. Besondere Überlegungen und Maßnahmen sind dann nötig, wenn eine Biß- oder Kratzwunde von einem möglicherweise tollwütigen Tier stammt oder wenn ein Kind Berührungskontakt mit einem möglicherweise tollwütigen Tier hatte. Kennt man das Tier, ist es eingefangen oder wird es im Haus gehalten, darf es nicht getötet werden, sondern es ist dem Tierarzt zur Beobachtung und Beurteilung zu übergeben. Bei Gefahr einer Ansteckung muß die Wutschutzbehandlung unverzüglich einsetzen (Einweisung in ein Krankenhaus). Diese Situation ist gegeben, wenn ein Kind offene Hautstellen hat und ein tollwütiges oder auf Tollwut verdächtiges (auch schon totes) Tier berührt hat oder von einem solchen Tier gebissen worden ist. Schon bei Verdacht auf Tollwut bei dem betreffenden Tier muß also die Behandlung beginnen. Sie wird allerdings abgebrochen, wenn sich durch genaue ärztliche Beurteilung des lebenden Tieres oder Untersuchung des toten Tieres herausgestellt hat, daß der Verdacht unbegründet ist. Tollwut ist nicht heilbar. Nicht jeder gebissene Mensch erkrankt, aber jeder erkrankte stirbt. Was im Einzelfall zu tun ist, ist eine wichtige, oft schwierige ärztliche Entscheidung.

Tollwutverdächtig sind Wildtiere, die ihre natürliche Scheu vor dem Menschen verloren haben (vor allem Füchse, Rehe), so daß sie bis auf wenige Schritte herankommen. Meist sehen sie struppig und abgemagert aus. Auch bei Hunden, Katzen, bei Rindern, Schafen und Schweinen kann Tollwut beobachtet werden. Hunde werden mürrisch und beißsüchtig, sie versuchen unverdauliche Gegenstände zu fressen. Katzen werden angriffslustig, kratzen und beißen; der Drang, aus der gewohnten Häuslichkeit zu entweichen, ist bei ihnen besonders ausgeprägt.

☰ Wundsein

Wundsein betrifft vor allem die *Windelregion*, weshalb man auch von Windeldermatitis spricht. Mit Wundsein reagiert eine zarte Haut bevorzugt auch an anderen Körperstellen, falls *Haut auf Haut liegt,* also in der Achselhöhle und am Hals, vor allem bei dicken Kindern.

Die **Neigung zum Wundwerden** ist bei den einzelnen Säuglingen sehr verschieden. Sie steigt in jedem Fall bei Durchfallkrankheiten und bei schlechter Pflege. Daß eine Hautreizung durch die aufweichende Wirkung von Harn und Stuhl gefördert wird, ist leicht verständlich. Es entwickeln sich gerötete Flächen, die stellenweise Wundstellen (Erosionen), leicht blutende Bezirke, manchmal Blasen oder Blasenreste oder weißliche Flecken (Pilzbefall?) aufweisen können.

In der *Behandlung* kommt dem häufigen Trockenlegen und dem täglichen Bad, eventuell in einem Kamillenabsud, die größte Bedeutung zu. Die Hautreinigung bei Windelwechsel erfolgt nur mit Öl und Watte. Messerrückendick wird auf die Wundstellen eine leichte Creme oder die schwere Zinkpaste gestrichen. Für einige Tage kann man auch einen Versuch mit einer kortikoidhaltigen Salbe machen, manchmal mit überraschendem Erfolg. Beim Verdacht auf Pilzbefall verordnet der Arzt eine spezielle Salbe, die bei der bekannten Hartnäckigkeit der Pilzinfektion lange genug gegeben werden muß. Fleckige Rötung spricht auch gut auf Farbstofflösungen an (z. B. Pyoctanin).

Hat man nun sehr große Schwierigkeiten, mit dem Wundsein fertig zu werden, sollte man *das eigene System der Körperpflege grundsätzlich in Frage stellen*. Es wäre zu überlegen, das Fabrikat der Einmalwindeln zu wechseln oder auf Stoffwindeln überzugehen, Gummi- oder Plastikhosen wegzulassen, andere Präparate zur Körperpflege (Öle, Salben) zu wählen und die Kinderwäsche mit anderen Waschsubstanzen zu waschen.

≡ Wurmbefall

Von Würmern befallene Kinder oder Jugendliche klagen gelegentlich über Bauchschmerzen, Übelkeit; auch Erbrechen kann bei erheblicher Verwurmung davon herrühren. Das abendliche Afterjucken ist ein verdächtiges Zeichen. So sehr es Statistiken gibt, die einen starken Wurmbefall in unserer Bevölkerung erkennen lassen, so selten ist es doch, daß Würmer direkt gesehen werden. Die Aufregung bei Kind und Mutter ist verständlicherweise groß. Häufig werden bei der mikroskopischen Untersuchung des Stuhles Wurmeier gefunden.

Um folgende **Wurmarten** kann es sich handeln:

Spulwürmer (Askaris). Sie sehen wie ein kräftiger Regenwurm aus, sind aber grauweiß, Länge 20–30 cm.

Fadenwürmer (Oxyuren). Sie ragen aus dem frischen Stuhl wie abgeschnittene weiße Fadenstücke heraus und bewegen sich dabei meist lebhaft, Länge 5–15 mm.

Bandwürmer (Rinderbandwurm). Den ganzen Wurm, der eine Länge von über 1 m haben kann, bekommt man kaum zu Gesicht, sondern nur die 5–10 mm langen Glieder (Proglottiden), die am Ende des Wurmes abgestoßen werden und wie Nudelstücke aussehen.

Eine *Wurmkur* wird vom Arzt verordnet. Die Eltern sollten sie nicht selbständig ansetzen. Der Arzt muß genaue Verhaltensmaßregeln geben, damit der volle Erfolg eintritt. Bei einem Oxyurenbefall eines Familienmitgliedes muß die ganze Familie auf einmal, also Eltern, Geschwister und in Gemeinschaft wohnende Großeltern eingeschlossen, behandelt werden, da man bei der persönlichen Nähe, die in einer Familie herrscht, von einem allgemeinen Befall ausgehen muß. Würde nur eine Person behandelt, könnte eine erneute Infektion von einem unbehandelten Familienmitglied ausgehen.

Einige Krankheiten
mit ihren besonderen Problemen

Da das vorliegende kleine Buch insbesondere für akute Situationen als Ratgeber gedacht ist, gingen wir in erster Linie vom vorherrschenden Krankheitszeichen aus, wie es Eltern und anderen, die Kinder und Jugendliche versorgen, erkennbar wird. Dieses Vorgehen brachte es mit sich, daß im jeweiligen Zusammenhang schon zahlreiche Krankheitsbilder geschlossen dargestellt wurden. So bleiben für diesen Abschnitt nur einige wenige Krankheiten übrig, die bisher ungenügend besprochen wurden, und für die es gilt, noch einige besondere Bemerkungen zu machen. In der Tabelle 6 sind die nun aufgeführten Krankheitsbilder alphabetisch zusammengefaßt. Findet ein Leser in dieser Liste nicht, was er sucht, möge er den Weg über das Sachverzeichnis gehen.

Tab. 6 Einige Krankheiten mit ihren besonderen Problemen.

≡ AIDS, erworbene Immunschwäche

Die Infektion mit einem Virus, *HIV* genannt (*H*uman *I*mmunedeficiency *V*irus), kann zu einer bisher unheilbaren Schwäche der Infektabwehr, zu *AIDS* führen (*A*cquired *I*mmune *D*eficiency *S*yndrome). Infektion bedeutet aber noch nicht Erkrankung, und wenn Erkrankung, ist der Zeitpunkt tragischerweise sehr ungewiß. Die *Übertragung* erfolgt durch Geschlechtsverkehr, möglicherweise (heute sehr selten) über Blutkonserven oder von der werdenden Mutter durch den Mutterkuchen (Plazenta) auf das reifende Kind. Denkbar ist auch der Weg über die Muttermilch. Die übertragenden Mütter sind meist zudem drogensüchtig. Die HIV-positive Mutter muß noch nicht am Krankheitsbild AIDS erkennbar erkrankt sein. In dieser Situation gilt jedes neugeborene Kind bis zum Beweis des Gegenteils als infiziertes Kind. Leider dehnt sich diese Unsicherheit bis zu einem Zeitraum von mitunter 10 Jahren aus.

Symptome: Ob schon im Mutterleib eine Organschädigung des Kindes durch das Virus möglich ist, wird diskutiert, ist aber nicht bewiesen. Zeigt ein HIV-positives Kind bei der Geburt gestaltliche Abweichungen, wäre auch daran zu denken, daß viele HIV-positive Mütter in der Schwangerschaft auch Drogen und anderen Giftstoffen (u. a. Alkohol und Rauchen) ausgesetzt waren. Uncharakteristischer Beginn mit Müdigkeit, Durchfall und allgemeiner Lymphknotenschwellung, über Monate wechselnde belastende Infektneigung: Fieber, mangelndes Gedeihen, Lungenentzündung, Pilzinfektionen, Mundfäule.

Ursache: HIV-Virus, siehe oben. Nachweis der Erkrankung durch Blut-Reaktionen.

Behandlung: Nur für die Symptome im Sinne einer Linderung möglich. Gezielte Medikamente, unmittelbar gegen den Erreger gerichtet, in der Erprobung. Wichtig ist, diese Kinder vor Umgebungsinfekten zu schützen, da ihnen schon z. B. ein grippaler Infekt lebensbedrohlich werden kann.

Umgebungsgefährdung: Übertragungsflüssigkeiten sind Sperma, Vaginalsekret und Blut. Gewöhnlich besteht also für Eltern, Geschwister oder Spielkameraden keine Gefahr, so daß für infizierte Kinder eine Beschränkung der Sozialkontakte nicht zu rechtfertigen ist. Große Statistiken besagen, daß Geschwister innerhalb von Familien (und ein engerer Kontakt ist bekanntlich nicht denkbar) noch nicht angesteckt worden sind. Eine Übertragungsgefährdung anderer ist also bei üblichen Kontakten nicht zu fürchten.

≡ Allergie

Veränderungen im Körper: Entstehung einer Allergie siehe Seite 37. Ein erster Kontakt mit einer Substanz (=Antigen) führt zur Bildung von Abwehrstoffen (=Antikörper). Bei einem späteren weiteren Kontakt kann der Körper überschießend in einer besonderen Überempfindlichkeit reagieren (=Allergie), was dann in ihrer Stärke eine Krankheit bedeutet. Es gibt Sofortreaktionen bei einem neuerlichen Kontakt oder Spätreaktionen nach 12–48 Stunden oder später.

Symptome: Sofortreaktionen sind Kreislaufschock, Fieber, Schnupfen, Hautausschlag verschiedener Formen (Flecken, Quaddeln) u. a. Spätreaktionen sind Tuberkulinreaktion, Ekzeme, Serumkrankheit, Abstoßung von transplantierten Organen, Nahrungsmittelallergie, allergisches Asthma bronchiale.

Ursachen: tote Materialien wie Kontaktstoffe oder Medikamente, Naturprodukte wie Pollen, infektiöse Organismen wie Bakterien, Viren oder Pilze.

Behandlung: Desensibilisierung, d.h. länger dauernde Zufuhr des Stoffes in ungefährlicher, aber dann steigender Menge (z.B. bei Pollenallergie) oder Vermeiden der Substanz (bei Nahrungsmittelunverträglichkeit). Akut Kortison oder andere Medikamente, die dann gegen die entstandenen Krankheitszeichen gerichtet sind. Zöliakie und Hinweis auf Kuhmilchunverträglichkeit s. Seite 292.

≡ Angina, Mandelentzündung

Veränderungen im Körper: Unter Angina (»Enge«) versteht man eine entzündliche Erkrankung der Abwehrorgane am Eingang zum Rachen, eine Erkrankung der Mandeln (vgl. Abb. 32, S. 127). Diese Organe schwellen und verengen damit den Rachenring beiderseits vom Zäpfchen. Sie können weißliche Beläge haben.

Symptome: Schluckbehinderung, Schluckschmerz mit Ausstrahlung ins Ohr, kloßige Sprache, Schwellung der Halslymphknoten, Fieber.

Ursachen: Infektion durch Viren, Bakterien. Es gibt auch Angina bei Scharlach, bei Diphtherie, im Rahmen des Pfeifferschen Drüsenfiebers. Inkubationszeit je nach Erreger: 4–14 Tage.

Behandlung: Ärztliche Beurteilung nötig. Bettruhe, leichte Kost, fiebersenkende Maßnahmen, Medikamente nach ärztlicher Verordnung, meist ein Antibiotikum.

Komplikationen: Abszeßbildung hinter den Mandeln, Nierenentzündung, Miterkrankung des Herzens, rheumatisches Fieber und Gelenkreizung.

Seuchenhygienische Maßnahmen: Für einige Tage Isolierpflege. Besondere Maßnahmen, falls die Angina zum Krankheitsbild der Diphtherie und des Scharlachs gehört.

≡ Appendizitis, Blinddarmentzündung, Wurmfortsatzentzündung

Veränderungen im Körper: Entzündung des Wurmfortsatzes, der dem Blinddarm anhängt. Akute, schnell verlaufende Entzündung, die leicht zum Darmwandbruch führt (Perforation), oder chronische Entzündung, die in Schüben verläuft.

Symptome: Schmerz im rechten Unterbauch, manchmal auch an atypischer Stelle, mäßig hohes Fieber, eventuell Erbrechen.

Ursache: Bakterieller Infekt.

Behandlung: Bei akuter Entzündung Operation, bei chronischer zunächst antibiotische Behandlung, später Operation.

Komplikationen: Bauchfellentzündung bei Perforation.

≡ Blutarmut, Anämie

Veränderungen im Körper: Verminderung der roten Blutkörperchen (Erythrozyten) aufgrund einer Knochenmarkschwäche (Bildungsstörung), eines Eisenmangels (Ausreifungsstörung), einer vorzeitigen Zerstörung (Hämolyse) oder einer Blutung. Am häufigsten: Eisenmangel.

Symptome: Blässe, Leistungsschwäche. Bei Hämolyse Gelbsucht. Bei Blutung Zeichen der Blutung. Bei Eisenmangel meist vorausgehend oder noch im Augenblick Infekt.

Ursachen: Infekte, Allergie, Giftstoffe mit Wirkung auf die Bildung und Lebensdauer der Erythrozyten; Wunden.

Behandlung: Bekämpfung des Infektes, des Eisenmangels und der anderen Bedingungen, die zur Anämie führten.

≡ Bluterkrankheit, Hämophilie

Veränderungen im Körper: Angeborene Störung der Blutgerinnung, allgemein erhöhte Neigung zum Bluten.

Symptome: Gefahr eines erheblichen Blutverlustes schon bei kleincn Wunden, z. B. nach einer Zahnextraktion. Neigung zu blutigen Gelenkergüssen, die bald Gehbehinderung machen können.

Ursache: Verminderung von Gerinnungsstoffen im Blut.

Behandlung: Gute Blutstillung, Injektion von Gerinnungsfaktoren. Ruhigstellung betroffener Gelenke. Vermeiden weiterer Verletzungen.

Komplikationen: Innere Blutungen in lebenswichtige Organe, Gelenkdauerschäden.

≡ Blutvergiftung, Sepsis

Veränderungen im Körper: Ein zunächst umschriebener Eiterherd bricht in die Blutbahn ein, Bakterien werden allgemein verschleppt. Neue Herde entstehen. Nicht selten ist die Eintrittstelle unbekannt.

Symptome: Fieber, Schüttelfrost, sehr schlechtes Allgemeinbefinden.

Ursache: Bakterielle Infektion.

Behandlung: Antibiotika, Infusion zur Kreislaufstütze, Fieberbehandlung. Krankenhausaufnahme unbedingt nötig.

≡ Bronchialasthma, Asthma bronchiale

Veränderungen im Körper: In Schüben verlaufende chronische Erkrankung der Bronchien, wobei im Anfall vermehrte Schleimsekretion und Verkrampfung der Bronchialmuskulatur besteht.

Symptome: Schwere Atemnot, vor allem die Ausatmung ist behindert.

Ursachen: Allergie, wiederholte Infekte durch Viren und Bakterien, psychische Belastung (im Einzelfall sehr verschiedene Schwerpunkte).

Behandlung: Im akuten Anfall Mittel, die den Brochialkrampf lösen, eventuell Kortison, Beruhigungsmittel, Frischluft. Infektbehandlung. Weiteres auf Seite 142.

Komplikationen: Lungenentzündung, Herzschwäche.

≡ Bronchitis, Bronchiektasie

Veränderungen im Körper: Entzündliche Reizung der Schleimhaut der Luftwege, bei chronischer Dauer Erweiterung der Bronchien (Bronchiektasie). Oft mit Schnupfen und Nasennebenhöhlenentzündung verknüpft.

Symptome: Husten, Fieber.

Ursachen: Viren, Bakterien, eventuell Pilze; allergieauslösende Substanzen. Mukoviszidose, s. Seite 277.

Behandlung: Hustensaft, Salben gegen Erkältungskrankheiten, eventuell Antibiotika. Zur Behandlung bei Mukoviszidose s. Seite 277.

Komplikationen: Lungenentzündung, Brustfellentzündung.

≡ Darmverschluß, Ileus

Veränderungen im Körper: Verlust der Durchgängigkeit des Darms für die Nahrung.

Symptome: Stuhlverhaltung, Leibschmerz, Erbrechen, aufgetriebener Bauch. Kreislaufschwäche, eventuell Fieber.

Ursachen: Darmlähmung durch bakterielle Gifte und Kaliummangel, Verlegung der Darmlichtung durch Geschwülste, Kotmassen, Wurmknäuel, Darmdrehung (Volvulus) oder Darmeinstülpung (Invagination), Strangulation durch Verwachsungsstränge. Angeboren als Entwicklungsfehler (angeborener Darmverschluß). Entgegen mancher Vorstellung in der Volksmedizin entsteht keine Gefahr, schon garnicht eines Darmverschlusses, wenn Wasser und Obst, speziell Steinobst, gleichzeitig oder schnell hintereinander verzehrt werden.

Behandlung: Je nach Grundlage durch Antibiotikum, Kaliumersatz, Operation.

Komplikationen: Darmwandbruch, Bauchfellentzündung, Kreislaufversagen.

☰ Diphtherie

Veränderungen im Körper: Entzündung der Mandeln und der umgebenden Rachenschleimhaut, ferner der Schleimhaut des Kehlkopfes und der Luftröhre, der Nase, der Bindehaut der Augen, der Scheide, Befall auch von Wundflächen (Wunddiphtherie). Erhebliche weiche Schwellung der regionalen Lymphknoten.

Symptome: Schluckschwierigkeiten, eventuell Atemnot, Kreislaufschwäche. Schweres Krankheitsbild.

Ursachen: Diphtheriebakterien mit ihren Toxinen. Inkubationszeit: 2–5 Tage und länger.

Behandlung: Serumgaben, schon bei Verdacht; Antibiotika, Kreislaufstütze, Fieberbekämpfung.

Komplikationen: Schwere Atemnot, Herzmuskelschwäche, Nervenlähmungen.

Seuchenhygienische Maßnahmen: Strenge Isolierung und Desinfektionsmaßnahmen. Meldung an Gesundheitsamt. Untersuchung und Behandlung der Kontaktpersonen nötig.

☰ Drei-Tage-Fieber

Veränderungen im Körper: Allgemeinerkrankung mit geringer Beteiligung der Schleimhäute, insbesondere Beteiligung des Luftweges und des Rachens.

Symptome: Hohes Fieber für 3 Tage, dann Abfieberung und Auftreten eines kleinfleckigen Hautausschlages, vor allem am Rumpf.

Ursache: Virus. Inkubationszeit: 7–14 Tage.

Behandlung: Fiebersenkende Maßnahmen.

Komplikationen: Großer Krampfanfall.

≡ Epilepsie, Krampfleiden

Allgemeines über Anfälle, Seite 135 und 201.

Veränderungen im Körper: Wiederholte, plötzliche Reizung bestimmter Hirnregionen (»Hirnkrampf«).

Symptome: Große und kleine Anfälle. Großer Anfall mit Bewußtlosigkeit, allgemeiner Körperverspannung, rhythmischen Zuckungen, Einnässen und Nachschlaf. Kleine Anfälle von sehr verschiedener Prägung: Serien von Einzelzuckungen oder Bild der Bewußtseinspause (Absence) oder anfallshaft »unerklärliche« Affektänderungen u. a.

Ursachen: Hirnnarben nach Entzündung oder Verletzung, Hirnfehlbildungen, Hirnstoffwechselstörung. Oft keine Ursache zu finden.

Behandlung: Einstellung auf Medikamente, die jahrelang sehr sorgfältig gegeben werden müssen, insbesondere auch bei einem Infekt mit Fieber. Regelmäßige Kontrolluntersuchungen einschließlich Hirnstromkurve (EEG).

Komplikationen: Lähmungen, Dauerkrampf, der durch Injektion unterbrochen werden muß. Sturzfolgen, wenn der Kranke im Anfall hinstürzt. Möglicherweise auch Entwicklungsverzögerung.

≡ Fettsucht, Adipositas

Veränderungen im Körper: Von Übergewicht spricht man, wenn das Normalgewicht (bezogen auf die Körperlänge) um mehr als 15% überschritten ist, von Fettsucht bei einem Überschreiten von mehr als 25%. Eine *Faustregel für das Sollgewicht* liegt bei einer Durchschnittsgröße in der folgenden Formel:

Sollgewicht = 2mal Zahl der Lebensjahre plus 8 kg.

Ein 5jähriges Kind wiegt also rund 18 kg. Bei jeder Gewichtsbeurteilung (nach oben oder unten) ist der Konstitutionstyp eines Menschen vordergründig zu bedenken, schließlich ist auch daran zu erinnern, daß in der Kindesentwicklung Phasen des bevorzugten Streckungswachstums mit Phasen des bevorzugten Massenwachstums abwechseln. Verstärktes Massenwachstum sieht man im Säuglingsalter und in der Präpubertät/Pubertät.

Symptome: In der Regel ist an allen Körperregionen eine Massenzunahme zu erkennen, reichlich Fettpolster mit den Schwerpunkten Schultern, Bauch und Oberschenkel. Ist ein Massenwachstum mit Überlänge verbunden, spricht man von einem Fettsuchtriesen (Adiposogigant). Bei schneller Gewichtszunahme kann es zu Platzstreifen der Haut kommen, wie man sie an der Bauchhaut von Schwangeren kennt (Striä): anfangs blaurote, später weißliche schmale Streifen.

Ursachen: Konstitutionelle Faktoren (Veranlagung, Vererbung) spielen sicher eine Hauptrolle. Sehr bedeutsam ist dann die reichliche Nahrungsmenge unter Bevorzugung von Kohlenhydraten, ergänzt durch reichliches Trinken von Milch, Coca-Cola und anderen zuckerhaltigen Flüssigkeiten (Mastfettsucht). Viele dieser meist gutmütigen, seelisch unausgeglichenen, introvertierten Kinder haben aber seelische Lebensprobleme. Im Essen finden sie eine Art Befriedigung und Entspannung (»Kummerspeck«). Es kann eine ungünstige Stellung in der Geschwisterreihe sein, Überforderung durch die Schule bei schlechter Konzentrationsfähigkeit und geringer Intelligenz, Kummer in einem Scheidungsmilieu u. a. Bekannt ist auch die zum Teil erhebliche Gewichtszunahme bei längerer Kortisontherapie, wobei man die Massenzunahme in Anbetracht der so positiven Kortisonhauptwirkungen als vorübergehende Erscheinung einfach hinnehmen muß.

Behandlung: Seelisch entspannte Führung, Heben des Selbstwertgefühles, Förderung wertvoller schöpferischer Eigenschaften, Ermunterung, Lob, geduldiges Verständnis, Abbau der Bevorzugung eines Geschwisters. Anregung zu Sport, Radfahren usw. Eiweißreiche, sehr fettarme und kohlenhydratarme Kost, viel Obst und Gemüse. Sättigung und Zufriedenheit der Kinder muß erreicht werden, damit sie nicht heimlich essen. Das Essen soll appetitlich zugerichtet sein, abwechslungsreich im Inhalt, reichhaltig in der Speisenfolge pro Mahlzeit. Falsch sind Eintellergerichte, auf die sich die Kinder stürzen und im Grunde über den Appetit hinausessen, besser sollte man Suppe (Brühe) und Salate vorweg geben. Mineralwasser als Getränk. Als Nachtisch gibt es kalorienarme Puddings, ergänzt durch Obst. »Spaß am Essen« muß bleiben, Entspannung an einem fröhlichen Tisch ist für Erwachsene und Kinder gleich wichtig.

☰ Grippe, Influenza

Veränderungen im Körper: Fieberhafte Allgemeinerkrankung.

Symptome: Gliederschmerzen, Fieber, etwas Schnupfen und Husten, eventuell auch Durchfall.

Ursachen: Viren verschiedener Art. Inkubationszeit: 4–14 Tage.

Behandlung: Fiebersenkende Maßnahmen, Nasentropfen, Diät, eventuell Grippemittel wie Paracetamol oder Azetylsalizylsäure.

Komplikationen: Erbrechen, Lungenentzündung.

Seuchenhygienische Maßnahmen: Andere Personen möglichst einige Tage fernhalten. Einige Tage kein Besuch in Schule oder Kindergarten.

☰ Gürtelrose

Veränderungen im Körper: Eine Gruppe von kleinen Bläschen erscheint an einer Brustkorbseite oder am Bauch oder im Gesicht. Aus Bläschen werden Krusten.

Symptome: Schmerzen im Ausbreitungsgebiet vor, während und nach dem Ausschlag. Fieber.

Ursache: Virusinfekt. Virus identisch mit dem Windpockenerreger, daher Übertragungsgefahr.

Inkubationszeit: 5–14 Tage.

Behandlung: Fiebersenkende Maßnahmen, Schmerzmittel.

Komplikationen: Bakterielle Hautinfektion, Hirnentzündung.

Seuchenhygienische Maßnahmen: Wie bei Windpocken.

Harnwegsinfekt, Pyelonephritis, Blasen- und Nierenbeckenentzündung

Veränderungen im Körper: Entzündung der Harnwege in mehr oder weniger schwerem Ausmaß, Schädigung auch des Nierengewebes.

Symptome: Fieber, Schmerzen beim Wasserlassen, eventuell Rükkenschmerz. Eiweiß, Leukozyten und Bakterien im Harn.

Ursachen: Bakterien, insbesondere Kolibakterien. Bei wiederholter Entzündung muß nach anatomischen Abweichungen in den Harnorganen gesucht werden.

Behandlung: Antibiotika. Bei Fehlbildungen Operation.

Komplikationen: Chronische Nierenentzündung, Urämie.

Herzfehler, Herzgeräusche

Veränderungen im Körper: Angeborene Herzfehler sind anatomische Störungen in der Herzentwicklung, auch die großen Blutgefäße können in diese Störung einbezogen sein. Erworbene Herzfehler beruhen auf einer zunächst akuten Erkrankung der Herzinnenhaut, insbesondere der Herzklappen (meist ein rheumatischer Prozeß). Krankhafte Herzgeräusche entstehen aus diesen anatomischen Veränderungen. Ein Herzgeräusch ist aber nicht unbedingt für einen Herzfehler beweisend. Jedes 3. Kind hat ein Strömungsgeräusch am Herzen, das mit einer Herzerkrankung nichts zu tun hat. Man spricht von einem akzidentellen Herzgeräusch.

Symptome: Herzgeräusche zu hören. Bei Herzmuskelschwäche allgemeine Leistungsschwäche. Eventuell auffallende Blässe oder Blausucht.

Ursachen: Herzfehler: Anatomische Fehlbildungen in der Herzentwicklung, rheumatische oder bakterielle Herzerkrankungen. – Akzidentelles Herzgeräusch: Strömungswirbel im Blutstrom bei der hohen Blutumlaufgeschwindigkeit infolge Fieber, Blutarmut oder Erregung.

Behandlung: Herzfehler: eventuell Operation; antirheumatische Behandlung; medikamentöse Herzstütze bei Herzschwäche, körperliche Schonung. – Akzidentelles Herzgeräusch: keine Behandlung nötig.

Komplikationen: Bei Herzfehler Herzmuskelschwäche, Neigung zu Infekten, insbesondere der Atmungsorgane.

☰ Hirnhautentzündung, Meningitis

Veränderungen im Körper: Entzündliche Reizung der Häute, die Gehirn und Rückenmark umgeben. Der Liquor (»Nervenwasser«) enthält Bakterien oder Viren, vermehrt Eiweiß und Leukozyten.

Symptome: Kopfschmerz, Erbrechen, Fieber.

Ursachen: Viren, Bakterien, Pilze. Inkubationszeit je nach Erreger: 3 und mehr Tage.

Behandlung: Je nach Erreger, eventuell also Antibiotika in hohen Dosen; fiebersenkende Maßnahmen. Krankenhausaufnahme.

Komplikationen: Lähmungen, Hirnentzündung mit Bewußtlosigkeit und Krämpfen.

Seuchenhygienische Maßnahmen: Isolierung und Desinfektionsmaßnahmen. Meldung an das Gesundheitsamt. Je nach Erreger besondere Maßnahmen für Kontaktpersonen.

☰ Hüftgelenksdysplasie, Hüftgelenksverrenkung

Veränderungen im Körper: Die Gelenkpfanne an der Hüfte ist nur flach ausgebildet, so daß der Hüftkopf in Gefahr ist auszutreten oder schon ausgetreten ist.

Symptome: Abspreizhemmung in der Hüfte, Oberschenkelfaltendifferenz; Ultraschalluntersuchung oder Röntgenbild zeigen anatomische Abweichungen; bei Luxationshüfte Gangstörung (»Watschelgang«).

Ursache: Siehe oben. Angeborene Ursache.

Behandlung: Schon bei Verdacht breit wickeln (Knieabstand 16 cm), Spreizhöschen (Abb. 65), eventuell apparative Behandlung oder Operation.

Komplikationen: Schwere Gangstörung.

Abb. 65
Spreizhöschen zur Behandlung der Hüftgelenksdysplasie. Wie zu erkennen ist, werden damit die Oberschenkel in Abspreizstellung gehalten. Damit wird erreicht, daß sich die Hüftpfanne nachträglich gut ausbildet. Die Beweglichkeit der Unterschenkel und Füße bleibt erhalten. Eine ähnliche Stellung wird durch das Breitwickeln erzielt.

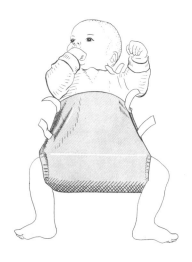

≡ Hyperkinetisches Syndrom, MCD, »Nervosität«

»Nervosität« drückt sich in motorischer Unruhe, gefühlsmäßiger Labilität mit auch exzentrischen Äußerungen und eventuell auch in vegetativen Reizsymptomen (z. B. Erbrechensneigung) aus. *Schreckhaftigkeit* hat dazu einige Beziehungen, aber auch Abgrenzungen, siehe dazu Seite 221. Besonders umschrieben ist heute das hyperkinetische Syndrom, bei dem die Kinder zahlreiche Auffälligkeiten zeigen, mit denen sie häufig geradezu eine Plage für die Familie und für die Schule werden. Weitere Begriffe sind in diesem Zusammenhang *minimale zerebrale Dysfunktion* (abgekürzt MCD, zu deutsch: sehr geringe Hirnleistungsschwäche).

Symptome: Kennzeichnend sind affektive Labilität, Umtriebigkeit, Konzentrationsschwäche, Distanzunsicherheit im sozialen Umgang, Anpassungsschwierigkeiten. Ein solches Kind ist immer in Bewegung, läuft viel herum, klettert überall hinauf, verkennt dabei Gefahren, fängt Vieles an, beendet nichts, scheint oft nicht zuzuhören, spricht zuhause oder im Unterricht oft dazwischen, reagiert überschießend durch Schimpfen, Schreien oder schweigendes Sperren, neigt auch zu körperlichen Auseinandersetzungen mit Kameraden, drängt sich oft dazwischen, wenn andere spielen, und ist dabei meist ein ungeliebter, weil unzuverlässiger Einzelgänger. Die Intelligenz ist meist zureichend gut, durch Konzentrationsmangel kommt sie aber schlecht zur Wirkung. Andererseits zeigen sich oft Leistungsschwächen in einzelnen Fächern. Nicht alle diese Zeichen finden sich

Tab. 7   Hyperkinetisches Syndrom. Bewertungsskala von C. Conners (Kurzform).
Sie kann bei unruhigen Kindern als Richtschnur herangezogen werden in der Frage,
ob ein hyperkinetisches Syndrom gegeben sein kann. Ein Gesamtpunktwert von 18
Punkten gilt als oberste Normalgrenze. Kinder mit einem höheren Wert sollten dem
Arzt vorgestellt werden.

Conners-Skala	Stärkegrad der Aktivität			
Beobachtung	überhaupt nicht 0 Punkte	ein wenig 1 Punkt	ziemlich viel 2 Punkte	sehr viel 3 Punkte
1) rastlos, dauernd in Bewegung				
2) reizbar, impulsiv				
3) stört andere Kinder				
4) kurze Aufmerksamkeits- spanne, beginnt vieles und führt es nicht zu Ende				
5) zappelt dauernd				
6) unaufmerksam, leicht abzulenken				
7) kann nicht warten, rasch enttäuscht				
8) weint schnell				
9) Stimmung wechselt schnell und drastisch				
10) neigt zu Wutausbrüchen, explosiv, unberechenbar				

beim einzelnen betroffenen Kind. Viele sind in der Feinmotorik ungeschickt
und wirken z. B. im Sportunterricht linkisch. Manche zeigen zusätzliche
Unarten (»Kinderfehler«, wie man früher sagte) wie Nägelkauen, Haaraus-
reißen oder Onanie. Der Antriebsüberschuß kann sich auch in einem Tic

niederschlagen, das heißt in einem stereotypen Zucken in einem Muskelgebiet (Blinzeltic, Kopfschütteln, Schulterzucken, Schnüffel- oder Grunztic). Das Elektroenzephalogramm (EEG) kann leichte Allgemeinveränderungen aufweisen, eindeutig pathologische Befunde sind selten. In der Beurteilung, ob eine MCD vorliegen kann, hilft die Conners-Skala (Tabelle 7).

Ursachen: Leichte Hirnschädigung vor, während oder nach der Geburt, seelische Störungen aus ungünstigen Lebensverhältnissen, Stoffwechselabweichungen, eventuell allergische Reaktionen aus Überempfindlichkeiten (Nahrungsmittel, Medikamente oder Intoxikationssubstanzen).

Behandlung. Aus der Vielzahl der auslösenden Ursachen und der Buntheit des Erscheinungsbildes ist zu folgern, daß am Anfang eine sorgfältige ärztliche Untersuchung stehen muß. Hilfen können nur im Verbund von Arzt, eventuell zusätzlich Psychologe und Erzieher in der Schule oder im Kindergarten greifen. Von Ausnahmefällen abgesehen, die mit dem Arzt bedacht werden müssen, ist von einer bestimmten Diät nichts zu halten. Auch die in den letzten Jahren propagierte phosphatreduzierte Kost ist nach Prüfung durch eine Kommission der Deutschen Gesellschaft für Kinderheilkunde und Kinderpsychiatrie nicht zu empfehlen. Gezielte Hilfen, die vor allem von den Eltern getragen werden, sind Geduld, Annahme des Kindes in seinem Sosein, Toleranz vieler Kapriolen, Beschäftigungstherapie zur Verbesserung des Aufnahmedefizits (Ergotherapie), Gymnastik bei gröberen motorischen Störungen, Lernhilfen für einzelne Schulfächer. Was Medikamente betrifft: Beruhigungsmittel helfen nicht. Gute Erfahrungen gibt es bei nicht wenigen Kindern durch das Anregungsmittel Ritalin, das offenbar in erster Linie die Aufmerksamkeitsleistung verbessern kann und die kindliche Reaktionsweise verfestigt. Ein Versuch sollte unbedingt mit dem Kinderarzt besprochen werden. Eine Abhängigkeit ist von diesem Medikament nicht zu befürchten.

Kawasaki-Syndrom, Lymphknoten-Haut-Schleimhaut-Erkrankung

Zuerst in Japan (durch den Forscher Kawasaki) beschrieben, ist diese eigenartige Krankheit nun auch häufig bei uns beobachtet worden.

Veränderungen im Körper: Sehr schweres Krankheitsbild mit wochenlangem Fieber, Rötung der Mundschleimhaut mit »Himbeerzunge«, Rötung, weiche Schwellung und später Schuppung an der Haut der Hände und Fußsohlen, grobfleckiger Hautausschlag am Rumpf, Schwellung der Halslymphknoten, Gelenkbeschwerden und oft auch Herzbeteiligung (schnelle Pulsfolge, Störung des Schlagrhythmus).

Ursachen: Ähnlich wie bei rheumatischen Krankheiten, wahrscheinlich durch Virusinfekt ausgelöst.

Behandlung: Krankenhauspflege nötig, vor allem wegen der Herzkomplikationen. Azetylsalizylsäure (Aspirin).

Akute, eitrige Kehldeckelentzündung, phlegmonöseitrige Epiglottitis

Veränderungen im Körper: Schwere Entzündung des Rachenraumes und insbesondere des Kehlkopfeinganges mit dem Kehldeckel. Entzündung bis zur Eiterbildung, so daß der Luftweg zuschwillt, das Schlucken erheblich behindert wird und der Körper durch die Giftstoffe der Bakterien (Toxine) allgemein mitgenommen ist.

Symptome: Akut einsetzende, in Stunden schnell voranschreitende Luftenge am Kehlkopfeingang, hochgradige Atemnot mit inspiratorischem Stridor und oft lautem Röcheln (Schluckschwierigkeiten, dazu stärkere Speichelsekretion). Heftige Atembewegungen und Einziehung in der Luftnot, ängstlicher Gesichtsausdruck. Schwitzen, fahle Haut. Die Kinder wirken schnell fortschreitend sehr mitgenommen und hinfällig. Bedrohliches Zeichen ist bläuliche Hautverfärbung oder die Verlangsamung der Atmung infolge des Kräfteverfalles, Bewußtlosigkeit und kaum fühlbarer, schwacher, schneller Puls: Gefahr des Erstickungstodes. Ähnliches Bild also wie beim Krupp-Syndrom (vergleiche Seite 265) jedoch folgende entscheidende Besonderheiten bei der Epiglottitis: In Minuten bis Stunden viel schnellerer Verlauf bis zum schwerst-bedrohlichen Krankheitsbild; eher hohes Fieber; kaum Heiserkeit oder Husten, die auch vollkommen fehlen können; meist Schluckschmerzen, Schluckbehinderung, eventuell mit Speichelfluß nach außen.

Ursache: Bakterielle Infektion, vor allem durch Haemophilus influenzae B. Insbesondere Kleinkinder betroffen.

Behandlung: Beruhigend auf die Kinder einwirken, jedoch schnellstmöglich ärztliche Hilfe suchen oder direkt ins Krankenhaus fahren. Keine Beruhigungsmittel! Im Krankenhaus kann Intubation oder Luftröhrenschnitt nötig sein, auf jeden Fall intensive antibiotische Behandlung.

Komplikationen: Ersticken, Hirnschädigung durch Sauerstoffmangel, Herzversagen.

≡ Keuchhusten, Pertussis

Veränderungen im Körper: Entzündliche Erkrankung der Bronchialschleimhaut.

Symptome: Zunächst uncharakteristischer Husten, dann oft sehr schwerer Krampfhusten bis zum Blauwerden im Gesicht, nachts mehr als am Tag. Schleim wird am Ende herausgewürgt. Vor allem Säuglinge und Kleinkinder betroffen.

Ursache: Keuchhustenbakterien. Inkubationszeit: 7–14–21 Tage.

Behandlung: Antibiotika, eventuell Heilserum. Beruhigungsmittel, hustenstillende Mittel, lösender Hustensaft, um den Anfall zu erleichtern. Die Medikamente müssen vor allem nachts gegeben werden. Sorgfältige Pflege. Viele kleine Mahlzeiten, die am besten unmittelbar nach einem Anfall gegeben werden, weil sie dann am besten drinbleiben.

Komplikationen: Lungenentzündung, Blutungen im Kopfbereich, auch im Gehirn, Hirnschädigung.

Seuchenhygienische Maßnahmen: Isolierung und Desinfektionsmaßnahmen. Andere Kinder fernhalten. Wiederzulassung in Kindergarten oder Schule 14 Tage nach Beendigung des Hustens, 8 Tage nach Antibiotikabehandlung. Kontaktpersonen: Kleinkinder können nach 3 Wochen wieder in den Kindergarten, falls kein Husten besteht; Geimpfte sofort.

≡ Kinderlähmung, epidemische übertragbare Kinderlähmung, Poliomyelitis

Veränderungen im Körper: Entzündliche Erkrankung der Hirnhaut, des Rückenmarkes, oft auch des Gehirns.

Symptome: Beim einzelnen Kind sehr unterschiedliches Erkrankungsausmaß. Zunächst ist uncharakteristischer Katarrh mit Fieber gegeben, dann folgt Erbrechen mit Nackensteife (Hirnhautentzündung), dann eventuell schlaffe Lähmung der Extremitäten, der Rumpfmuskulatur (auch der Atemmuskeln) und/oder der Kopfnerven (vor allem der mimische Gesichtsnerv = Fazialislähmung; auch Schlucklähmung). Im Liquor Zellvermehrung.

Ursache: 3 Typen von Poliomyelitisviren. Inkubationszeit: 6–14–21 Tage.

Behandlung: Fiebersenkende Maßnahmen, Ruhetherapie. Krankenhausaufnahme. Bei Atemlähmung eventuell künstliche Beatmung, bei Schlucklähmung Sondenernährung. Später Heilgymnastik wegen der Lähmungen.

Komplikationen: Schlucklähmung, Atemlähmung, Lungenentzündung.

Seuchenhygienische Maßnahmen. Isolierung. Desinfektionsmaßnahmen. Meldung an das Gesundheitsamt. Wiederzulassung in Schule und Kindergarten frühestens nach 3 Wochen, falls die Krankheit bis zum Hirnhautstadium und zum Lähmungsstadium fortgeschritten war. Auch Kontaktpersonen haben erst mit Zustimmung des Gesundheitsamtes wieder Zugang zu Gemeinschaftseinrichtungen.

≡ Krebs

Veränderungen im Körper: Bösartige Organgeschwülste (vor allem im Bauchraum, Gehirn, Lymphknoten, Knochen) oder Leukämie, die sofort allgemein im Knochenmark beginnt. Der raumfordernde Prozeß bedrängt seine Umgebung, schädigt die Funktion anliegender Organe und schwächt mit seinem Wachstum den Organismus im ganzen. An fernen Orten können weitere Knoten, Tochtergeschwülste (Metastasen) auftreten.

Symptome: Je nach Lokalisation. Blutarmut, Schmerzen. Eventuell Erbrechen, Fieber, Krampfanfälle, Blutungsneigung u. a.

Ursachen: Noch unbekannt.

Behandlung: Zellgifte (Zytostatika), Kortisonpräparate, Bestrahlung, Operation. Heilungen sind möglich (60%).

Komplikationen: Blutungen, Infektionen aus Abwehrschwäche.

Krupp, Grippekrupp, Pseudokrupp

Veränderungen im Körper: Akute schwere Reizung der Luftwegsschleimhaut, vor allem im Bereich des Kehlkopfes und der Luftröhre. Schwellung der Schleimhaut, Beengung des Luftweges. Vor allem erkranken Kleinkinder, nicht selten wiederholt.

Symptome: Plötzlicher Beginn, meist abends oder nachts, mit bellendem Husten. Bald Atemnot mit Luftstromgeräusch in der Einatmungsphase (inspiratorischer Stridor), Einziehungen. Ängstlicher Gesichtsausdruck. Schwitzen. Eventuell lebensbedrohlicher Zustand mit bläßlich-blauem Aussehen.

Ursachen: Meist ein Virusinfekt als Auslöser, persönliche Reaktion aber mitentscheidend. Altersabhängigkeit (Kleinkinder). Förderlich kann Luftverschmutzung (Industriegase, Nebel, Smog) sein. Früher meinte man mit dem Wort in erster Linie den Diphtheriekrupp. Mit dem Rückgang der Diphtherie ist diese Kruppform äußerst selten geworden. Den Grippekrupp nannte man seinerzeit dann den »anderen Krupp« (daher das Wort Pseudokrupp).

Behandlung: Beruhigung durch Worte, planvolles Handeln und durch Medikamente. Hustendämpfende Medikamente, Beruhigungsmittel nur auf unmittelbare Anordnung durch den Arzt. Das gleiche gilt für Kortison, das mitunter eine sehr gute Wirkung hat. Anfeuchtung der Atemluft durch feuchte Tüchter, Erzielen einer »Waschküche« im Bad oder in einem sonstwie hergestellten Dampfzelt (s. Seite 143). Trinkenlassen in kleinen Schlucken, falls dies das Kind annimmt. Bei schwerer Ausprägung Krankenhausaufnahme unbedingt erforderlich.

Komplikationen: Ersticken, Hirnschädigung durch Sauerstoffmangel. Ein in vieler Hinsicht sehr ähnliches Krankheitsbild ist die eitrige Kehldeckelentzündung (phlegmonös-eitrige Epiglottitis). Auf sie muß hier mit Nachdruck hingewiesen werden, da hier noch dringlicher ärztliche Hilfe und Krankenhausaufnahme vonnöten sind. Einzelheiten auf Seite 262.

≡ Lebensmittelvergiftung

Veränderungen im Körper: Plötzlich einsetzende Allgemeinschädigung des gesamten Organismus, vor allem aber des Verdauungsweges, der Leber, eventuell auch des Nervensystems.

Symptome: Nach einer Mahlzeit plötzlich Übelkeit, Erbrechen, Durchfälle, eventuell Nervenlähmungen (Beginn an den Augen mit Doppelsehen). Oft eine Gruppenerkrankung.

Ursachen: Verdorbene Lebensmittel, die chemische, pflanzliche (z. B. Pilze) oder bakterielle Giftstoffe enthalten. Gift des Botulismuserregers aus schlecht geräuchertem Fleisch- und Wurstwaren oder unzureichend sterilisierten Konserven, die ihre Zersetzung vielleicht an einer Büchsenauftreibung (Bombierung) erkennen ließen. Inkubationszeit: 30 Minuten bis einige Stunden.

Behandlung: Abführmaßnahmen, Erbrechenlassen, reichlich Tee zu trinken geben. Je nach Schweregrad Krankenhauseinweisung nötig.

Komplikationen: Schwerste Kreislaufschädigung, Hirnschädigung, Lähmungen.

Seuchenhygienische Maßnahmen: Meldung ans Gesundheitsamt. Übertragungsgefahr besteht in der Regel nicht.

≡ Leberentzündung, Hepatitis, infektiöse Gelbsucht

Veränderungen im Körper: Entzündliche Schädigung der Leberzellen, die akut aber auch protrahiert chronisch verlaufen kann.

Symptome: Übelkeit, Erbrechen, Leibschmerzen, eventuell Durchfall, in der Regel mehr oder weniger intensive Gelbsucht (Anstieg des Bilirubins), im Blut auch Erhöhung der sogenannten Transaminasen.

Ursache: Virusinfekt mit dem Hepatitisvirus A oder B oder ähnlichen Erregern. Inkubationszeit: 14−21−100 Tage.

Behandlung: Bettruhe, Diät, feuchtwarme Leibwickel.

Komplikationen: Funktionszerfall der Leber, Knochenmarksschädigung, Hirnentzündung, Hautausschlag, Blutungsneigung, Leberschrumpfung (Zirrhose).

Seuchenhygienische Maßnahmen: Meldung ans Gesundheitsamt. Isolierung und Desinfektionspflege. Wiederzulassung in Schule oder Kindergarten frühestens nach 4 Wochen, durch Blutuntersuchungen kann eine weiter bestehende Infektiosität beurteilt werden. Bei Kontaktpersonen wird ebenfalls das Blut untersucht.

≡ Leistenbruch, Leistenhernie

Veränderungen im Körper: Eine Lücke in der Bauchwand ist die Bruchpforte, in welche ein Darmabschnitt eindringt (Abb. 66, S. 268). Klemmt er sich fest, wird der Darm unwegsam (Darmverschluß, Ileus). Sofortige Operation ist dann nötig. Beim Mädchen kann sich auch ein Eierstock einklemmen.

Symptome: Man sieht und fühlt eine knotenförmige Auftreibung in der Leiste. Ein unkomplizierter Leistenbruch läßt sich wieder in die Bauchhöhle zurückschieben. Bei einer Einklemmung (Inkarzeration) geht dies nicht mehr. Folgen sind Leibschmerzen, Erbrechen, Stuhlverhaltung, bald auch Kreislaufschwäche.

Behandlung: Bei Inkarzeration sofortige Operation. Sonst immer baldige Operation planen, da man anderenfalls eine Einklemmungssituation unter ungünstigen Bedingungen in Kauf nehmen würde. Ein Bruchband wird heute nicht mehr angelegt, es wäre unter Umständen sogar gefährlich. Bei Inkarzeration Krankenhausaufnahme und Verbleiben im Krankenhaus auch nach der Operation. Eine unkomplizierte Hernienoperation machen manche Chirurgen auch ambulant, das heißt, das Kind wird nach der Operation und nach dem Erwachen aus der Narkose in ambulante Weiterbehandlung durch den Hausarzt entlassen. Die häusliche Nachbehandlung ist nicht ohne Probleme, über die sich die Eltern klar sein müssen. Sie sollen sich vom Chirurgen genaue Anweisung geben lassen, ab wann das Kind wieder Nahrung bekommen kann. Vor der Narkose muß das Kind mindestens 6 Stunden ohne jede Nahrung, vollkommen nüchtern (also auch ohne Getränk) sein. Man kann als letzte Nahrung bewußt eine kalorienreiche Nahrung geben. Mit Nachwirkungen der Narkose ist zu rechnen. Daher muß sich die Aufmerksamkeit der pflegenden Mutter insbesondere in den nächsten 24 Stunden auf Kreislauf, Atmung und Körpertemperatur richten. Die erste Nahrungsaufnahme nach der Operation beginnt in der Regel nach 6 Stunden mit dünnem schwarzem Tee (10% Traubenzucker enthaltend) in kleinen Portionen von 5–20 Milliliter (teelöffel- bis eßlöffelweise) alle ½ Stunde, bis dann 24 Stunden später wieder flüssige Vollnahrung (Milch und Brei) gegeben werden kann. Hausärztliche Hilfe wird bei Erbrechen, Stuhl-

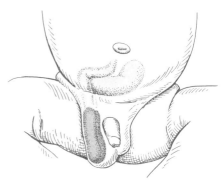

Abb. 66
Leistenbruch. Die Bruchpforte liegt in der Leiste. Eine Darmschlinge ist ausgetreten und bis in den Hodensack gelangt.

verhaltung über 24 Stunden hinaus, gespanntem Bauch, bei einer Nachblutung, bei schweren Schmerzen oder bei auffälliger Unruhe des Kindes nötig. Eventuell muß das Kind sogleich auch nochmal dem Chirurgen gezeigt werden. Das Wundgebiet ist vor Nässe zu schützen. Der Verband soll liegenbleiben; die Mutter soll aber doch beobachten, ob sich nicht eine Blutung oder Entzündung an der Wunde einstellt. Die Fäden werden nach 5–8 Tagen gezogen, es sei denn, es ist Nahtmaterial verwandt worden, das vom Körpergewebe aufgelöst wird. Mitunter wird die Wunde ohne Naht einfach verklebt.

Komplikationen: Bauchfellentzündung, Darmwandbruch (nicht bei einem unkomplizierten Bruch zu erwarten), später Narbenbruch. Infektion im Operationswundgebiet.

≡ Leukämie

Veränderungen im Körper: Auftreten unreifer Zellen in sehr großer Zahl im Knochenmark und im Blut, eventuell auch in anderen Körperorganen wie Lymphknoten, Leber, Milz, Thymus und Gehirn. Die Bildung der normalen Knochenmarkszellen, der reifen Leukozyten, der Erythrozyten und Thrombozyten ist schwerstens beeinträchtigt. Im Kindesalter handelt es sich fast ausschließlich um die akute Leukämie mit extrem unreifen Zellen (auch akute lymphoblastische Leukämie, ALL, genannt).

Symptome: Blutarmut (Anämie), Infektanfälligkeit, Fieber, eventuell Mundschleimhautentzündung, Blutungsneigung, Knochenschmerzen.

Ursache: Unbekannt.

Behandlung: Zellgifte (Zytostatika), Kortisonpräparate, Bestrahlung, Bluttransfusionen. Die Behandlung muß rund 2 Jahre fortgesetzt werden. 60–80% der Kinder können geheilt werden.

≡ Lungenentzündung, Pneumonie, Bronchopneumonie

Veränderungen im Körper: Entzündung in Lungenabschnitten, die mehr oder weniger große Flächen betrifft. Diese Teile der Lunge fallen für die Atmung aus. Es kann auch zum eitrigen Zerfall eines Lungenherdes kommen (Lungenabszeß).

Symptome: Hohes Fieber, beschleunigte Atmung; bei Brustfellreizung auch Schmerzen bei der Atmung. Eventuell Kreislaufschwäche und Atemnot.

Ursachen: Viren, Bakterien, Pilze. Erkrankung durch Tuberkelbakterien siehe unter dem Stichwort Tuberkulose.

Behandlung: Strenge Bettruhe, Antibiotika, Beruhigungsmittel. Kleine leicht verdauliche Nahrungsportionen. Fiebersenkende Maßnahmen.

Komplikationen: Brustfellentzündung (sogenannte trockene oder feuchte Pleuritis, die letztere mit einem Erguß). Herzschwäche.

≡ Lymphknotenentzündung

Veränderungen im Körper: Entzündung eines oder mehrerer Lymphknoten, die wichtige Aufgaben in der Abwehr von Infektionen haben. Sie schwellen an. Eitrige Einschmelzung ist möglich. Der Eiter bahnt sich einen Weg nach außen, er kann sich auch ins Gewebe oder in die Blutbahn entleeren. Der Lymphknotenprozeß muß immer zusammen mit dem Ausgangsort der Entzündung gesehen werden.

Symptome: Schmerzhafte Schwellung des Lymphknotens mit weiteren Lokalbeschwerden, die mit seinem Sitz zusammenhängen. Die Haut darüber kann gerötet sein. Das Zentrum des Knotens kann erweichen, was dann die Einschmelzung (Eiterbildung) anzeigt. Häufigste Lage der Lymphknotenentzündung ist am Hals (bei oder nach Angina; bei oder nach Ohrenentzündung), in der Achselhöhle oder in der Leiste (bei oder nach Entzündung an den Extremitäten). Tuberkulöse Lymphknotenentzündung vor allem an der Lungenwurzel und am Hals.

Ursachen: Viren, Bakterien.

Behandlung: Antibiotika.

Komplikationen: Eitrige Einschmelzung, Einschwemmung der Erreger in die Blutbahn (Blutvergiftung, Sepsis).

≡ Malaria

Symptome: Nach einer Inkubationszeit von 3–20 Tagen zeigt der Kranke Fieberschübe jeden 2. Tag (Tertiana-Form) oder jeden 3. Tag (Quartana) oder unregelmäßig (Malaria tropica). Sehr belastende Erkrankung, eventuell mit Durchfall, Blutzerfall und Nierenschäden.

Ursache: Infektion mit Plasmodien (Einzeller), die in heißen Ländern durch Mücken der Gattung Anopheles von Mensch zu Mensch übertragen werden.

Behandlung mit Chloroquin, dadurch auch Prophylaxe bei Reisen in bestimmte tropische Zonen möglich (Beratung beim Gesundheitsamt).

Ansteckungsfähigkeit von Mensch zu Mensch nur über die Anopheles-Mücke, selten durch eine Bluttransfusion.

≡ Mandeln, Tonsillen, Vergrößerung der Tonsillen

Veränderungen im Körper: drei Mandeln, Tonsillen: zwei Gaumenmandeln als Posten neben dem Zungengrund und die Rachenmandel an der Rückwand des oberen Rachenabschnittes (im Volksmund auch Polypen genannt). Als Infektabwehrorgane sind sie vor allem im Kleinkindalter häufig vergrößert (adenoide Vegetationen), zur gleichen Zeit oder auch später oft akut und chronisch entzündet mit mannigfachen Wirkungen auf den Organismus (akute oder chronische Angina).

Symptome: Allein durch eine erhebliche Vergrößerung entstehen schon Behinderung der Nasenatmung und Schwerhörigkeit. Die Kinder sind dann »Mundatmer«, appetitarm, schnell ermüdbar. Durch Entzündung (Angina, Tonsillenabszeß) entsteht akut Fieber, Schluckschmerz, schweres Krankheitsgefühl, chronisch Leistungsschwäche, Appetitarmut, Kreislaufschwäche. Eventuell wird damit auch die Grundlage zum rheumatischen Fieber und akuten Gelenkrheumatismus geschaffen.

Ursachen: Virale oder bakterielle Infekte.

Behandlung: Bei akuter Entzündung Antibiotika. Bei erheblicher Vergrößerung oder wiederholter akuter Entzündung oder bei chronischer Entzündung Entfernung der Mandeln. Entfernung der Rachenmandeln = Adenotomie. Entfernung der Gaumenmandeln = Tonsillektomie. Die Operation erfolgt in Vollnarkose (meist mit Intubation). Die Adenotomie wird von manchem HNO-Arzt auch ambulant durchgeführt, das heißt, die Kinder gehen nach einigen Stunden nach Hause. Sorgfältige Nachbeobachtung auf eine Nachblutung ist nötig. Bis 4 Stunden nach der Operation darf der Speichel noch etwas Blut enthalten, falls noch später müßte das Kind noch einmal dem Arzt gezeigt werden. Die Kinder sollen den Speichel vorsichtig ausspucken, sich aber nicht räuspern. Häufiges Schluckenmüssen ist auf weitere Blutung verdächtig. Man gibt für 24 Stunden eine Eiskrawatte. Ab 4 Stunden nach der Operation kann das Kind wieder Flüssigkeit zu sich nehmen. Obstsäfte und frisches Obst sind zu meiden, da sie erfahrungsgemäß brennende Schmerzen im Wundbereich machen können. Speiseeis und kalter verdünnter Himbeersaft werden wegen der Kühlung und der kalorischen Anreicherung gerne gegeben.

Komplikationen: Eiterbildung hinter der entzündeten Mandel (Abszeß). Nierenentzündung. Herzmuskel- und Herzinnenhauterkrankung, rheumatisches Fieber mit Gelenkbeteiligung. Eitrige Lymphknotenentzündung am Hals. Schwerhörigkeit.

Masern

Veränderungen im Körper: Entzündliche Erkrankung der Schleimhaut, vorwiegend der Luftwege, aber auch des Nahrungsweges sowie der Haut. Erhebliche Belastung des körpereigenen Abwehrsystems.

Symptome: Bindehautentzündung, Schnupfen, Bronchitis; grobfleckiger Hautausschlag, der hinter den Ohren beginnt, sich stark auf den Rumpf, gering auf die Extremitäten ausbreitet (Abb. 54, S. 191). Rötung und Auflockerung der Mundschleimhaut mit Koplikschen Flecken an der Wangeninnenseite, das sind kalkspritzergroße weißliche Flecken zu Beginn der Krankheit.

Ursache: Masernvirus. Inkubationszeit: 8–11–18 Tage.

Behandlung: Fiebersenkende Maßnahmen, Schnupfen- und Hustenmittel, bei Durchfall Diät.

Komplikationen: Lungenentzündung. Mittelohrentzündung, Hirnentzündung. Wegen der noch einige Wochen anhaltenden Abwehrschwäche besteht höhere Gefährdung für weitere Infekte, u. a. auch für Tuberkulose.

Seuchenhygienische Maßnahmen: Isolierung für 5 Tage ab Beginn des Auschlages. Sehr ansteckende Erkrankung. Geschwister im Kleinkindalter können zwei Wochen ab Beginn des Ausschlages nicht den Kindergarten besuchen, es sei denn, sie wären schutzgeimpft.

≡ Mißhandlung, Verwahrlosung und sexueller Mißbrauch eines Kindes

Mit Recht ruft die willkürliche Schädigung eines abhängigen Kindes, insbesondere eines Kleinkindes, heftige Betroffenheit, vielleicht sogar öffentlichen Zorn hervor, vor allem, wenn das Kind an solchen Verletzungen zu Tode kommt. Wer sich aber näher mit den Problemen einer Mißhandlung, einer Vernachlässigung oder einer Verwahrlosung eines Kindes befaßt, sieht so viele Einzelaspekte in jedem Falle, daß er sich eher gedrängt sieht, seinen Zorn und Haß gegen die mißhandelnde Person herunterzukämpfen und *den Willen zum Helfen vor die Forderung nach Bestrafung* zu stellen. In vier von fünf Fällen sind es nämlich die Eltern selbst, die ihrem Kind den Schaden zufügen, und man sieht bei einer Analyse, wie sehr diese sich selbst in einer unglücklichen und bedrängten Lebenslage befinden, die ihre Toleranz überfordert hat und angestaute Aggressionen zur Entladung in die Richtung des geringsten Widerstandes, also gegen das Kind brachte. Dies ist eine wichtige Erkenntnis geworden, nachdem sich Ärzte, Psychologen und institutionelle Hilfsorganisationen (Kinderschutzbund, Sozialamt, Jugendamt u. a.) zu grundlegenden Diskussionen und zu einem gemeinsamen Handeln zusammentaten. Man erkannte, würde es gelingen, diesen Eltern und anderen nächsten Bezugspersonen zu helfen, mit ihren eigenen Problemen besser fertigzuwerden, wäre ein Verbleiben des geschädigten Kindes in der Familie unter besseren Lebensbedingungen möglich, dann könnten andere Risiken für das Kind in einer Pflegefamilie oder bei einem Heimaufenthalt vermieden werden. Sich für ein Verbleiben in der Familie zu entscheiden, hat natürlich zur Voraussetzung, daß eine *Wiederholungsgefahr zu verneinen* ist. Unter diesen Umständen erscheint also eine Lösung ohne Polizei naheliegend, erwünscht und möglich. Aber selbst vor Gericht gewinnen solche Gesichtspunkte heute an Raum, indem Strafen zwar ausgesprochen, aber dann zur Bewährung ausgesetzt werden. Anders ist natürlich die Situation, wenn der *Täter eine fremde Person* ist, die mit dem Kind in keiner näheren Beziehung steht. Hier muß in aller Regel Anzeige erfolgen, schon deshalb, weil mit wahllosen Wiederholungsdelikten an anderen Kindern zu rechnen ist.

Mißhandlung, Vernachlässigung und Verwahrlosung eines Kindes erscheinen auf den ersten Blick als drei weit auseinanderliegende Tatbestände. So sehr dies in manchen Fällen tatsächlich nur eine einzelne isolierte Gegebenheit ist, so gibt es andererseits wieder Fälle, in denen das eine wie das andere im Zusammenhang besteht. Am eindruckvollsten und verwerflichsten erscheint die Kindesmißhandlung, die Anwendung roher Gewalt, doch kann mit Vernachlässigung und Verwahrlosung eines Kindes letztlich ein genauso schwerer oder noch größerer Schaden zugefügt werden. Der sexuelle Mißbrauch eines Kindes muß isoliert besonders bedacht werden. Im folgenden werden Einzelheiten besprochen, wobei es für die Leser dieses Ratgebers drei Aspekte bzw. Standorte geben kann: 1. Sie sind selbst betroffen, indem sie in einer konkreten Situation aus Zorn und Unbeherrschtheit ihrem Kind einen Schaden zugefügt haben. Sie sind nun selbst darüber erschrocken, was geschah und was sie angerichtet haben, sie suchen Rat und Hilfe, um das Entstandene zu heilen und vorbeugend eine Wiederholung zu vermeiden. 2. Eltern erleben, daß ihrem eigenen Kind ein Schaden zugefügt worden ist und sie fragen, wie dies geschehen konnte. 3. Sie erleben, wie z. B. in der Nachbarschaft einem Kind einmalig oder wiederholt ein Schaden zugefügt wird. Man möchte dem Kind helfen und weiß nicht, wie dabei vorzugehen ist.

Kindesmißhandlung, der Begriff ist weit gefaßt: Es ist eine bewußte gewaltsame seelische oder körperliche Schädigung, die in Familien, in Institutionen (z. B. Schule, Kindergarten, Heim) oder durch andere Personen geschieht und die das Wohl eines Kindes beeinträchtigt oder bedroht, die zu Verletzungen oder gar zum Tode führt. Man spricht vom »Syndrom des geschlagenen Kindes« (Battered-child-Syndrom) und meint damit vordergründig die Schäden, die insbesondere durch grobe Gewalt ausgelöst sind. Viel verrät sich durch äußere Verletzungsfolgen, durch Wunden, Knochenbrüche und Blutunterlaufungen, wobei aus der Form oft auf die Form der wirkenden Gegenstände geschlossen werden kann. Hier sind aber auch Folgen von Hitzewirkungen (heißes Wasser, brennende Zigarette usw.), Strangulationsmale, Druckmarken und Zeichen von Erfrierung zu nennen. Beispiele einer fast endlosen Reihe von Einwirkungen, mit denen Kinder akut zu Schaden kommen oder auch systematisch wiederholt gequält werden. Bevorzugt sind Gesicht, Gesäß und mittlerer Rücken betroffen, bei älteren Kindern auch die Streckseiten der Unterarme, die in der Abwehr von Schlägen, die dem Kopf gelten, getroffen werden. Auf verschiedene Schädigungszeitpunkte weist bei Blutungen eine Farbskala von Blau bis Gelbgrün hin. Knochenbrüche werden durch Röntgenbilder erfaßt. Schädelverletzungen können zu Bewußtlosigkeit, Krampfanfällen und Lähmungen führen. Sehr belastend und dabei schwer beweisbar ist das sogenannte *Schütteltrauma* der Säuglinge und Kleinkinder. Die Kinder werden an der Brustseite oder an den Oberarmen gehalten und heftigst geschüttelt, so daß der Kopf hin und her fliegt. Schlimmste Folgen sind Hirnblutungen und Blutungen in die Augen. Druckmarken an den Oberarmen oder an der Brust können auf diesen Mechanismus hinweisen. *Seelische Mißhandlung* hat ebenfalls zahlreiche Facetten. Hier die untere Grenze zu ziehen, ab wo man von seelischer Mißhandlung zu sprechen hat, ist schwierig. Zurechtweisung, Tadeln und

Strafen hat in jeder Kindeserziehung einen notwendigen Platz, in der Wirkung einen positiven Effekt. Wenn aber Eltern und andere Bezugspersonen andauernd über ein Kind herfallen mit Schimpfen, Bloßstellen, Schikanieren, Erniedrigen, so daß jedes Selbstvertrauen schwindet und das Kind deprimiert oder aggressiv reagiert, ist diese Grenze zweifellos überschritten. Man droht einem Kind körperliche Züchtigung an, versagt Wünsche, läßt es allein, versetzt es in Todesangst oder droht z.B. als Mutter, sich selbst töten zu wollen. Nicht immer wird mit seelischer Mißhandlung, die man einem Kind zufügt, dieses Kind primär selbst gemeint. In vielen gestörten Partnerschaften steht das Kind unglücklich zwischen zwei Personen. Man quält das Kind, um einander, dem Ehepartner, Verletzungen zuzufügen.

Vernachlässigung und Verwahrlosung ist in den Motiven manchmal schwer einzuschätzen, und man hat eine unbewußte (damit nicht direkt schuldhafte) von einer bösartigen Handlungsweise zu unterscheiden. Ob durch Böswilligkeit, Leichtsinn, Gleichgültigkeit oder geistige Beschränktheit: das Kind hat nicht, was es braucht, gedeiht nicht, ist geistig ohne Anregung und in der Entwicklung rückständig. Ein Kennzeichen einer solchen von außen kommenden Schädigung ist es dann ja auch, daß dieses Kind in einem anderen Milieu (z.B. Krankenhaus), Lebhaftigkeit, Zuwendungsmöglichkeit und körperlichen Fortschritt zeigt. Vernachlässigung ist an schmutziger Kleidung, unangenehmem Körpergeruch, an Neigung zu Hautreizungen und auch daran zu erkennen, daß bei einer Erkrankung erst spät oder überhaupt nicht ärztliche Hilfe gesucht wird, Vorsorgeuntersuchungen, Impfungen und Rachitisprophylaxe unterlassen werden, das Kind bei Krankenhausaufnahme nur selten besucht wird. Für Mißhandlung und Vernachlässigung können sich einige soziale Faktoren ungünstig auswirken, um die man wissen soll, obwohl diese gewiß nichts entschuldigen. Besonders betroffen sind Kinder mit Behinderung und chronischer Krankheit, frühgeborene Kinder, außerehelich geborene Kinder und solche, die in eine später geschlossene Ehe mitgebracht werden, ohne daß der Ehepartner zu ihnen in genetischer Beziehung steht. Grundlegend bedeutsam sind natürlich seelische Eigenschaften der Eltern oder der Betreuerpersonen selbst, wie fest oder labil sie selbst im eigenen Leben stehen, wie menschlich reif, beherrscht oder unbeherrscht, mit Rückhalt zur eigenen Familie, zum Partner, zu Freunden oder nicht. Wie sie zum Kind stehen, ob es erwünscht war oder nicht, wie man sein Geschlecht und seine anderen Eigenschaften akzeptiert.

Sexueller Mißbrauch eines Kindes ist häufiger, als gemeinhin angenommen wird, die Dunkelziffer ist groß. Man rechnet aber, daß rund 5% aller Kinder davon betroffen sind, 80% davon sind Mädchen. Täter sind vor

allem Männer in mittleren Lebensjahren, Menschen mit Kontaktschwierigkeiten, insbesondere gegenüber dem anderen Geschlecht. Innerhalb von
Familien ist der Vater-Tochter-Inzest am häufigsten, wobei besonders auch
Adoptiv-, Pflege- und Stiefväter zu nennen sind. Geht es über die Familie
hinaus, sind in jedem dritten Fall Opfer und Täter näher bekannt. Mit
solchen Beziehungen in der Familie und im Bekanntschaftsverband werden
Einleitung, Wiederholung und Geheimhaltung des sexuellen Mißbrauchs
gefördert und selbst vor Gericht der Täter vom mißbrauchten Kind eher
noch gedeckt. Dabei ist die Not dieser grob-enttäuschten Kinder außerordentlich groß, die Spätschäden sind bis ins Erwachsenenalter fast unüber-
sehbar. Scham darüber, daß man mitmachte, Einsamkeit, weil man kaum
mit jemandem darüber sprechen kann, ambivalente Gefühle von Haß und
Zuneigung zum Täter erfüllen diese Kinder. Beim Täter selbst, der in seinem hemmungslosen Egoismus dieses Kind nicht um seiner Persönlichkeit
willen liebt, sondern wie ein Werkzeug zur eigenen Befriedigung miß-
braucht hat, finden sie dabei am wenigsten Hilfe.

In der *Bewertung aller dieser Delikte von Mißhandlung, Verwahrlosung und sexuellem Mißbrauch* hat man vordergründig ans Kind zu denken,
um jeden Schaden möglichst wieder gutzumachen, aber auch an die mißhandelnde Person. Man hat dabei erkennen können, daß es in erster Linie die
eigenen Eltern sind, die ihr Kind mißhandeln, mehr die Mutter als der
Vater, und daß die meisten kriminellen Handlungen aus einer momentanen
Überforderung, aus einem Überborden der Gefühle entstanden sind, vor
deren Auswirkungen die mißhandelnden Personen dann selbst erschüttert
stehen. In der *Krisenintervention* steht das Wohl des Kindes obenan. Die
Erfahrung zeigt, daß eine Familie ohne Hilfe von außen nicht zu Rande
kommen kann. Sie muß ein Rettungstau zugeworfen bekommen. Ist man
selbst betroffen als verletzender Vater oder Mutter, sollte man sich seinem
Kinderarzt oder einem Psychologen anvertrauen, um klare Einsicht und
Hilfe zu bekommen. Sieht man, daß in der Nachbarschaft ein Kind verwahr-
lost oder mißhandelt wird, ist es am besten, sich vertrauensvoll an den
Kinderschutzbund zu wenden und die Beobachtungen mitzuteilen. In den
letzten Jahren haben sich nach niederländischem Vorbild auch in der Bun-
desrepublik *Arbeitsgruppen* gebildet, die zur Krisenintervention jederzeit
bereitstehen und darüber hinaus die betroffenen Familien weiter begleiten,
um eine Wiederholung vermeiden zu helfen. In diesem Kreis sind Ärzte,
Psychologen, freiwillige Helfer als Einzelpersonen oder als Angehörige von
Organisationen wie dem Kinderschutzbund versammelt, die mit gemein-
nützigen Bürgereinrichtungen der Kirche, des Roten Kreuzes und der Arbei-
terwohlfahrt sowie mit Behörden (Sozial-, Jugend- und Gesundheitsamt)
zusammenarbeiten. Häufig muß sich an vielen Stellen etwas bewegen, da-

mit die Hilfen für die Lebensführung der Familien ausreichend sind. Allen Meldern wird Vertraulichkeit zugesichert. Bei Selbstanzeige wird zwar nicht versprochen, daß keinesfalls die Polizei eingeschaltet wird, aber dennoch mit Zentrierung auf das Kindeswohl alles versucht, ohne Polizei auszukommen. Schnelle Hilfe braucht zunächst das gefährdete Kind, daß es gesundet und eine Wiederholung ausbleibt. Die akut-auslösenden sozialen Bedingungen müssen beseitigt werden (Schwierigkeiten der Wohnung, des Lebensunterhaltes usw.). Mit Blick in die Zukunft müssen jene Bedingungen aufgearbeitet werden, die zu dieser Fehlhandlung führten. Kann eine akute Wiederholungsgefahr für ein mißhandeltes Kind nicht sicher ausgeschaltet werden, ist der Entzug des Aufenthaltsbestimmungsrechtes zum Schutz des Kindes notwendig. Das Vormundschaftsgericht bestimmt auf Vorschlag des Jugendamtes eine Pflegefamilie. Was als Konsequenz gefordert ist, kann seinen Maßstab nicht ohne weiteres am Verletzungsausmaß einer Mißhandlung haben. Liegt wohlüberlegte Planung, kaltblütige Ausführung, liegen Wiederholungshandlungen vor, muß der Eindruck eines unbedingt meldepflichtigen Verbrechens entstehen. Damit ist die einmalige Ausrutscherhandlung überforderter Eltern, so ernst auch dies genommen werden muß, nicht vergleichbar.

Sexueller Mißbrauch verlangt besondere Lösungen, wenn der Täter zum Familienverband gehört. Das Schutzbedürfnis des Kindes, Wiederholungen auszuschalten stehen obenan, weswegen es in der Regel ohne (vorübergehende?) Trennung nicht gehen kann. Zentriert muß aber weiterhin alle Stützung dem vielschichtig betroffenen Kind oder Jugendlichen gelten. Ohne psychologische Hilfe kommt man kaum aus, schon garnicht, wenn eine Gerichtsverhandlung bevorsteht. Hier muß dann eine solche Zeugin einen besonderen Schutz vor oft aggressiv fragenden und unterstellenden Rechtsanwälten haben, und ein Richter hat unter humanen Gesichtspunkten zu prüfen, wieweit er überhaupt eine öffentliche Aussage des Kindes braucht.

≡ Mongolismus, Down-Syndrom

Veränderungen im Körper: Erbkrankheit durch eine Chromosomenschädigung. Das Chromosom 21 ist statt zweimal dreimal vorhanden. Es gibt Familien, in denen ein Mongolismusfall nur sporadisch auftritt, andere, in denen mit weiteren Fällen gerechnet werden muß. Genaue diesbezügliche Beratung ist heute durch ein Humangenetisches Institut möglich aufgrund der Chromosomenanalyse.

Symptome: Typisches Gesichtsbild: Flaches Gesicht mit großem Augenabstand. Die Lidachsen stehen schräg, zur Nase hin geneigt. Senkrecht stehende halbmondförmige Augenfalte am inneren Augenwinkel (= Mongolenfalte). Kleine Nase, ziemlich lange Zunge. An den Händen fast immer die Vier-Finger-Furche, das heißt, eine quere Falte läuft geradlinig durch den ganzen Handteller. Empfindliche Haut. Eher schlaffe Muskulatur. Nicht selten Herzfehler. Geistige Entwicklung meist verlangsamt, letztlich rückständig. Fast immer fröhliche Kinder, die sich großer Beliebtheit in der Familie erfreuen. Große Musikliebe.

Ursache: Siehe oben.

Behandlung: An der Grundlage ist nichts zu ändern. Jedoch ist das Ausmaß der tatsächlich gegebenen Schwierigkeiten von der intensiven Bemühung der Eltern und den zur Verfügung stehenden und benutzten Hilfen abhängig. Geistige und körperliche Frühförderung. Operation eines Herzfehlers, der Mongolenfalte und der langen Zunge. Die Prognose der geistigen Entwicklung ist sehr schwer zu stellen, da es Kinder mit schwerer, andere mit geringer Schädigung des Nervensystems gibt. Die Wirkung der sog. Zelltherapie ist umstritten.

≡ Mukoviszidose, Pankreasfibrose

Veränderungen im Körper: Angeborene, oft familiär auftretende Erkrankung. Störung der Drüsensekretion. Betroffen sind Brochialdrüsen, Verdauungsdrüsen (vor allem Bauchspeicheldrüse, Pankreas) und Schweißdrüsen. Diagnose durch Schweißtest (Prüfung des Salzgehaltes). Gedeihstörung durch Enzymmangel, chronische Luftwegsinfekte und Lungeninfekte. Diese entstehen aufgrund des Sekretstaues in den Luftwegen (zäher Schleim). Im Einzelfall liegt der Schwerpunkt der Schädigung entweder auf den Atmungsorganen oder auf den Verdauungsorganen.

Symptome: Immer wieder hartnäckige schwere Bronchitis. Abgeschlagenheit. Gedeihstörung. Neigung zu Durchfällen, große Stühle, da schlecht verdaute Nahrung. Großer Bauch. Oft Ekzemhaut.

Ursache: Genetischer Schaden.

Behandlung: Intensive Behandlung jedes Infektes, vor allem mit schleimlösenden Inhalaten und Säften, auch mit Antibiotika. Ständige Verdauungshilfe durch Verdauungspräparate (Enzyme).

Komplikationen: Lungenentzündung, Erweiterung der Bronchien (Bronchiektasie), Hirnabszeß, Leberschädigung, Gedeihstörung.

≡ Mumps, Ziegenpeter, Parotitis

Veränderungen im Körper: Alle großen Verdauungsdrüsen sind entzündlich erkrankt: Ohrspeicheldrüse, Unterzungen- und Unterkieferdrüse, Bauchspeicheldrüse.

Symptome: Mehr oder weniger eindrucksvolle Schwellung unterhalb beider Ohren, weniger unterhalb des Unterkiefers. Kieferklemme. Oft Bauchschmerzen, auch Durchfall, Fieber.

Ursache: Mumpsvirus. Inkubationszeit: 11–21 Tage.

Behandlung: Versuch mit kühlenden Umschlägen. Fiebersenkung. Eventuell Diät.

Komplikationen: Hirnhautentzündung (Erbrechen! Nackensteife!), Hoden- oder Eierstockentzündung.

Seuchenhygienische Maßnahmen: Isolierung bis nach Abklingen der Drüsenschwellung. Kinder und Jugendliche als Kontaktpersonen können drei Wochen lang Schule und Kindergarten nicht besuchen, es sei denn, sie sind schutzgeimpft.

≡ Nierenentzündung, Nephritis, Nephrose

Veränderungen im Körper: Akut oder chronisch verlaufende entzündliche Schädigung des Nierengewebes, wobei der Prozeß entweder auf dem Blutweg (Glomerulonephritis) oder aus den Harnwegen aufsteigend ausgelöst wurde (Pyelonephritis).

Symptome: Bei Glomerulonephritis: manchmal Ödem, vor allem im Gesicht, im Harn zahlreiche Erythrozyten, mäßig starke Eiweißausscheidung, gelegentlich Erhöhung des Blutdruckes. Meist nach Angina entstehend. – Bei der Pyelonephritis: Fieber, Schmerzen beim Wasserlassen, im Harn zahlreiche weiße Blutkörperchen, wenige rote Blutkörperchen, geringe Eiweißausscheidung. – Bei der Nephrose: starke Ödeme, starke Eiweißausscheidung.

Ursache: Direkte oder indirekte Bakterieneinwirkung.

Behandlung: Antibiotika, reichlich trinken lassen, Wärme auf die Nieren, eventuell fiebersenkende Maßnahmen. Ernährung nach genauen Angaben durch den Arzt. In schweren Fällen unbedingt stationäre Behandlung notwendig.

Komplikationen: Harnvergiftung (Urämie).

≡ Pfeiffersches Drüsenfieber, infektiöse Mononukleose

Veränderungen im Körper: Entzündliche Allgemeinerkrankung, insbesondere des lymphatischen Abwehrapparates. Unter diesem Begriff werden Mandeln, Lymphknoten, Leber und Milz zusammengefaßt.

Symptome: Schwere Angina mit Belägen, allgemeine Lymphknotenschwellung, vor allem am Hals, auch in der Leiste und in der Achselhöhle. Vergrößerung von Leber und Milz. Vermehrung der weißen Blutkörperchen, insbesondere der Lymphozyten, die als Reizformen (= Pfeiffer-Zellen) erscheinen. Anhaltend hohes Fieber. Schwerkranker Zustand.

Ursache: Epstein-Barr-Virus. Inkubationszeit: 8–28 Tage.

Behandlung: Fiebersenkende Maßnahmen, leichte, breiige Kost, eventuell Antibiotika.

Komplikationen: Hautausschlag, Leberentzündung, Hirnhautentzündung. Abwehrschwäche für weitere Infektionen.

Seuchenhygienische Maßnahmen: Isolierpflege für 6 Tage.

≡ Pubertätsmagersucht (Anorexia nervosa) Freß-Brech-Sucht (Bulimie)

Veränderungen im Körper: Seelisch-ausgelöste extreme Abmagerung in der Pubertät, manchmal auch darüber hinaus. Die Körperentwicklung war bis dahin ungestört. Die Betroffenen waren zunächst eher etwas übergewichtig bzw. sahen sich jedenfalls eher als »zu dick«.

Symptome: In einer mit stärkstem Willen durchgesetzten Essensaskese erzwingen junge Mädchen (95%; sehr selten Jungen), daß sich die durch die Pubertät angestoßene Formwandlung zur typischen weiblichen Figur nicht weiter vollzieht, sondern sogar rückläufig wird. Unter dieser fixen Idee führt die extreme Essensbeschränkung oder fast Nahrungsverweigerung zu einer beängstigenden Gewichtsreduzierung, in schweren Fällen auch zum Wachstumsstillstand, zum Verlust einer schon eingetretenen Menstruation, zu Untertemperaturen. Seelisch waren die Mädchen zunächst unauffällig und angepaßt aufgewachsen, höchstens konnte man an ihnen in besonderer Weise die (positiven) Eigenschaften von Sorgfalt und Ehrgeiz bemerken. Jetzt steigern sie sich in der Erfüllung von Pflichten und anderen Vorhaben bis ins Kleinliche und Pedantische (vgl. Abb. 67, S. 280). Fast monoman beschäftigen sie sich vordergründig mit Nahrungsstoffen

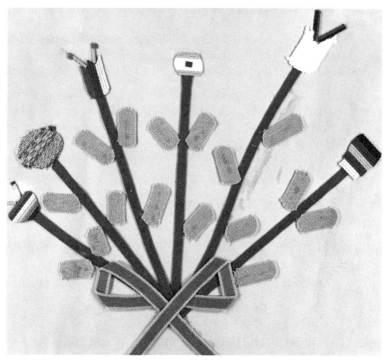

Abb. 67   Blumenstraußkollage eines 14jährigen Mädchens mit **Pubertätsmagersucht**.
Eigenwillig, originell, ideenreich und penibel geht das Mädchen an die Aufgabe und
benutzt dabei eher ungewöhnliches Material (Stoff und Bänder). Der Auftrag hatte an
sich gelautet, einen Baum darzustellen. In der Ausführung ist die Starrheit und
Einförmigkeit bemerkenswert, die wohl auch ein Ausdruck der geistigen Enge ist, in
der sich dieses Mädchen befindet.

und Kalorienrechnungen. Im Umgang werden sie versteckt boshaft, herablassend, hart und herrschsüchtig, wenn es gilt, die eigenen verschrobenen Ansichten und Auffassungen durchzusetzen. Unauffällig oder in offener Demonstration nehmen sie wenig Nahrung zu sich. Manchmal entfernen sie die Nahrung wieder durch Erbrechen, wenn Essen erzwungen worden war. Andererseits gibt es auch die *Freß-Brech-Sucht, Bulimia nervosa*, bei der die Mädchen anfallshaft in höchst gesteigerter Eßlust Massen von meist hochkalorischer (und wertvoller, teurer) Nahrung in sich hineinstopfen, um dies alles dann anschließend wieder zu erbrechen. Auch hier ist – wie bei der Pubertätsmagersucht – die Abmagerung das Ziel. Erstaunlich lange bleiben dabei die Schulleistungen und die körperliche, auch sportliche Leistungsfähigkeit erhalten.

Ursachen: Die Identitätskrise hat im Einzelfall viele Ursachen: Abneigung gegen die Mutter oder eine ältere, schon sexuell aufgeschlossene Schwester (nicht so werden wollen wie diese), Partnerschaftskonflikte mit dem anderen Geschlecht oder in Konkurrenz mit Freundinnen, mangelnde Aufklärung (damit vielleicht ein Horror vor der als ekelhaft empfundenen Menstruation) u. a. Im Grunde liegt hier eine schwere Depression vor, die auf eine Selbstzerstörung abzielt. Eine sorgfältige ärztliche Untersuchung hat abzuklären, ob nicht eine organische schwere Erkrankung, unabhängig von seelischen Ursachen, für diesen Gewichtsverlust verantwortlich ist.

Behandlung: Ohne psychologische Hilfe kommen die Kranken, ihre Umgebung sowie die Eltern nicht aus den Schwierigkeiten heraus. Man muß sich auf lange Therapiezeiträume mit wiederholten Rückschlägen einstellen. Entscheidend für Eltern ist ihre nun neu-orientierte Blickzentrierung: Nicht das Maß der Abmagerung oder die Höhe des Körpergewichtes ist entscheidend, sondern die seelische Grundstimmung der Kranken. Gelingt hier Auflockerung, Aussprache und Mitteilung persönlicher Denkweisen und Probleme, öffnet sich also das Kind wieder, kann es wieder aufwärtsgehen. Viele Eltern müssen von ihrer Überbesorgnis und zu starken Reglementierung ablassen und mehr Freiheiten geben. Schwer wird es oft gerade für den Vater in seinem besonderen Verhältnis zur Tochter. In schweren Fällen ist Krankenhausaufnahme in einem psychosomatischen Haus mit Fähigkeit zur Beschäftigungs- und Entspannungstherapie erforderlich.

Komplikationen: Schwerste Stoffwechselstörungen. Hart erzwungene Nahrungsaufnahme, der ein solches Kind nicht ausweichen kann, kann zum Suizid treiben.

≡ Rachitis, Englische Krankheit

Veränderungen im Körper: Kalzium wird zum Aufbau der Knochenstruktur und zur Funktionstüchtigkeit des Nervensystems gebraucht. Die Aufnahme des Kalziums aus dem Darm, der Einbau in den Knochen geschieht unter entscheidender Mitwirkung des Vitamin D. Je jünger der Organismus, je schneller sein Wachstum, um so mehr wird Kalzium gebraucht, um so leichter stellt sich ein Defizit ein: Der Knochen erhält nicht die nötige Festigkeit, er ist weich; das Nervensystem zeigt Übererregbarkeit.

Symptome: Weicher Hinterhauptsknochen, eventuell Verformung des Schädels (Plattschädel, Schiefkopf). Verspäteter Schluß der Fontanelle. Auftreibung an den Wachstumszonen der langen Röhrenknochen, z.B. an den Rippen neben dem Brustbein in Form von knotenförmigen Auftreibungen = »Rosenkranz«; es sieht aus, als wäre eine Perlenkette um den Hals gehängt. Eventuell Verformung des Brustkorbes, der Wirbelsäule oder der Beine. Verspäteter Durchtritt der Milchzähne.

Ursache: Mangel an Vitamin D.

Behandlung: Gabe von Vitamin D in hoher Dosis, Verstärkung der Kalkzufuhr. – Rachitisprophylaxe: Normalerweise erhält jeder Säugling ab dem 3. Lebenstag täglich 500 Einheiten Vitamin D, Frühgeborene eher mehr (bis 1500 Einheiten), da sie noch schneller wachsen müssen (Nachholbedarf). Vitamin-D-Zusätze in der Säuglingsmilch sind dabei zu berücksichtigen. Gedeiht ein Kind längere Zeit nicht, ist der Arzt zu fragen, ob die Vitamin-D-Dosis weitergegeben werden soll. Überdosiserscheinungen: Neigung zur Verstopfung, sehr schlechter Appetit.

Komplikationen: Zeichen der gesteigerten Nerventätigkeit: erhebliche Unruhe, Schreckhaftigkeit, Krampfanfälle (meist großer Anfall). Tetanie, das ist eine stundenlang anhaltende allgemeine Muskelverspannung mit eigenartiger Fingerstellung (»Pfötchenstellung«).

≡ Rheumatisches Fieber, akuter Gelenkrheumatismus

Veränderungen im Körper: Durch wiederholte Infekte, vor allem durch Streptokokken plus einer speziellen individuellen Reaktionsbereitschaft, entstehen die Bedingungen für diese allergieähnliche Stoffwechselkrankheit, die insbesondere am Bindegewebe, an Gelenkkapsel, Herzgewebe und bestimmten Abschnitten des Nervensystems abläuft. Vor allem bei Schulkindern und Jugendlichen oft mit chronischer Mandelentzündung einhergehend.

Symptome: Anhaltend hohes Fieber, das sich durch Antibiotika nicht senken läßt. Gedenkschwellungen und flüchtige Schmerzen, die mehrere, große Gelenke wechselnd befallen. Seltener Herzsymptome: höhere Pulsfrequenz, Herzgeräusche, eventuell Herzschwäche. Selten am Nervensystem das Krankheitsbild der Chorea minor (Veitstanz).

Ursache: sogenannter hyperergischer Prozeß.

Behandlung: Azethylsalizylsäure oder ähnliche Medikamente, Kortisonpräparate, Antibiotika gegen die infektiösen Auslöser.

Komplikationen: Bleibende Herzfehler, Gelenkschäden von Dauer.

≡ Röteln

Veränderungen im Körper: Infektionskrankheit, die sich auf der Haut und im lymphatischen Abwehrapparat abspielt.

Symptome: Locker stehender rotfleckiger Hautausschlag, vor allem am Rumpf (Abb. 54, S. 191). Wenig Krankheitsgefühl. Oft (geringe) Schwellung von Lymphknoten am Hals und – besonders bemerkenswert – im Nacken.

Ursache: Rötelnvirus. Inkubationszeit: 11–21 Tage.

Behandlung: Nicht nötig, höchstens Hautpuder.

Seuchenhygienische Maßnahmen: Isolierpflege für 5 Tage. Besondere Vorsicht für schwangere Frauen als Kontaktperson, falls sie selbst noch nicht Röteln durchgemacht haben oder geimpft wurden. Bei einer Infektion könnte das Virus auf ihr werdendes Kind übertreten und Fehlbildungen verursachen. Daher bei Kontakt sofort zum Arzt, der ein Heilserum gegen das Rötelnvirus injiziert, falls das Kind im Mutterleib als gefährdet betrachtet werden müßte.

≡ Ruhr, Shigellenruhr, Amöbenruhr

Veränderungen im Körper: Akute infektiöse Darmerkrankung.

Symptome: häufige schleimig-blutige Stühle, die unter heftigen Schmerzen abgesetzt werden. Oft dabei Fieber.

Ursachen: Bei der Shigellenruhr Shigellen (Bakterienart), bei der Amöbenruhr Einzeller (Tropenkrankheit).

Behandlung: Antibiotika, Diät, eventuell Infusionen.

Komplikationen: Kreislaufschwäche, Leberschädigung.

Seuchenhygienische Maßnahmen: Meldung an das Gesundheitsamt. Bei der Shigellenruhr Isolierung, Desinfektionspflege. Für die Wiederzulassung in Schule und Kindergarten müssen mehrere bakteriologisch einwandfreie Stühle vorliegen, bei Dauerausscheidung Zustimmung des Gesundheitsamtes erforderlich. Auch bei Kontaktpersonen wird der Stuhl untersucht unter Einschaltung der Gesundheitsbehörde. – Bei Amöbenruhr Isolierpflege bis zur Heilung.

≣   Salmonellenenteritis, Paratyphus

Veränderungen im Körper: Infektiöse Darmerkrankung mit Entzündungsherden vorwiegend im Dünndarm.

Symptome: Fieber, wäßrig-breiige Durchfälle, oft mit Blutbeimengung, Erbrechen.

Ursache: Bakterien aus der Salmonellengruppe.

Behandlung: Antibiotika bei schwerer Erkrankung, Diät. Keimträger, das heißt augenblicklich nicht Erkrankte, werden in der Regel nicht behandelt.

Komplikationen: Schwere Darmblutung, Bauchfellentzündung.

Seuchenhygienische Maßnahmen: Isolierung, Desinfektionspflege. Wiederzulassung in Schule und Kindergarten bei Keimfreiheit, bei anhaltender Keimausscheidung mit Einverständnis des Gesundheitsamtes. Kontaktpersonen werden ebenfalls bakteriologisch untersucht. Hier spricht das Gesundheitsamt mit, das die Erkrankungsmeldung bekommt.

≣   Schädel-Hirn-Trauma (Verletzung)

Veränderungen im Körper: Akute Hirnschädigung durch schockartige Erschütterung, eventuell direkte eingreifende Gewebszerstörung, Einblutungen, Hirnödem. Akute Funktionsstörung verschiedener Hirnbereiche. Eventuell Schädelbruch. Was die Hirnschädigung betrifft, spricht man von Hirnerschütterung (Commotio) Hirnprellung mit Substanzzerstörung (Contusio) und Hirndruck (Compressio).

Symptome: Breite Skala von geringer oder schwerer, kurzer oder länger dauernder Hirnstörung, je nach Schweregrad auch akute Lebensbedrohung. Im einzelnen Erbrechen, kurze, Stunden oder Tage dauernde Bewußtlosigkeit. Nach dem Erwachen Erinnerungslücke für die Zeit unmittelbar davor. Kopfschmerz. Eventuell Prellwunden, Blutergüsse am Kopf, Blutung aus Ohren, Nase und Mund. Lähmung der Gesichtsnerven oder von Extremitäten, vor allem dann, wenn das Rückenmark noch in die Schädigung einbezogen ist. Sehstörung, Hörstörung, Sprachstörung möglich. Eventuell Knochenverletzung (Schädelbruch u. a. Frakturen).

Ursachen: Sturz, Stoß, Schlag, Aufprallwirkung.

Behandlung: Ruhebehandlung, spezielle Lagerung, sorgfältige Beobachtung insbesondere, solange Bewußtlosigkeit anhält. Überwachung von Atmung und Kreislauf. Immer ist ärztliche Untersuchung nötig, bei schweren Fällen stationäre Aufnahme zu besonderen Maßnahmen, eventuell einschließlich Operation, künstlicher Beatmung, Kreislaufbehandlung. Begrenzung möglicher Dauerschäden durch intensive Rehabilitationsbehandlung.

Komplikationen: Hirnblutung, Störung der Atmung durch Beeinträchtigung des Atemzentrums oder durch Aspiration in die Luftwege, Lähmungen, Krampfanfälle. Verlangsamung der Herztätigkeit bis zum Herzstillstand (Hirndruck).

═══ Schälblasenflechte, übertragbarer eitriger Bläschenausschlag, Eiterflechte, Impetigo contagiosa

Veränderungen im Körper: Eitrig-entzündliche Hautkrankheit.

Symptome: Vor allem im Gesicht und am behaarten Kopf, aber auch an anderen Körperstellen dünnwandige mittelgroße Eiterblasen, die schnell platzen. Der Inhalt trocknet zu honiggelben Krusten. Hoher Infektionsgrad, daher oft Gruppenerkrankung z. B. im Kindergarten.

Ursachen: Streptokokken oder Staphylokokken (Bakterien).

Behandlung: Antibiotika auf dem Blutweg und/oder als Salbe.

Komplikationen: Nierenentzündung.

Seuchenhygienische Maßnahmen: Kindergarten und Schule können bis zur Abheilung nicht besucht werden. Auch sonst sollte man Kontaktpersonen unbedingt abhalten. Meldepflicht, wenn eine Häufung dieser Krankheit in einer Gemeinschaftseinrichtung entstanden ist.

═══ Scharlach

Veränderungen im Körper: Entzündliche Erkrankung der Tonsillen, Mitreaktion der Haut, Miterkrankung auch anderer Organe möglich.

Symptome: Schwere Angina mit Schluckschmerz, Erbrechen, hohes Fieber. Rötung auch des weichen Gaumens, Himbeerzunge. Kleinfleckiger Hautausschlag, vor allem am Rumpf, betont auch an den Innenseiten der Oberschenkel und der Oberarme. Das Gesicht ist gleichmäßig rot, hell um den Mund (»Milchbart«) (Abb. 54, S. 191). Schwellung der Halslymphknoten. Nach 14 Tagen oft Hautschuppung. Sonderform: Wundscharlach ohne Angina.

Ursache: Streptokokken.

Behandlung: Penizillin, leichte Kost, Fiebersenkung.

Komplikationen: Nierenentzündung, Gelenkentzündung, Lymphknoteneiterung.

Seuchenhygienische Maßnahmen: Unter Penizillin drei Tage Isolierung und Desinfektionspflege; dann baden und frische Wäsche. Kontaktpersonen sollen ebenfalls sofort Penizillin erhalten, dann können sie einen Tag später wieder in Gemeinschaftseinrichtungen zugelassen werden.

≡ Plötzlicher, unerwarteter, unerklärlicher Tod eines Kindes (SIDS)

Auch dieses erschütternde Ereignis muß näher bedacht werden: Eine Mutter findet ihr kleines Kind tot im Bett, ohne daß eine Krankheit vorausging, ohne Anzeichen einer Störung des Befindens, ohne Erklärung im nachhinein. Manchmal hören Eltern nur davon, daß ein solch schreckliches Ereignis in der Nachbarschaft eingetreten ist und machen sich grundsätzlich Sorgen, auch ihnen könnte so etwas passieren.

Wenn ein Kind »tot« gefunden wird: in der Hoffnung noch etwas zu retten siehe Seite 148. Ist die Totenstarre eingetreten, besteht keinerlei Hoffnung mehr.

Häufigkeit: Betroffen sind in erster Linie Säuglinge des ersten Lebenshalbjahres, seltener Kleinkinder bis zum Ende des 2. Lebensjahres. Der plötzliche unerklärliche Tod eines Kindes wird auch SIDS genannt, eine Abkürzung für Sudden infant death syndrome. Im Grunde ist es sehr schwierig, in einem Elternratgeber etwas über dieses Ereignis zu schreiben, weil das Kennzeichnende dieser Situation eben die Tatsache ist, daß man trotz aller wissenschaftlichen Forschung bisher nur wenige Ursachen finden konnte, die den plötzlichen Tod der Kinder erklären, und schon keinerlei brauchbare Zeichen kennt, um ein solches Ereignis vorausahnen zu können. Der einzige Trost ist, daß der plötzliche unerklärliche Tod eines Kindes ein sehr seltenes Ereignis ist, so daß man bei einem gesunderscheinenden und leistungsfähigen Kind nicht damit rechnen muß.

Situation des plötzlichen Todes: Zunächst seien die Situationen geschildert, die die Eltern erleben. Der Tod kann während der Schlafzeit eintreten, die weitaus häufigste Situation. Die Mutter findet das Kind morgens leblos, manchmal sogar schon totenstarr und mit Totenflecken im Bett, oft in Bauchlage, somit das Gesicht auf der Unterlage. Häufig hat das Kind noch erbrochen, was den meist irrigen Verdacht nahelegt, es sei am Erbrochenen erstickt. Ein anderes Kind sinkt im Stehen oder im Sitzen plötzlich zusammen: ein schnappender Atemzug, Atemstillstand, blaue Hautfarbe, Herzstillstand. Andere wirken plötzlich unruhig, sie haben Zeichen einer inneren Angst, dabei jagende und vertiefte Atmung, oft noch Erbrechen, ein Krampfanfall. Vielleicht wird noch hohes bis sehr hohes Fieber beobachtet und schrilles Schreien, was auf eine Hirnstörung hinweisen könnte.

Mögliche Ursachen: Das Ereignis des unerklärlichen Todes ist so alt wie die Menschheit. Heute sind mehr Umwelteinflüsse in der Diskussion, vor Jahrzehnten dachte man vordergründig an infektiöse Ursachen. In den meisten Fällen bleibt für den herbeigerufenen Arzt nur, auf dem Totenschein »unbekannte Ursache« einzutragen und den Versuch einer Klärung der Leichenöffnung durch den Gerichtsmediziner zu überlassen. Aus familiären und aus juristischen Gründen muß ein solcher Weg von den betroffenen Eltern mitgegangen werden. Manchmal werden dann entzündliche Veränderungen gefunden, vor allem im Bereich der Atemwege und der Lunge, z. B. eine Lungenentzündung, Infekt der Verdauungsorgane, der Leber, eine Ohrenentzündung. Ein Verständnis für den Tod ist aber nur dann damit erhalten, wenn man unterstellt, daß diese Infektionen mit einer plötzlichen inneren Vergiftung des Körpers (Toxine aus Bakterien) einhergingen mit Störung, ja geradezu Zusammenbruch des Stoffwechsels und mit einem speziellen Befall der wichtigen Hirnzentren für Atmung und Kreislauf. Andererseits kann ein Säugling einmal wirklich erstickt sein, wenn er in Bauchlage unter die Bettdecke rutschte. Auch im elterlichen Bett kann ein Säugling unbemerkt in einer solchen Weise zu Tode kommen. Manchmal deckt die Obduktion bisher unbekannte Fehlbildungen des Herzens, des Gehirns, der Lunge und der Atemwege auf. Viel diskutiert werden plötzlich einsetzende Rhythmusstörungen des Herzens oder eine Störung der Atemregulation im Schlaf in Abhängigkeit von den verschiedenen Schalftiefen. Genaue Erfahrungen darüber, insbesondere solche, die für eine Vorausschau bedeutsam wären, hat man aber aus solchen wissenschaftlichen Denkanstößen noch nicht.

Prophylaxe: Durch eine spezielle Untersuchung von Herz, Kreislauf und Atmung sowie Schlafverhalten (Polysomnographie) versucht man gefährdete Kinder herauszufiltern, vor allem wenn in einer Familie schon ein Geschwister plötzlich verstorben ist. Besonders gefährdet könnten frühgeborene Säuglinge sein und andere im ersten Lebensjahr, die Hirnblutung, Atemstörung und Herzverlangsamung nach der Geburt gezeigt hatten. Sie werden vorsichtshalber Tag und Nacht an ein Anzeigegerät (Monitor) angeschlossen, das die Häufigkeit der Atemzüge und der Herzschläge registriert. Obwohl die Eltern dann in den Gebrauch genau eingewiesen sind, haben diese Geräte durch Fehlalarm auch ihre beunruhigenden Nachteile.

≡ Toxoplasmose

Veränderungen im Körper: Infektionskrankheit mit einseitig betonter Lymphknotenschwellung. In einer Schwangerschaft kann der Keim auch auf das Kind übergehen.

Symptome: Grippeähnliche Symptome, einseitig betonte Schwellung einer Gruppe von Lymphknoten. Nachweis der Erreger durch den Sabin-Feldman-Test.

Ursache: Toxoplasma gondii, ein Einzeller, von Tieren (Hund, Katze, Vogel, Kaninchen) auf den Menschen übertragen, auch über rohe Eier und rohes Fleisch.

Behandlung: Antibiotika und ähnliche Substanzen.

Komplikationen: Bei einem im Mutterleib infizierten Kind Zeichen der Hirnschädigung, Leber- und Milzvergrößerung.

Seuchenhygienische Maßnahmen: Außer in der Schwangerschaft keine Übertragung von Mensch zu Mensch. Eventuell Haustiere untersuchen lassen.

≡ Tuberkulose

Veränderungen im Körper: Chronisch-entzündliche Erkrankung, die in dem Organ beginnt, in welchem die Tuberkelbakterien aufgenommen werden: meist in der Lunge, seltener in der Darmwand. Nach dem Erstherd entsteht eine deutliche Schwellung eines oder mehrerer Lymphknoten. In diesem Stadium kann die Krankheit abheilen (Verkalkung der Lymphknoten). Bei weiterer Ausbreitung ist Streuung der Erreger im ganzen Körper möglich (Miliartuberkulose). Entscheidend für die Feststellung der Tuberkuloseerkrankung sind die Tuberkulinproben und das Röntgenbild.

Symptome: Oft ein Überraschungsbefund. Sonst: mangelnde Leistungsfähigkeit, leichtes Fieber, Husten. In Einzelfällen einer ganz frischen Tuberkulose werden an den Unterschenkeln blau-rote schmerzhafte Knoten festgestellt, dazu Fieber (Erythema nodosum).

Ursache: Mycobacterium tuberculosis. Keimnachweis aus Magensaft oder Auswurf.

Behandlung: Mehrere speziell gegen die Erreger gerichtete Medikamente, Langzeitbehandlung nötig.

Komplikationen: Zerfallsprozeß im Lungengewebe: Kaverne. Streuung der Krankheitskeime: Miliartuberkulose, tuberkulöse Hirnhautentzündung.

Seuchenhygienische Maßnahmen: Isolierpflege, solange Verdacht auf »offene« Tuberkulose besteht (also auf eine Keimausscheidung). Eine Untersuchung wird durch Röntgenuntersuchung und durch Tuberkulintestung vorgenommen. Meist wird der Stempeltest zuerst eingesetzt. Beim Stempeltest wird eine Platte mit Zacken, die mit der Testsubstanz Tuberkulin versehen sind, kurz und kräftig in die Haut gedrückt. Man liest nach 3–8 Tagen ab. Jede Zacke wird eigens bewertet. Ein Knötchen ab zwei Millimeter Durchmesser zeigt ein positives Ergebnis an, das heißt, daß diese Person sich mit dem Tuberkuloseerreger auseinandergesetzt hat oder noch auseinandersetzt. Positives Ergebnis beweist also eine augenblickliche Erkrankung noch nicht. Dieses Ergebnis kann auch durch eine Tuberkuloseschutzimpfung (BCG-Impfung) begründet sein. Die Feinheiten muß der Arzt im Gesamtzusammenhang seiner Befunde beurteilen. Bei einem sehr genauen Vorgehen wird auch noch mit anderen Tuberkulinkonzentrationen geprüft.

≡ Typhus, Abdominaltyphus

Veränderungen im Körper: Infektiöse Allgemeinkrankheit mit schwerer Schädigung des Allgemeinbefindens, besonderer Schwerpunkt im Darmbereich.

Symptome: Hohes anhaltendes Fieber, Benommenheit, »Erbsbrei«-Durchfälle. Ab der 2. Woche auch Darmblutung. In der 1. Woche auf der Haut einige rote Flecken (»Roseolen«). Milzschwellung.

Ursache: Salmonella typhi, aus Stuhl und Blut zu züchten. Inkubationszeit: 7–21 Tage.

Behandlung: Antibiotika, Diät, Infusionen, evtl. Transfusionen.

Komplikationen: Darmblutung, Darmwandbruch, Bauchfellentzündung, Lungenentzündung.

Seuchenhygienische Maßnahmen: Isolierung, Desinfektionsmaßnahmen. Meldung an die Gesundheitsbehörde. Wiederzulassung nach mehreren bakteriologisch einwandfreien Stühlen. Auch Kontaktpersonen werden geprüft durch das Gesundheitsamt.

≡ Windpocken, Varizellen

Veränderungen im Körper: Hochinfektiöse Erkrankung vorwiegend der Haut.

Symptome: Am ganzen Körper, auch auf dem behaarten Kopf(!), in mehreren Schüben ein Bläschenausschlag. Bläschen trocknen zu Krusten ein. Nach einigen Tagen buntes Nebeneinander verschieden großer Blasen und Borken. Fieber.

Ursache: Varizellenvirus, identisch mit dem Virus der Gürtelrose (Zostervirus). Inkubationszeit: 11–28 Tage.

Behandlung: Juckreizstillender Puder, eventuell leichte Fettsalben bei trockener Haut. Häufiger Wäschewechsel. Eventuell fiebersenkende Maßnahmen.

Komplikationen: Hirnentzündung, Hirnhautentzündung, Hauteiterungen.

Seuchenhygienische Maßnahmen: Isolierung 8 Tage ab Ausbruch des letztes Bläschenschubes.

≡ Wundstarrkrampf, Tetanus

Veränderungen im Körper: In eine verschmutzte Wunde gerieten Tetanusbakterien, die einen gegen das Nervensystem gerichteten Giftstoff produzieren (Neurotoxin) und über die Körpersäfte diesen ans Nervensystem heranbringen. Dadurch Anfälle von Muskelverkrampfung (»Tetanusstöße«).

Symptome: Fieber, Unruhe, Verstimmung am Beginn. Dann als Frühsymptom Kieferklemme und eigenartig verkrampfte Mimik (Tetanusgesicht). Schließlich anfallsweise Kontraktionen weiter Muskelgebiete des Körpers, sehr schmerzhaft, bei erhaltenem Bewußtsein.

Ursache: Tetanusbazillen. Inkubationszeit: 5–14 Tage.

Behandlung: Immer stationäre Einweisung in ein Krankenhaus. Beruhigungsmittel (»Winterschlaf«), Heilserum. Ausschneiden der Wunde.

Seuchenhygienische Maßnahmen: Keine Ansteckungsgefahr.

≡ Zerebrale Kinderlähmung, infantile Zerebralparese (ICP)

Veränderungen im Körper: Angeborene oder in den ersten zwei Lebensjahren entstandene, aber schon abgeschlossene Hirnschädigung aus verschiedenen Ursachen. Der zugrundeliegende Prozeß schreitet im Zeitpunkt der Diagnose nicht mehr fort, im Gegenteil, er bessert sich eher. Ein Schädigungszeichen kann sich aber auch erst zu einem späteren Zeitpunkt zeigen, an dem diese Hirnregion normalerweise in Betrieb genommen würde. Im Vordergrund steht die Bewegungsstörung. Man spricht deshalb in Kurzform von »Spastikern«, was aber nur für einen Teil der Kinder eine exakte Aussage ist.

Symptome: Motorische Störung: Erhöhte Muskelspannung (Spastik), dadurch Einschränkung der freien Eigenbewegung und der Bewegungsentwicklung, Störungen der Bewegungsführung. Möglicherweise Sprachstörungen, Hörstörung, eventuell Sehstörung, auch wiederholte Krampfanfälle. Intellektuelle Entwicklung je nach Schädigungsgrad eventuell erschwert. Neben der spastischen Form gibt es Kinder mit schlaffer Muskulatur, ferner Kinder, bei denen in erster Linie die Bewegungsführung gestört ist (ausfahrende und ungeschickt-verspannte Motorik). In schwächster Ausprägung sind nur bei Erregung leichte Muskelverspannungen z. B. im Schulterbereich zu sehen (zentrale Koordinationsstörung).

Ursachen: Angeborene Störungen im Bau des Gehirns, Hirnschädigung während der Schwangerschaft, während der Geburt, nach der Geburt durch schwere Gelbsucht, frühkindliche entzündliche Hirnkrankheiten, angeborene schwere Störungen des Hirnstoffwechsels.

Behandlung: Heilgymnastik nach Bobath oder Vojta, geduldige und intensive intellektuelle Förderung. Motorische Übungen der alltäglichen Handhabungen (Ergotherapie). Große Erfolge heute bei umfassender und lange genug währender Behandlung. Allerdings bestehen überhaupt große Unterschiede im einzelnen Schädigungsgrad. Die Frühdiagnostik ist wichtig für das Ergebnis, das erzielt werden kann (Vorsorgeuntersuchungen!).

≡ Zöliakie

Veränderungen im Körper: Darmerkrankung, Verdauungsschwä-
che durch Nahrungsmittelallergie, vor allem Überempfindlichkeit gegen-
über Gliadin. Diese Substanz ist in der Kornschale enthalten (Klebereiweiß). Die Verdauung ist von den Enzymen her intakt, jedoch die Entnahme
der Nahrung aus dem Darm ins Blut (Resorption) ist gestört. Praktisch
identisches Bild bei Kuhmilchunverträglichkeit der Säuglinge.

Symptome: Mangelndes Gedeihen, große Stühle, aufgetriebener
Bauch. Mißmutiges Wesen, schlechter Appetit.

Ursache: Allergie, siehe oben.

Behandlung: Weglassen der allergiemachenden Substanzen. Gliadinfreie Kost, die heute in guter Auswahl in Reformhäusern zu bekommen
ist.

≡ Zuckerkrankheit, Diabetes mellitus

Veränderungen im Körper: Im Kindes- und Jugendalter praktisch
immer Insulinmangeldiabetes (im Gegensatz zum Altersdiabetes). Bildungsschwäche des Inselapparates in der Bauchspeicheldrüse für das Hormon Insulin. Dadurch ist der Blutzuckerspiegel zu hoch, Glykogen (Speicherform des Zuckers) wird zu wenig gebildet. Glukose wird im Harn ausgeschieden, sie geht damit dem Körper verloren.

Symptome: Trotz scheinbar ausreichender Essensmenge immer
wieder auffallender Appetit, viel Durst, große Harnflut (auch nachts Ausscheidung). Manchmal aber eine Zufallsdiagnose bei routinemäßiger Urinuntersuchung auf Zucker. Beweisend ist der hohe Blutzuckerspiegel.

Ursache: Bildungsschwäche für das körpereigene Insulin, zum Teil
auf erblicher Grundlage, zum Teil von häufigen Infekten abhängig.

Behandlung: Diät, wobei auf der Grundlage einer Basisrechnung
in der Wahl der Nahrungsmittel große Freiheit gelassen wird (»Austauschtabellen«), so daß ein freies Leben sehr weitgehend möglich ist. Insulin wird
1–2mal pro Tag (oder noch öfter je nach Therapiesystem), am besten vom
Kind oder Jugendlichen selbst, gespritzt: Verzögerungs-(Depot-)Insulin,
mit Zusatz von Altinsulin mit kürzerer Wirkungsdauer. Reichlich körperliche Bewegung und Sport. Ein gut eingestellter Diabetiker ist voll leistungsfähig.

Komplikationen: Stoffwechselentgleisung mit Auftreten von Azeton im Körper, eventuell schweres Krankheitsbild bis zur Bewußtlosigkeit (Koma). Besondere Anfälligkeit für Infekte, dann auch besondere Gefahr für die Stoffwechselentgleisung. Bei schlechter Einstellung mit hohen Blutzuckerwerten vorzeitig Sehstörung und Nierenstörung. Umgekehrt besteht die Gefahr der Unterzuckerung, des zu niedrigen Blutzuckerspiegels: bei zu hoher Insulindosis, zu wenig Nahrungsaufnahme, unangepaßter verstärkter körperlicher Anstrengung. Unruhe, Angstzustände, Verwirrtheit, auch Aggressionszeichen können darauf hinweisen. Die Störung kann bis zur Bewußtlosigkeit und bis zu einem großen Krampfanfall gehen (hypoglykämischer Schock). Bei drohenden Anzeichen soll man Brot, Zucker oder Getränke mit Zucker geben, in einer bedrohlichen Situation muß ein Arzt Traubenzuckerlösung oder Glukagon injizieren.

Impfungen im Kindes- und Jugendalter

Durch eine *aktive Schutzimpfung* erarbeitet sich ein Organismus dieselben Abwehrstoffe, die er sonst nur bei Erkrankung durch den gleichen Erreger bekommen würde. Heute stehen für die wichtigsten Infektionskrankheiten gute Impfstoffe zur Verfügung. Eine Ausnahme macht noch die Keuchhustenschutzimpfung, die zur Zeit nur von wenigen Kinderärzten durchgeführt wird. Einige Anzeichen sprechen dafür, daß schon bald ein neuer, gut verträglicher Keuchhustenimpfstoff wieder zur Verfügung steht, so daß die Säuglinge wieder in großer Zahl praktisch ohne Gefährdung geimpft werden können.

Empfohlener Impfplan für die wichtigsten Impfungen siehe Tab. 8. In Einzelheiten haben manche Ärzte vielleicht etwa andere Gewohnheiten, wenn sie impfen. Im übrigen kommt es ja darauf an, den richtigen Zeitpunkt zum Impfen zu finden, was durch akute Infekte gerade bei Säuglingen immer wieder schwierig ist. Die Schutzdauer, die man mit Hilfe der einzelnen Impfungen erzielt, liegt aufgrund reichlicher Erfahrung heute ziemlich genau fest (Tab. 9).

Tab. 8   **Schutzimpfungen. Üblicher Impfplan.** ● = Impftermin. Zur Keuchhustenimpfung siehe im Text.

Alter	Tuberkulose	Diphtherie	Tetanus	Poliomyelitis	Haemophilus influencae	Masern	Mumps	Röteln
1 Monat	●	(in den ersten 8 Tagen)						
3 Monate		●	●	●	●			
4½ Monate		●	●	●	●			
15 Monate		●	●	●	●	●	●	●
10 Jahre		●	●	●				
12 Jahre						(bei Mädchen)		●

Tab. 9   **Schutzdauer aktiver Impfungen.** Voraussetzung ist eine richtig durchgeführte Immunisierung. Innerhalb der angegebenen Zeiträume werden vom Arzt bei besonderen Gefährdungen Auffrischimpfungen für nötig befunden. Für die Impfung gegen Zeckenenzephalitis und Haemophilus-influencae-B-Infektion ist noch keine bindende Angabe möglich.

Impfung gegen	Schutzdauer
Grippe	1 Jahr
Poliomyelitis nach Sabin	10 Jahre
Cholera	6 Monate
Typhus (oral)	4 Monate
Tetanus, Wundstarrkrampf	5 Jahre
Diphterie	5 Jahre
Gelbfieber	6–10 Jahre
Tuberkulose (BCG)	8–12 Jahre
Pocken, Erstimpfung	3 Jahre
Pocken, Wiederimpfung	3 Jahre
Masern (Lebendimpfstoff)	mindestens 10 Jahre
Mumps	mindestens 10 Jahre
Röteln	mindestens 10 Jahre

Zur **Verträglichkeit der einzelnen Impfungen** sei noch folgendes gesagt:

Die *Tuberkuloseschutzimpfung (BCG-Impfung)* ist eine Lebendimpfung mit abgeschwächten Tuberkelbakterien. Sie ist als dringlich angezeigt bei Heimkindern und in Familien mit tuberkulösen Erkrankungen. Man setzt eine Hautinfektion, in der Regel an der Außenseite des linken Oberschenkels. In der zweiten bis vierten Woche entwickelt sich für einige Wochen ein kleines blaurotes Knötchen, das mit einer Narbe abheilt. In manchen Fällen bildet sich im Inneren des Knötchens etwas Eiter, der durchbricht. Ein kleines Geschwür kann entstehen, ohne daß dies besorgniserregend sein müßte. Die Impfstelle soll trocken behandelt werden. Bei nässendem Geschwür kann man am Rande mit Zinkpaste abdecken. In der Leiste ist nicht selten ein Lymphknoten geschwollen. Bis zur Mandelgröße ist seine Schwellung vollkommen normal. Geht sie darüber hinaus, sollte der Arzt darauf aufmerksam gemacht werden.

Tetanusimpfung (Impfung gegen Wundstarrkrampf), Diphtherieschutzimpfung, die Impfungen gegen Masern, Mumps und Röteln sind sehr gut verträgliche Impfungen, die nur äußerst selten Nebenwirkungen machen. Die *Diphtherie-Impfung* wird nach dem 6. Lebensjahr mit reduzierter Dosis vorgenommen (Erwachsenendosis).

Die Impfung gegen *Kinderlähmung (Poliomyelitis)* wird ausschließlich mit dem Schluckimpfstoff nach Sabin durchgeführt. Nebenwirkungen gibt es nur sehr selten, vielleicht bei darmlabilen Säuglingen einige weiche Stühle.

Die *Impfung gegen Keuchhusten (Pertussis-Impfung)* wird unterschiedlich hinsichtlich ihrer Verträglichkeit bewertet, so daß sie nur für Heimkinder und kinderreiche Familien uneingeschränkt empfohlen wird, allerdings unter der Voraussetzung, daß das Kind keine Schäden am Nervensystem hat.

Die gut verträgliche Impfung gegen *Haemophilus-influencae-B* hilft eitrige Hirnhautentzündung und Kehldeckelentzündung (Epiglottitis) zu vermeiden. Kleinkinder bis zum 18. Monat erhalten drei, ältere bis zum 5. Jahr eine Impfdosis.

Eine Impfempfehlung gegen die durch Zecken übertragbaren Enzephalitis-Viren (»*Zeckenenzephalitis*«) gilt vor allem für Bewohner und Urlaubsreisende nach Österreich und Süddeutschland, jedoch hat sich in den letzten Jahren dieser Gefährdungsraum laufend erweitert. Drei Impfungen geben erst den vollen Schutz, so daß man vor einer Reise frühzeitig planen müßte.

Urlaub im Inland und Ausland

Urlaubszeit soll eine unbeschwerte Zeit sein, aus der die ganze Familie, Eltern und Kinder glücklich und gestärkt heimkehren. Alles will geplant sein, die richtige Jahreszeit, die ansprechende Landschaft, die passende Unterkunft. Damit jeder zu seinem Recht kommt und sein Urlaubsglück findet, muß da gut überlegt werden. Auf Ratschläge aus vergleichbaren Familien sollte man hören und Tips nicht verschmähen. Was voraus planbar ist, sollte man sorgfältig planen. Es bleibt ja doch noch genug zu wünschen und zu hoffen übrig: das beständige gute Wetter, die fröhliche Gesellschaft von Urlaubsbekanntschaften, das überraschende Geschenk von besonderen Erlebnissen in der Natur und mit den Menschen des fernen Landes – und, nicht zuletzt, daß alle verschont bleiben von Krankheiten und Unfällen.

Nicht nur, daß eine Krankheit im Urlaub zwangsläufig viele Planungen über den Haufen werfen muß, immer ist es fern der Heimat schlechthin schwieriger mit einer Krankheit fertig zu werden. Es ist schwierig mit einer Diät und mit der nötigen Wäsche. Eine Hausapotheke fehlt, in der man mit einem Griff die oft ausreichenden Arzneien finden kann. Anstelle des vertrauten Hausarztes muß man einen neuen Arzt erst suchen und finden und überhaupt, falls es ein Urlaub im Ausland ist: Sprachschwierigkeiten können auf einmal geradezu bedrohlich und ängstigend werden und ein Gefühl der besonderen Hilflosigkeit entsteht.

≡ Urlaub mit Kindern

Die Frage, *welcher Urlaubsort für Kinder,* wird meistens unter falschen Aspekten gestellt. Klimatisch gesehen erweisen sich Kinder, auch Säuglinge, genauso belastungsfähig wie Erwachsene, in der Angleichung von Atmung und Kreislauf eher elastischer als Erwachsene. So kann also See, Mittelgebirge und Alpengebiet gleichermaßen auch für Kinder in Frage kommen. Die entscheidende Frage an jede Region lautet: Wieweit findet man dort eine der Familie entsprechende Wohnmöglichkeit und eine Umwelt, die den Kindern eine ihnen gemäße Lebensweise erlaubt? Dahingehend jeweils sorgfältig zu planen, ist für das Gelingen des Urlaubs für jung und alt entscheidend. Ein *Hotel* kann zwar jede Küchenarbeit im Urlaub ersparen, die allgemeinen Umstände dort sind aber eher ungünstig, und den Kindern ist nur wenig Bewegungsfreiheit erlaubt. Eine *Ferienwohnung,* noch mehr ein *Ferienhaus,* sind dagegen für Familien mit Kindern im ganzen ideal, selbst wenn die Eltern mit Ernährung und häuslicher Ordnung noch einige Arbeit haben. In unmittelbarer Umgebung gelegene Spielwiesen, angrenzende Wälder, Bäche, Strand und größere Wasserflächen geben einen herrlichen Freiheitsraum für Kinder. In der Nähe zur belebten und unbelebten Natur empfinden Stadtkinder, was sie erleben, fast als Wunderwelt.

Als günstig erweist sich, wenn *kinderreiche Familien zusammen* in Urlaub fahren. Mehr Kinder bringen in der Regel nicht mehr, sondern eher weniger Belastungen für die Eltern. Kinder verschiedener Familien spielen meist besser miteinander als Geschwister. Gemeinsame Unternehmungen kommen schnell zustande. Die Eltern erleben, daß sie ihre eigenen Kinder leichter führen und auch für anstrengende Unternehmungen gewinnen können, und sie kommen andererseits auch leichter zu eigenen Ruhestunden.

Wunderbar ist Urlaub auf einem Bauernhof, mit größeren Kindern Urlaub an einem See mit Segelmöglichkeit oder in den Alpen mit Gelegenheit zu Bergwanderungen.

☰ Urlaub mit kranken und behinderten Kindern

Anders ist die Leistungsfähigkeit eines Kindes dann einzuschätzen, wenn es nach einer kürzlichen Krankheit noch in der *Rekonvaleszenz* wäre, wenn es *auf Dauer krank oder behindert* wäre. Hier ist an Kinder und Jugendliche mit Nieren- und Blasenkrankheiten, mit Herzfehlern, Zuckerkrankheiten, Kinder mit rheumatischen Erkrankungen, Neigung zu Allergien, mit Erkrankungen der Luftwege wie Asthma bronchiale und vor allem an bewegungsbehinderte Kinder zu denken. Alle diese Kinder sollten einen vollgültigen erholungs- und erlebnisreichen Urlaub haben. Es ist aber für jeden einzelnen Fall mit dem Hausarzt zu besprechen, welche besonderen Gesichtspunkte berücksichtigt werden müssen. Besondere Sorgenkinder sind solche mit bösartigen Erkrankungen wie Leukämie und Krebs, auch die schwachsinnigen Kinder, weil sie außerhalb des gewohnten Lebensraumes besonderen Gefährdungen ausgesetzt wären, die nahelegen könnten, lieber zu Hause zu bleiben. Aber auch diesen Kindern und ihren Eltern tut ein Tapetenwechsel gut. In einem Gespräch erfahren die Eltern von ihrem Arzt, wie weit ihre Möglichkeiten reichen, um unter Vorsicht und Vorsorge in die Ferien zu fahren.

Sehr unterschiedlich müssen die *Begrenzungen* gesehen werden, abhängig von der Krankheitsproblematik. Kindern mit Herzfehlern und chronischen Infekten der Atmungsorgane sollten nur in Niederungen oder ins Mittelgebirge fahren, zudem heiße Zonen oder direkte Sonnenbestrahlung meiden. Für Kinder mit Erkrankungen der Nieren und Harnwege muß ein Badeurlaub wegen erhöhter Erkältungsgefahr Bedenken hervorrufen. Bei Blutgerinnungsstörungen müssen die Unternehmungen auf die höhere Verletzbarkeit und Blutungsneigung abgestimmt werden. Bei allen Kindern soll gut abgewogen werden zwischen ihrer höheren Gefährdung und den Werten an Erholung und Freude, die sich im Urlaub gewinnen lassen.

Für besondere Problemsituationen im Urlaub könnte ein *Attest des Hausarztes* mitgenommen werden, aus dem der Arzt am Urlaubsort die wichtigsten Einzelheiten über die gegebene Krankheit und eine eventuell laufende medikamentöse Behandlung erfährt. Geht der Urlaub ins Ausland, wäre es gut, dieses Attest durch einen Dolmetscher übersetzen zu lassen, um dann beides, Original und Übersetzung, am Urlaubsort zur Verfügung zu haben.

Sollten bestimmte *Medikamente* laufend einzunehmen sein, empfiehlt sich, diese in ausreichender Menge mitzunehmen. Es könnte Ersatz vielleicht nicht so schnell zu besorgen sein oder nur unter einem anderen Gebrauchsnamen (immerhin also durchaus bei medizinischer Identität), was aber doch zu erheblicher Verwirrung führen kann, weil die Fachsprache der ausländischen Medikamentbegleitzettel wie jede Fachsprache nur schwer zu verstehen ist.

≡ Für alle Fälle

Für alle Fälle sollte man sich die *Anschrift und Telefonnummer des Hausarztes* in den Urlaub mitnehmen, um sie dann für brennende Fragen bereit zu haben.

Bei Auslandsreisen gehört zu dieser Notiz noch eine *Notrufnummer des Deutschen Automobilclubs (ADAC),* der auf telefonischem Wege (Tag und Nacht) nicht nur ärztlichen Rat bereithält, sondern auch mit einer Liste deutschsprechender Ärzte in der Nähe des ausländischen Urlaubsortes helfen kann. Diese Nummer lautet: 89 (Vorwahl München), dann 22 22 22 wählen.

≡ Krankenversicherung

Eine Krankenversicherung, die zu Hause den Gang zum Arzt und ins Krankenhaus finanziell regelt, steht gewöhnlich auch für die Kosten im Ausland ein. Doch sind hier einige besondere Überlegungen nötig und Einschränkungen zu beachten. Wegen der Einzelheiten sollte man sich vor Reiseantritt rechtzeitig bei der eigenen Krankenkasse erkundigen, da auch Unterschiede von Land zu Land bestehen. Pflichtkrankenkassen (z. B. Allgemeine Ortskrankenkassen, Innungskrankenkassen) oder Ersatzkassen geben dem Versicherten in viele Länder einen »*Auslandskrankenschein*« mit, den der konsultierte Arzt dort wie der Arzt zu Hause abrechnen kann. Mit einigen Ländern bestehen also Sozialversicherungsabkommen. Ein Merkblatt weist an, was im Krankheitsfall zu tun ist.

Für andere Länder besteht aber ein *Kostenerstattungssystem*, was heißt, daß der erkrankte Urlauber alle Behandlungskosten zunächst selbst bezahlt und dann von der im internationalen Abkommen verbündeten Krankenkasse am Urlaubsort unmittelbar die Erstattung erhält.

In wieder anderen Ländern kommt man nicht umhin, »privat« zum Arzt zu gehen, wie dies für Mitglieder einer Privatkrankenkasse sowieso immer üblich ist. Manchmal kann dies sogar in Ländern passieren, mit denen offiziell ein Sozialversicherungsabkommen geschaffen ist, wenn im Einzelfall ein Arzt oder ein Krankenhaus den Anspruchsausweis nicht anerkennen wollen. Erhält man also dann eine Privatrechnung, sollte man sich keine Pauschalrechnung geben lassen, sondern eine *genau aufgegliederte (spezifizierte) Rechnung*, auf der die Einzelleistungen des Arztes und des Labors erkennbar sind (Tab. 10). Zu Hause kann dann die Erstattung möglicherweise einen höheren Betrag ausmachen, weil alle Einzelheiten nach deutschen Erstattungssätzen berücksichtigt werden.

Da Arzt- und Krankenhauskosten im Urlaub gelegentlich Überraschungen und unerwartete finanzielle Belastungen bringen können, empfiehlt sich, eine *Zusatzversicherung* abzuschließen, wie sie Automobilclubs mit ihren Schutzbriefen oder private Versicherungsunternehmen anbieten. Gerade auch Unfallfolgen sind dadurch besser abzusichern. Ein *Rücktrans-*

Tab. 10   Beispiel einer spezifizierten Arztrechnung.

ärztliche Untersuchung, Datum, Diagnose
Hausbesuch am Tag oder in der Nacht
Injektionen
Röntgenaufnahmen
Blutbild, Urin

Bei Wiederholung der einzelnen Leistungen sind die Daten anzugeben.

port aus dem Ausland durch Krankenwagen oder Rückflüge können nach neuesten Gerichtsurteilen nicht mehr von Krankenkassen übernommen werden, es sei denn, es bestünde dafür ein spezieller Versicherungsabschluß.

≡ Reiseapotheke

In den meisten Fällen einer fieberhaften Erkrankung, bei Schnupfen, Husten oder Durchfällen helfen auch im Urlaub die *Hausmittel*, die in einer vernünftig zusammengestellten Hausapotheke parat liegen. So empfiehlt es sich, das Wichtigste als Reiseapotheke mitzunehmen (Tab. 11).

Tab. 11   Inhalt der Reiseapotheke.

Fieberthermometer
Schere
Pinzette
Wattestäbchen
Sicherheitsnadeln

gegen Verletzungen

2 Mullbinden, 6 und 8 cm breit
3 Verbandpäckchen, klein, mittelgroß, groß
Schnellverband (z. B. Hansaplast)
Heftpflaster (z. B. Leukoplast)

gegen Hauterscheinungen

juckreizstillender Puder
Salbe für Prellungen und Blutergüsse
Salbe gegen Insektenstiche und Allergien
Salbe gegen Hauteiterungen
Salbe gegen Sonnenbrand

gegen Erkrankungen der Luftwege

abschwellende Nasentropfen gegen Schnupfen
Hustentropfen, -saft

gegen Fieber

fiebersenkende Zäpfchen oder/und Tabletten

gegen Schmerzen

Zäpfchen oder/und Tabletten

gegen Durchfall

Kohletabletten
spezielle Medikamente als Durchfallstopper
Heilnahrung für den Säugling

eventuell zusätzlich

Kreislaufmittel
Beruhigungsmittel
Zäpfchen oder Dragee gegen Brechneigung
Abführmittel gegen Verstopfung

zum Hautschutz gegen Sonnenbrand

Hautcreme mit Schutzfaktor 10

Welche Medikamente (welche Spezialitäten) in der Apotheke eingekauft werden sollen, ist am besten mit dem Hausarzt zu besprechen.

In heißen Ferienländern sollte man gefährdete Arzneien, z. B. Zäpfchen, so kühl wie möglich lagern, z. B in einer Kühltasche

≡ Der medizinische Dolmetscher im Gepäck

Die wenigsten Urlauber beherrschen die fremde Landessprache, und wenn, reicht es in der Regel nur für die wichtigsten Anforderungen des Alltags aus. Für das Gespräch mit dem Arzt fehlen die medizinischen Fachausdrücke.

Hier hilft ein *Anamnesebogen in der Sprache des Landes*. Er enthält die für den Arzt wichtigen Einzelheiten in der fremden Landessprache und in Deutsch. Was hier das Krankheitsproblem erhellen kann, wird angestrichen und der Bogen dann vom Arzt ausgewertet. Solche Bogen werden von Kindernährmittelfirmen in Deutschland, Österreich und der Schweiz kostenlos zur Verfügung gestellt. Fragen Sie Ihren Arzt oder schreiben Sie an:

Alete, Wissenschaftlicher Dienst,
Postfach 80 01 26,
8000 München 80.

Ursprünglich hatten wir einen solchen Anamnesebogen für die Familien ausländischer Arbeitnehmer in Deutschland zusammengestellt. Mit ihm kann aber auch deutschen Kindern im Ausland geholfen werden.

Er liegt in folgenden Sprachen vor:

Englisch, Französisch, Griechisch, Italienisch, Jugoslawisch (Serbokroatisch), Polnisch, Portugiesisch, Spanisch, Türkisch und Ungarisch.

Sollte ein solcher Bogen nicht zur Verfügung sein, helfen ebenso die *Übersetzungen, die in Tab. 12* auf die wichtigsten Beschwerden des Kranken und die Fragen des Arztes abgestimmt sind. Nehmen Sie dann einfach dieses kleine Buch zum Arzt mit und bezeichnen Sie am deutschen Wort die Krankheitszeichen und Beschwerden (z. B. Schmerz, Atemnot, Erbrechen), die der ausländische Arzt dann in seiner eigenen Sprache übersetzt lesen kann. In Tab. 13, Seite 317 sind die *Wochentage* übersetzt.

Tab. 12   **Krankheitszeichen in die Sprache einiger Urlaubsländer übersetzt.** Die Übersetzungen erfolgten freundlicherweise durch John und Erika Mac Donald (Englisch), Prof. Dr. E. Seidler (Französisch), Dr. A. Tsiolis (Griechisch), Prof. Dr. D. Pecorari (Italienisch), Portugiesisches Generalkonsulat in Düsseldorf (Portugiesisch), Dubravka Pock (Serbokroatisch) und Margret Machiedo (Spanisch).

Fragen zur Krankheitserkennung bei kranken Kindern im Ausland

Deutsch	= D

Diagnostic questionnaire for sick children of foreign parents

Englisch	= E

Questionnaire pour le diagnostic des maladies d'enfants des parents étrangers

Französisch	= F

Ερωτηματολόγιο δια την διάγνωσιν ασθένειας παιδιών εξ αλλοδαπών γονέων

Griechisch	= G

Domande per il riconoscimento delle malattie ad uso dei genitori stranieri di bambini ammalati

Italienisch	= I

Questionário diagnóstico para pais estrangeiros com filhos doentes

Portugiesisch	= P

Upitnik za povijest bolesti na stranim jezicima

Jugoslawisch	= J

Cuestionario para el reconocimiento de niños enfermos de padres extranjeros

Spanisch	= S

Tabelle 12   (Fortsetzung)

D	**Name des Kindes (Familienname):**	D	**Vorname:**
E	Child's name (surname):	E	Christian name:
F	Nom de famille de l'enfant:	F	Prénoms:
G	Επώνυμο του παιδιού σας (επώνυμον):	G	Όνομα:
I	Nome del bambino (cognome):	I	Nome:
P	Nome da criança (apelidos):	P	Nome próprio:
J	Ime dijeteta (prezime):	J	Ime:
S	A pellido del niño:	S	Nombre:
D	**Geburtstag:**	D	**Anschrift:**
E	Date of birth:	E	Address:
F	Date de naissance:	F	Adresse:
G	Ημερομηνία γεννήσεως:	G	Διεύθυνση:
I	Data di nascita:	I	Indirizzo:
P	Data do nascimento:	P	Morada:
J	Datum rodenja:	J	Adresa:
S	Fecha de nacimiento:	S	Dirección:
D	**Hausarzt:**	D	**Krankenkasse:**
E	Family Doctor:	E	Medical Insurance Company:
F	Médicin de la famille:	F	Caisse de maladie:
G	Όνομα ιατρού σας:	G	Ταμείον αθένειας:
I	Medico personale:	I	Cassa Mutua:
P	Médico da familia:	P	Caixa do seguro de doença:
J	Kućni liječnik:	J	Bolesnička blagajna:
S	Médico cabecera:	S	Caja de Enfermedadi:

D **Jetzige Krankheit:**
E Present illness:
F Maladie actuelle:
G Παρούσα ασθένεια:
I Mallatia attuale:
P Doença actual:
J Sadaškja bolest:
S Enfermedad actual:

D	**Wie lange schon krank?**	1 - 3	3 - 8	8 - 30 Tage	länger
E	How long has your child been ill?	1 - 3	3 - 8	8 - 30 days	longer
F	Malade depuis quand?	1 - 3	3 - 8	8 - 30 jours	plus long
G	Πόσο καιρό είναι άρρωστο το παιδί;	1 - 3	3 - 8	8 - 30 ημέρες	περισσότερο
I	Da quanti giorni è malato?	1 - 3	3 - 8	8 - 30 giorni	piú a lungo
P	Há quanto tempo está doente?	1 - 3	3 - 8	8 - 30 dias	há mais tempo
J	Kolikő dugo je vec bolesno?	1 - 3	3 - 8	8 - 30 dana	dulje
S	¿Cúanto tiempo lieva enfermo?	1 - 3	3 - 8	8 - 30 dias	más tiempo

D	**Fieber?**	ja	nein	D	**Unruhe:**	ja	nein
E	Fever?	yes	no	E	Irritability?	yes	no
F	Fièvre?	oui	non	F	Agitation?	oui	non
G	Πυρετός;	ναι	όχι	G	Ανησυχία;	ναι	όχι
I	Febbre?	si	no	I	Irrequietezza?	si	no
P	Febre?	sim	não	P	Inquietação?	sim	não
J	Temperatura?	da	ne	J	Nemir?	da	ne
S	¿Fiebre?	si	no	S	¿Inquietud?	si	no

Tabelle 12   (Fortsetzung)

D	**Erbrechen?**	ja	nein		D	**Durchfall?**	ja	nein
E	Vomiting?	yes	no		E	Diarrhoea?	yes	no
F	Vomissement?	oui	non		F	Diarrhée?	oui	non
G	Εμετός;	ναι	όχι		G	Διάρροια;	ναι	όχι
I	Vomito?	si	no		I	Diarrea?	si	no
P	Vómitos?	sim	não		P	Diarreia?	sim	não
J	Povraćanje?	da	ne		J	Proljev?	da	ne
S	¿Vómitos?	si	no		S	¿Diarrea?	si	no

D	**Stuhlverhaltung?**	ja	nein		D	**Blut im Stuhl?**	ja	nein
E	Constipation?	yes	no		E	Blood in motion?	yes	no
F	Constipation?	oui	non		F	Sang dans les selles?	oui	non
G	Δυσκοιλιότης;	ναι	όχι		G	Αίμα στα κόπρανα;	ναι	όχι
I	Ritenzione fecale?	si	no		I	Sangue nelle feci?	si	no
P	Retençào fecal?	sim	não		P	Sangue nas fezes?	sim	não
J	Zadržavanje stolice?	da	ne		J	Krv u stolici?	da	ne
S	¿Estreñimiento, no hacer del cuerpo?	si	no		S	¿Sangre en la deposición, sangre en la caca?	si	no

D	**Schmerzen bei Wasserlassen?**	ja	nein		D	**Dunkler Urin?**	ja	nein
E	Pain on passing water?	yes	no		E	Dark urine?	yes	no
F	Douleur pendant la miction?	oui	non		F	Urine foncée?	oui	non
G	Πόνοι κατά την ούρησιν;	ναι	όχι		G	Θωλά ούρα;	ναι	όχι
I	Dolori alla minzione?	si	no		I	Urina scura?	si	no
P	Dores a urinar?	sim	não		P	Urina escura?	sim	não
J	Bolovi kod mokrenja?	da	ne		J	Tamna mokraća?	da	ne
S	¿Dolor al orinar?	si	no		S	¿Orina oscura?	si	no

D	**Blutiger Urin?**	ja	nein
E	Blood in urine?	yes	no
F	Pissement de sang?	oui	non
G	Αίμα στα ούρα;	ναι	όχι
I	Urina ematica?	si	no
P	Urina hemática?	sim	não
J	Krvava mokraća?	da	ne
S	¿Sangre en la orina?	si	no

D	**Husten:**	ja	nein
E	Coughing?	yes	no
F	Toux?	oui	non
G	Βήχας;	ναι	όχι
I	Tosse?	si	no
P	Tosse?	sim	não
J	Kašljanje?	da	ne
S	¿Tos?	si	no

D	**Erschwerte Atmung?**	ja	nein
E	Difficulty with breathing?	yes	no
F	Troubles respiratoires?	oui	non
G	Δυσκολία αναπνοής (Δύσπνοια);	ναι	όχι
I	Difficoltà del respiro?	si	no
P	Dificuldades a respirar?	sim	não
J	Teško disanje?	da	ne
S	¿Dificultad al respirar?	si	no

D	**Kopfschmerz?**	ja	nein
E	Headache?	yes	no
F	Mal de tête?	oui	non
G	Κεφαλόπονοι;	ναι	όχι
I	Dolori di testa?	si	no
P	Dores de cabeça?	sim	não
J	Glavobolja?	da	ne
S	¿Dolor de cabeza?	si	no

D	**Bauchschmerz?**	ja	nein
E	Stomach pains?	yes	no
F	Mal au ventre?	oui	non
G	Κοιλόπονοι;	ναι	όχι
I	Dolori al ventre?	si	no
P	Dores de barriga?	sim	não
J	Bolovi u trbuhu?	da	ne
S	¿Dolor de vientre?	si	no

D	**Andere Schmerzen?**	ja	nein
E	Other pains?	yes	no
F	Autres douleurs?	oui	non
G	Άλλοι πόνοι;	ναι	όχι
I	Altri dolori?	si	no
P	Outras dores?	sim	não
J	Drugi bolovi?	da	ne
S	¿Otra clase de dolores?	si	no

Tabelle 12   (Fortsetzung)

D	**Hautausschlag?**	ja	nein
E	Skin rash?	yes	no
F	Exanthème?	oui	non
G	Εξάνθημα;	ναι	όχι
I	Eruzioni cutanee (sfogo,		
	macchine sulla pelle)?	si	no
P	Erupção cutânea		
	(excemas)?	sim	não
J	Kožni osip?	da	ne
S	¿Erupción cutánea,		
	granos en la piel?	si	no

D	**Anfälle?**	ja	nein
E	Any convulsions?	yes	no
F	Convulsions?	oui	non
G	Σπασμοί;	ναι	όχι
I	Convulsioni?	si	no
P	Ataques?	sim	não
J	Napadi?	da	ne
S	¿Ataques?	si	no

D	**Bewußtlosigkeit?**	ja	nein
E	Unconsciousness?	yes	no
F	Perte de la connaissance?	oui	non
G	Αφασία;	ναι	όχι
I	Perdita di coscienza		
	(svenimento)?	si	no
P	Desmaio?	sim	não
J	Gubitak svijesti?	da	ne
S	¿Desmayo?	si	no

D	**Muskellähmung?**	ja	nein
E	Muscular paralysis?	yes	no
F	Paralysie musculaire?	oui	non
G	Χώλωσις;	ναι	όχι
I	Paralisi?	si	no
P	Paralisia muscular?	sim	não
J	Mišićna paraliza?	da	ne
S	¿Parálisis?	si	no

D	**Wie oft?**	noch mehr
E	How many?	or more
F	Combien de fois?	plus
G	Πόσο συχνά;	περισσότεροι
I	Quanto frequentemente?	ancora di più
P	Frequência?	ou mais vezes
J	Kako često?	ili više
S	¿Frecuencia?	o màs veces

	Wie lange?		
	Lasting how long?	_	Minuten
	Combien de temps?	_	minutes
	Διάρκεια;	_	minutes
	Quanto durano?	_	εξηκοστά
	Duração?	_	minuti
	Koliko dugo?	_	minutos
	¿Duración?	_	minuta
		_	minutos

D	**Kann Ihr Kind eine Vergiftung haben?**	ja	nein
E	Could your child have been poisoned?	yes	no
F	Est-il possible que votre enfant soit intoxiqué?	oui	non
G	Μπορεί να έχει το παιδί σας μία δηλιτηρίαση;	ναι	όχι
I	È possibile che il Suo bambino si sia avvelenato?	si	no
P	E possivel que o seu filho tenha uma intoxicação?	sim	não
J	Može li Vaše dijete imati otrovanje?	da	ne
S	¿Es posible que su niño esté intoxicado?	si	no

D	**Welche Substanz?**	D	**Wieviel von dieser Substanz?**
E	With what?	E	How much of this substance?
F	De quoi?	F	Combien de cette substance?
G	Από πια ουσία;	G	Πόση ποσότητα;
I	Quale sostanza?	I	Che quantità di tale sostanza?
P	De que espécie de substância?	P	Que quantidade tomou dessa
J	Koja tvar (sredstvo)?		substância?
S	¿Sustancia causante,	J	Kolika od te tvari (sredstva)?
	Sustancia que la produce?	S	¿Que cantidad ha tomado?

D	**Wann wurde sie eingenommen?**	vor ____ Stunden
E	When was it taken?	____ hours ago
F	L'enfant l'a pris quand?	il y a ____ heures
G	Πότε επήρε την ουάα;	προ ____ ωρών
I	Quando fu presa?	da ____ ore
P	Quando foi tomada?	há ____ horas
J	Kada je bila uzeta?	prije ____ sati
S	¿Cuando la tomó?	hace ____ horas

Tabelle 12   (Fortsetzung)

D	**Hat Ihr Kind erbrochen?**	ja	nein	D	**Krämpfe?**	ja	nein
E	Has your child vomited?	yes	no	E	Abdominal spasms?	yes	no
F	A-t-il vomi?	oui	non	F	Spasmes?	oui	non
G	Έκανε το παιδί σας εμετό;	ναι	όχι	G	Σπασμούς;	ναι	όχι
I	Il Suo bambino ha			I	Ha avuto convulsioni		
	vomitato?	si	no		(attacchi)?	si	no
P	O seu filho vomitou?	sim	não	P	Espasmos?	sim	não
J	Da li je Vaše dijete			J	Grčevi?	da	ne
	povraćalo?	da	ne	S	¿Espasmos, convulsión?	si	no
S	¿Ha devuelto su hijo?	si	no				

D	**Erbrechen?**	ja	nein	D	**Bewußtlosigkeit?**	ja	nein
E	Any vomiting?	yes	no	E	Unconsciousness?	yes	no
F	A-t-il vomi?	oui	non	F	Perte de la connaissance?	oui	non
G	Εμετός;	ναι	όχι	G	Αφασία;	ναι	όχι
I	Ha vomitato?	si	no	I	Ha perso la conoscenza	si	no
P	Vómitos?	sim	não		è svenuto?		
J	Povraćanje?	da	ne	P	Desmaio?	sim	não
S	¿Vómitos?	si	no	J	Gubitak svijesti?	da	ne
				S	¿Desmayo?	si	no

D	**Hatte Ihr Kind einen Unfall?**	ja	nein
E	Has your child had an accident?	yes	no
F	Votre enfant a été victime d'un accident?	oui	non
G	Έπαθε το παιδί σας ένα ατύχημα;	ναι	όχι
I	Il Suo bambino ha avuto un incidente?	si	no
P	O seu filho teve um acidente?	sim	não
J	Da li je Vaše dijete imalo nesreću (udes)?	da	ne
S	¿Ha tenido su hijo un accidente?	si	no

D	**Wann?**	vor ___ Stunden	D	**Verkehrsunfall?**	ja	nein
E	When?	___ hours ago	E	Traffic accident?	yes	no
F	Quand?	il y a ___ heures	F	Accident de circulation?	oui	non
G	Πότε;	προ ___ ωρών	G	Αυτοκινητιστικό ατύχημα;	ναι	όχι
I	Quando?	da ___ ore	I	Incidente stradale?	si	no
P	Quando?	há ___ horas	P	Um acidente de viação?	sim	não
J	Kada?	prije ___ sati	J	Prometnu nesreću?	da	ne
S	¿Cuando?	hace ___ horas	S	¿Accidente de tráfico?	si	no

D	**Sturz?**	ja	nein	D	**Schlag?**	ja	nein
E	A fall?	yes	no	E	A blow?	yes	no
F	Une chute?	oui	non	F	Un coup?	oui	non
G	Πέσιμο;	ναι	όχι	G	Κτύπημα;	ναι	όχι
I	Caduta?	si	no	I	É stato colpito (o picchiato)?	si	no
P	Queda?	sim	não	P	Golpe?	sim	não
J	Pad?	da	ne	J	Udarac?	da	ne
S	¿Caida?	si	no	S	¿Golpe?	si	no

D	**Blutverlust?**	ja	nein	D	**Erinnerungslücke?**	ja	nein
E	Any loss of blood?	yes	no	E	Any loss of memory?	yes	no
F	Perte de sang?	oui	non	F	Perte de la mémoire?	oui	non
G	Απώλεια αίματος (αιμοραγία);	ναι	όχι	G	Αναμνηστικά κενά;	ναι	όχι
I	Ha perso sangue?	si	no	I	Vi é una perdita di memoria?	si	no
P	Perda des sangue?	sim	não	P	Amnésia (= perda da memória)?	sim	não
J	Krvarenje?	da	ne	J	Gubitak pamćenja?	da	ne
S	¿Pérdida de sangre?	si	no	S	¿Amnesia (Pérdida de memoria?	si	no

Tabelle 12 (Fortsetzung)

D Infektionen in der Umgebung: E Contact with infectious diseases: F Maladies infectieuses dans l'entourage: G Μολυσματικές ασθένειες στην περιοχή σας; I Infezioni nell'ambiente: P Infecçoes no meio ambiente: J Zaraze u okolici: S Infecciones en el medio ambiente:	**D Welche Krankheiten?** E Which illnesses? F Quelles maladies? G Πιά ασθένεια; I Quali malattie avevano i bambini malati? P De que doença sofreram essas crianças? J Koje bolesti? S ¿Que clase de enfermedad han tenido?

	Keuchhusten	Tuberkulose	Masern	Scharlach	Diphtherie	Röteln
D	**Keuchhusten**	**Tuberkulose**	**Masern**	**Scharlach**	**Diphtherie**	**Röteln**
E	whoopping-cough	Tuberculosis	measles	scarlet fever	diphtheria	German measles
F	Coqueluche	tuberculose	Rougeole	Scarlatine	Diphtérie	Rubéole
G	Κοκκύτης	Φυματίωση	Ιλαρά	Οστρακιά	Διφθερίτις	Ερυθρά
I	pertosse	tubercolosi	morbillo	scarlattina	differite	rosolia
P	coqueluche	tuberculose	sarampo	escarlatina	difteria	roséola
J	hripavac	tuberkuloza	ospice	šarlah	difterija	rubeola
S	tosferina	tuberculosis	sarampión	escarlatina	difteria	roséola

	Windpocken	Mumps	Enteritis	Gelbsucht (Hepatitis)
D	**Windpocken**	**Mumps**	**Enteritis**	**Gelbsucht (Hepatitis)**
E	chickenpox	mumps	gastro-enteritis	jaundice (hepatitis)
F	Petite vérole	Oreillons	Entérite	Jaunisse (hépatite)
G	Ανεμοβλογιά	Παρωτίτιδα	Εντερίτιδα	Ίτερος
I	varicella	parotite	enterite	ittero
P	varicela	parotidite	enterite	hepatite
J	vodene kozice	mumps	griža	žutica
S	varicela	paperas	diarrea	hepatitis

D	**Hat Ihr Kind eine Allergie** (Überempfindlichkeit) gegen Nahrungsmittel?	ja	nein
E	Has your child had an allergy (hypersensitivity) against foodstuffs?	yes	no
F	Votre enfant a-t-il une allergie (hypersensibilité) alimentaire?	oui	non
G	Έχει το παιδί σας αλλεργία από φαγητά;	ναι	όχι
I	Il Suo bambino e allergico a qualche sostanza alimentare?	si	no
P	O seu filho tem uma alergia conta quaisquer géneros alimenticios?	sim	não
J	Da li je Vaše dijete alergično (preosjetljivo) na hranu?	da	ne
S	¿Tiene su hijo alergia contra ciertos alimentos?	si	no

D	**Gegen Medikamente?**	ja	nein
E	Against medicines?	yes	no
F	Contre médicaments?	oui	non
G	Από φάρμακα;	ναι	όχι
I	A qualche medicamento?	si	no
P	Contra medicamentos?	sim	não
J	Na lijekove?	da	ne
S	¿Contra medicamentos?	si	no

D	**Bekam Ihr Kind schon Heilserum von einem Tier?**	ja	nein
E	Has your child had anti-toxic serum of an animal?	yes	no
F	Votre enfant a-t-il reçu un antisérum d'un animal?	oui	non
G	Πήρε το παιδί σας μέχρι τώρα θεραπευτικό ορό;	ναι	όχι
I	Il Suo bambino e ha già ricevuto siero curativo di origine animale?	si	no
P	O seu filho já foi alguma vez tratado con qualquer soro antitóxice de origem animal?	sim	não
J	Da li je Vaše dijete pimilo već serum od neke životinje?	da	ne
S	¿Ha recibido su niño una vez suero antitóxico?	si	no

Tabelle 12   (Fortsetzung)

D	Durchgemachte Krankheiten:
E	Previous illnesses:
F	Maladies antérieurs:
G	Ασθένειες του παιδιού σας τώρα;
I	Malattie superate:
P	Doenças sofridas:
J	Preboljele bolesti:
S	Enfermedades padecidas:

D	Masern	Scharlach	Röteln	Diphtherie
E	measles	scarlet fever	German measles	diphteria
F	Rougeole	Scarlatine	Rubéole	Diphtérie
G	Ιλαρά	Σκαρλατίνα	Ερυθρά	Διφθερίτις
I	morbillo	scarlattina	rosolia	difteria
P	sarampo	escarlatina	roséola	difteria
J	ospice	šarlah	rubeola	difterija
S	sarampión	escarlatina	roséola	difteria

D	Keuchhusten	Windpocken	Ruhr	Thyphus
E	whooping-cough	chicken-pox	dysentry	typhoid
F	Coqueluche	Petite vérole	Dysenterie	Fièvre typhoïde
G	Κοκκύτης	Ανεμοβλογιά	Δυσεντερία	Τύφος
I	pertosse	varicella	dissenteria	tifo
P	coqueluche	varicela	disenteria	tifo
J	hripavac	vodene kozice	griža	tifus
S	tosferina	varicela	disenteria	tifus

D	Tuberkulose	Mumps	Hepatitis	Lungenentzündung
E	tuberculosis	mumps	hepatitis	pneumonia
F	Tuberculose	Oreillons	Hépatite	Pneumonie
G	Φυματίωσις	Παρωτίτις (Παραμαγούλα)	Ηπατίτις	Πνευμονία
I	tuberculosi	parotite	epatite	infiammazioni polmonari
P	tuberculose	parotidite (papeira)	hepatite	pneumonia
J	tuberkuloza	mumps (zaušnjaci)	žutica	upala pluća
S	tuberculosis	parotiditis epidémica	hepatitis	pulmonia

D	Krämpfe	Augenkrankheiten	Ohrenkrankheiten
E	convulsions	eye troubles	ear troubles
F	Convulsions	Maladies des yeux	Maladies des oreilles
G	Σπασμοί	Οφθαλμολογικές ασθένειες	Ασθένειες του ωτός
I	convulsioni	malattie degli occhi	malattie delle orecchie
P	espasmos	doenças dos olhos	dos ouvidos
J	grčevi	očne bolesti	ušne bolesti
S	espasmos (convulsiones)	enfermedades de los ojos	del oído

D	Hautausschläge	Rheumatismus	Rachitis
E	skin rash	rheumatism	rickets
F	Exanthèmes	Rhumatisme	Rachitisme
G	Δερματολογικά	Ρευματισμοί	Ραχίτις
I	eruzioni della pelle	reumatismo	rachitismo
P	erupções cutâneas	reumatismo	raquitismo
J	kožni osipi	reumatizam	rahitis
S	erupción cutánea	reumatismo	raquitismo

Tabelle 12   (Fortsetzung)

D **Impfungen gegen:**	Tuberkulose (BCG-Impfung)
E Immunisations:	tuberculosis (B.C.G.)
F Vaccinations:	tuberculose (BCG)
G Εμβόλια	Φυματίωσις (BCG)
I Vaccinazioni contro la:	tubercolosi (vaccinazione BCG)
P Vacinas contra	tuberculose (vacina BCG)
J Cijepljenja protiv	tuberkuloza (BCG-cijepljenje)
S Vacunas contra	tuberculosis (vacuna BCG)

D **Impfungen gegen:**	Diphtherie	Tetanus	Keuchhusten
E Immunisations:	diphtheria	tetanus	whooping-cough
F Vaccinations:	Diphtérie	Tétanos	Coqueluche
G Εμβόλια	Διφθερίτιδος	Τετάνου	Κοκκύτου
I Vaccinazioni contro la	difterite	tetano	pertosse
P Vacinas contra	difteria	tétano	coqueluche
J Cijepljenja protiv:	difterija	tetanusa	hripavca
S Vacunas contra	difteria	tétano	tosferina

D	**Mumps**	**Kinderlähmung**	**Masern**	**Pocken**
E	mumps	polio	measles	smallpox
F	Oreillons	Poliomyélite	Rougeole	Variole
G	Παρωτίτις	Πολυμελίτιδος	Ιλαράς	Ευλογιά
I	parotite	poliomielite	morbillo	vaiolo
P	parotidite	poliomielite	sarampo	variola
J	mumps	dječje paralize	ospica	vodenih kozica
S	parotitis epidémica	poliomelitis	sarampión	viruela

≡ Am Urlaubsort

Erkrankt Ihr Kind am Urlaubsort, behalten Sie die Ruhe und verlassen Sie sich auf Ihre Erfahrungen, die Ihnen schon zu Hause immer wieder geholfen haben, mit Krankheitsproblemen fertig zu werden. Die meisten Ursachen für Fieber, Erbrechen und Durchfall sind nach aller Erfahrung nicht schwerwiegend und die Erscheinungen halten nicht lange an. *Ruhigstellung, Hausmittel aus der Reiseapotheke und Diät* helfen dem Kind fast immer bald wieder auf die Beine.

Die *Notwendigkeit, sich nach ärztlicher Hilfe umzusehen,* ergibt sich aus denselben Symptomen, die auch zu Hause den Gang zum Arzt oder den Arztbesuch verlangen:

- anhaltend hohes Fieber,
- mehrmaliges Erbrechen,
- heftige Durchfälle,
- Bauchschmerzen und gespannter Bauch,
- Apathie oder noch stärkere Benommenheit,
- heftige Blutung aus Nase, Magen oder Enddarm,
- Unfall mit Bewußtlosigkeit, schwerer Blutung und Verdacht auf Knochenbruch,
- Vergiftung oder auch nur Verdacht.

Wo *der nächste Arzt* praktiziert, wo *das nächste Krankenhaus* gelegen ist, wissen am besten der Portier an der Hotelrezeption, der Campingplatzverwalter, die örtliche Reiseleitung des Reiseunternehmens, wissen Kurverwaltung oder Fremdenverkehrsverein, wissen aber auch manche der anderen Gäste, die vielleicht schon wiederholt an diesem Ort Urlaub gemacht haben. Hilfen sind also in der Regel schnell gefunden, oft in einer geradezu beruhigenden und tröstlichen Weise, daß alles nur noch halb so schlimm erscheinen kann. Vielleicht kann einer der Ortskundigen zum Arzt oder Krankenhaus mitfahren, um langes Suchen vermeiden zu helfen.

Wie die *Begriffe Arzt, Apotheke und Krankenhaus* in den jeweiligen Landessprachen lauten, wird in der Tab. 14 aufgeführt.

Man kann aber auch zunächst versuchen, mit dem *Hausarzt zu Hause* oder mit dem *ärztlichen Berater des ADAC* telefonisch zu sprechen. Dann bewährt sich, daß man die Telefonnummer notiert hatte. Für einen solchen Anruf muß man eine mögliche Zeitverschiebung bedenken, um den Arzt wirklich zu erreichen (z.B. Zeitunterschiede durch die sogenannte Sommerzeit im Urlaubsland). Um Telefongebühren zu sparen, sollte man

Tab. 13   **Bezeichnung der Wochentage in einigen Fremdsprachen.** Für die griechische Sprache ist in Klammern auch die Aussprache angegeben. Jugoslawisch = Serbokroatisch.

Wochentage	Englisch	Französisch	Griechisch	Italienisch	Jugoslawisch	Portugiesisch	Spanisch
Montag	monday	lundi	Δευτέρα (däftá'ra)	lunedì	ponedjeljak	segunda-feira	lunes
Dienstag	tuesday	mardi	Τρίτη (tríti)	martedì	utorkom	terca-feira	martes
Mittwoch	wednesday	mercredi	Τετάρτη (táta'rti)	mercoledì	srijeda	quarta-feira	miércoles
Donnerstag	thursday	jeudi	Πέμπτη (pä'mpti]	giovedì	četvrtkom	quinta-feira	jueves
Freitag	friday	vendredi	Παρασκευή (parakäwi]	venerdì	petak	sexta-feira	viernes
Sonnabend	saturday	samedi	Σάββατο (sa'wato]	sábato	subota	sábado	sábado
Sonntag	sunday	dimanche	Κυριακή (kirjakí]	doménica	nedeljöm	domingo	domingos

Tab. 14   **Übersetzung der Bezeichnungen für medizinische Hilfsdienste.**

Hilfsdienste	Englisch	Französisch	Griechisch	Italienisch	Jugoslawisch	Portugiesisch	Spanisch
Arzt	doctor	médicin	ἰατρός (jatroß)	medico	liječnik	médico	médico
Apotheke	chemist	pharmacie	φαρμακεῖον (farmakíon)	farmazia	ljekarnica	farmácia	farmacia
Krankenhaus	hospital	hôpital	νοσοκομεῖον (noßokomíon)	clinica	klinika	hospital	hospital
Zahnarzt	dentist	dentiste	ὀδοντιατρός (odondiatroß)	dentista	zubar	médico-dentista	dentista

vorher kurz zusammengefaßt notieren, was man fragen will und was man dem Arzt zur ausreichenden Information über die Situation sagen muß (vgl. Seite 123).

Sehr schwierig kann es werden, wenn das Kind in ein *Krankenhaus aufgenommen* werden muß. Selbst die zugewandteste Schwester in diesem fremdländischen Krankenhaus kann die Sprachbarriere nur ungenügend überwinden. Aber man erfährt immer wieder, daß im Auslandsurlaub erkrankte deutsche Kinder sehr liebevoll gepflegt worden sind und daß man auch den Eltern mit einer großzügigen Besuchserlaubnis hilfreich entgegengckommcn ist.

Die Eltern sollten unbedingt jede Möglichkeit, ihr Kind täglich zu besuchen, ausnutzen! Vielleicht kann die Mutter mit ins Krankenhaus aufgenommen werden, was in vielen Ländern, vor allem bei kranken Kleinkindern, mit viel Verständnis ermöglicht wird, zumal die Mutter dann auch einen Teil der Pflege übernimmt. Gerade in einer sprachlich fremden Welt kann die Vereinsamung eines Kindes oder Jugendlichen im Krankenhaus bedrohliche Ausmaße erhalten und zu einem jahrelang unvergessenen seelischen Schock führen. Man sollte, soweit möglich, dem Kind die vernünftigen Gründe klarmachen, ihm sagen, wie man ihm auch in Abwesenheit nahebleiben will und kann, Besuche versprechen und ihm eigene liebe Spielsachen, Puppen und Familienbilder mitgeben, damit es ein Stück Heimat als Trost besitzt.

Wenn das Kind ins Krankenhaus muß

Seit fast 200 Jahren gibt es Kinderkrankenhäuser. Das erste wurde 1802 in Paris eröffnet, »Hôpital des enfants malades«, Haus der kranken Kinder. Nach einer langen, von vielen Erfolgen und Enttäuschungen begleiteten Entwicklung haben wir heute die hilfreichsten und besten Krankenhäuser denn je. Wirklich die besten? Ein kritisches Wort ist am Platz, und gerade heute haben wir gelernt, genau hinzusehen und zu prüfen, wenn es um die Versorgung unserer Kinder geht in der Notsituation Krankheit. Manchmal haben wir vielleicht eine überkritische Haltung, die zudem nicht frei ist von mangelnder Einsicht, von Vorurteilen und auch von Egoismus. Wir haben aber den Eindruck, daß die Kritik auch nötig war und daß sie einen nützlichen positiven Effekt hatte, wie die vielen Verbesserungen in der seelischen Betreuung der kranken Kinder beweisen, die in den letzten Jahren auch durch kritische Elterninitiativen ausgelöst worden sind. Gewiß, die extremen Kostensparmaßnahmen in den Krankenhäusern, die vor allem die Kinderkliniken treffen, stellen vieles von dem schon Erreichten infolge des Personalmangels und der Platzenge in Zeiten stärkerer Belegung wieder in Frage.

≡ Positive Seiten des Krankenhauses

Keine Frage: In schwerer Krankheit versagen häufig die Hilfsbemühungen auch der besten Eltern, und die Kunst auch des besten Hausarztes ist am Ende. Das Krankenhaus gibt dann am ehesten die Gewähr, daß *ein schwieriges Krankheitsbild genau aufgeklärt und die Lebensbedrohung abgewendet wird.* Es verfügt in einer ernsten Erkrankung über die besten Möglichkeiten, um in der kürzesten Zeit am vollständigsten die Gesundung wieder zu erreichen. Dieser Dienst des Krankenhauses ist auch sein Verdienst. Alles Positive und Negative eines Krankenhauses muß letztlich von dem Hintergrund her beurteilt werden, den die Krankheit in ihrer Bedrohung von Leben und Gesundheit darstellt. Vernünftige Eltern finden so auch schnell eine unkomplizierte, verständnisvolle und dankbare Einstellung zur Institution Krankenhaus.

Verständnisschwierigkeiten bleiben aber trotzdem, wenn ein Kind ohne akute Lebensbedrohung nur zur vertieften Krankheitserkennung (Diagnostik) ins Krankenhaus eingewiesen werden soll. Man sagt zur Behandlung (Therapie) ja, meint aber, daß reine Diagnostik in jedem Fall ambulant möglich wäre. Dem ist aber nicht so. Nehmen wir ein Beispiel: Ein epileptischer Anfall kann sehr viele verborgene Ursachen haben, die im

Nervensystem selbst oder auch im Stoffwechsel liegen, Ursachen, denen unbedingt auf den Grund gegangen werden muß, weil sich exakt danach die Therapie zu richten hat. Manche Untersuchungsverfahren sind sehr aufwendig und auch für das Kind so belastend, daß sie nur mit den Einrichtungen eines großen klinischen Labors, unter Einsatz moderner technischer Geräte (z. B. Röntgentechnik) und mittels Punktionen durchgeführt werden können. Erfahrenen Ärzten stehen sorgfältig beobachtende Schwestern zur Seite, die zugleich dafür sorgen, daß die Kinder diese Belastungen gut verkraften. Zudem verlieren komplexe Untersuchungsergebnisse, die über längere Zeit einzeln im ambulanten Überweisungsverfahren an mehrere ärztliche Institutionen erzielt werden, allzu leicht ihren Wert, weil sie nicht den exakten Zusammenhang dokumentieren – ganz davon abgesehen, daß viele kranke Kinder bei diesem Vorgehen zu stark belastet, Eltern zu lange in Sorge und in einem zeitraubenden Engagement gehalten würden. Ein konzentriert arbeitendes Krankenhaus kann dagegen auch komplizierte Zusammenhänge in wenigen Tagen aufklären.

Gewiß, die Grenzen sind nicht scharf gezogen, wenn es um einzelne Techniken der Diagnostik oder um Therapiemaßnahmen geht. Hier sollten die Eltern dem *Rat ihres Arztes vertrauensvoll folgen und ihre Ärzte nicht überfordern.* Es ist z. B. davor zu warnen, die Verantwortungsfähigkeit eines Chirurgen zu überziehen und auch komplizierte Operationen im ambulanten Vorgehen zu verlangen. Leider geschieht dies heute nicht selten. Viele Hausärzte wären in der Nachbehandlung einer Operation nach ihrem Kenntnisstand und noch mehr nach ihrer verfügbaren Zeit überfordert. Die Eltern geraten bei kleinen Schwierigkeiten, z. B. bei Schmerzen im Wundgebiet oder bei Störungen der Ernährung und Verdauung, schon in Bedrängnis, die erfahrene Pflegekräfte im Krankenhaus ohne weiteres meistern würden. Infusionen zu Hause oder in der Sprechstunde anzulegen, ist immer sehr viel schwieriger als im Krankenhaus. Eine Liquorpunktion (Lumbalpunktion) ist im Krankenhaus eine einfache Routinemaßnahme, in der Praxis oder im Hause des Patienten aber schon technisch sehr problematisch, weil die Kinder gut festgehalten werden müssen. Eltern in ihren Ängsten sind hier schlechte Helfer. Auch die Nachbeobachtung kann Eltern kaum alleine überlassen werden. Kindern mit schwerer Atemnot (z. B. bei Asthma oder bei der Kruppkrankheit) oder mit heftigen Schmerzen kann im Krankenhaus in kurzer Zeit mit weiteren Medikamenten schneller Beschwerdefreiheit geschenkt werden, als wenn man zu Hause auf den nächsten Besuch des Hausarztes warten müßte. Das grundsätzlich gleiche gilt für Kinder mit häufigem Erbrechen und zahlreichen Stuhlentleerungen; dem Wasserverlust können die Eltern bei dem häufig damit verbundenen Appetitmangel nur unzureichend begegnen. So kommen die Kinder schnell von Kräften. Eine erfahrene Schwester verfügt dagegen in der Regel über mehr Geschick und Festigkeit, solchen Kindern die notwendige Nahrung beizubringen; zudem kann man mit Infusionen überbrücken, bis sich Erbrechen und Durchfälle bessern.

≡ Wann gehört ein Kind ins Krankenhaus?

Wenn wir hier zusammenfassen wollen, wann ein Kind ins Krankenhaus aufgenommen werden sollte, gelingt dies nur unzureichend und fast ist ein solcher Versuch auch gefährlich. Es könnte eine Mutter in einer eigenen konkreten Situation die Begründung hier nicht vorfinden, die ihr Arzt für ihr Kind gegeben hat, und sie könnte dann ihr Einverständnis verweigern wollen.

Die *Notwendigkeit, ein Kind zu hospitalisieren*, hängt nicht allein von der Diagnose, sondern auch vom Schweregrad der dabei gegebenen Symptomatik, von der Gefahr von Komplikationen, vom Alter des Kindes, seiner Lenkbarkeit, schließlich auch von den familiären Bedingungen ab, die die Pflegefähigkeit zu Hause bestimmen. Die Einweisung in ein Krankenhaus ist im einzelnen notwendig:

– bei jeder Erkrankung mit Lebensbedrohung, die aufwendige Diagnostik und entschiedene Therapie verlangt;
– bei jeder Erkrankung, die ständige Beobachtung und Überwachung erfordert;
– bei jeder Erkrankung mit schwerer Atemnot, unstillbarem Erbrechen, großem Wasserverlust durch schlechte Stühle;
– bei schweren Blutungen, vor allem wenn die Blutgerinnungsfähigkeit krankhaft herabgesetzt ist;
– bei Nahrungsverweigerung, egal aus welcher Ursache;
– bei sehr hohem Fieber, das durch Hausmittel nicht gesenkt werden kann;
– bei Krampfbereitschaft, d. h. bei der akuten Gefahr, daß das Kind unter Bewußtlosigkeit in Zuckungen verfällt;
– bei jedem Kind mit Bewußtlosigkeit, gleich ob deren Ursache erkannt oder noch unbekannt ist;
– nach einem Unfall, der zu schwerer Blutung, zu Bewußtlosigkeit oder möglicherweise zu Frakturen geführt hat, oder dessen Auswirkungen auf innere Organe noch nicht überschaubar sind;
– bei jedem Kind mit Verbrennungs- oder Verbrühungsflächen von über 7%, je nach Lokalisation auch bei geringerem Ausmaß;

– bei jedem Kind mit einem Krampfanfall, der länger als 5 Minuten dauerte oder durch Maßnahmen des Hausarztes nicht zu beenden ist, oder auch nur zur unmittelbaren Abklärung der Ursachen eines solchen Anfalles (Hirnhautentzündung u. a.?);

– bei jedem Kind mit schwerer Atemnot, vor allem dann, wenn Verdacht auf Aspiration eines Fremdkörpers (»Verschlucken« in die Luftwege) gegeben ist;

– bei jedem Kind mit einer bewiesenen oder vermutbaren Vergiftung;

– bei einer Erkrankung an schwerem Ekzem, Gedeihstörung oder einer Stoffwechselstörung (z. B. entgleiste Zuckerkrankheit), die nur unter klinischen Bedingungen gebessert werden kann;

– bei einer Krankheit, die nur mit wiederholten Injektionen und/oder Infusionen zu behandeln ist; Einzelinjektionen in den Muskel oder die Venen (intramuskulär, intravenös) können ambulant durchgeführt werden;

– bei Kindern mit Verdacht auf eine bösartige Krankheit (Krebs oder Leukämie), der unter Zeitdruck diagnostisch nachgegangen werden muß,

– bei Operationen, die Vollnarkose und intensive Überwachung in der Heilphase verlangen;

– bei Mißhandlung, Vernachlässigung oder sexuellem Mißbrauch eines Kindes, wenn eine Fortsetzung dieser Schädigung im häuslichen Milieu zu befürchten wäre;

– bei seelisch ausgelösten Krankheiten (sogenannte psychosomatische Störungen), deren Verursachung mit dem häuslichen Milieu zusammenhängt (Eltern- oder Geschwisterkonflikte) und für deren Heilung die lokale Distanzierung vom Erkrankungsmilieu entscheidend sein kann;

– bei jedem Kind mit Selbsttötungsversuch (Suizidversuch), ob dieser geschehen ist oder angedroht wurde, solange bis die Bedingungen erkannt sind und weitere Gefahr auszuschließen ist;

– unabhängig vom Schweregrad einer Erkrankung mitunter dann, wenn es sich um eine ansteckungsfähige Krankheit handelt, für die das Seuchengesetz Isolierung im Krankenhaus verlangt (z. B. Diphtherie, offene Tuberkulose). In gleicher Weise kann auch eine besondere Gefährdung noch anderer Geschwister oder Erwachsener vermieden werden (z. B. bei Keuchhusten, infektiöser Gelbsucht, Hirnhautentzündung).

≡ Negative Seiten des Krankenhauses

Die Krankheit belastet das Kind mit vielfältigen Wirkungen, z. B. Fieber, Schmerz, Atemnot. Neben dieser spürbaren Einschränkung der Lebensfrische ist jedem ernstlich kranken Kind, auch auf dem häuslichen Krankenlager, eine Reihe von Einschränkungen auferlegt, denen es nicht ausweichen kann und die es als Zwang erleben muß: Diät, Bettruhe, Einnahme der Medikamente, eventuell Injektionen. Noch verstärkt ist dies alles gegeben unter den bedrohlichen Umständen, die eine Krankenhausaufnahme notwendig machen. Zusätzliche Ängste bringen der Gedanke an eine Narkose und die Vorstellung von einer eventuell vorgesehenen Operation. In der Phantasie übersteigern sich die tatsächlichen Gefährdungen (Abb. 68, 69).

Mehr denn je *braucht das Kind nun seine Eltern* zum Trost und zur Linderung der Beschwerden. Aber, nun ist mit guten Gründen eine Trennung von zu Hause und die Krankenhauseinweisung nötig. Gewiß, nicht jedes Kind lebt wohlbehütet und innig geliebt in einer warmherzigen Familienwelt, glücklicherweise aber doch die meisten. Nicht alle Eltern sind selbstlos zugewandt zu ihren Kindern. Nicht wenige leben distanziert von ihnen ein eigenes Leben der persönlichen Interessen, der isolierten eigenen Erholung durch Reisen und andere Vergnügen, gehen eigenen Überlegungen in ihrer Lebensgestaltung nach, die sich nicht selten mit den Lebensinteressen eines Kindes schlecht vereinbaren lassen. Man muß diese Erfahrung und Überlegung eines Kinderarztes, der vordergründig das Kind und seine Lebensqualitäten sieht, an dieser Stelle gelten lassen und selbstkritisch mit erwägen. Die aktuelle Krankheitssituation macht in der Regel vieles anders, bei fast allen Eltern wird gleichermaßen aus einer aktuellen Besorgnis eine besondere Zuneigung zum Kind spürbar. Ist ein Kind krank, so sagt ein erfahrener Kinderarzt, sind die Eltern »miterkrankt«. So trifft dann die Entscheidung zur Krankenhausaufnahme nicht nur das Kind, sondern auch die Eltern schmerzlich. Auch die Ärzte und Schwestern eines Krankenhauses wissen darum, und wenn es gute Ärzte und Schwestern sind, stellen sie sich darauf ein. Auch ein Pflegekind, das bei Großeltern, bei Pflegeeltern oder im Heim lebt, hat feste Bezugspersonen, die ihm mehr oder weniger viel bedeuten, die ihm Lebensstütze sind, Teilnehmer der Sorgen und Nöte und auch der Lebensfreuden. Auch hier fällt eine Trennung in der Regel schwer, selbst wenn gerade Heimkinder leichter daran gewöhnt sind, mit einer Vielzahl wechselnder Personen und Umwelten zu leben. Krankenhausaufnahme bedeutet also Trennung vom gewohnten Zuhause, eine zusätzliche Belastung in der Krankheit, die man *Trennungstrauma* genannt hat. Neue Bezugspersonen treten auf, Ärzte, Schwestern und andere Dienst-

Abb. 68   **Böser Geist.** Zeichnung von Manuela, 8 Jahre alt (aus *Haas, G.:* Ich bin ja so allein,
Otto-Maier-Verlag, Ravensburg). Dazu im Buch der folgende Text: Manuela, 8 Jahre
alt, mit dem Verdacht einer akuten Leukämie eingewiesen, malt sich in der ersten
Nacht im Krankenhaus. Ganz klein im Bett liegt sie und riesengroß und bedrohlich
steht über ihr ein »Geist«. Er ist die Personifizierung all der weißgekleideten Menschen in der Klinik, die ihr wehtun könnten, die ihr bedrohlich erscheinen, und in ihrer
Phantasie entsteht aus all diesen Unbekannten ein beängstigendes Gespenst. Nachdem sie es so erschreckend gemalt hat, muß sie selbst ein wenig lachen, und auf die
Frage, ob die vielen Klinikleute ihr wie Gespenster erscheinen, stellt sie fest, daß
diese bei näherem Hinsehen eigentlich ganz freundlich sind.

leistende im Krankenhaus. Zunächst strahlen sie *Fremdheit* aus. Zudem kommen sie mit unangenehmen Forderungen und Zwängen ans Kind heran, so daß eine gleichzeitig in ihnen vorhandene Zuneigung nur bruchstückhaft empfunden und nur zögernd beantwortet wird.

Unterschiedlich wird dies von jedem Kind erlebt, abhängig von seinem Alter. Das macht das Ausmaß der Belastung aus, das allein schon von der Krankenhausaufnahme zu erwarten ist. Betrachten wir dies im einzelnen.

≡ Wie empfindet das Kind das Krankenhaus?

Ein Kind muß die *Krankenhausaufnahme um so schlimmer empfinden* und um so mehr mit Angst, Heimweh, Verzweiflung und Niedergeschlagenheit reagieren,

– je jünger es ist, rein aus dem Gefühl heraus lebt und sich den positiven Sinn der Krankenhausaufnahme nicht vernünftig klarmachen kann;
– je weniger es von den Eltern und vom einweisenden Arzt darauf vorbereitet wurde;
– je weniger das Krankenhaus, Arzt und Schwester dort, als Helfer in der Krankheitsnot dem Kinde geschildert, im Gegenteil das Krankenhaus ihm als Gefängnis und das Dahinkommen als Strafe erzählt wurde;
– je oberflächlicher und abrupter die Verabschiedung von den Eltern bei der Krankenhausaufnahme war;
– je überstürzter und notvoller der Transport ins Krankenhaus erfolgte (erfolgen mußte, weil die Krankheit überfallartig kam, oder erfolgt ist, weil das Kind sehr spät eingewiesen wurde);
– je intensiver die ersten Eindrücke aus Schmerz, dem Gefühl des Ausgeliefertseins und der bedrohten körperlichen Integrität bestanden;
– je weniger Ärzte und Schwestern im Krankenhaus ihre Zuneigung dem Kind glaubhaft machen können;
– je weniger die Eltern durch häufige Besuche, tröstenden Zuspruch und spürbare Gelassenheit dem Kind ihre stärkende Nähe vermitteln.

Aus diesen Einzelheiten ist zu sehen, wie vielfältig die Hilfsansätze für das kranke Kind sein müssen, wie sehr sich *Eltern, Ärzte und Schwestern zu einer Hilfsgemeinschaft* zusammentun müssen, um für das Kind das notwendig Beste zu leisten.

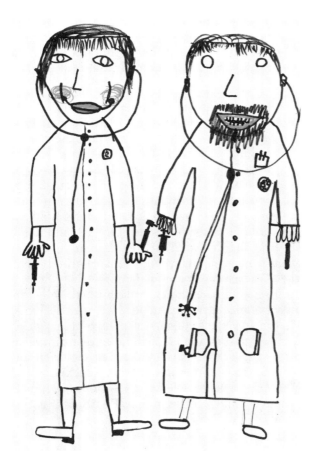

Abb. 69   **Ärzte,** in der Zeichnung eines 9jährigen Jungen.

Der **Säugling**, zumal der ganz junge, ist noch in der relativ günstigsten Situation. Sein Bild der dinglichen und mitmenschlichen Umgebung ist noch zu schemenhaft, als daß es nicht leichter möglich wäre, manche Umwelterscheinungen und Personen auszutauschen und somit auch einen weitgehenden Ersatz für die Mutter zu bieten. Es kommt nur darauf an, daß die neue Pflegeperson in ihrem fühlbaren Kontakt, ihrem Handeln und ihrem Sprechen genügend Wärme ausstrahlt. Dennoch bleibt letztlich auch hier die Mutter mit ihrer eingespielten Art unersetzlich. Man weiß heute sehr viel über den Werdegang einer fortschreitenden, differenzierten Kontaktnahme zwischen dem jungen Säugling, seiner Mutter, seinem Vater, auch seinen Pflegeeltern, Adoptiveltern oder seiner konstanten Pflegeperson in einem Heim. So haben Kinderärzte und Kinderpsychologen recht mit ihren Bedenken, wenn einem Säugling die Mutter oder ein anderer Partner der ersten Ordnung aus welchem Grund auch immer entzogen werden soll.

Am stärksten leidet das **Kleinkind** an der Trennung von der Mutter und den anderen engen Vertrauten seiner Welt. Unzugänglich sind die Kleinkinder noch Vernunfterwägungen und Erklärungen, sie geben sich ganz ihrem Empfinden hin. Der Trennungsschmerz träfe sie in der Tiefe ihrer Existenz, würden sie nicht die fortwirkende Konstanz der elterlichen Zuneigung erfahren können. Vorherrschend ist eine angstgefärbte Verunsicherung, weshalb man auch von Trennungsangst spricht. *Bei einer vollständigen Abtrennung von der vertrauten Umwelt* kann das Kind zunächst in eine Phase heftigen Schreiens kommen, das Stunden, mitunter auch Tage anhalten kann. Es folgt eine Zeit trauriger Verstimmung. Eine Kontaktaufnahme zu Personen der neuen Umgebung lehnt das Kind noch ab. Nach Tagen bis eventuell Wochen scheint dann das Kind eingewöhnt und angepaßt, vielfach nur in einer fassadenhaft oberflächlichen Weise, was sich vor allem bei einem spät erfolgenden Besuch der Mutter entlarven kann: Das Bild schlägt um in erneute offene Heimwehraktion oder – in gleicher Weise erklärbar – das Kind zeigt Abwehr und Ablehnung gegen die tiefenttäuschte Mutter. Auch spätere negative Heimwehreaktionen, die Erfahrung, daß ein Kind nach der Heimkehr die Mutter noch tagelang ablehnt, kann in diesem Zusammenhang als Ausdruck der tiefen Enttäuschung des Kindes verstanden werden, daß man es »allein gelassen« hat. Es gibt aber auch bei einem Übergang in ein zunächst vollkommen fremdes Milieu nach einiger Zeit die andere Erfahrung, daß sich ein Kind vollständig eingewöhnt, d.h. sich mitmenschlich voll den neuen Kontaktpersonen erschließt und damit neu orientiert. Die Rückkehr in das erste Zuhause kann dann als Fremdheitserfahrung erlebt werden.

Dies gilt für jede Trennungssituation, ob wegen einer Urlaubsreise der Eltern das kleine Kind in einem Kinderheim »abgegeben«, zu einer Großmutter oder einer anderen Verwandten gebracht wird, mit denen es noch nicht vertraut ist, oder eben bei einer Krankenhausaufnahme, – dann unter der Krankheitslast natürlich verstärkt.

Bei großen Kindern, **Schulkindern und Jugendlichen**, werden beim Übergang ins Krankenhaus gewiß auch Trennungsängste, vor allem aber *Erwartungsängste mit konkreten Inhalten* ausgelöst. Die zur Krankheitserkennung und Behandlung notwendigen Eingriffe bestätigen leider einen Teil dieser Sorgen. Für nicht wenige Kinder dieser Altersgruppen

Abb. 70   Elke bei **Ableitung der Hirnstromkurve (EEG)**.
Zeichnung eines 11jährigen Mädchens.

bedeutet das Eingewöhntsein dann lediglich nur soviel, daß sie das neue Milieu nicht mehr erleiden. Vernunfterwägungen, die Verständnis bringen, und tröstlicher Zuneigung, die die Toleranz erhöht, sind sie besser als Kleinkinder zugänglich.

Diese großen Kinder können durch *Aufsätze und Zeichnungen* in anschaulicher Weise Einblick darüber geben, wie sie das Krankenhaus erleben, was ihnen Schwierigkeiten macht, was sie erleiden, wie sie die Schwierigkeiten bewältigen (Abb. 70–73).

Sie schreiben in ihren Aufsätzen, wie wenig die *Aufklärung über das Krankenhaus* erfolgt ist und wie sogar der Weg dorthin als »Spaziergang« getarnt wurde. An Einzelheiten wurden sie mißtrauisch, z.B., daß ein Koffer gepackt wurde und sie neue Unterwäsche bekamen. Ängste wurden natürlich erzeugt, wenn sie über das Unbekannte falsche Informationen bekamen, z.B. von Freunden, die die Technik von Operationen in den grellsten Farben schildern. Da werden Mandeln nicht schmerzlos herausgenommen, sondern »mit Zangen und bei lebendigem Leibe gezwackt«, Spritzen mit meterlangen Nadeln gegeben, eine Narkose ist »wie ein Knüppel auf den Kopf«. Vieles können *Ärzte und Schwestern* erfahren, was sie *falsch gemacht* haben: daß die Begrüßung zu kurz erfolgte und »das erste« eine Spritze war, die man bekam; daß die Schwester »die Hände über dem Kopf zusammen-

Abb. 71   **»Der Doktor untersucht meinen Bauch.«** Zeichnung von Carlos, 13 Jahre.

schlug«, weil sie meinte, für den Neuankömmling keinen Platz zu haben. Aber auch dankbar kann es nachklingen, weil man freundlich empfangen wurde, so daß »ein Stein vom Herzen« fiel.

Man liest, wie die Eltern beim Abschied waren, »nicht mal auf Wiedersehen sagten« und betrübliche Gesichter machten.

Die Erinnerung an die *anderen Zimmergenossen* ist recht verschieden. Man erinnert sich »an eine schöne Zeit«, an gemeinsame Spiele, an Geschenke, die man sich machte, an andere Kinder, die ihr noch größeres Leid tapfer trugen (Abb. 74, S. 334). So fiel nachher der Abschied diesbezüglich auf eimal schwer. Kinder, die schon längere Zeit im Krankenhaus

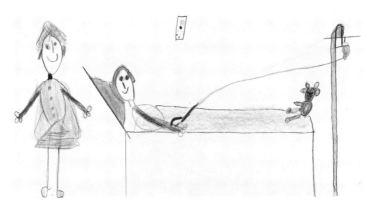

Abb. 72   Holger hängt **an der Infusion**. Am Fußende sein Teddy.

waren, konnten auch durch sachlich richtige Aufklärung manches entspannen, was vor einem lag. Auch in der nachträglichen Bewältigung einer größeren Belastung, wie sie z. B. eine Operation darstellt, konnte man sich aus gleicher Erfahrung gut unterhalten, selbst wenn dabei Aufschneiderei tolle Blüten trieb (Abb. 75, S. 336). Oder man liest über die schlechten Erfahrungen, wenn ein anderes Kind Spielsachen zerstörte oder es einem nicht gönnte, wenn man vor ihm entlassen wurde. Das Essen im Krankenhaus spielt natürlich eine große Rolle, ob es wie zu Hause war oder vielleicht noch besser oder ob einem so manches in seiner Wiederholung »aus dem Halse heraushing«. Und langweilig kann es im Krankenhaus sein! Was ist da der Besuch der Eltern für eine Freude oder der der Großmutter, die man »schon am Schritt erkannte«, noch bevor sie im Zimmer war (Abb. 76, S. 337).

Von *Ängsten* ist die Rede, aber auch davon, wie wenig die Eltern diese Ängste nehmen konnten, da sie selbst »von der Angst nicht fortkamen«. Wie sie die Kinder mit Geschenken überhäuften, wie sie mit aufmunternd gedachten »Sprüchen« die Kinder stark machen wollten, statt mit ihnen genauer über alles zu sprechen, auch was sie selbst bewegte. Hätten sie doch auch über ihre eigenen Sorgen gesprochen, die die Kinder sowieso in ihnen spürten!

Abb. 73   **»Da muß ich rüber.«** Zeichnung eines 12jährigen Jungen mit Tuberkuloseverdacht **am ersten Krankenhaustag.** Man hatte darüber gesprochen, daß nun einige Tage bis zur Abklärung nötig seien, die es galt, gut zu überstehen.

≡ Wie bereite ich mein Kind aufs Krankenhaus vor?

Die meisten Kinder sind nur ungenügend aufs Krankenhaus vorbereitet, viele Eltern versäumen viel. Gegen einige Krankheiten kann man impfen: warum nicht auch gegen das Krankenhaus?

Die Vorbereitung eines Kindes auf widrige Lebensumstände, um diese bei ihrem Eintreten dann bewältigen zu können, ist ein Stück *Erziehung*. Ein Erzieher muß zunächst selbst einen festen Standpunkt und klare Vorstellungen haben, worum es geht. Nur dann kann er überzeugen. Dies gilt allgemein. Eine falsche Haltung der Eltern wäre es, ihre Kinder von allen Schwierigkeiten weghalten zu wollen und ihnen jede Auseinandersetzung mit unangenehmen Dingen des Lebens ersparen zu wollen. Diese Haltung ist unrealistisch. Für das zweifellos in vieler Hinsicht harte Leben würden diese Kinder schlecht vorbereitet sein. Vielmehr ist es eine Elternpflicht, an konkreten Erscheinungen, die der Alltag und eben auch eine Erkrankung bringen, einzuüben, Schwierigkeiten zu bewältigen. Gelingt es in aktueller Situation nicht, diese zu beseitigen, muß die Fähigkeit erworben werden, eine solche Belastung dann zu ertragen und hinzunehmen. Dies gilt, wenn man an Krankheit denkt, vor allem für Kinder mit chronischer Krankheit und Behinderung. Eine solche Erziehungsarbeit gibt auch für einen Krankenhausaufenthalt eine weitreichende Toleranz für diejenigen Dinge, die man nicht wegschieben kann, sondern ertragen muß.

Kein Zweifel, viele *Eltern müßten selbst besser auf ein Kranksein ihres Kindes und auf das Krankenhaus vorbereitet sein.* Wie sie in entscheidende Lebenssituationen wie Ehe und Kinderkriegen geradezu unvorbereitet hineinschlittern, so haben sie sich zuwenig Gedanken gemacht über die unausweichliche Belastung, die die Krankheit nun einmal bringen kann. Zuwenig wissen sie für sich selbst über medizinische Einzelheiten, was im Körper vor sich geht, wie die Wirkung der Medikamente ist, was Narkose, Punktionen, Operationen im einzelnen sind. Wüßten sie auch mehr über die positiven und negativen Qualitäten eines Krankenhauses, könnten sie diese bei sich selbst gerechter abwägen, hätten sie für sich selbst eine weiterreichende Hilfe, um mit Krankheit und einzelnen damit zusammenhängenden Belastungen fertig zu werden.

Im Hinblick auf das Kind ist im Augenblick der Notaufnahme ins Krankenhaus alles zu spät. Und gerade für diese zugespitzt schwierige Situation müßte man eigentlich seine Vorbereitungen ganz besonders getroffen haben. Auf Eltern und Kind stürmt es ein: die akute schwere Krankheitsbelastung, der mit Betroffenheit aufgenommene Arztbeschluß der Einweisung, der stürmische Transport ins Krankenhaus, vielleicht auch noch

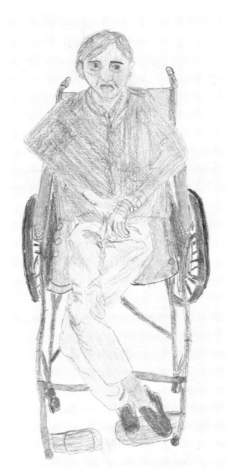

Abb. 74   Beatrice zeichnet einen **Jungen mit schwerer Bewegungsstörung**, der an den Rollstuhl gefesselt ist.

nachts und mit Blaulicht auf dem Krankenwagen, Trennung vom Kind, Verlassenwerden von den Eltern, die man jetzt mehr denn je bei sich haben möchte. Ein hoher Anteil dieser notvollen Situation ist zu vermeiden. Man muß rechtzeitig daran denken, Vorbereitungen dafür zu treffen.

Das Wichtigste ist, dem Kind ein *sicheres Gefühl* darin zu geben, daß man es nie im Stich läßt und daß es immer auf die Eltern vertrauen kann. Dies läßt sich auch in die Krankenhaussituation konkret verlängern, indem man regelmäßige Besuche verspricht und sich auch darin mit dem Kind verständigt, wie man geistig in Verbindung bleiben will und kann.

Man soll ein *grundsätzliches Vertrauen* schaffen zu Arzt und Schwester im Krankenhaus, die in schwerer Krankheit eine große Hilfe aus Kenntnis und Zuneigung sein können, auch wenn es einmal weh tut. Man soll auf eine dem Verständnis angepaßte Art *erklären, was im Krankenhaus geschieht.* Hier bewährt sich bei kleineren Kindern als pädagogischer Weg ein Rollenspiel von »Arzt«, »Schwester« und »Patient«. Die meisten Untersuchungstechniken, die meisten Fragen, die Arzt und Schwestern stellen könnten, viele der krankheitsbedingten Schwierigkeiten wie Schmerz, Fieber, Appetitlosigkeit sind damit dem Kind schnell vertraut zu machen. Im Spiel kann man überlegen, wie sich das Kind dazu stellen soll, wie es sich ausdrücken soll, um zu sagen, was es fühlt, wie es sich verhalten soll, um leichter damit fertig zu werden. Bei allem, was man sagt, soll man das Kind nicht ängstigen. Man darf die Dinge aber auch nicht harmloser und schöner darstellen, als sie sind. Es ist nicht falsch, sondern notwendig zu sagen, daß Ärzte und Schwestern ab und zu auch Schmerzen zufügen, zufügen müssen, weil sie helfen und wieder gesund machen wollen. Man sollte nicht allzu vordergründig nur auf die unangenehmen Seiten eines Krankenhauses eingehen. Es gibt auch eine Menge angenehmer Dinge in Aussicht zu stellen: Besuche, Geschenke, Spiel mit anderen Kindern, Post.

Voraussehbare *besondere Belastungen,* vor allem Operationen, muß man gut durchsprechen und, bei Kleinkindern vielleicht an der eigenen Puppe, mit all den Verhaltensweisen durchproben, die später helfen, das Ganze besser zu verkraften.

Bei etwas Bemühung ist es leicht möglich, rechtzeitig den *Bereich in einem Krankenhaus kennenzulernen,* z. B. durch einen Besuch der Kindergartengruppe im Krankenhaus. Viele Chefärzte und leitende Schwestern ermöglichen dies gern. Die Kinder gehen an Krankenzimmern vorbei. Sie sehen schwerkranke Kinder und viele fröhliche Kinder. Sie sehen bunte Bilder an den Wänden und andere Bastelarbeiten, die kranke Kinder geschaffen haben. Sie sehen beim Blick durchs Fenster freundliche Ärzte, die Kinder untersuchen, und mütterliche Schwestern, die Kinder pflegen, ohne daß diese weinen müssen.

Ein Kind könnte vor einem schon geplanten Krankenhausaufenthalt den behandelnden Arzt und die Schwester kennenlernen, die es dann pflegt, und das Zimmer sehen, in dem es liegen wird. Man soll ferner planend besprechen, welches *Lieblingsspielzeug und andere »wichtige Sachen«* man ins Krankenhaus mitnehmen will, und dies rechtzeitig zurecht legen.

Es gibt auch einige wertvolle *Kinderbücher* die speziell mit dem Krankenhausmilieu bekannt machen und vor allem für Kleinkinder eine anschauliche Hilfe sind.

Abb. 75   **Zwei Jungen in einer Chirurgischen Klinik.** Der eine wird soeben am Bauch operiert, nur eine Blinddarmoperation, aber Darmschlingen hängen dabei weit heraus. Die Narkose kommt aus der Gasflasche. Gleich zwei Infusionen führen Flüssigkeit in die Venen an den Armen. Zwei Chirurgen und die Operationsschwester sind offenbar ein fröhliches Team. Die Messer fliegen. Armin, der an Stöcken gehende Freund, wartet schon am Aufzug darauf, daß Frank wiederkommt.

Abb. 76   **Die Mutter kommt.** »Ich liege im Bett und bekomme Besuch.«
Zeichnung eines 9jährigen Jungen.

Nehmen wir an, *ein Krankenhausaufenthalt steht unmittelbar bevor*. Fassen wir zusammen, was alles noch in Ruhe bedacht werden soll, damit gut vorgesorgt ist und nichts vergessen wird:

1. Fragen Sie im vorgesehenen Krankenhaus nach der *Besuchszeitregelung*. Fragen Sie auch, ab welchem Alter gesunde Geschwister oder Freunde einen Besuch machen können (ab 14 Jahre, 10 Jahre oder 6 Jahre).

2. Wenn es nötig oder erwünscht erscheint, fragen Sie auch nach der *Möglichkeit der Mitaufnahme* der Mutter oder des Vaters oder einer anderen Begleitperson. Wollen Sie die Pflege Ihres Kindes übernehmen, erklären Sie dies schon bei der Vormerkung (Anmeldung) oder sogleich bei der Aufnahme Ihres Kindes.

3. Packen Sie rechtzeitig die »*Krankenhaustasche*« mit Toilettengegenständen, Schlafanzug und Hausschuhe. Handtücher werden vom Krankenhaus gestellt. Vergessen Sie nicht Lieblingsspielzeug, Lieblingsbücher, eventuell auch Schulbücher, ein Foto von Eltern und Geschwistern. Beschriften Sie das Eigentum mit dem Namen.

4. Bereiten Sie in Ruhe einen »*Informationsbogen*« für die Schwester vor, der über Gewohnheiten der Familie und Eigenheiten Ihres Kindes Auskunft gibt. Die nähere Kenntnis davon hilft der Schwester, das Kind besser zu verstehen, in seiner Eigenart besser zu nehmen und mit vertrauten Worten anzusprechen. Machen Sie eine Tabelle unter Beantwortung der folgenden Fragen:

Wie wird unser Kind in der Familie angesprochen (eventuell Kosenamen)?

Wie werden Vater und Mutter angesprochen?

Wie heißen die Geschwister (eventuell auch Kosenamen angeben)?

Was ist das Lieblingsspielzeug unseres Kindes?

Welche Erzählungen liebt unser Kind besonders (Tiergeschichten, Märchen)?

Wo liegt das besondere Interesse unseres Kindes (welches Hobby)?

Hat unser Kind besondere Ängste? Welcher Art?

Hat unser Kind schlechte Erfahrungen mit Ärzten, Schwestern und Krankenhaus?

Hat es gute Erfahrungen?

Was sind die Lieblingsspeisen?

Gegen welche Speisen hat unser Kind eine Abneigung?

Ist unser Kind schon sauber? Tagsüber? Nachts?

Was sagt unser Kind zu Wasserlassen?

Was sagt unser Kind zu Stuhlentleeren?

Hat unser Kind besondere Einschlafgewohnheiten (Lied, Gebet, mit oder ohne Licht, mit oder ohne Spielzeug)?

Wie haben wir unser Kind auf das Krankenhaus vorbereitet?

Welche Eigenheiten möchten wir noch besonders nennen?

5. Vergessen Sie nicht, den *Überweisungsbrief Ihres Hausarztes* und eventuell auch andere Untersuchungsbefunde, z. B. Röntgenbilder, das Heft der Vorsorgeuntersuchungen und den Impfpaß mitzunehmen.

≡ Hilfen für das Kind im Krankenhaus

Ängste der Eltern sind übertragbar auf das Kind, aber genauso innere Ruhe, Zuversicht und Gelassenheit. Dies gilt in der Aufnahmesituation und an jedem Tag des stationären Aufenthaltes, mag kommen, was kommt.

Bei der *Aufnahmeuntersuchung* sind Vater und Mutter an der Seite des Kindes. Kritisch ist oft der Augenblick der *Verabschiedung.* Wenn das Kind weint, sollen dies die Eltern als natürliche Reaktion gelten lassen und verstehen. Auch Tränen können erleichtern. Versuchen Sie, sich mit einem ermutigenden Gesicht zu verabschieden. Werden aber auch Sie von Tränen übermannt, machen Sie sich keine Vorwürfe. Setzen Sie dem Kind gegenüber den Trost dagegen, daß Sie es bald besuchen werden. Am glücklichsten gelingt die Übergabe ins Krankenhaus, wenn Sie Ihr Kind ins Zimmer begleiten und selbst zu Bett bringen können. Der erste Tag ist für alle der schwerste.

In fast allen Kinderkrankenhäusern werden die *Besuchszeiten* sehr großzügig gehandhabt, so daß die Eltern täglich, auch mehrmals täglich kommen können. »Die Eltern gehören zu uns ins Krankenhaus«, ist für viele Kinderärzte und Kinderkrankenschwestern längst eine selbstverständliche Einstellung geworden. Gewiß, es war nicht immer so. Heute wundern sich Kinderärzte und Schwestern nicht mehr, wenn Eltern viele Stunden am Krankenbett sitzen, sondern vielmehr darüber, wenn Eltern nur selten, zu wenig, zu kurz erscheinen (Abb. 77).

Abb. 77
Plakat, mit dem das **Aktionskomitee »Kind im Krankenhaus«** die Eltern auffordert, ihre Kinder, vor allem die Kleinkinder, jeden Tag zu besuchen.

Auch auf die besonderen Zeitschwierigkeiten einer berufstätigen Mutter und des Vaters wird Rücksicht genommen in einem psychologisch fundierten mitmenschlichen Verständnis, das gleichermaßen Kind wie Eltern entgegengebracht wird.

Eingeschränkte Besuchszeiten gibt es heute am ehesten noch auf Abteilungen, die in erster Linie mit erwachsenen Patienten belegt sind, auf Spezialabteilungen für Augenkrankheiten und Hals-Nasen-Ohren-Krankheiten, auf orthopädischen, chirurgischen und urologischen Abteilungen. Im persönlichen Gespräch läßt sich auch hier viel erreichen und, eigene Elastizität vorausgesetzt, zu einer guten Lösung kommen. Verständnis für die (wohlmeinenden) Gesichtspunkte der Ärzte und Schwestern auf diesen Abteilungen erleichtern diese Gespräche.

Gerade operierte Kinder brauchen ihre Eltern, vor allem am Tag vor der Operation und auch am Operationstag. Es sollte möglich sein, daß die Mutter oder der Vater da sind, wenn das Kind aus der Narkose erwacht. Natürlich müssen Ärzte und Schwestern für dieses Entgegenkommen hilfreiche und vernünftige Eltern voraussetzen dürfen. Nur dann wird das medizinische Ziel ohne zusätzliche Schwierigkeiten erreicht, wofür Arzt und Schwester Verantwortung tragen.

Besondere Probleme werfen *Intensivpflegeabteilungen* auf. Gerade die hier liegenden schwerstkranken Kinder, deren Lebensbedrohung nur unter Einsatz eines fast erdrückenden medizinisch-technischen Apparates abgewendet werden kann, sind in besonderer seelischer Not, in Gefahr eines einsamen Ausgeliefertseins. Die hier tätigen Ärzte und Schwestern haben alle Hände voll zu tun, um die nötigen Hilfen zu geben. Psychologische Gesichtspunkte treten mitunter leider in den Hintergrund, weil es gilt, das nackte Leben zu retten. Sinnvoll eingesetzt, könnten aber Eltern gerade solchen Kindern durch ihre Anwesenheit viel helfen. Sie zuzulassen sollte möglich sein, wenn diese sich an die besonderen Gesetze einer Intensivabteilung anpassen und dabei in sich selbst alle Ängste niederkämpfen können, die sie in dieser Situation bedrängen.

Auch ein bewußtseinsgetrübtes Kind spürt beruhigend die Nähe seiner Eltern. Dies ist eine gesicherte Erfahrung. Zweifellos wird, objektiv gesehen, damit das ärztliche Tun unterstützt. Auch für die hart getroffenen Eltern gibt es keine bessere persönliche Hilfe, als bei ihrem Kind auszuharren: Sie erleben ihr Kind hautnah in seinem bedrohten Zustand, in seiner Lebensnähe und in seiner Todesnähe. Ein Arzt, der es richtig findet, wenn Eltern auch auf Intensivstationen dabei sind, weiß, daß Eltern, die ihr Kind schließlich verlieren müssen, einen Verlust dann leichter zu akzeptieren und zu tragen vermögen, wenn sie aus der Nähe die schwere Erkrankung ihres Kindes erkennen können.

Chronisch kranke Kinder und ihre Eltern sind wechselseitig besonders stark miteinander verbunden. Manche Kinder und Jugendliche können ohne ständige Hilfe nicht auskommen: Kinder mit Störungen an den Gliedmaßen, schwachsinnige, sehgestörte oder schwerhörige Kinder. Manche Mutter hat in der Pflege ihres Kindes mittlerweile mehr Geschick und Einfühlungsvermögen als eine Schwester im Krankenhaus erlangt. Aber davon abgesehen bedeutet das chronisch Kranksein für das Kind die Notwendigkeit, sich ständig mit Tages- oder Zukunftsproblemen auseinanderzusetzen und mit Problemen der Identitätsfindung unter der chronischen Behinderung fertig zu werden, was unbedingt stete Nähe zu den Angehörigen als der Personifizierung einer festen Lebensgrundlage braucht. Diese Auseinandersetzung setzt sich gerade unter den Bedingungen fort, die zur Krankenhausaufnahme geführt haben.

Trotz allen guten Willens ist es manchen Eltern einfach nicht möglich, ihr Kind täglich zu besuchen. Sie sind berufstätig. Sie haben zahlreiche andere Verpflichtungen zu Hause. Ihre Anfahrtswege sind zu lang. Hier gilt es zu überlegen, was man in Erfüllung dieser anderen Pflichten vorübergehend vereinfachen kann, um *Zeit für das kranke Kind zu gewinnen*. Man sollte auch daran denken, Nachbarschaftshilfe zu suchen, damit man sich in Ruhe auf den Weg machen kann.

Manche ländlichen Gegenden sind heute nur sehr stiefmütterlich mit Kinderabteilungen innerhalb eines Krankenhauses versorgt, so daß kranke Kinder weitab in einer größeren Stadt hospitalisiert werden müssen. Leider ist heute in diesem Zusammenhang die Tendenz zu buchen, daß man sich von Staats wegen um eine Konzentration auf größere Krankenhäuser verstärkt bemüht, statt aus psychologischen Gründen eine Dezentralisierung zu fördern. Man meint irrtümlich, generell damit eine Verbesserung der medizinischen Versorgung erreichen zu können, weil die größeren Krankenhäuser apparativ besser ausgestattet sind. In Wirklichkeit ist für die Heilung von 90% aller Kinderkrankheiten die Ausstattung eines mittleren Kinderkrankenhauses vollauf ausreichend (und im Grunde auch billiger). Wenn wir in diesem Zusammenhang davon sprechen, dann deshalb, weil hier berechtigte Wünsche der Eltern und Erwägungen aus psychologischer Sicht in der Zukunft eine vernünftigere Berücksichtigung erfahren sollten. Auch in diese Richtung muß organisierte Elterninitiative wirksam sein, wie sie vom *Aktionskomitee »Kind im Krankenhaus«* und vom *Kinderschutzbund* getragen wird.

Folgerichtig wird andererseits von diesen Organisationen für diejenigen Kinder, die von den eigenen Eltern nur ungenügend besucht werden können, in vielen Orten ein besonderer Besuchsdienst angeboten, indem Damen und Herren regelmäßig *»Adoptivkinder«* im Krankenhaus besuchen und ihnen Ablenkung, Zuspruch und ihre freundliche Nähe bringen. Von den gleichen Organisationen wird auch eine *»Nachbarschaftshilfe auf Abruf«* organisiert, d. h., daß jemand sich in Abwesenheit der Mutter um die anderen Kinder und Schulkinder zu Hause kümmert (z. B. durch Beaufsichtigung der Schularbeiten). Brauchen Sie diese Hilfe, wenden Sie sich vertrauensvoll an die schon weit verbreiteten Ortsgruppen dieser Verbände.

Macht sich eine Mutter *auf den Weg ins Krankenhaus*, sollte sie sich vorher überlegen, *wie sie dem Kind gegenübertreten will und muß*. Man ist geneigt, das Kind jetzt anders zu behandeln als normalerweise. Versuchen Sie zuversichtlich und ausgeglichen zu sein, kommen Sie auf Ihr Kind zu, daß es Ihre Angst und Unsicherheit nicht merkt. Nehmen Sie seine Beschwerden und Klagen auf. Zeigen Sie Mitgefühl, wenn es Schmerzen hat, aber bedauern Sie es nicht zuviel. Vermeiden Sie, daß Wehleidigkeit und Nörgelsucht das Verhalten des Kindes bestimmen. Sprechen Sie vielmehr über schöne Dinge, die Sie früher gemeinsam erlebt haben, erzählen Sie auch, wie Sie selbst eigene Ängste und Nöte überwunden haben, und planen Sie im voraus freudvolle Unternehmungen. Groß ist die Gefahr für Kind und Besucher, daß die Gedanken immer nur um die Krankheit, die unangenehmen Belastungen (Spritzen, Untersuchungen, Operationen) und den ersehnten Zeitpunkt der Entlassung kreisen.

Diese Schwierigkeiten gelten gerade für die heutige Zeit, wo ausgedehnte und häufige Besuche glücklicherweise im Gegensatz zu früher möglich sind. Manche Eltern tun sich mit der Besuchszeit etwas schwer. Man sollte sich vernünftig überlegen, *wie man die Besuchsstunde sinnvoll gestalten kann*. Natürlich muß man sich in erster Linie nach dem Befinden des Kindes richten. Ein schwerkrankes Kind entspannt sich am besten, wenn die Mutter einfach still dabeisitzt, die Hand hält und durch ruhige Pflegeverrichtungen Erleichterung bringt. Manchmal ist es gut, ein Buch mitzubringen und daraus vorzulesen. Lebhaftere Kinder möchten ein Spiel machen (Kartenspiele, Fragespiele, Puzzles, Mensch-ärgere-dich-nicht u. a.) oder etwas basteln. Mit einfachen Materialien ist schon viel anzufangen (Papier, Stifte, Schere, Klebstoff). Andere Kinder im Zimmer sollten miteinbezogen werden, vor allem wenn diese selbst wenig Besuch bekommen.

Eine Mutter kann den Schwestern einige *Pflegearbeiten abnehmen:* füttern, auf den Topf setzen, trockenlegen und waschen. Die Schwestern werden dafür dankbar sein. All dies fördert den guten Kontakt und die freundliche Atmosphäre. Mütter sollten die *Schwestern als Bundesgenossen* mit gemeinsamem Ziel empfinden. Viele Einzelheiten über ihr Kind kann die Mutter von ihnen erfahren, auch Aussagen und Reaktionen des Kindes, die manchmal für die Mutter erstaunlich Neues erhalten. Manche ängstliche Mutter erfährt so auch von der Schwester oder dem Arzt, daß sich das Kind viel besser ins Krankenhaus schickt, viel besser mit vielem fertig wird, als die Eltern je gedacht haben. Tröstlich und beglückend können solche Erfahrungen sein, weil sie den Eltern bestätigen, wie sehr ihre Erziehungsinhalte und ihre eigene vorgelebte Haltung aufs Kind jetzt hilfreich übergegangen sind. Diese Erfahrungen können Eltern in ihrer Rolle sicherer machen.

Etwas dem Kind mitzubringen, löst sicher Freude aus. Das wichtigste Geschenk ist aber der Besuch selbst. Man sollte sich geradezu hüten, das Kind zu sehr mit Geschenken zu verwöhnen. Süßigkeiten sind eher fehl am Platz. Das Essen im Krankenhaus ist in der Regel gut und ausreichend. Viele Kinder haben zudem eine ausgewählte Diät. Am besten fragt man die Schwester, was man mitbringen und dem Kind zu essen und trinken geben kann. Obst und Fruchtsaft ist am ehesten das richtige. Vor allem bei frisch operierten Kindern ist Vorsicht geboten. Jegliches Essen und Trinken kann in diesem Zusammenhang zunächst verboten sein.

Der *Abschied am Ende des Besuchs* ist, vor allem an den ersten Krankheitstagen, schwierig. Dies gilt vor allem bei Kleinkindern. Sagen Sie dem Kind etwa 10 Minuten vorher, daß Sie nun gehen müssen und trösten Sie mit dem Versprechen, ja wieder zu kommen. Aber sagen Sie auch darin nur die Wahrheit, auf die sich das Kind verlassen kann. Der Bundesgenosse Schwester kann auch hier wieder helfen: Wenn Sie gehen, tritt die Schwester ans Bett, um sich dem Kind zuzuwenden und die Ablösung zu erleichtern. Weint das Kind, lassen Sie sich nicht zum Bleiben zwingen. Tränen entspannen letztlich, und seien Sie beruhigt, daß die Trauer nicht lange anhält. Günstig kann es sein, ein mitgebrachtes kleines Geschenk erst zum Abschied zu geben und das Kind damit zu beschäftigen.

Mitgebrachte Spielsachen sollten eine Verletzungsgefahr ausschließen. Kleine Teilchen stecken manche Kinder in Körperöffnungen oder Verbände. Spielsachen mit Schnüren, z.B. ein Telefon, weisen vorsichtige Schwestern zurück, weil sich das Kind strangulieren könnte; aber man kann ja auch ohne Schnur mit zu Hause telefonieren. Besonders empfehlenswert sind für Kleinkinder weiche Spielsachen, z.B. »Kuscheltiere«, die das Kind in den Arm nehmen kann. Zur Aufbewahrung der Spielsachen könnte ein kleiner Sack oder eine Tasche dienen, die man leicht basteln und ans Bett hängen kann.

Kinder freuen sich über *Post* oder ein kleines Päckchen, das vielleicht gerade an einem Tag ankommt, an dem die Mutter nicht zu Besuch kommen kann. Auch wenn ein Kind noch nicht des Lesens kundig ist, freut es sich über eine Postkarte. Die Schwester kann ihm die Grüße der Eltern vorlesen.

Sprechen wir noch einiges mehr über *jene schwerkranken, durch die Krankheit psychisch schwer belasteten Kinder,* die lange Zeit im Krankenhaus zubringen müssen, die kaum eine Besserung spüren, Rückschläge erleben, Schmerzen und Ängste wiederholt oder anhaltend ertragen müssen, die schwere Operationen eventuell mit Verlust einer Gliedmaße (z.B. bei einem bösartigen Knochentumor) hinnehmen müssen. Es ist ärztliche Pflicht, den Kindern alle vermeidbaren Belastungen zu ersparen, und es ist Herzstück einer Krankenhauspädagogik, alle Hilfen zu geben, daß das Kind seinen Zustand entspannter sehen kann, daß für – wie der Psychologe sagt – Affektabfuhr gesorgt wird. Eltern, Arzt und Schwestern, Kindergärtnerin, Krankenhauslehrer und eventuell Krankenhauspsychologe haben hier eine große gemeinsame Aufgabe. Manche Kinder und Jugendliche machen es dabei eher schwer, ihnen zu helfen. In Depression verschließen sie sich einer Annäherung. Aggressiv stoßen sie die Umgebung vor den Kopf. Man muß diese Reaktionen in ihren Entstehungsbedingungen verstehen und sie zunächst gelten lassen. Es hat überhaupt keinen Sinn, direkt dagegen vorzugehen, etwa mit der banalen Aufforderung »Nun freu dich doch auch mal!« oder »Nun reiß dich mal zusammen!« oder mit der verärgerten Abwehr einer patzigen und frechen Antwort »Wenn du nicht lieb bist, besuche ich dich nicht mehr!« Man muß diese Reaktionen seitlich liegen lassen und an ihnen vorbei versuchen, daß sich die Kinder wieder für entspannende Denkinhalte öffnen. Man muß dabei letzten Endes doch *zum Kern ihrer Schwierigkeiten vorzudringen* suchen, zu ihren Ängsten und bedrückenden Vorstellungen, versuchen, daß sie darüber freimütig sprechen: über ihre Verlustängste, ihr Todesahnen, ihre Todesangst. Manches kommt nur verschlüsselt heraus, z.B., wenn ein Kind vom Tod anderer Menschen spricht, von Unglücksfällen, von Gefängnis, wenn es überlegt, wer die Lieblingsspielsachen bekommen soll. Manchmal kommen aber auch gerade heraus die nackten Fragen, ob man wieder ganz gesund würde oder ob man sterben müsse, und im Augenblick ist eine Mutter oft überfordert. *Offen muß man dann mit dem Kind und vor allem dem Jugendlichen sprechen, Antworten darf man nicht vermeiden und aufschieben wollen.* Es bestünde die Gefahr, daß das Kind nicht mehr weiter und erneut fragt. Hat man das Gefühl, im unvorbereiteten Augenblick eine falsche oder ungeschickte Antwort gegeben zu haben, sollte man mit neuer Argumentierung noch mal auf die Fragen zurückkommen. So kann man auch ein Fehlverhalten korrigieren.

Man muß die Kinder zu Fragen und Diskussionen anregen, wenn man spürt, daß sie etwas bedrückt. Ein penetrant angesetzter gradliniger Frageweg führt aber selten zum Ziel. In Geduld warten, in Gelassenheit auch harte Fragen aufnehmen, schafft die beste Basis zu einem ehrlichen, hilfreichen Gespräch. Die Kinder zeichnen und malen lassen, um dann darüber ins Gespräch zu kommen: Auch dies hilft weiter, verschlossene zu öffnen.

≡ Hilfen für die Eltern

In den vorhergehenden Abschnitten wurde immer wieder auch über die *Nöte der Eltern* gesprochen. Hilfen für das kranke Kind waren zugleich oft auch Hilfen für die Eltern. Eine alles entscheidende grundlegende Hilfe für Eltern ist es, wenn sie *Vertrauen zum Krankenhaus, zu Ärzten und Schwestern* haben können, im Bewußtsein, daß alles, was möglich ist, für das Kind getan wird, daß die Beschwerden des Kindes gelindert, daß die unvermeidlichen Belastungen der Diagnostik und Therapie in einer Weise angesetzt werden, daß gleichzeitig auch Hilfen zum Ertragen mitgegeben werden.

Offenheit, Freundlichkeit, Einfühlungsvermögen sind dann wohltuende mitmenschliche Qualitäten, die Arzt und Schwester besitzen sollen. Die Eltern wollen genau wissen, was ihr Kind hat, wie die Heilungsaussichten sind, wie lange der Krankenhausaufenthalt nötig ist. Umfassend können diese Fragen nicht gleich in den ersten Tagen beantwortet werden, da heißt es auch Geduld haben. Für ein *ausführliches Gespräch mit dem Arzt* läßt man sich am besten einen Termin geben. Meist ist es für komplizierte Zusammenhänge besser, wenn die Eltern gemeinsam zum Arzt gehen, damit beide die gleichen Worte hören und Interpretationsirrtümer leichter vermeidbar sind.

Es ist eine gute Anordnung im Krankenhaus, daß tiefergehende Auskünfte von den Schwestern nicht gegeben werden sollen, um falsche Vorstellungen oder scheinbare Widersprüche in den Aussagen zu vermeiden. Wichtige Dinge kann man noch am ehesten mit der leitenden Stationsschwester besprechen. Sie kann, wenn nötig, auch schnell eine Brücke zum Arztgespräch schlagen.

Ihre *eigenen Ängste und sorgenvollen Vorstellungen* sollen Vater und Mutter offen dem Arzt darlegen. Sie haben auch ein Recht dazu. Vielleicht ist vieles gar nicht so schlimm oder hoffnungslos, wie man es sehen zu müssen glaubt. Aber denken Sie auch daran, daß die Zeit von Arzt und

Schwester knapp bemessen ist und daß viel zu tun ist, bis jedes kranke Kind gut versorgt ist.

Besonderer Besprechung bedarf die *Aufnahme eines Elternteiles ins Krankenhaus, das Rooming-in.* Ob dieser Wunsch von Mutter oder Vater erfüllt werden kann, ist nicht allein eine Frage des guten Willens des Arztes, sondern oft einfach von den Platzverhältnissen und der Belegungsintensität des Krankenhauses abhängig. Nur in wenigen Kliniken ist durch reichlich große Zimmer und hygienische Einrichtungen wie WC und Dusche in idealer Weise vorgesorgt. Mitunter haben die mitaufgenommenen Mütter Enge und Unbequemlichkeit in Kauf zu nehmen, wenn sie Tag und Nacht bei ihrem Kind bleiben wollen.

Inzwischen haben sich in den Kliniken einige Gesichtspunkte entwickelt, die am ehesten die *Mitaufnahme der Mutter möglich oder sogar erwünscht* erscheinen lassen:

- bei kranken Kindern im Alter bis zu 4 Jahren;
- bei Säuglingen, die voll gestillt werden;
- bei schwerkranken, unruhigen Kindern, vor allem im Zusammenhang mit Operationen und Unfällen;
- bei Kindern mit bösartigen Tumoren oder Leukämie in schwierigen Krankheitssituationen;
- bei Leiden, die besondere Pflegetechniken verlangen, in die die Mutter schon eingeübt ist: schwierige Diät, z. B. bei Stoffwechselstörungen; Krankheit mit Behinderung durch Lähmungen;
- bei Kindern mit schweren Hör- und Sehstörungen;
- bei Kindern sehr ängstlicher und besorgter Mütter, um diesen zu helfen;
- bei Ausländerkindern ohne Verständnis der Landessprache.

Für diese genannten Kinder und ihre Eltern hat Rooming-in zweifellos einen großen Nutzen. Die Erfahrungen mit der Hineinnahme der Mutter ins Krankenhaus sind fast überall gut. Für manche Fälle kann die stationäre Aufnahme der Mutter sogar ärztlich verordnet werden, was die Kostenübernahme durch die Krankenkasse garantiert. In anderen Fällen muß für Übernachtung und Beköstigung der Mutter oder des mitaufgenommenen Vaters ein bestimmter Betrag bezahlt werden, dessen Höhe am besten vorher bei der Krankenhausverwaltung erfragt wird.

Manche Mutter kommt mit dem Rooming-in schlecht zurecht, und sie zieht nach einigen Tagen wieder aus, um lieber zu Hause zu schlafen und dafür durch tägliche Besuche beim Kind zu sein. Andere Mütter halten in einer oft bewundernswerten Weise aus. Sie sind zufrieden und glücklich, ständig bei ihrem Kind sein zu können. Ärzte und Schwestern sollten aber wissen, wie sehr alle diese Mütter auch ihren Zuspruch brauchen. Eine Mutter sollte spüren können, daß man sie gern im Krankenhaus hat.

Manche Mutter harrt aber auch etwas verkrampft in einem übersteigerten Pflichtgefühl aus; und die Zeit in diesem »Gefängnis« wird ihr lang. Sicher kommt es dann sehr darauf an, wie zu Hause die Familie versorgt ist und wie hilfreich sich der Ehemann zu dieser Mitaufnahme stellt. Es ist gut, wenn sich eine solche Mutter von Arzt oder Schwester auch einmal für einige Stunden wegschicken läßt, um spazieren zu gehen oder für diese Zeit nach Hause zu fahren. Erleichtern mag dies der Gedanke, daß man ja auch zu Hause nicht jede Minute beim kranken Kind säße und daß in der Zwischenzeit die Schwestern sich um das Kind gut kümmern würden.

Tab. 15 weist noch auf einiges hin, *das man nicht übersehen sollte.*

Tab. 15   Einige wichtige Richtlinien für den Besuch im Krankenhaus.

1. Falls vorgesehen ist, daß Sie *Schutzkleidung* anlegen sollen, ziehen Sie bitte nur den Kittel an, der unter dem Namensschild Ihres Kindes hängt.

2. Manche Zimmer haben aus hygienische Gründen »*Schleusen*«, das heißt, daß die zweite Tür erst geöffnet werden darf, wenn die erste geschlossen ist. Bitte genau beachten! Es könnten Krankheiten von Zimmer zu Zimmer übertragen werden.

3. Zur Reinigung der Hände stehen am Waschbecken *Desinfektionsmittel* bereit. Verwenden Sie bitte zum Abtrocknen die vorhandenen Einmalhandtücher.

4. *Füttern* Sie Ihr Kind nur nach Rücksprache mit der Schwester. Kranke Kinder haben fast immer eine Diät!

5. Vergessen Sie bei Gitterbetten nicht, das *Gitter* wieder hochzuziehen, wenn Sie weggehen. Ihr Kind könnte herausstürzen.

6. Ein *Besuch* ist *nicht erlaubt*
   – wenn die Mutter oder der Vater selbst erkrankt sind (insbesondere Schnupfen und Erkältung) oder
   – wenn ein Familienmitglied an einer ansteckenden Krankheit erkrankt ist.

7. Am besten verabschieden Sie sich *beim Weggehen* von der Schwester, damit diese sich dann um Ihr Kind kümmert.

≡ Die gesunden Geschwister nicht vergessen

Ein schwerkrankes Kind wird unversehens zum Mittelpunkt der Familie, alle Sorgen gelten ihm. Gesunde Geschwister fühlen sich damit nicht selten in die Ecke gestellt, und mißmutig registrieren sie diesen Liebesverlust. Verstimmt und mürrisch verweigern sie alltägliche Selbstverständlichkeiten wie Sauberkeitsordnung, Essen, Schlafengehen und Lernen in der Schule. Enttäuscht erleben dies die Eltern, deren Zeit und Kraft schon durch das kranke Kind benötigt wird, und sie sagen dies in ihrer Bedrängnis auch dem gesunden Kind zu Hause. Oft wird damit der Konflikt noch verstärkt. Schwere Depressionen in zurückgezogener Abgeschlossenheit oder auch offene Aggressionen bis hin zu Todeswünschen für das kranke Geschwister können die Folge sein. Die Eltern brauchen hier sehr viel Geduld, die manchmal über ihre Kräfte gehen mag. Einen besseren Weg gibt es aber nicht, als den, immer wieder von neuem anzusetzen, um für Gespräche gerade für das gesunde Geschwister offen zu sein. Viel hilft es, wenn man das gesunde Geschwister in die Betreuung und Fürsorge für das kranke hineinnehmen kann, indem man besondere Aufgaben überträgt, zu Briefen oder Geschenken Anregungen gibt und das gesunde Geschwister wiederholt zum Krankenbesuch ins Krankenhaus mitnimmt.

≡ Heimkehrschwierigkeiten vorbeugen

Kranke Kleinkinder entwickeln manchmal Aggressionen gegen die Mutter, da sie die Trennung als einen von der Mutter verschuldeten Liebesverlust empfunden haben. Kinder jeder Altersgruppe können von den Erfahrungen mit der schweren Krankheit und der Krankenhaussituation noch wochen- und monatelang belastet sein und dann zu Hause durch unruhigen Schlaf, Angstträume, Kontaktschwierigkeiten, übergroße Anhänglichkeit oder Ängstlichkeit und auch durch Aggressionen auffallen. Manche schon saubere Kinder nässen vorübergehend wieder ein.

Müssen Eltern mit Heimkehrschwierigkeiten rechnen, ist es wichtig, in den Tagen vor der Entlassung sich ganz besondes intensiv um das Kind zu kümmern und schon im Krankenhaus die Pflege mehr und mehr zu übernehmen. Zu Hause verlangen diese Kinder besonders viel Geduld, Zuwendung und Gelassenheit. Mitunter brauchen die Eltern für diese Schwierigkeiten den Rat ihres Arztes oder Hilfe des Psychologen in einer Erziehungsberatungsstelle.

Sachregister und Erklärung von medizinischen Fachausdrücken (Lexikon)

Im folgenden wird das Sachregister mit einem Lexikon medizinischer Fachausdrücke vereinigt. Der Suchende findet also

- entweder einen genauen Seitenhinweis auf diejenige Stelle des Buches, an der ein Begriff ausführlich behandelt wird,
- oder – weil der Begriffinhalt über den Rahmen einer Hauskrankenpflege hinausgeht – eine kurze Erläuterung des Begriffes, wie man sie in einem Wörterbuch erwarten kann.

Mit dieser Erweiterung des Sachverzeichnisses um ein Lexikon soll erreicht werden, daß die Eltern durch Nachschlagen weitere medizinische Begriffe verstehen können, die der Arzt in der Sprechstunde oder im Krankenhaus in einem Gespräch gebrauchen könnte.

Penetration: Durchwanderung

Penis, Besonderheiten 181

Pepsin: eiweißspaltendes Enzym im Magensaft

Perforation, perforieren: Durchbruch, durchbrechen

Perikard: Herzbeutel

Perikarditis: Herzbeutelentzündung

Periost: Knochenhaut

peripher: am Rand. Gegensatz: zentral

Peristaltik: fortgeführte Muskelkontraktionen an einem Hohlorgan (z. B. Darm)

Peritoneum: Bauchfell

Peritonitis: Entzündung des Bauchfells

Perkussion: Organuntersuchung durch Beklopfen der Körperoberfläche

Perthes-Krankheit: Degenerationskrankheit am Oberschenkelkopf

Pertussis 155, 196, 263

Petechien: kleinste Blutungsherde

Petit mal: kleiner epileptischer Anfall

Pfeiffersches Drüsenfieber 279

Pflegeregeln 68 f

phagozytieren: fressen, zum Beispiel eines Bakteriums durch einen Leukozyten

Pharynx: Rachen, Schlund

Phimose 182

Phlegmone: flächenhafte Gewebsentzündung

Phonokardiogramm: Aufzeichnung der Herztöne

Phototherapie: Bestrahlungsbehandlung durch weißes Licht bei der Neugeborenengelbsucht

Pica, abnorme Nahrungsaufnahme 142

Pigmentflecken 77, 187 f

Pilzerkrankung, Mykose 40, 204

– Medikamente 94

Pipette: Glasröhrchen zum Abmessen von Flüssigkeiten

PKG s. Phonokardiogramm

Placenta praevia: zu tiefer, somit falscher Sitz des Mutterkuchens

Plasma: Blutflüssigkeit ohne Blutkörperchen

Plasmazellen: besondere Art der weißen Blutkörperchen

Pleura: Rippenfell, Brustfell

Pleurapunktion: Zugang zum Brustfellraum, um einen Erguß oder ausgetretene Luft abzulassen

Pleuritis: Entzündung der Pleura

Pleuritis 269

Pneumatozele: großer luftgefüllter Raum in der Lunge bei schwerer Lungenentzündung

Pneumonie 269

Poliomyelitis 264

Pollenallergie 249

Pollutionen: unwillkürlicher nächtlicher Samenerguß in der Pubertät, eine normale Erscheinung; meist mit sexuellen Träumen verbunden

primär: zuerst, an erster Stelle

Prodrome: erste Zeichen einer Infektionskrankheit vor dem Hautausschlag

Proliferation: Wucherung, Vermehrung

Prophylaxe: Vorbeugung

Prothese: künstlicher Ersatz eines zerstörten oder fehlenden Körperteils

Pseudokrupp 265

Pseudostrabismus: Scheinschielen, meist durch die sog. Mongolenfalte hervorgerufen

Pseudostrabismus 152

Psittakose: Papageienkrankheit, Lungenentzündung

Psyche: Seele

Psychiatrie: Lehre von den seelischen Erkrankungen

psychisch: seelisch

Phsychologie: Lehre vorwiegend von den normalen seelischen Abläufen

psychologisch: seelische Abläufe betreffend

Psychopharmaka 95

Ptyalin: Enzym im Speichel zur Stärkeverdauung

Pubertas praecox: vorzeitige Geschlechtsentwicklung

Pubertas tarda: verzögerte Geschlechtsentwicklung

Pubertät: Geschlechtsreifung

Pubertätsmagersucht: 279

Pulmo: Lunge

Vitamin D 281
Vitamine 44, 95, 281
Vojta-Methode: Methode der Bewegungs-
therapie bei spastischen Kindern
Vollwertkost, Gefährdung 45
Volvulus: Darmverschlingung, Darmverschluß
durch Drehung einer Darmschlinge
Vorbeugen 121, 294
Vorhaut, Besonderheiten 182
Vorhofscheidewanddefekt: Herzfehler mit
einem Loch in der Trennwand zwischen
den Vorhöfen
Vorsorgeuntersuchungen: planmäßige Unter-
suchung bei Säuglingen und Kleinkindern
zur Frühdiagnose von Entwicklungsstörun-
gen
Vulvovaginitis: Entzündung im Dammbereich
bei Mädchen

Wadenwickel 103
Wärmeanwendung 104
Wärmflasche 104
Wäschedesinfektion 111
Warzen 187
Wasserbruch 181
Wassereinlagerung 51
Wasserlassen, Schmerz 218, 220
Wasserverlust 77, 154
Watschelgang 258
Werlhof-Krankheit: Blutungsneigung durch
chronische Verminderung der Thrombo-
zyten
Wesensänderung, unverständliche 242
Wickel 152 f
Widalprobe: Blutserumprobe zum Nachweis
bestimmter Infektionserreger
Wiederkäuen 173
Windelausschlag 244
Windpocken 186, 192, 290
Wolfsrachen: Lippen-Kiefer-Gaumenspalte
Wunddiphtherie 253
Wunden 242 f
Wundsein 244
Wundstarrkrampf 138, 290
Wurmbefall 245

Würmer 233, 245
– Juckreiz 198
Wurmfortsatzentzündung 250
Wurmmittel 95

Zahnen, erschwertes 265
Zahnfäule, Nuckelflasche 45
Zahnfieber 205
Zahnschmerz 204, 219 f
Zäkum (Zökum): Blinddarm, unterster Dick-
darmabschnitt, an dem der Wurmfortsatz
(Appendix) hängt
Zangenentbindung: Geburt durch geburtshilf-
liche Zange (Forzeps)
Zäpfchen 97
Zeckenstich 197
– Enzephalitis 197
– Impfung 296
Zeichnungen der Kinder 342
Zellgifte 95
zerebral: gehirnbezogen
Zerebralparese 291
Zerebrum: Gehirn
Zerumen 210
Ziegenpeter 278
Zirkulation: Kreislauf (des Blutes)
Zirrhose: Gewebsschrumpfung (z. B. der
Leber)
Zöliakie 292
Zuckerkrankheit 168, 292 f
Zuckungen 75
Zunge, Veränderungen 204
Zwiemilchernährung 180
Zwitter: Entwicklungsstörung am äußeren
Genitale, die eine klare Geschlechts-
bestimmung zunächst unmöglich macht
Zyanose 76, 190
Zylinder: im Harn eventuell auftretende
geformte Substanzen
Zyste: Mit Flüssigkeit gefüllter Hohlraum im
Gewebe
Zystitis: Blasenentzündung
Zystoskopie: Betrachtung des Blaseninneren
Zytostatika 95